# 華麗的貴族時代

魏晉南北朝史

呂春盛——著

王汎森——主編

聯經中國史

# 總序

中央研究院院士　王汎森

在過去一百多年中，我們對中國歷史的認識經歷了翻天覆地的變化。這些改變，一方面源自於近代中國幾次重要的史學革命，從梁啓超在《新史學》「二十四史非史也，二十四姓之家譜而已」的批判，到胡適的國故整理運動、傅斯年創立歷史語言研究所、再到馬克思主義歷史學的興起。這幾波的史學革命，雖然彼此關注的重點各不相同，但對於歷史的定義、史料的範圍、解釋的角度等議題，都產生重大的影響。另一方面，我們也看到國際間對中國歷史的演變，無論是在歐洲、日本還是美國，一代又一代學者，不斷推陳出新，提出新的觀點與詮釋。

從第二次世界大戰結束以來，臺灣的歷史學者在這個領域，同樣取得了豐碩的成果，並發展出獨特的學術風格。他們既繼承了近代中國新史學的脈絡，又吸納了世界各地不同的學術潮流，加上引入社會科學的理論與方法，並在上個世紀末，接受到後現代主義的衝擊與洗禮。

幾年之前，有一位編輯朋友來信提及，臺灣已經很久沒有編寫成套的中國斷代史，聯經出版公司的發行人林載爵先生也與我談起，覺得有必要將這些累積起來的成果作一個整理。二〇二四年，適逢聯經出版公司創立五十週年，因此有了這項《聯經中國史》的出版計畫。

將近二十年前，我在中央研究院歷史語言研究所所長任內，爲了慶祝史語所成立八十週年，曾組織一項「集眾式」的工作，與史語所同仁共同完成《中國史新論》，當時也是由聯經所出版。不過，《中國史新論》是專題式的論文集結，旨在呈現臺灣學者對中國史研究所開展的新課題、新領域與新方向。

《聯經中國史》也是一項「集眾式」的工作，但定位截然不同。在策畫之初，我們便希望這套書是要服務大學生和對中國歷史感興趣的一般讀者。也因此，我們訂下了幾點寫作的基本原則：

第一、書寫方式採取敘事型的手法，而非純粹學術論述或理論分析，引文也只限於必要的範圍。

第二、必須融入近年來新研究之成果，但並非研究回顧，而是以新研究為基礎，融會貫通而成的新通述（synthesis）。

第三、反映近年來新研究之趨勢，避免只聚焦於上層政治、宮廷政治，而多著墨社會經濟、日常生活、菁英與大眾文化（high culture and popular culture）之交流、性別、地方社會的多樣性等議題。

第四、重視非漢族群與非漢字中心的觀點，以及不同朝代與亞洲其他地域互動的關係，從世界史的角度來理解中國史。

第五、在參照融會新近研究時，注重中文（特別是臺灣）學界的研究，以期與其他相類似叢書在見解與框架上有所區別。

為了完成這項計畫，我們邀請了精熟各個時代的資深歷史學者擔綱作者。我要在此感謝各冊作者，承擔起這項不容易的工作。每一代人都有自己認識和書寫歷史的方法。我們期待這套叢書，能代表這個時代對於中國歷史的認識，聯結起過去與現在，並為所有想要了解中國歷史的人，提供一個全面而深入的視野。

# 目次


總序 003

導言 015

一、政權分立與均勢演變——015

二、社會階層分化與民族矛盾——020

三、貨幣經濟的衰退與地域開發的擴大——025

四、多元燦爛的貴族文化——030

第一章 東漢王朝的崩潰與三分天下的形成 041

一、豪族的發展與社會經濟問題——042

二、結構性的腐敗：外戚政府與宦官政府——045
三、帝國的自殺：士人清議與黨錮之禍——052
四、太平道與黃巾之亂——058
五、董卓亂政與群雄割據——062
六、從官渡之戰到赤壁之戰——066

## 第二章 三國鼎立與政權演變

第二章 三國鼎立與政權演變 075
一、三國的確立——076
二、三國再較量與外交的架構——084
三、蜀漢的南征北伐與滅亡——092
四、孫吳政權的江東化與討伐山越——102

五、曹魏的立國與新制度——118
六、高平陵政變與司馬氏篡魏——127
第三章 西晉的改革與戰亂 143
一、西晉初年的新政與立國精神——144
二、繼位之爭與併滅孫吳——150
三、太康的盛世與腐敗——156
四、從八王之亂到永嘉之亂——164
第四章 東晉流亡政權的成立與發展 171
一、東晉流亡政權的成立——172
二、難民潮與流民的安置——178

三、荊揚勢力的平衡——185
四、北伐與土斷——190
五、淝水之戰與東晉後期的政局——199
六、孫恩之亂與劉裕的崛起——206

第五章 五胡十六國與胡漢抗爭 217
一、五胡諸族的內徙與「徙戎論」——218
二、匈奴劉淵起兵與羯族石勒建國——225
三、前秦苻堅統一華北與敗亡——238
四、五胡國家的特色與華北社會的變化——250

第六章　南朝政權與貴族社會　263
一、宋齊骨肉相殘與恩倖政治——264
二、門閥的鞏固與寒人的興起——276
三、梁武帝的改革與崇佛——281
四、侯景之亂與江陵之變——290
五、「開山撫蠻」與陳霸先的興起——300
六、陳朝的政權性格與弱點——306
第七章　北魏入主中原與體制變革　317
一、鮮卑「石室」的發現與拓跋氏的興起——318
二、北魏的建國與部落解散——322

三、統一華北與國史之獄——326
四、文明太后的務實改革——337
五、孝文帝的漢化改革——347
六、洛陽的繁榮與腐敗——363
七、六鎮之亂與河陰之變——373


## 第八章 北朝後期的東西對抗 383

一、東西魏對抗局面的形成——384
二、正統之爭與胡漢體制之爭——392
三、東魏的政局與權力傳承——397
四、西魏的政局與變革——403

五、北齊的政治衝突與衰亡——410
六、北周的政局與擴張——421
七、北周的弱點與楊堅的興起——427

## 第九章 社會經濟生活的重大變化 439

一、門第的形成與精神——440
二、城市與鄉村的轉變——444
三、自然經濟與貨幣的變動——448
四、飲食的重大變化：酪漿與茗茶——455
五、婚姻與婦女地位的變化——459
六、紙張普及及帶來的變化——465

**第十章　清談玄學的興起與發展**　473
一、清談與玄學的興起——474
二、清談與玄學的發展——479
三、清談與玄學的重振與衰微——492
四、魏晉風度與「清談亡國」的省思——498
**第十一章　道教的發展與佛教的傳播**　503
一、道教的形成與發展——504
二、佛教的傳播與發展——517
**第十二章　國際秩序與文化交流**　537
一、「中華世界」與三國正統——538

二、兩晉時期「中華世界」的分化——545
三、南北朝時期「中華世界」的紛立——550
四、絲綢之路與文化交流——556
參考書目 569

# 導言

魏晉南北朝作爲夾在秦漢帝國與隋唐帝國之間，一段長達四百年動盪不安的年代，常被形容爲中國歷史曲線上兩次高峰間的低谷。在傳統的「治亂史觀」下，被認爲是一個黑暗的分裂時代，是一段只有戰亂沒有光彩的年代。這不能不說是一大誤解。其實魏晉南北朝儘管政治動盪，但在社會經濟、學術、宗教以及文化藝術各個層面，都是多彩多姿的。

## 一、政權分立與均勢演變

### 政權分立與「分合史觀」的謬誤

東漢靈帝光和七年（一八四）爆發了黃巾之亂，導致漢帝國走向崩潰，歷經群雄割據，最終形成魏、吳、蜀三國鼎立。再經數十年的演變，由司馬氏的西晉再造一統。然而，西晉王朝短暫承平不到十年，就因政爭導致八王之亂，再引爆永嘉之亂。司馬氏流寓江東，成立東晉政權，華北則陷入五胡政權的統治，此後大致維持南北對峙的情勢。南方在東晉之後，又歷經宋、齊、梁、陳四個王朝的遞嬗。北方則由後起的北魏鮮卑拓跋氏入主中原，後來北魏分裂爲東、西魏，再各自演變爲北齊、北周。最後北周滅北齊，隋文帝楊堅篡北周，又滅南朝的陳（五八九），結束了長久分立的局面。

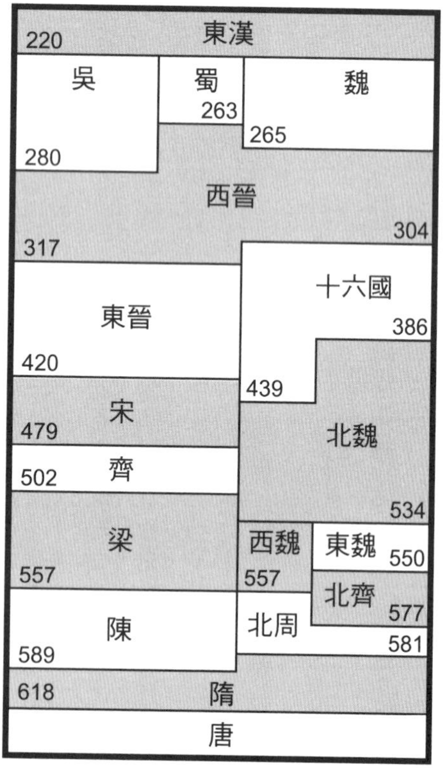


表0-1 魏晉南北朝年代表。

魏晉南北朝政權分立，戰亂頻仍，令人眼花繚亂。相較於兩漢四百年的大帝國，以及其後三百年的隋唐帝國，確實可稱之爲大分裂的時代。元末小說家羅貫中在《三國演義》中，一句氣勢磅礴的名言：「天下大勢，分久必合，合久必分」，更深刻地影響後世，認爲中國歷史演變是依循「統一」與「分裂」而循環，成爲一種以大一統爲常態的「分合史觀」。然而，小說家之言雖然精彩動人，但不應該盲目地奉爲金科玉律。就邏輯上而言，「分合史觀」可說是一種套套邏輯（tautology），即恆眞式，因爲就狀態而言不是分就是合，因此到底多久會分？多久會合？如果不說清楚「多久」，就是詭辯。而且這種史觀只拘泥於形式，完全忽略了更爲重要的實質內涵，無意中陷入了「形式論」的謬誤。何況就世界史的經驗來看，「分合史觀」也不是普遍的法則，譬如歐洲的「天下」，就無法用「分合史觀」來理解了。

至於把「分裂的時代」進一步認定爲「黑暗的時代」，則可能是受孟子思想「一治一亂」、「天下定於一」（《孟子・滕文公下》）的影響。事實上不論政治上是否維持統一的秩序，都不必然決定歷史其他方面的走向。換言之，政治上的動盪不安，不必然會導致文化的黑暗。譬如孟子自認所處是「禮樂崩壞」（封建體制瓦解）的「一亂」時代，但從後世來

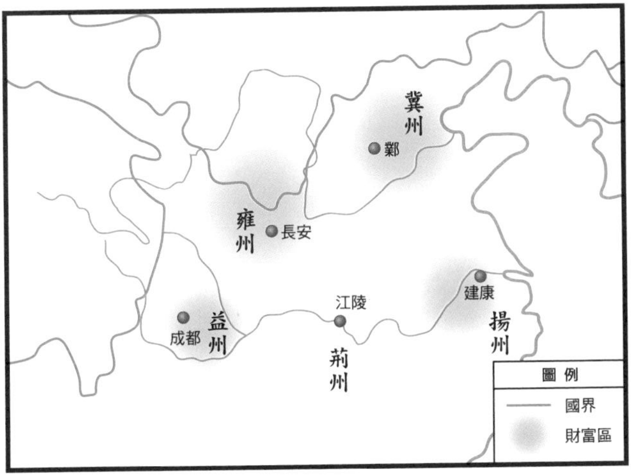


圖 0-1　魏晉南北朝四大財富區簡圖。

看，當時在文化上卻是中國歷史上「百家爭鳴」的古典黃金時代。同樣的，儘管魏晉南北朝在政治上確實是動亂不已，但也是中國歷史上繼春秋戰國之後又一次文化輝煌燦爛的時代，此點稍後再述。

## 由均勢平衡論大分裂

話再說回來，探討東漢帝國崩潰之後何以迎來四百年的大動亂，才是值得關注的重點。從外在形勢來看，這四百年的大動亂可簡單地由國際政治的均勢平衡來解釋。兩漢以前，中國政治經濟的重心在華北，因此統一華北即意謂著新王朝即將成立，然而三國時代曹魏統一華北，卻無法併滅孫吳與蜀漢，這又是為什麼呢？略而言之，魏晉南北朝時期有四個財富區，即（一）以長安為中心的關中地區、（二）以冀州為中心的關東地區、（三）以揚州、荊州為中心的東南地區、（四）以益州為中心的西南地區。三國的鼎足實際上是南北各二個財富區對峙的均勢平衡，後來蜀漢被滅而均勢破壞，才會有西晉的統一。

永嘉之亂後，東晉主要據守江南，巴蜀另有成漢，華北則有前、後趙的對立，形成四方對峙的平衡。前趙併後趙，經過後趙末年的動亂，最後由前秦苻堅統一華北。南方則東晉併滅成漢，與前秦形成南北對峙的平衡。

淝水之戰後，華北再度陷入分裂。東晉趁勢追擊到黃河以南，但是內部隨即陷入政爭，並引爆孫恩之亂，最後由北府兵將領出身的劉裕平亂，進而篡東晉，建立南朝的劉宋政權。北方經過一段混亂，由後起的鮮卑拓跋氏入主中原。局勢又回到南北對峙的平衡。

到了北魏末年爆發六鎮之亂，北魏分裂爲東魏與西魏，而與南朝的梁國再度形成三足鼎立，可稱之爲「後三國時代」。東、西魏互爭正統，形同水火，東魏交好梁國又連結塞北的柔然、青海的吐谷渾，對西魏形成四面包圍之勢。西魏實力最弱，猶如三國時期的蜀漢。但東魏始終未能併滅西魏，而南朝梁國也沒有積極進取，因而維持三足鼎立。

六世紀中葉，整個形勢又有了大變化。南方爆發侯景之亂後，由陳霸先收拾殘局建立的陳國，已失去江北、巴蜀之地。華北則演變爲北齊、北周，雖然仍是三足鼎立，但是由西魏蛻變的北周，已攻取巴蜀之地，領土貫穿關中與巴蜀二個財富區，三百多年前蜀漢諸葛亮試圖由巴蜀北伐關中沒有成功，如今西魏宇文泰卻由北而南完成了。北周聯合新興的突厥威脅北齊，後來滅了北齊，形成對陳三面包圍，均勢平衡的局面再遭破壞，最後由篡北周的隋文帝楊堅滅陳，重歸一統。

以上的均勢平衡與破壞，只是就「中國本部」概要言之，若再把東亞與北亞的情勢考慮進來，則更爲複雜。近代日本、韓國學界多留意中原動亂對東北亞地區的刺激，以及東亞歷史世界的形成問題，就是跨越「中國本部」，而關切整個東亞歷史的發展。

均勢的演變，看似雜亂無章，但仔細觀察仍有脈絡可循。大致上，力圖突破平衡的力量主要來自北方，一方面當時北方仍爲政治經濟的重心，在生產秩序逐漸恢復後，客觀實力上對南方仍然保有優勢；另一方面，北方政權無論是西晉司馬氏、胡族君主或隋文帝楊堅，主觀上都有較爲強烈的南侵野心。相對的南方政權則漸趨保守，因此雖然局勢一再重整均勢平衡，但北強南弱的氣勢仍然一再破壞平衡，而這種均勢平衡與破壞的一再拉鋸，遂造成長達四百年的動盪局勢。

以上只是從外顯形勢來說明而已，如果要再深入解釋長期動亂的原因，勢必要再追察造成均勢平衡與破壞的複雜因素，而這些複雜因素，多源自於兩漢以來深藏於社會底層的種種矛盾，可簡單歸結爲「社會階層分化」以及「嚴重的民族矛盾」兩大問題，而這也是魏晉南北朝的另一項時代特色。

## 二、社會階層分化與民族矛盾

### 社會階層的分化

兩漢四百年相對和平的統治，社會經濟的發展雖然累積了巨大的財富，但也導致土地兼併、貧富差距的擴大，所謂「富者田連阡陌，貧者無立錐之地」，地方社會形成擁有大量土地的各種形態的豪族階層。又由於漢武帝之後「獨尊儒術」，熟讀儒家經典，考試及格就可當官（通經致仕），因而也出現許多知識官僚階層。其結果是原本以龐大庶民百姓（編戶齊民）爲主的社會結構（即一君萬民），發生巨大的變化，社會上出現許多具有地方勢力或深具民望的領導階層。這種發展趨勢在魏晉南北朝達到最高點，傳統史書對其較上層者多以門閥、門第或士族（甲族、膏腴等）稱之，日本學界則多以貴族稱之；至於地位稍次者，則又有豪族、豪強、大姓、寒門等等稱呼。

由於門閥貴族利用曹魏以來的選官制度「九品官人法」，長期任官而維持權勢，造成所謂的「上品無寒門，下品無勢族」、「士庶天隔」的現象，因此這個時代又被稱爲門第社會的時代或貴族時代。

另一方面，一般「編戶齊民」的小自耕農，由於疾病或天災等種種原因而出售土地，成爲半自耕農或「無產階級」，淪落爲大地主的佃客、部曲、奴客、奴僕而賤民化。再加上長期的動亂，大量的流亡人口投靠豪門，社會的中上階層都掌握著大量的依附人口，甚至後來佛教發展出寺院經濟，也有大量的依附人口，都不在朝廷掌握的戶籍之中，政府的稅基也因此大量的流失。

## 社會階層分化與長期動亂的關係

據《通典・食貨》記載，東漢桓帝永壽三年（一五七）約有一千零六十八萬戶、五千六百四十九萬口，但到晉武帝太康元年（二八〇）再統一時，只剩約二百四十六萬戶、一千六百一十六萬口。一百多年間，戶數減少超過四分之三，人口減少超過三分之二。其中固然有部分是死於戰亂、饑荒或疾疫，但更多的是投靠豪門，成爲隱藏性的戶口。因此這時期的政治可說是帝王與門閥豪族瓜分戶口而治的政治，當彼此的利益激烈矛盾，常導致政爭或動亂。總之，此時期的社會階層分化，衍生嚴重的社會經濟問題，乃是造成長期動亂的結構性因素之一。

## 民族矛盾的由來

兩漢以來盤據在邊地的外族非常複雜，漢帝國對外的擴張，不論是征服外族或接納外族來降，最後都衍生出「少數民族」問題，成爲帝國的隱憂。以西南邊的羌族爲例，早在東漢之初，《漢書》作者班固的父親班彪就曾上書說：「今涼州部皆有降羌，羌胡被髮左衽，而與漢人雜處，習俗既異，言語不通，數爲小吏黠人所見侵奪，窮恚無聊，故致反叛。夫蠻夷寇亂，皆爲此也。」（《後漢書．西羌傳》）

再以南匈奴爲例。南匈奴來降之初，漢以「客禮」待之，尊匈奴單于位在諸侯王之上。但是魏晉以後南匈奴地位日益低下，匈奴貴族形同帝國屬下的官僚。一般匈奴民眾漸習農耕，或農牧並行，但遇荒年天災不免貧困，經常遭受地方官吏的剝削，或受地方豪強的欺壓，以致有淪落到賣身為奴的悲慘境地。西晉末年南匈奴貴族劉宣鼓動劉淵起兵時，曾說：「晉為無道，奴隸御我。」（《晉書．劉元海載記》）充分顯示「少數民族」淪落到奴隸般的命運。

據日本學者田村實造的估計，四世紀到六世紀約有一千萬的匈奴、烏桓、鮮卑、氐、羌（即所謂的五胡）等民族移動，潛居華北，其人口之多、規模之雄偉，在中國史上的重要性可比擬歐洲史上日耳曼民族的大移動。或許民族移動的數量有所高估，但即使是打個折扣仍然是很驚人的。

## 民族矛盾與長期動亂的關係

基本上，「五胡」起兵帶來的「永嘉之亂」，以及隨後牽動的南北民族大移動，都可以看做是漢帝國對外擴張帶來的後遺症，或者說是漢帝國對四邊擴張的反作用力。如上述帝國內的「少數民族」，數百年來遭受到奴隸般的壓迫，民族矛盾形同潛藏的火藥庫，因此傳統所謂的「五胡亂華」，實際上是被奴隸的「少數民族」的獨立運動。

此時胡族進入華北已數百年，既已習得農耕生活，又長期受到漢文典籍的影響，具有大一統的中華帝王思想。因此他們起兵叛變後，並不想要回到塞外再過游牧生活，而是要在中原建造統治包括胡漢的大一統帝國。然而，胡漢之間長期累積的矛盾與仇恨，並不是那麼容易化解的，因此這個時期的民族衝突此起彼落，如何超越胡漢之間的藩籬反而是有作爲的胡族君主的歷史課題。像後趙石勒、前秦苻堅、北魏孝文帝、北周武帝，無不致力於「民族融合」的政策，包括任用漢人、採用漢人制度、推行儒教等等，一般泛稱之爲「漢化」政策。

話再說回來，不論胡族君主本身如何的「漢化」、實行多少的「漢化」政策，胡族國家的主體性仍然在胡族。因此當漢族勢力威脅到胡族統治時，其血腥鎮壓絕不手軟，如北魏太武帝拓跋燾屠殺漢族名門崔浩的「國史之獄」，「清河崔氏無遠近，范陽盧氏、太原郭氏、河東柳氏，皆浩之姻親，盡夷其族」（《魏書・崔浩傳》）。另外，華北的民族衝突不限於胡漢之間，各胡族彼此之間的衝突也非常激烈，譬如前秦在淝水戰敗之後，內部各種胡族勢力趁機叛離，帝國也隨即土崩瓦解。

華中、華南的民族問題，又是另一番景象。華中、華南的非漢族土著族群（蠻、越、俚、獠、溪等等），在總人口數上雖然遠多於漢族，但由於地形多山川沼澤、部落組織鬆散、缺乏有力的政治組織，大多處於被漢族分化統治的狀態。早在三國時代的孫吳政權，就對土著「山越」展開大規模的征討，掠奪其土地與人民，動輒數以千計的斬殺，大肆搜括人口，「彊者爲兵，羸者補戶」（《三國志・吳書・陸遜傳》）。永嘉之亂後大舉南逃的北方漢族，在大致上是孫吳舊境的華中、華南地區建立東晉流亡政府，其領導階層被稱爲僑姓士族，把持政經大權，壓抑吳人。即使到了南朝，連南方的吳姓士族也還是受到壓抑，更何況是居於社會最底層的非漢族土著，幾乎是永不得翻身。

東晉南朝政權以開發之名，對非漢族土著進行無止境的搜括與屠殺。其慘烈之狀，梁代沈約在《宋書．夷蠻傳》記載，劉宋將領「恣行誅討，自江漢以北，廬江以南，搜山盪谷，窮兵罄武，繫頸囚俘，蓋以數百萬計」，連孩童老人都一律斬殺，沈約行筆至此，也爲之鼻酸。

總之，當時的北方與南方民族矛盾都非常嚴重。不論是忙於解決內部的民族矛盾，或抵禦外部不同民族政權的侵略，都是造成這個時期動亂的結構性因素之一。

## 三、貨幣經濟的衰退與地域開發的擴大

### 戰亂對經濟的破壞

魏晉南北朝長期的動亂，必然帶來嚴重的破壞，首當其衝的是人民的傷亡與流離。曹操的詩〈蒿里行〉中描述當時人民的傷亡：「白骨露於野，千里無雞鳴。生民百遺一，念之斷人腸。」情形或許有所誇張。《三國志．魏書．張繡傳》稱「天下戶口減耗，十裁一在」，可能也只是推測。但由前引《通典》所載，西晉再統一時的戶口比東漢減少超過三

分之二，也確實相當驚人。

雖然減少的人口並非全是傷亡，可能大部分是逃散各地，或投靠豪門成爲隱藏性的戶口。但戰亂必然會破壞穩定的勞動環境及剝奪生產的勞動力，進而導致總體生產量的衰退，商業貿易也隨之萎縮。因此，戰亂嚴重地區，門閥豪族率領宗族鄉人，建立軍事防禦性的「塢壁」，或據守莊園，呈現自給自足的經濟形態。

## 貨幣經濟的衰退

初民社會爲自給自足的經濟形態，當有剩餘物質要交易時，多爲「以物易物」的交易。後來經濟發達，交易量大增，遂創造「貨幣」做爲交易的媒介。商、周時期常見以貝殼爲貨幣，因此漢字與財物有關的字常帶「貝」字偏旁。春秋戰國以後商業發達，各國創造出各式各樣的貨幣，如布幣、刀幣、錢幣等。秦併六國後，以黃金及銅錢做爲統一的貨幣，兩漢大致承襲不變。由於戰國以後，金屬貨幣使用量大增，直到兩漢時期，學者稱之爲「貨幣經濟時代」。

東漢後期，由於戰亂帶來的破壞以及銅錢不足，經濟大幅衰退，戰亂地區商業貿易幾近停頓，貨幣流通量銳減，經濟形態又退回到自給自足的階段。這種情形雖然也會因地域或時代而略有變動，但總體面貌持續到唐代前期，經濟史學者全漢昇稱之爲「中古自然經濟時代」。

不過，漢末以後的經濟衰退，也並不是完全回到沒有貿易的自給自足階段。當「戰亂」狀態暫時緩和，又恢復了某種程度的貿易。只是銅錢不足，出現了以穀物及絹帛取代銅錢做為交易媒介，但貿易量仍然很有限，本質上還是一種「自然經濟」。戰亂比較少的華中、華南地區，商業貿易較發達，貨幣需求量較高，有些地區錢幣、金銀的使用十分普遍。南朝政府曾多次發行錢幣，但政策混亂、人謀不臧，造成通貨膨脹（物價上漲）與通貨緊縮（物價下跌）交替肆虐的現象，讓「貨幣經濟」的發展再度受挫。（詳見本書第九章）

不論如何，魏晉南北朝的金屬貨幣流通量大幅衰退，穀物及絹帛取代銅錢交易，與兩漢時期錢幣盛行的情形相比，可說是貨幣經濟衰退的時代。

## 地域開發的擴大

長期的動亂，雖然造成華北地區經濟發展上的倒退，但也有一些地區在這個時期是擴大開發的，而這種擴大開發，相當程度地改變了地貌景觀。

首先，華北四周受戰亂波及較小的地區，諸如華中、華南地區，以及河西走廊、遼東半島等，因大量流民的移入而擴大開發。東漢時期，由於邊塞民族逐漸遷徙進入華北黃河流域，而推動漢族人民向南方移民的潮流。漢末以來戰亂的重災區，主要在華北黃河流域。逃避戰禍的流民方向，大多數是由北而南。孫吳在江東立國，除了招收流民，更重要的是聯合江東豪族征討土著民「山越」，結果是擴大了江東山野地域的開發。永嘉之亂後，流民更大量南下，主要有三條路線，一是由黃河下游南下，進入淮河流域，再南下到長江下游；二是由長安、洛陽翻山南下，沿漢水而至長江中游；三是由長安西行再翻越秦嶺南下入四川盆地。這些南下的流民大多停留於長江流域，也有部分再南下到華南地區，他們是開發的勞動力，其結果乃擴大了更多地域的開發。

除華中、華南之外，北方相對安定的河西走廊與遼東半島，也是流民的去向。五胡十六國時期，在河西走廊一帶建國的五涼諸國，就是吸收來自中原的流民而立國；在遼東半島的鮮卑慕容氏，則是依靠安置來自河

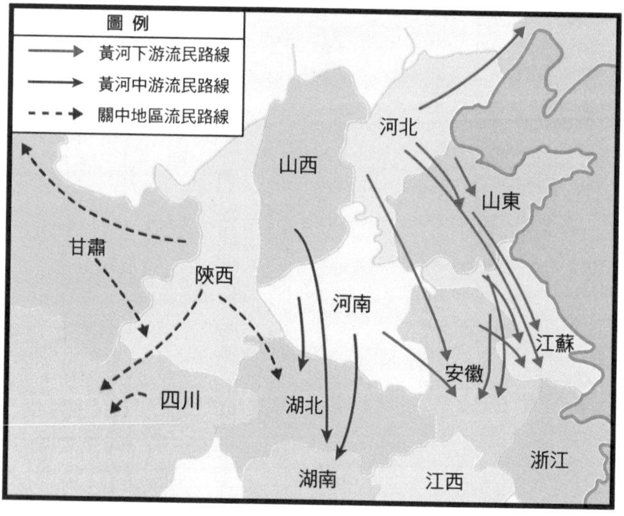


圖 0-2　永嘉亂後流民路線圖。

北各郡的士族與平民，而建立前燕。這些割據立國同時也意味著開發的擴大。

其次，華北受戰亂波及較小的鄉野偏遠之地，也是另一個擴大開發的地區。古代華北社會聚城而居，秦漢社會大多沿此傳統而形成「集村式」的村落，但隨著豪族的土地擴大與經營，聚集佃農與奴婢從事開墾，離開城郭到新闢地形成「塢」與「村」，逐漸形成「散村式」的村落。漢末以來的戰亂更破壞傳統的城郭，流民四散，無力遠行或來不及遠行者，只能逃亡鄉野偏遠之地，另建塢堡或村落。在長期反覆的戰亂歲月裡，「集村式」的城郭被破壞殆盡，各地小型的塢堡或村落，如雨後春筍般地冒出，「散村式」的村落更加普遍，擴大了鄉野偏遠地區的開發，也大幅改變了華北的地理景觀。如果有一臺空拍機拍攝，可以看到華北呈現「塢堡」、「村」散落各地的狀態。

最後，因佛教、道教的傳播，許多高僧或道士深入各地山林地區修行，連帶吸收信眾或逃避稅役的人民前往寺廟周遭開墾，這是另一種類型的擴大開發。以佛教爲例，南朝梁代僧尼有數十萬之多，僅京城建康就有僧尼十餘萬人，其中包括下層的勞動僧尼，以及來依附的「白徒」和「養女」，也都是寺院的勞動人手。北朝佛教更盛於南朝，《魏書．釋老志》說，北魏末年「僧尼大眾二百萬矣」，北齊高僧昭玄掌管僧尼名冊，「所部僧尼二百餘萬」（《續高僧傳》卷八），境內有寺院四萬餘所，北周有寺院一萬所、僧尼一百萬人。這些數字看起來誇張無比，但是即便打個折扣，也還是非常驚人。以上所見寺院，不論建於何處，都形成寺院經濟，促進其周遭的農業生產。尤其許多高僧、道士又多好於山林偏僻地區建寺修行，如東晉慧遠在廬山建東林寺、南齊道士陶弘景入茅山修行，都是有名的例子，其結果必然促使對山野地區的擴大開發。

# 四、多元燦爛的貴族文化

## 清談玄學的興起

魏晉南北朝雖然在政治上動亂不已，卻也是繼春秋戰國之後，又一次文化上輝煌燦爛的時代，先說清談玄學的興起。

兩漢經學發展到最後，失去了生命力而僵化，解經之文極爲繁瑣，「說五字之文，至於二、三萬言」（《漢書．藝文志》），經學已不能滿足年輕人對學問的渴求。漢末黨錮之禍，使漢帝國的人才「氣節之士」多被捕被殺。黃巾之亂、董卓亂政，經學中心被摧毀殆盡，如此變局自然更刺激知識分子，重新檢討自漢武帝「獨尊儒術」以來的儒教思想，因而有玄學的興起。當時最被重視的是《老子》、《莊子》、《易經》三部書，稱爲三玄。

玄學並不是否定經學，也不是否定儒家，而是以道家的態度與思維解釋經典，這是學術思想的大轉變，是知識分子的新自覺與新思潮。玄學開拓新視野，有助於後來佛教的傳播。雖然清談玄學後來也造成許多流弊，但後世以「清談亡國」，爲政治腐敗找代罪羔羊而全盤加以否定，並不公允。

## 道教的發展與佛教的傳播

中國古代社會有各種鬼神信仰，但卻要到東漢末才出現「太平道」、「五斗米道」等大規模、有組織、有教義的宗教活動。魏晉以後又有各種沿襲、改造的本土教派，後世統稱之爲「道教」。

道教的內涵可說是中國古代各種文化要素的複合體，如民間巫術、方士方術、老莊哲學、陰陽五行思想以及醫學知識等。世界上大部分的宗教多側重於死後世界的追求，道教則是追求現世的「長生不死」、「肉體成仙」。

東漢末年的「五斗米道」、「太平道」，在戰亂歲月中，成爲苦難農民的救贖冀望，但易於被導向爲反政府組織，不易被統治者所接受，因此常受政府的鎮壓與管制。到了東晉葛洪提倡修煉成仙的「神仙道教」，才使得道教易於被知識分子與統治者所接受。其後南朝的陸修靜、陶弘景以及北朝的寇謙之，都致力於改革道教，終於使道教由民間信仰，發展成爲官方認可的宗教。

佛教在漢代傳入中土，起初傳播不廣，且多附和道教或老子思想。漢末動亂，佛教在民間傳播漸廣，也開始重視佛教經典的翻譯，如孫吳有高僧支謙、康僧會，專門從事譯經。曹魏因受黃巾之亂的影響，採禁教政策，不僅禁道教、毀祠廟，也禁止祀奉佛像及出家爲僧，但仍有少數佛教流傳。到了曹魏末年，有潁川人朱士行第一個受戒出家，他又西行到西域的于闐取經，被視爲是到西方取經的第一人。據研究，後來小說《西遊記》的「豬八戒」，早期的版本多寫爲「朱八戒」，即指朱士行。

西晉時期佛教流傳又漸廣，首都洛陽已有佛寺四十二所，但佛教飛躍式地快速傳播，要從五胡十六國時期開始。五胡君主大多崇奉佛教，延攬高僧爲國師，以國家的力量推動譯經、廣建寺廟、舉辦盛大法會等等，佛教已形同「國教」。五胡君主特意崇奉佛教，原因很複雜，其中之一是以佛教與漢文化相抗衡，加強政權合理化的基礎。在五胡君主大力推廣之下，佛教很快地成爲北方苦難人民的主要信仰。到了北朝，佛教的傳播達到了鼎盛。

另一方面，南方在東晉時期，佛教大爲流傳，佛學由清談玄學的附庸，取而代之成爲士人鑽研的重要哲理。到了南朝梁武帝時代，梁武帝甚至四次出家，不做皇帝做和尚，眞是駭人聽聞，佛教也同樣發展到了「國教」的地位。

道教與佛教在魏晉南北朝廣爲流傳，顯示漢帝國瓦解之後，傳統文化已無力解決新的時代問題，人們的心靈逐漸從儒教的束縛中解放出來，重新摸索一條生命的道路。道教與佛教的發展，就是人們在心靈上找到的一條信仰之路。

## 經學與史學的發展

過往對此時期的印象是注重清談、玄學，但實際上經學並不因玄學的興起而衰竭。儒家的思想有助於維護社會秩序，因此西晉司馬氏以「名教」爲治，重視孝道並強調儒家的綱常倫理。西晉設立「國子學」招收貴族子弟，仍以儒家經典爲主要的修習科目。

魏晉南北朝的經學有其獨特的成就，許多著作多成爲後世所遵用的注本，如《周易》王弼注、《左傳》杜預集解、《穀梁傳》范寧集解、《論語》何晏集解、《爾雅》郭璞注等等。唐太宗貞觀年間，下詔孔穎達、顏師古等撰《五經正義》，多採納魏晉南北朝經學的成果，對宋代的經學、清代的樸學都有重大的影響。

魏晉南北朝也是一個史學非常發達的時代。中國史學名著有所謂的四史：《史記》、《漢書》、《後漢書》、《三國志》，其中的《後漢書》、《三國志》即成書於這個時代，更別說還有其他大量與多樣性的史著。

學問的進步表現於分類，這時期學問分爲文、史、玄、儒，宮中圖書依此分類典藏。《漢書．藝文志》將史書置於「春秋類」，《隋書．經籍志》則另立有獨立的「史部」。其中最足於表現魏晉史學特色的是「雜傳」，不僅在數量上超過其他形式的著作，且內容相當複雜，包括郡書、家史、類傳、別傳、僧道、志異等等。

魏晉南北朝史學發達的原因與時代的動盪息息相關。因爲史學是重視「變」的學問，相對於經學追求恆常的眞理，史學則記述變遷。魏晉南北朝政權迭起、社會動盪，正提供史學撰寫不盡的題材。

## 文學與藝術的發展

文學在魏晉南北朝也有很大的發展。曹丕《典論．論文》的名言：「蓋文章，經國之大業，不朽之盛事。」被視爲是文學獨立的宣言。文學不再附屬於經學，文學本身就可令人不朽。看到後來曹丕爭位勝利，但其弟曹植卻以文學成就，後世聲名遠在曹丕之上，宛如爲以上名言做註腳。

漢末以來時代動盪，作者不明的《古詩十九首》，一般認爲是東漢末年的作品。其主題多以離別、哀愁爲主。曹操、曹丕、曹植父子三人都熱愛文學，在他們的提倡下，出現了頗富盛名的「建安七子」，其後又有與魏晉清談玄學風潮相關，遠離世俗的玄言詩、遊仙詩，再到東晉南朝以陶淵明爲代表的田園詩、以謝靈運爲代表的山水詩，都是流傳千古的文學作品。還有，駢體文與宮體詩雖然常被後世批評爲過度講究文字的對仗、用典，但卻充分表現六朝華麗的貴族特色，其文學價值也不可輕易抹滅。

文學的發達，乃有文學批評的論著。曹丕的《典論・論文》被視為是最早的一篇文學批評名著，強調「文以氣為主，氣之清濁有體，不可力強而致」，才氣不同風格不同，各有優劣，不必相輕。南齊劉勰的《文心雕龍》，則是一部體大思精的文學批評和文學理論著作，既討論文學創作的技巧，也評論作品的優劣，其主張內容的充實勝於詞藻的浮麗。南梁鍾嶸的《詩品》，反對詩歌創作過於重視聲律與用典，講求自然音律與創造性，但他本身內容仍然詞藻華麗，顯示整個時代的文學特色，多以形式主義展現文學之美，後世也不可輕易否定其價值。

至於藝術方面，書法、繪畫的藝術在這個時代都達到了難以超越的高峰。眾所周知，戰國以前的字體是篆書，漢代的通用字體為隸書，東漢末以後發展出行書、楷書與新型的草書（今草），成為此後的實用字體，至於篆書、隸書變成只用於印章刻字、石碑、匾額等場合，這可稱之為字體革命。而與此同時，誕生了書法藝術。

書法藝術的發展與製紙技術的進步有很大的關係。早期的紙張表面粗糙，不適合用來書寫，主要用來包裝物品。東漢和帝時的宦官蔡倫加以改良後，才發展出適合書寫的紙張，並逐漸取代昂貴的絲帛與笨重的竹簡或木簡。紙張的改良與普及，幾乎與行書、楷書的誕生同時，行書、楷書、草書的特徵為筆畫線條輕快優美，這必須在光滑的紙張上快速運筆才能達成，東晉書聖王羲之的〈蘭亭集序〉，被稱為「天下第一行書」，使書法藝術達到了頂峰，這除了個人才華之外，應該也是紙張品質與毛筆的完美結合之作。〈蘭亭集序〉眞本已失傳，但有摹本流傳於後世。

再說繪畫藝術。三國時期佛教已在江南流傳，佛教畫也在江南發展起來。吳興人曹不興善畫人物像，他經常摹寫佛像，成爲中國佛像畫的始祖。傳說其弟子衛協曾作〈七佛圖〉，畫好之後不敢點睛，害怕點睛之後，佛會飛出去。東晉顧愷之作人物畫也最重視點睛傳神，他甚至注意描繪人物的性格，被譽爲畫聖。據說他的作品〈女史箴圖〉人物栩栩如生，但原作失傳，今有唐朝人的臨摹流傳下來。

梁朝張僧繇亦善畫人物，爲許多寺院作壁畫，傳說他爲安樂寺作四白龍壁畫，其中二白龍點睛之後，竟破壁乘雲飛走了，「畫龍點睛」的成語即由此而來。

晉、宋之際隨著山水詩的發展，山水畫也開始受到重視。劉宋宗炳創作了大量的山水畫並寫了〈畫山

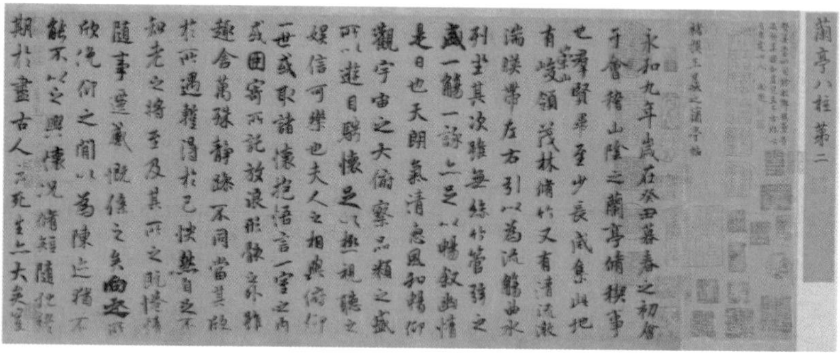


圖 0-3　王羲之行書〈蘭亭序卷〉摹本（傳唐褚遂良摹本）。北京故宮博物院提供，攝影者：劉志崗。

水序〉，推動山水畫的發展。劉宋時，花鳥畫也開始興起，最有名的是顧俊之的「蟬雀畫」。南京出土的晉宋間的墓葬中，發現有「竹林七賢」的磚刻畫，人物情態服飾各不同，氣韻生動，爲珍貴的墓室壁畫。北朝也有許多傑出的畫家，謠傳北齊楊子華在壁上畫的馬栩栩如生，夜晚可以聽到馬的長鳴叫聲。繪畫的興盛，乃至出現了繪畫理論的著作，南齊謝赫著《古畫品錄》，對後世的繪畫有很大的影響。

魏晉南北朝佛教傳播擴大之後，廣建佛寺，佛教的建築與雕刻藝術也發達起來，尤其以石窟造像最爲壯觀。佛教由中亞沿河西走廊而來，沿途都有許多佛教造像，開鑿石窟造像的年代大部分爲五胡十六國和北朝時期。著名的石窟如敦煌東南的莫高窟、敦煌西南的千佛洞、北魏平城附近的雲岡石窟、洛陽南郊的龍門石窟。以上石窟之內都藏有大量的造像和碑刻等，都是極爲珍貴的藝術寶庫，也是文化上千古的成

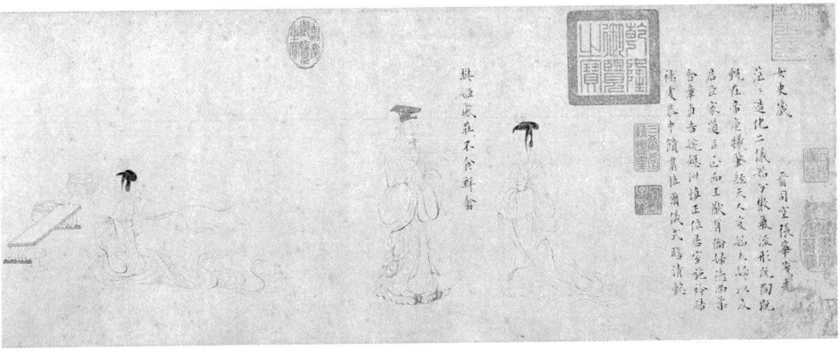

圖 0-4　顧愷之〈女史箴圖〉宋摹本。北京故宮博物院提供，攝影者：馮輝。

就。

## 貴族文化的光與影

以上魏晉南北朝輝煌燦爛的文化成就，大多出自門閥貴族之手，因此也可以說：魏晉南北朝的文化就是貴族文化。

長久以來，學術界對於魏晉南北朝的門閥貴族有著兩極化的評價。一種評價認爲，他們是高居社會上層壟斷政治權力、經濟利益的特權階級，所謂「上品無寒門，下品無勢族」；他們是荒廢政務、空言清談、奢華無度、壓迫人民的大地主，造成「朱門酒肉臭，路有凍死骨」悲慘社會的元凶；他們是倡導「士庶之別，如同天隔」、「門當戶對」婚姻的階級歧視論者等等。總之，門閥貴族是這個時代的壓迫者，應該全面加以批判。

另一種評價認爲，門閥貴族是這個動亂不安年代的安定力量，他們做爲社會的清流，秉持知識分子的良知，批判腐敗的政治，或帶領民眾逃離戰火的蹂躪，散盡家財救濟生死邊緣的民眾，維護經典文物，致力文化傳承，保存民族元氣，爲這個動亂的時代開創新的文化出路。

這些對門閥貴族正反兩面的評價都能舉出許多歷史依據，不過評論雙方所舉的，有時是不同的兩類門閥貴族，但有時同一門閥貴族有正反兩面的評價也不足爲奇，因爲這就是複雜的人性與複雜的歷史，歷史事物經常是正反並存，如同一體之兩面。

以貴族文化言之，門閥貴族壟斷資源，享受多數人的生產所得，而能創造出華麗的文化，可以說這種文化很邪惡，但也不能不承認其珍貴與美好。同時，我們也不應該只推崇這些藝術文物的成就，而忽略了創造該成就的不公平社會，這就是貴族文化的光與影吧。

第一章

# 東漢王朝的崩潰與三分天下的形成

東漢靈帝光和七年（一八四）爆發了黃巾之亂，朝廷雖然很快地出動了大軍平息叛亂，卻因朝廷內部的鬥爭引發西北軍閥董卓入京亂政。關東士大夫推舉袁紹爲盟主討伐董卓，形勢發展爲群雄割據，漢帝國已名存實亡。那麼，黃巾之亂是如何發生的？亂平之後又何以會有董卓亂政？董卓亂政又何以會發展成爲群雄割據？群雄割據何以最終演變成天下三分的格局？這是本章要探討的一系列問題。

# 一、豪族的發展與社會經濟問題

## 豪族社會的出現與西漢的滅亡

探討黃巾之亂是如何發生的，要溯源到兩漢豪族的發展，以及其衍生的社會經濟問題。秦漢帝國延續戰國以來的發展，周代世襲貴族多已沒落，基本上是以龐大的均質性庶民（編戶齊民）爲主，維持「一君萬民」的扁平化社會結構。

然而，隨著農耕技術進步，灌溉設施完備，農業生產提高，富農愈來愈多，累積財富後購買土地成爲大地主。經商致富者也投資土地，加入大地主行列。又由於漢武帝「獨尊儒術」，出現大量「通經致仕」，進而「累世經學」成爲「累世公卿」的知識分子官僚群，其結果是社會產生許多具有地方勢力的豪族官僚階層。

另一方面，一般平民或因疾病喪葬，或因天災意外，由貧農轉爲佃農，或再淪落爲大地主的佃客、部曲、奴客、奴僕等等各類依附民。階級分化的現象加劇，貧富差距擴大，土地兼併愈烈，終至於所謂「富者田連阡陌，貧者無立錐之地」，演變成嚴重的社會經濟問題。

西漢末年，王莽興起於這種社會經濟問題嚴重的背景，利用人民期望改革的風潮掌握大權，進而篡奪漢室、建立新朝。王莽以戰國時代的著作《周官》爲改革藍圖，推行了包括土地國有（王田）、禁止奴婢買賣、專賣國營事業等財經改革，被後人稱之爲「托古改制」。然而王莽的改革內容多與現實脫節，因此被批評爲「食古不化」，結果不但以失敗告終，反而引爆底層人民起兵的赤眉、綠林軍變亂，最後由南陽豪族出身的劉秀收拾殘局，再建漢朝，即爲東漢光武帝。

## 東漢豪族社會的再發展

東漢王朝成立於動亂之後，戰亂的傷亡使耕地不足的問題稍獲紓解，人民期盼安定。又有光武帝劉秀來自民間，相當了解民間的疾苦，因此與民休息、減輕稅賦、獎勵農桑。又鑑於王莽篡漢，於是特別推崇儒學、表彰氣節、以禮教爲治，一時中興氣象，大漢帝國宛如新造。接續其後的明帝、章帝時期大致維持政治清明，而有所謂的「明章之治」。

然而，東漢由南陽豪族集團所建立，沿自西漢以來豪族滋長的趨勢，並未有所遏止，甚至更變本加厲。當政治還算清明的時候，弊端尚可得到緩和，一旦政治走向腐敗，嚴厲的社會經濟問題又再出現，而且一發不可收拾。東漢自第四任皇帝和帝以後，朝政走向腐敗，由「外戚政府」再走向「宦官政府」。朝廷腐敗的情形留待稍後再說明，以下先看看，豪族勢力在地方危害的情形。

東漢桓帝時代的崔寔（一〇三一一七〇），在其著作《政論》中說：「上家累巨億之資，斥地侔封君之土，行苞苴（賄賂）以亂執政，養劍客以亂黔首（百姓）。」這是豪族（上家）賄賂官員、欺凌百姓的情形；又說：「故下戶踦嶇，無所跱足，乃父子低首，奴事富人，躬帥妻孥，爲之服役。」這是貧民（下戶）受到豪族壓迫的情形，可見豪族魚肉鄉民之一斑。

東漢末年的政論家仲長統（一八〇一二二〇），寫了《昌言》一書，其中〈理亂篇〉描寫當時的社會情形：「豪人之室，連棟數百，膏田滿野，奴婢千群，徒附萬計。」顯示當時的「豪人」役使著成千上萬的「奴婢」與「徒附」。

以上豪族勢力對地方的危害，可說是漢末「黃巾之亂」的大背景，後來再加上連年的天災人禍及新興宗教「太平道」的領導，才全面爆發變亂。那麼，促使這些問題更加惡化的「朝廷腐敗」，又是如何出現的？

## 二、結構性的腐敗：外戚政府與宦官政府

### 外戚政府

東漢朝政的腐敗先由外戚干政而起。西漢末年王莽以外戚掌權而篡漢，東漢初期有所警戒，還很少看到外戚干政的情形。但從第三代的章帝（劉炟，七十五—八十八在位）起，又有外戚專權的傾向。

章帝皇后竇氏的長兄竇憲在章帝時已掌權，章帝死後，十歲的和帝（劉肇，八十八—一〇五在位）繼位，由竇太后「臨朝稱制」，竇憲任大將軍，氣焰更加囂張。和帝非竇太后所生，外戚竇憲與皇帝無舅甥之情，和帝日漸長大，不滿被長期擺布，乃於在位的第四年（九十二）聯合宦官鄭眾政變，誅除竇憲，此後宦官勢力逐漸坐大。

元興元年（一〇六）二十七歲的和帝駕崩，皇后鄧氏無子，決定從皇子中「捨長立幼」，立剛出生百日的殤帝（劉隆），由鄧太后「臨朝稱制」。不到一年，殤帝夭折，鄧太后迎立旁系十三歲的安帝（劉祜，一〇六—一二五在位），仍「臨朝稱制」，朝中大權掌握在鄧太后及其兄弟手中。建光元年（一二一）鄧太后因病死後，長期活在鄧太后陰影下的安帝親政，立刻誅除外戚鄧家勢力。

延光四年（一二五），三十二歲的安帝駕崩，皇后閻氏升爲太后臨朝，選立旁系八歲

的劉懿，是爲少帝，外戚閻顯掌權，打壓宦官。少帝在位只七個月就病死了，閻太后還來不及選立新帝，宦官們在中常侍孫程的領導下先下手爲強，擁立安帝子、十一歲的順帝（劉保，一二五—一四四在位），並幽禁閻太后、剷除外戚閻氏勢力。宦官因擁立順帝之功，勢力再大漲。

漢安三年（一四四）三十歲的順帝駕崩，兩歲的太子沖帝繼位，皇后梁氏升爲太后臨朝，兄梁冀爲大將軍專權。沖帝在位僅數個月就病死了，梁太后選立旁系八歲的劉纘，是爲質帝。梁冀更加囂張跋扈，質帝在位僅一年餘，氣不過梁

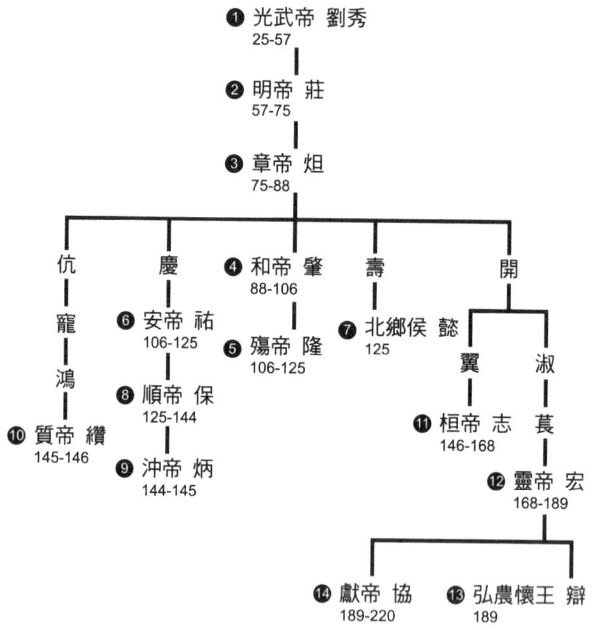


圖 1-1　東漢帝系圖。

冀的囂張跋扈，叫他一句「跋扈將軍」，竟因而被毒弒，梁冀另立十五歲的桓帝（劉志，一四六—一六八在位），梁冀妹為后，梁氏權勢達於顛峰。直到延熹二年（一五九）梁皇后死，桓帝和宦官五常侍聯手誅殺梁冀，才結束了外戚專權的時代。

以上外戚的專權，竇氏四年（八八—九二），鄧氏十六年（一〇五—一二一），閻氏七個月（一二五），梁氏十五年（一四四—一五九），合計約達三十六年，可稱之為「外戚政府」的時代。

東漢後期之所以會出現如此長久的「外戚政府」，有其結構性的因素。簡單地說，東漢的外戚不是普通的外戚，或者說，東漢的皇后不是普通的皇后。東漢光武帝出身於南陽豪族，其功臣也多為豪族集團，基於政權共享以及親上加親，皇后乃多出自豪族功臣集團。如光武帝皇后陰氏、明帝皇后馬氏、章帝皇后竇氏、和帝皇后鄧氏、安帝皇后閻氏、順帝皇后梁氏都是豪族功臣集團。如果皇后出身只是一般平民，很難發展出龐大的外戚勢力，但東漢的皇后家族早就是外朝的高官，一旦太后臨朝，因儒家倫理講究男女授受不親，太后與外朝大臣議事不方便，引用其父兄寄以腹心，又可避免誹聞，因此就演變成「外戚政府」。

外戚人物也有賢者，如鄧騭、梁商及竇武等。然而，大多數的外戚專權時，政治多腐敗，如竇憲「盡樹其親黨賓客於名都大郡，皆賦斂吏人，更相賂遺，其餘州郡，亦復望風從之」（《後漢書・袁安傳》）。鄧太后臨朝較為勤政，其兄鄧騭亦能任用賢能，但並未能遏止地方的腐敗。著名的「羌亂」即發生在這期間，當時的思想家王符在其著作《潛夫論》中，批評「羌亂」擴大乃因地方官腐敗，中央官員也冷眼旁觀，不顧人民死活，後來動亂雖平，但府庫空虛，國勢日衰。

至於「跋扈將軍」梁冀當權之時，在朝中結黨營私、剷除異己，在地方貪黷、任意搜刮民間財物，動輒以億萬計，把豪族在地方上的橫行霸道，擴大成全國性的規模。

## 宦官政府

東漢中期以後的政治，可說是外戚與宦官交相亂政。以上不同外戚專權之間的空檔期，正是宦官勢力逐漸坐大的時期，朝政也同樣腐敗。那麼，以下再說宦官干政是如何形成的。

世界歷史上許多地區都有使用閹人，如古代希臘、羅馬、西亞諸國、印度、回教國家如黑契丹（西遼）等，但若論歷史久遠、數量規模、制度完備，則非中國莫屬。這應該和帝國體制與「男女之防」的觀念有關，宦官已成為中國帝國體制的「必要之惡」。

中國古代將男性被征服者或罪犯「去勢」之後，做為奴隸使用，最早已見於殷商甲骨文。史書常見的稱呼有太監、閹人、宦者、內侍、寺人、公公等，一般通稱之為宦官。有名的宦官如秦朝的趙高，「指鹿爲馬」的亂政使秦二代而亡。西漢武帝時的司馬遷因諫獲罪，被去勢後仍忍辱完成史學名著《史記》，則是另一個家喻戶曉的故事。其後宦官爲害最甚的是東漢、唐、明三個王朝。

西漢宮中大總管的「中常侍」仍然有用非宦官的士人，但到東漢時，宮中的中常侍則已全用宦官了。東漢宦官勢力坐大有兩個主要的因素，一是女主臨朝，二是皇帝政變親政。由於女主臨朝，不接見外朝官員，藉宦官和外朝聯絡，無形中逐漸增長宦官的權勢，其職務已由處理宮中日常雜務，提升到參與政事，所謂「手握王爵，口含天憲」（《後漢書．宦者列傳》）便是如此。

宦官權勢更進一步擴大，主要還是參與宮廷政變、協助皇帝親政。前述和帝不滿外戚竇憲專權，欲奪回政權，不敢靠外朝的官員，只能與侍奉其私生活的宦官鄭眾等密謀，最終政變成功，論功行賞，宦官勢力才漸坐大。

鄧太后臨朝期間，宦官因與外朝聯絡，勢力仍在暗中滋長。鄧太后死後（一二一），安帝誅除鄧家勢力，宦官勢力又再增長。安帝死後（一二五），少帝即位，外戚閻氏準備要整肅宦官，不料少帝突然去世，宦官們先下手爲強，在中常侍孫程的領導下，擁立順帝，剷除外戚閻氏勢力。順帝因宦官有擁立之功，大加行賞，共封了十九侯，其中孫程「食邑萬戶」。永建四年（一二九），孫程死，順帝下詔書：「宦官養子悉聽得爲後，襲封爵，定著乎令。」本來宦官得勢榮華只及其身，現在宦官收養子可襲封爵，且養子不必被限制在宮中，等於是讓宦官勢力擴張到全國各地。這一措施對宦官勢力的擴張，產生了關鍵性的影響。

順帝死後，梁太后臨朝（一四四），外戚梁冀擅權，宦官勢力稍受壓抑，但到梁皇后死後（一五九），長期被擺布的桓帝與宦官單超密謀政變，爲堅定決心，「帝齧超臂，出血爲盟」，終於成功翦除梁冀，結束了外戚專權。桓帝封宦官五人爲侯，號稱「五侯」。此後即在宦官擅權之下，發生了兩次「黨錮之禍」，因此東漢末桓帝、靈帝時代的政府，已形同「宦官政府」。

宦官的出身都有特殊的緣由，由於生理上的殘缺，常導致心理上的不平衡。因此當其富貴之後，常出現報復性的奢華，橫暴比外戚更爲嚴重。如「五侯」之一的侯覽，「貪侈奢縱，前後請奪人宅三百八十一所，田百一十八頃。起立第宅十有六區，皆有高樓池苑，堂閣相望，以綺畫丹漆之屬，制度重深，僭類宮省」（《後漢書．宦者列傳》）。

宦官之爲害，不僅是魚肉百姓，還干亂選舉。河南尹田歆本來要推薦六名孝廉，但受到宦官勢力的請託，被內定了五名都不敢拒絕，最後只能說：「欲自用一名士以報國家。」（《後漢書．种暠傳》）至於其他亂政可說不勝枚舉。

## 結構性的腐敗

東漢後期朝政腐敗的根源，在於皇室的繼統問題。由於皇帝的壽命短，繼位的皇帝幼小，無法親政，而由女主臨朝，引進外戚擅權，也讓宦官坐大。幼帝日漸長大後，與宦官密謀誅除外戚以親政，宦官勢力再進一步擴大，而下一任繼位的皇帝又幼小，結果同樣的模式再次循環。那麼，問題根源的「皇統屢絕」，是自然發生的呢？還是另有文章？

或許可從醫學的角度探查皇族的血統遺傳問題，或從生活習慣上考察皇室生長在深宮之內而體弱多病。但更應注意的是，許多「幼帝」其實是人為製造出來的。如和帝駕崩，鄧太后特意從皇子中「捨長立幼」，立剛出生百日的殤帝，不到一年，殤帝夭折，又迎立旁系十三歲的安帝，顯然是出於控制朝政的目的。安帝駕崩，閻太后特意選立旁系八歲的少帝，也是出於同樣的目的。順帝駕崩，兩歲的太子即位為沖帝，在位只數個月就病死，梁太后選立旁系八歲的質帝，在位僅一年餘就被梁冀毒弒。梁冀在考慮選立時，大臣們多推薦聰明的清河王劉蒜，但宦官曹騰卻向梁冀說：「清河王嚴明，若果立，則將軍（梁冀）受禍不久矣！不如立蠡吾侯，富貴可長保也。」（《後漢書．李固傳》）這已經夠清楚了，說白了，「皇統屢絕」其實是政治鬥爭的產物，許多皇子或幼帝夭折，原因恐怕也不單純。昏庸的蠡吾侯就是後來的桓帝，東漢從此加速走向滅亡之路。曹騰是曹操父親曹嵩的養父，他的話就好像在為後來的曹魏政權鋪路，真是歷史的諷刺。

由上可見，「外戚政府」與「宦官政府」是東漢特定歷史條件下的產物，是豪族功臣集團以尊劉氏爲帝，爲共享政權而創造出來的腐敗結構，其結果也造成從中央到地方結構性的腐敗。

## 三、帝國的自殺：士人清議與黨錮之禍

### 士人清議

面對從中央到地方全面性的腐敗，以天下興亡爲己任的讀書人，再無法置身事外了，一股批判時政的清流運動，應時而起。

西漢武帝獨尊儒術，儒家成爲帝國運作的指導思想，到王莽時已形同「儒教」。東漢光武帝愛好經術，尤重表彰氣節，選舉用人以德性爲重，儒家思想藉著選舉之力而滲透到鄉里社會。

中央政府重修太學、擴建學生宿舍，到東漢末年，太學生多達三萬多人。地方政府也獎勵興學，四海之內學校如林。官學之外，私學也發達，學問講究師承，學生有不遠千里負笈訪尋名師的情形。在這種風氣下，東漢社會培養出深厚的知識階層，而知識階層透過「通經致仕」，即經書考試及格者可任官，或地方官向中央推薦「秀才」、「孝廉」等優秀

人士任官，形成知識官僚群，因此當時的儒學也是「祿利之路」。

東漢士風重道德、尙氣節，從地方評論人物到中央批評時政，多以儒家道德爲標準，當政治日趨腐敗的時侯，批判的風氣應時而起。批判者以維護儒家的道德理念爲「淸」，視官員與豪族的貪縱、暴力爲汚濁，因此這股批判時政的風潮可稱之爲「淸流運動」，批判者可稱之爲淸流士大夫，其批判言論就叫做淸議。

東漢的淸流士大夫，大部分也是出身於豪族，然而他們卻能站在公義的立場批評時政，對象包括外戚與宦官。安帝時，太尉楊震數度上書批判宦官，被解職歸鄉，仰毒自殺。沖帝死後，太尉李固數次主張選立賢明的淸河王，得罪外戚梁冀，後來被梁冀殺害，曝屍街頭。桓帝時，白馬縣令李雲上書批評宦官專權，被捕入獄，朝中多人營救無效，最後死在獄中。

政局愈是汚濁，批判聲浪愈是高漲，尤其對於宦官干亂選舉，不論是爲國家公義，或士人利益，都不能忍受。因此，敢於摘發宦官不法者，聲名日益上升，成爲淸流士大夫的領袖。如河南尹李膺打擊宦官勢力，在混濁官界中堅持不隨流俗，被視爲名士，人們競相造訪，蒙其應允接見者皆被視爲「登龍門」；曾營救李膺的陳蕃，也是士大夫的領袖。

當時首都洛陽聚集憂慮時事的志士，太學有學生三萬人，成爲輿論的中心，學生領袖郭泰、賈彪，也被視爲名士。太學生中流傳：「天下模楷李元禮（膺），不畏強禦陳仲舉

（蕃），天下俊秀王叔茂。」士大夫之間具有一種同儕意識。

## 第一次黨錮之禍

桓帝延熹八年（一六五），太尉楊秉摘發宦官侯覽之兄益州刺史侯參在地方橫行殺人，沒入財物數以億計。侯參在被押還中央途中自殺，楊秉趁機奏免侯覽，官員們得到鼓舞，紛紛告發其他宦官的不法，迫其自殺或免職，宦官氣焰稍受挫折。

延熹九年（一六六），有一勾結宦官的算命師張成，預言國家將有大赦，乃唆使兒子殺死仇人。河南尹李膺收捕他，不久卻眞有赦免令，但李膺不顧赦免令，仍執意按罪殺之。張成弟子牢脩上書告發李膺等人，「養太學遊士，交結諸郡生徒，更相驅馳，共爲部黨，誹訕朝廷，疑亂風俗」，桓帝震怒，下令全國逮捕「黨人」，受牽連者有二百餘人。陳蕃上奏營救無效，自己也被免官。

這次被捕的都是天下知名之士，被列名者引以爲榮。度遼將軍皇甫規因爲自己沒有被列入名單引以爲恥，乃向朝廷自首爲黨人。被逮捕者在接受審問時都毅然不屈。次年城門校尉竇武上書申理此案，竇武是桓帝皇后的父親，宦官們有所顧忌，建議桓帝大赦天下。桓帝乃「皆赦歸田里，禁錮終身」，即永遠不得再任官，而且「黨人之名，猶書王府」（《後漢書．黨錮列傳》），也就是在政府中仍列入黑名單。這就是第一次「黨錮之禍」。

清流士大夫雖然被禁錮，但受到人民的同情，被列爲黨人之一的范滂，在返回鄉里時，出來迎接的車多達數千輛，猶如英雄凱旋歸來。因此第一次「黨錮之禍」不但沒有打倒清流士大夫，反而提高他們抗爭的士氣。

在這種抗爭的潮流中，士大夫們共相標榜，給予天下名士各種稱號，有所謂「三君」、「八俊」、「八顧」、「八及」、「八廚」等，宛如名士排行榜。然而，清流士大夫完全被排除在國家政治之外，必然使得抗爭情緒愈加激烈，愈加陶醉於理想主義之中，有時甚至過於僞善。難怪也有人批評他們互相交結、只會議論，是「浮華交會」。

## 第二次黨錮之禍

永康元年（一六七）底，也就是發布第一次禁錮令的年底，桓帝駕崩。桓帝無子，皇后的父親竇武迎立旁系十二歲的靈帝（劉宏，一六八—一八九在位），竇太后臨朝，似乎要再回到外戚掌權的時代。建寧元年（一六八）靈帝即位，朝廷官員重新洗牌，竇武任大將軍，與太傅陳蕃共秉朝政，重新引用李膺等天下名士。在激烈抗爭的氛圍下，竇武等人密謀徹底剷除宦官，在他們眼裡，宦官就是毒瘤、蛀蟲，應該全部殺光。即便竇太后不肯同意這種偏激的做法，竇武等人還是準備要蠻幹。

桓帝死後，宦官失去靠山，對未來情勢保持高度警戒。他們在宮內走動，消息很靈通，得知竇武等人的密謀後，急如鍋中的螞蟻，即使原本利益不同者也被迫團結一致，先發制人。於是他們先幽禁竇太后，再假詔發兵平亂，結果竇武兵敗自殺，陳蕃也被殺，他們的家族親屬多被誅滅，竇武所引用的官員都被罷免、再受禁錮。

建寧二年（一六九）宦官集團再告發清流派張儉「共爲部黨，圖危社稷」，於是全面收捕黨人。李膺鄉人勸他逃避，他卻主動去投獄，被害而死；范滂也不逃亡，自行赴死，就這樣被殺的清流派有一百多人，黨人妻子則被流放到邊境。另外以各種關係而被列入黨人，身受死刑、流刑、禁錮者，也有六、七百人。這就是第二次「黨錮之禍」。

建寧四年（一七一）正月，靈帝十六歲成年禮後大赦天下，唯獨黨人不在赦免之列。次年因有人在洛陽京城朱雀闕門上寫大字報：「天下大亂，公卿皆尸祿」，結果使宦官集團又藉故收捕太學生千餘人。

直到光和七年（一八四）黃巾亂起，中常侍呂彊向靈帝說：「黨錮久積，人情多怨。若久不赦宥，輕與張角合謀，爲變滋大，悔之無救。」（《後漢書・黨錮列傳》）靈帝害怕，才大赦黨人，被流徙者皆放回家鄉。

## 價值觀的轉向

漢帝國自獨尊儒術以來推崇儒家思想，以具備儒家學問教養者任官，整個國家社會都浸潤於禮教的世界。士大夫因而有自負的心理，從政是他們的專利，在他們眼中，閹人是「醜類」，只能侍奉皇帝私生活，不得干預政治，因此對於宦官亂政腐敗的種種惡行，絕對無法容忍。

然而，清流派的失敗並非偶然。儒家思想德重於法，清流派過度標榜道德，其行事風格經常是「以道德取代法律」，把善惡絕對化，而屢次不顧皇帝的赦免令，執意違法行事，甚至也有濫殺無辜的情形，這都成為宦官反撲的把柄。而最後當權時，要剷除所有的宦官，在策略上更是犯了擴大打擊面的錯誤。如果不過度意氣用事，謀定而後動，勝敗猶未可知也。

再說清流派為國家公義而奮不顧身、慷慨赴義，充分展現儒教國家光榮的一面；相反的，專制昏君濫誅奉行儒教的清流，則無異於帝國的自殺行為。從此之後，天下離心。面對現實，一般士人不乏有被分化、軟化、屈就、墮落等等情形，然而有志節者，則由失望而絕望。政治已不再是他們的志業，儒教的世界已經破滅，思想上不得不另謀出路。因此有的士人走向隱逸的世界，《後漢書》特別以〈逸民傳〉來記載他們，至於言論上則由批評人物的「清議」，走向談論哲理的「清談」，開拓另一個思想探索的時代。

## 四、太平道與黃巾之亂

### 「五斗米道」與「太平道」的流傳

大約就在「外戚政府」與「宦官政府」的時代，東漢社會出現了許多大大小小的宗教團體。這些團體大多強調師徒之間的聚合，共同修煉養生術，追求長生不老、羽化登仙。他們有組織、有目標、有特定的信仰和儀式，有的甚至還有經典，和舊有的巫覡信仰有所差別。後世學者把這些新興的宗教團體稱之爲「道教教團」，當時最有名的就是「五斗米道」和「太平道」。

「五斗米道」的創建人張陵（？—一五七），沛國豐縣（江蘇豐縣）人，漢明帝時曾任巴郡江州（四川重慶）令，順帝時入鵠鳴山（四川大邑縣）修道傳教，規定入道者要交納五斗米，猶如一種會費或「基金」，人們因而俗稱爲「五斗米道」。他尊奉老子爲太上老君，以《老子五千文》爲主要經典，以自首罪過、符水治病爲教義教規。區分信徒爲鬼卒、鬼吏、姦令祭酒等，張陵被尊稱爲天師，因而五斗米道又稱爲「天師道」，信眾遍及四川，後來又流傳到漢水流域。

「太平道」源自順帝時的方士于吉（或記爲干吉），他自稱得到一本神書《太平清領書》，又稱《太平經》，內容爲追求一個沒有剝削的太平世界。他建造精舍、誦讀道書，以符水為人治病。于吉的弟子和再傳弟子都曾獻此書於朝廷，但未受重視。後來鉅鹿（今河北寧晉縣）人張角獲得此書，乃依此創立「太平道」。

張角（?—一八四）自稱「大賢良師」，在黃河下游一帶以符水為人治病，藉機傳播「太平道」。其教義認為人之所以會罹患疾病，是由於犯了罪過，因此在治療過程中，叫病人跪下懺悔罪過，再輔以符水。有關張角的史料很少，他為人治病應該有某些療效，才能得到信服，或許他有某些醫術背景，而叫病人跪下懺悔的儀式，可能產生心理學上的催眠或暗示作用。

張角派遣弟子到各地傳教，信徒很快的擴散到淮河、長江中下游地區，達數十萬人。「太平道」之所以擴散如此快速有很多因素。據研究，東漢中晚期是個「疾疫」橫行的年代，尤其是桓帝、靈帝期間最為頻繁，遍布全國，張角為人治的病應與這類疾疫有關。當時史書所謂的疾疫應該是一種不明的「流行病」（epidemic）。由於當時氣候變得異常寒冷，乾旱導致饑荒，饑荒促使人民流徙與戰亂，惡劣的環境又促成「疾疫」的橫行。

東漢安帝以後自然災害愈來愈厲害，變亂也隨之而起。順帝以後，農民的窮困更為普遍化，外戚或宦官主政的政府並無有效對策，也無心去解決。安帝時已有「萬民飢流」、「百姓飢荒，更相噉食」的記載。此後旱災、水災、蝗災、疾疫、人相食、大大小小的變亂不斷，這些都是助長「太平道」快速擴散最主要的因素。

## 帝國火藥庫的爆發：黃巾之亂

農民窮困到「裸行草食」仍無救濟時，則轉為盜賊。再無救濟時，由小股盜賊轉為大股的變亂。安帝時已有變亂發生了，順帝時，變亂的盜賊中開始有人稱「帝」，要革命奪取政權，這種情形在桓帝之後更加普遍。西漢末的變亂多稱劉氏之後，但東漢末的變亂則自稱「黃帝」、「黑帝」，表示天命已改。換言之，已直接挑戰劉氏政權的正當性。另有稱「太初皇帝」、「太上皇帝」者，官方則稱之為「妖巫」、「妖賊」，顯示宗教性的變亂也發生了。這些變亂大多在地方豪族武力與官軍圍剿之下被鎮壓下來。

然而，靈帝光和七年（一八四）爆發由「太平道」發動的「黃巾之亂」，則是有組織、有信仰的大規模變亂，終於導致東漢王朝的全面崩解。

張角傳播「太平道」之初，未必有革命的意圖，或許只是一種社會性的宗教運動。然而等到勢力發展到相當的規模，看到政府的貪腐與無能，轉而變為政治性的革命運動。張角把數十萬的信徒編為三十六「方」，大方萬餘人，小方六、七千人，倡言「蒼天已死，黃天當立，歲在甲子，天下大吉」。這是一種讖語，意思是說「蒼天」已到盡頭，該讓位給「黃天」了，時間就在甲子年。因此預訂於甲子之歲的甲子日，即西元一八四年農曆的三月五日起兵。「甲子」為干支之首，有歷史上的典故，周武王伐商紂王就是在甲子之日。至於三十六「方」的組織運作，可能有知識人參與，或許有被禁錮或對漢朝絕望的士人參與其中。

不料組織內有內奸向政府告密，事機敗露，情急之下提前於二月發難，七州二十八郡同時「蜂起」。張角自稱「天公將軍」，其弟張寶、張梁分別為「地公將軍」、「人公將軍」。信徒頭綁黃巾為標誌，燒毀官府、攻掠各個城鎮，聲勢浩大，朝廷稱之為「黃巾賊」。

遭受衝擊的朝廷緊急發動大軍前往鎮壓，並大赦黨人、解除黨錮禁令，避免黨人參與黃巾軍，並希望利用黨人協力平定黃巾軍。不久，黃巾軍的領導人張角病死，政府軍在皇甫嵩、盧植等名將率領奮戰下，到當年年底大致剿滅了黃巾軍的主力。十二月，朝廷改年號為「中平」，表示亂事已平，因此一般也常記「黃巾之亂」發生在中平元年。

黃巾軍的主力雖然被鎮壓下來了，但由其引發的動亂卻日益擴大。各地陸續再爆發數千人至數萬人的暴動，甚至有像張燕所率領的河北黑山賊，聲勢竟然號稱百萬人。這種情勢造成黃巾餘黨又起死回生，再度猖獗。政府軍已無力再討伐，只有封給他們將軍之號，加以安撫。

中平五年（一八八），靈帝為加強首都洛陽的警衛，召募壯勇在皇宮的西園設置八校尉，以宦官蹇碩為上軍校尉，統領其他七校尉，其中有中軍校尉袁紹、典軍校尉曹操。這支新軍有些成為日後的軍閥。

在東漢末的動亂中，地方豪族爲保衛身家財產，常動員維持治安或參與平亂，勢力進一步加強。一些州郡官吏也藉機擴充勢力，與中央保持若即若離的關係。朝廷爲防範動亂或加強對州郡的控制，採納宗室劉焉的建議，將一些重要地區的州刺史改爲「州牧」，掌握地方人事、財政、軍事大權。如此一來，更招致後來地方割據情勢的發展。

## 五、董卓亂政與群雄割據

### 董卓亂政

中平六年（一八九）四月，三十四歲的靈帝駕崩，十七歲的太子劉辯（後少帝）繼位，統率西園軍的上軍校尉、宦官蹇碩密謀改立皇子劉協。何太后之兄何進聯合西園軍副統率袁紹誅殺蹇碩。何太后臨朝，何進以大將軍掌權。然而何家和先前的外戚不同，不是大姓大族，背後缺乏自己的家族實力。而此時宮中仍然有強大的宦官勢力，袁紹主張以激烈的手段徹底消滅宦官。何進採納袁紹的建議，召集各地的猛將率兵入京相助，其中最重要的是并州牧董卓。

董卓大軍未到，宦官卻先下手爲強，在老宦官張讓率領下，趁何進入宮時殺了他。袁紹聽聞大將軍何進被殺，立刻帶軍隊入宮，對宮中無鬍鬚者，不論少長全部殺掉，殺了二千多名宦官。一時洛陽城中大亂，少帝劉辯與陳留王劉協逃離宮城，來到洛陽北面的邙山，遇到董卓的軍隊，被董卓收容。

董卓（一三八－一九二）是涼州隴西豪強出身，在東漢與羌的戰爭中崛起，手下有一支凶殘的涼州軍團，又曾參與討伐黃巾，靈帝死前出任并州牧。董卓率領大軍入京後，廢少帝劉辯，改立九歲的陳留王劉協（獻帝，一八九－二二〇在位）。不久就毒殺何太后及少帝劉辯，自任相國，獨攬朝政。

董卓乃一介武夫，憑武力掌控朝廷，又毫無理由的擅自廢立，對士大夫而言，其作爲形同叛亂，而他獨攬大權也讓各股勢力感到不安。因此大家暫時擱置彼此的利益算計，產生聯手誅殺董卓的動機。

董卓命其部下在洛陽城內大肆搶掠，又殘暴的任意殺戮人民、姦淫婦女，掠奪婦女作爲部下的妻妾和奴婢。董卓窮凶極惡的暴行激起士人的恐懼與憤怒，各地州郡牧守紛紛起兵，以廢少帝的罪名討伐董卓。討伐軍推袁紹爲盟主，稱關東軍，其中有許多原屬清流派的官僚。

初平元年（一九〇）三月，關東軍在洛陽東邊集結，董卓乃挾持獻帝西遷到距自己老巢不遠的長安，同時驅迫洛陽一帶的百姓西行，史書記載被迫西行者多達二百萬人。離開洛陽前，董卓大肆燒掠，洛陽周圍屋舍蕩盡，如洗一空。入長安後，董卓仍然嚴刑峻法、暴虐無道，隨行官員朝不保夕。初平三年（一九二）四月，司徒王允聯絡董卓的愛將、義子呂布，刺殺了董卓。

董卓部將李傕、郭汜以爲董卓復仇爲名攻入長安，呂布兵敗，逃出長安奔往關東。李傕殺王允，把持朝廷，在長安亂政四年，饑荒與戰亂迫使關中百萬的人口四處逃竄。興平二年（一九五）涼州軍人內部矛盾加劇，常彼此攻伐，漢獻帝藉機東逃。建安元年（一九六），獻帝輾轉流亡回到已成爲廢墟的洛陽，被曹操迎接到許縣（河南許昌市）。

## 群雄割據

以討伐董卓爲名的關東軍，自組成以來一直是貌合神離，董卓西遷之前，只有曹操前往討伐，兵敗而返；董卓西遷之後，只有孫堅追擊，曾一度攻入洛陽。此後各種大大小小的軍事集團彼此攻伐，經過五、六年的兼併，逐漸形成幾個較大的割據區域。

建安元年，即曹操迎獻帝到許縣這一年，天下形勢大致是：黃河以北，公孫度據有平州（遼東），公孫瓚據有幽州（今北京一帶），袁紹據有冀州、并州、青州（今河北、山西一帶），黃河以南的兗州、豫州、司州東部（洛陽一帶）歸曹操所有。曹操南邊有據南陽宛城的張繡，東南的徐州則有呂布，徐州以南的揚州北部有袁術，再過長江則有據江東六郡的孫策，長江中游的荊州由皇族劉表據有，長江上游的益州由皇族劉璋據有，益州北部的漢中由五斗米道的張魯據有。西北邊的涼州有韓遂、馬騰，關中長安一帶李傕、郭汜仍在爭鬥不休，最南邊的交州則有士燮。眞是一個令人眼花繚亂的群雄割據時代。

黃巾變亂之後，十餘年間演變成如此的群雄割據，並不是偶然的。黃巾變亂的肇因是艱困的流民，變亂雖然被鎮壓了，但流民的問題並沒有得到根本的解決，反而被各地動員來鎮壓的豪族或大小軍閥，吸收成爲彼此攻伐的武力。朝廷自董卓挾持獻帝之後已名存實亡，各地州牧郡守趁機擴張實力，收編各地的豪族

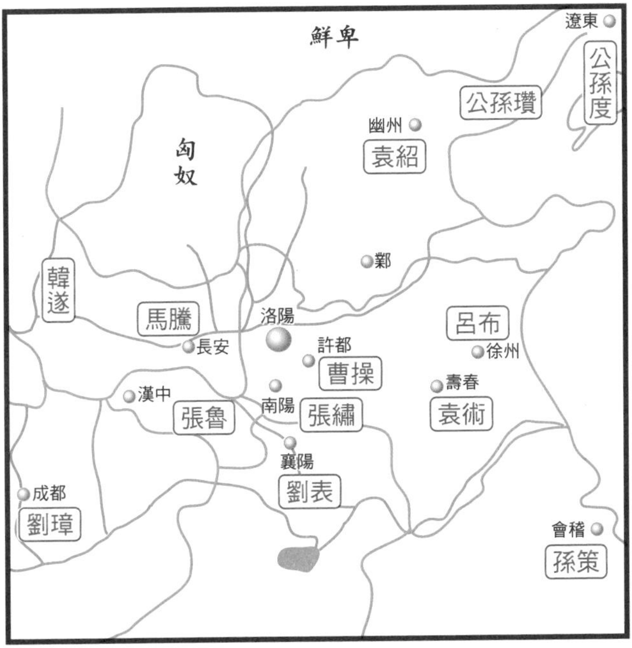


圖 1-2　東漢末年群雄割據圖。

或大小軍閥，乃形成群雄割據的局面。

以上割據的群雄之中，實力最強大的是黃河以北的袁紹，與黃河以南的曹操。這兩人的動向，將決定未來歷史的發展。

## 六、從官渡之戰到赤壁之戰

### 官渡之戰

袁紹（一五四－二〇二），出身汝南（河南平輿縣）名門，高祖袁安為漢司徒，「自安以下四世居三公位，由是勢傾天下」，袁家的門生故吏遍天下。黃巾之亂後，袁紹為西園八校尉之一。何進被殺後，袁紹率軍入宮大誅宦官。董卓亂政，袁紹逃離洛陽，被推舉為討伐董卓的關東軍盟主。他以冀州為根據地，平定青州、并州一帶的黃巾餘黨，又擊敗公孫瓚，占據幽州，控制華北大半地區。興平二年（一九五）獻帝從長安逃出，袁紹的謀士沮授勸他迎天子定都鄴城（河北臨漳縣）。袁紹認為獻帝只是董卓挾持的傀儡，又被李傕綁架在關中多年，早已無天子的權威，現在如喪家之犬，流浪各地，已無利用的價值。因此，袁紹只顧整軍厲馬、平定天下。可見此時的群雄並沒有眞心擁戴漢室，而只有逐鹿中原之心。

曹操（一五五—二二〇），沛國譙（安徽亳州市）人，其父曹嵩爲宦官曹騰的養子。曹騰曾參與擁立桓帝有功，很有權勢。曹嵩在靈帝時出錢買官，官至太尉，可見曹操出身爲權勢之家。然而，當時宦官的社會風評不好，因此曹操的社會地位遠不如袁紹。曹操爲人機警有權術，年少時多交結名士，與袁紹友好。人物評鑑家許劭曾評他：「治世之能臣，亂世之奸雄」。

靈帝設西園八校尉，曹操爲其中之一的典軍校尉。董卓亂政，曹操逃離洛陽，在陳留糾集宗族、賓客部曲五千人，參與關東軍討伐董卓，雖然在滎陽戰敗，但逐漸嶄露頭角。不久，青州、兗州地區黃巾餘黨再起，曹操隨從兗州刺史劉岱征討。初平三年（一九二）劉岱陣亡，曹操代爲兗州刺史，最後討平黃巾餘黨，收編降兵三十餘萬、男女百餘萬口。並從中挑選精銳組成「青州兵」，這支軍隊成爲日後曹操轉戰華北的主力軍。

曹操又到處吸納地方豪族的武裝部曲，籠絡士族。潁川（河南禹州市）出身的名士荀彧、郭嘉、鍾繇以及東郡的程昱等，都來投效，勢力日益壯大。建安元年（一九六）獻帝從長安逃回到洛陽，此時曹操正來到潁川郡的中心地許縣討伐黃巾餘黨，乃接受謀士荀彧的建議，親自到洛陽把獻帝迎接來許縣，這就是有名的「挾天子以令諸侯」。事實上，「天子」早已曾經被董卓、李傕等「挾持」過了，並沒有發揮任何作用。因此袁紹也曾經有機會卻放棄不用，但當他看到曹操迎接獻帝之後，反而感到不是滋味了。後來曹操確實能善於利用「天子」的名器，達到他號令天下的政治目的。

漢末動亂以來，人民流亡、土地荒蕪，「民人相食，州里蕭條」，割據群雄苦無軍糧。袁紹軍隊有吃桑椹的情形，袁術的軍隊則吃蚌蛤。曹操與呂布爭戰兗州時，因蝗災缺糧，其部下程昱不但回自己縣裡強奪糧食，軍糧中還摻雜人肉乾。曹操爲解決軍糧問題，曾試行利用流民墾田。迎獻帝定都許昌之後，乃擴大爲「屯田」，招募流民並給予無主的農地、牛隻、農具等，政府收取五到六成的地租。也就是政府當大地主，屯田民不必服兵役、勞役，又能在政府庇護下專心農作，政府也能收到大量的地租，可說是在戰亂歲月中，恢復生產的權宜之計。屯田爲曹操解決了軍糧問題，也安定了境內的流民，成爲他殲滅群雄、統一華北的重要因素。

起初曹操的實力遠不如袁紹，但在經過幾年勵精圖治、遠交近攻後，實力已坐大到逐漸威脅袁紹的地步，雙方決戰的趨勢已不可避免。

袁紹見曹操實力逐漸坐大，藉助呂布、張繡、劉表、袁術牽制曹操，自己先往北解決幽州的公孫瓚。曹操也利用袁紹北討時，先掃除周遭不利因素，以免腹背受敵，雙方都在爲最後的決戰做好準備。

建安四年（一九九）八月，袁紹在消滅公孫瓚後，大軍南下進攻許都，意圖劫奪獻帝，迫使曹操決戰，雙方遂在黃河兩岸直接對峙。袁紹前線兵力約有「精兵十萬，騎萬匹」，曹軍最多不超過三、四萬人。建安五年（二〇〇）二月，兩軍開始交戰，曹操採誘敵深入的策略，讓袁軍補給困難。八月，袁紹大軍到官渡（河南中牟縣），曹操堅守陣地。兩軍僵持兩個多月，袁紹謀士許攸叛投曹操，告知袁紹的軍糧屯積於官渡北邊四十里的烏巢（河南封丘縣）。曹操乃親率騎兵五千襲擊烏巢，盡燒其糧草萬餘車，袁軍崩潰，袁紹狼狽北逃，史稱「官渡之戰」。

曹操能在「官渡之戰」扭轉劣勢，以寡擊眾，除了其個人的軍事才華之外，能夠廣納善言、掌握軍機，也是很重要的因素。相對的，袁紹才華不如曹操，又過於輕敵，且無法整合內部紛歧的意見，終於一敗塗地。

「官渡之戰」袁軍損失七、八萬人，元氣大傷。兩年後，袁紹病死，袁氏仍然還有相當大的勢力，但袁紹兩個兒子袁譚、袁尚爭位內鬥。曹操趁機渡河北上征討，建安九年（二〇四）攻占鄴城，此後曹操即以鄴城爲大本營繼續北討。直到建安十二年（二〇七）底，終於徹底消滅袁氏勢力，收冀、青、幽、并四州之地，又

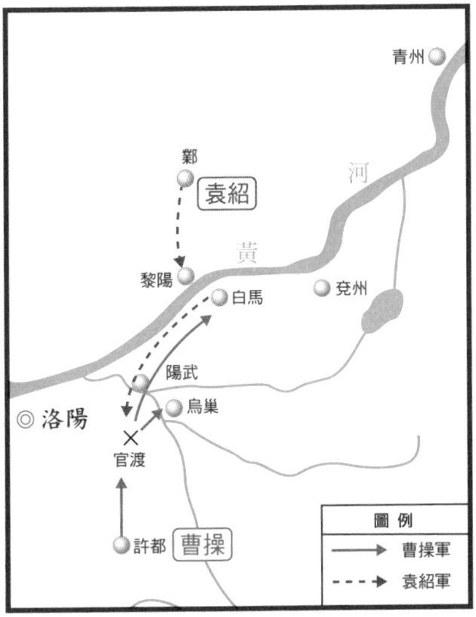

圖 1-3　官渡之戰示意圖。

得到善戰的烏桓騎兵。華北除遼東半島的公孫康，涼州的韓遂、馬騰之外，大部分地區都已在曹操的控制之下。

## 赤壁之戰

建安十三年（二〇八）正月，曹操凱旋回到鄴城之後把目光轉向南方，立即建造人工湖玄武池，訓練水軍。當時南方的主要勢力爲劉表、劉備與孫權。

劉表（一四二—二〇八），在東漢末太學生運動中，號爲「八俊」之一，初平元年（一九〇）出任荊州刺史。他在荊州近二十年間採取保境安民的政策，禮賢下士，各地人才群集，文風鼎盛，形成著名的「荊州學派」。荊州地處要衝，境內漢水流域爲南北交通孔道，物產豐富、人口眾多。劉表控有「地方數千里，帶甲十餘萬」，然而缺乏遠略，在曹操與袁紹爭勝時，他嚴守中立。建安六年（二〇一）劉備來投靠，劉表知其才卻不能用，讓劉備駐守樊城、拱衛襄陽而已。

劉備（一六一—二二三），幽州涿郡（河北涿州市）人，自稱是西漢景帝之子中山靖王之後。中山靖王有子超過一百二十人，到東漢末子孫繁衍恐怕已近五萬人。劉備祖父當過縣令，父親在劉備年少時已過世，劉備與母親以賣草鞋爲生。劉備曾與公孫瓚一起拜同鄉大學者盧植爲師，但他不喜歡讀書，喜愛鬥狗、賽馬之類的遊樂，結交豪俠義士，很受年輕人歡迎。黃巾亂起，他曾率領關羽、張飛等人參與討伐。初平元年（一九〇）劉備投靠昔日同窗、已是幽州刺史的公孫瓚，任平原令，廣樹恩德、深得人心。此後局勢愈加動盪，劉備輾轉又投靠過徐州牧陶謙、曹操、袁紹，官渡戰後逃奔劉表。劉備一再逃難，但卻能利用機會擴張勢力，可稱之爲「逃難英雄」。劉備在荊州達七、八年之久，其間廣結地方人士，得到許多才智之士的投效，其中對他日後影響最大的是，建安十二年（二〇七）「三顧茅廬」訪求到的謀士諸葛亮。

孫權（一八二－二五二）父孫堅（一五五－一九一），與曹操同年，吳郡富春（浙江富陽市）人。黃巾亂起，孫堅召募千餘人參與討伐，屢建軍功。董卓亂政，關東討伐軍觀望不前，只有孫堅勇猛攻入洛陽，一戰成名。初平二年（一九一）孫堅接受袁術之命攻打劉表，被劉表部將黃祖的軍士射殺，享年三十七歲，長子孫策（一七五－二〇〇）這時才十七歲。興平元年（一九四）孫策投靠袁術，經多次懇求才從袁術那裡領到父親的餘兵。興平二年（一九五）十二月受袁術之命渡江攻打江東，到建安三年（一九八）已攻下江東六郡，有兵兩萬餘人。建安五年（二〇〇），孫策遇刺身亡，享年二十六歲，弟孫權十九歲繼位。當時江東人心浮動，局勢十分不穩，孫權任用賢能，以張昭、周瑜、程普、魯肅等謀略之士輔佐才轉危爲安。建安十三年（二〇八）春，孫權穩定內部之後，派兵西征黃祖爲父報仇，終於殺了黃祖，控有夏口（湖北荊州市）以東地區。

建安十三（二〇八）年六月，曹操自任爲丞相，七月，率大軍南下攻打荊州。八月，劉表憂急病死，次子劉琮繼位。九月，曹軍進到新野（河南南陽市），劉琮棄戰投降。屯駐樊城的劉備不知劉琮已降，突然看到曹軍逼近倉皇南逃，目標爲荊州的軍事重鎮江陵。曹操得知後親率輕騎五千追擊，在當陽（湖北荊門市西南）擊潰劉備的軍隊，劉備遂轉逃夏口投靠劉表的長子劉琦，曹操則進占江陵。

曹操大軍南征荊州時，孫權已保持高度警戒。劉表病逝，孫權派魯肅前往弔唁，想藉機聯合劉琮、劉備抵抗曹操。孰料劉琮投降、劉備逃到當陽被擊潰，魯肅乃建議劉備投靠夏口的劉琦，再聯合孫權抗衡曹操。於是劉備派諸葛亮隨從魯肅往見孫權，共商抗曹策略。

正當此時，曹操給孫權一封恐嚇信說：「近者奉辭伐罪，旌麾南指，劉琮束手。今治水軍八十萬眾，方與將軍（孫權）會獵於吳。」要孫權陪他打獵，也就是用大軍迫使孫權投降。孫權把書信拿給群臣看，群臣們驚駭不已，由於雙方實力太過於懸殊，從謀臣張昭以下紛紛主張迎降曹操，唯有武將周瑜、魯肅力主抵抗曹操。周瑜向孫權分析曹軍的弱點：曹軍號稱八十萬，實際上從北方帶來的最多只有十五、十六萬且「軍已久疲」；而剛從劉琮那裡接收來的七、八萬「尚懷狐疑」，並不穩固。而且西北還有馬超、韓遂的後患，北軍又不習水戰、水土不服、易生疾疫等等，只要五萬精兵就可以打敗。於是孫權乃決定放手一搏。

孫劉聯軍以周瑜、程普統率的三萬水軍爲主，加上劉備、劉琦的軍力總共約五萬人。十月，兩軍相遇於赤壁（湖北赤壁市西北），曹軍初戰就失利，因而退回江北。此時曹軍疾疫蔓延，士氣低落，北人又不識水性暈船嘔吐，乃把戰船用鐵鏈連在一起，鋪上木板以穩定船身。吳軍將領黃蓋看到後遂向周瑜建議火攻，於是黃蓋向曹軍詐降，領一批兵士分乘十條大船，載著浸滿油脂的薪柴，趁東南風起引火衝進曹軍水寨，頓時燒成一片火海。孫劉聯軍全面出擊，曹軍潰敗，士卒損失大半，曹操倉皇北逃，只留曹仁守江陵。這一戰對以往戰無不利的曹操而言，不只是軍事上的挫

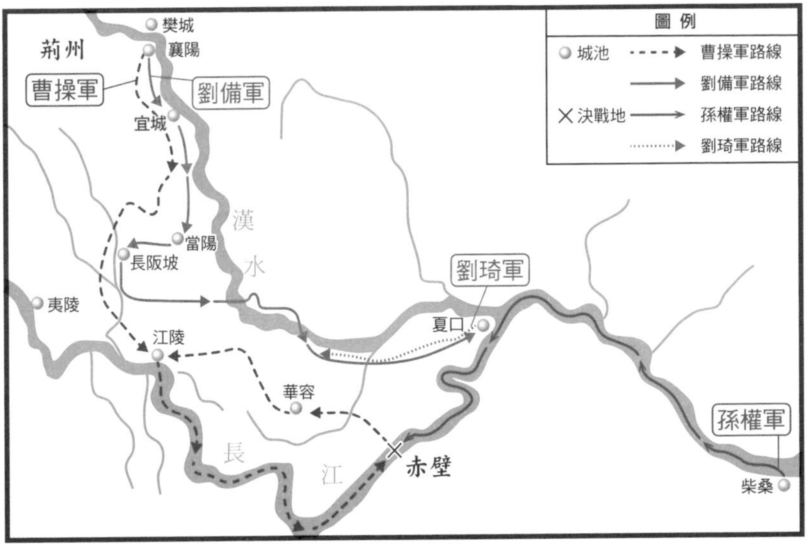


圖 1-4　赤壁之戰示意圖。

敗，更是心靈上的重大創傷。

逃回北方的曹操，轉而經營西北。建安十六年（二一一）曹操擊殺馬騰，平定關中；建安十九年（二一四）又平定涼州；建安二十年（二一五）進擊漢中的張魯，張魯投降。至此北方除遼東之外，完全由曹操所掌控；孫權則固守江東，維持孫劉聯盟以抗曹操；劉備占有荊州南部，又乘機西進益州，北奪漢中。三分天下的格局乃逐漸形成。

然而，赤壁戰後的曹操甘心就此放棄南侵了嗎？倉促形成的孫劉聯盟彼此就沒有矛盾嗎？劉備西進益州、北奪漢中，絕非輕易之事，天下三分的局勢還要再經許多波折。這些問題留待下章再詳述。

第二章

# 三國鼎立與政權演變

東漢末的動盪，在赤壁之戰（二〇八）後逐漸形成三分天下的格局，然而三國的確立還要再經許多波折。直到曹操死後（二二〇），曹丕、劉備、孫權陸續稱帝，三國才算正式的確立。曹丕簒漢後不到三十年，老臣司馬懿發動高平陵政變（二四九），奪取曹魏大權。再十四年，司馬懿子司馬昭派兵滅蜀（二六三）。再兩年，司馬昭子司馬炎簒魏稱晉（二六五）。再十五年，晉滅吳（二八〇）。數十年之間，三國灰飛煙滅，這些歷史是怎麼演變發展的？這是本章要探討的主題。

## 一、三國的確立

### 孫劉聯盟的蜜月期

赤壁戰後，周瑜乘勝追擊，進攻曹仁留守的江陵。經過一年多的苦戰，終於迫使曹仁撤退，曹操僅保有荊州北部兩郡。周瑜占領南郡江陵，雖然在此戰役中負傷，仍然出任南郡太守，孫權另保有江夏郡。而與此同時，劉備則乘機奪取了荊州南部的四個郡。荊州共有八個郡，一分爲三。至此，四處逃難的劉備終於有一塊自己的地盤了。

孫權爲安撫並牽制劉備，把妹妹嫁給劉備。周瑜則屢次建議孫權扣留劉備，但未獲採納。劉備據有的荊州南部地雖遼闊，卻多爲未開發之地，若要再圖發展，唯有指向諸葛亮

「隆中對」規劃的益州，但通往益州要道的南郡卻在周瑜手中。周瑜也積極建議孫權西進益州，並獲得支持。未料周瑜在整軍西進益州時（二一〇）舊傷惡化，死於巴丘（湖南岳陽市），年僅三十六歲。繼守南郡的是向來主張與劉備結盟的魯肅。

魯肅看上了劉備在荊州的人望，認爲與劉備的結盟有利於對抗曹操，因此與諸葛亮聯手策劃了孫劉同盟，也才有赤壁之戰的勝利。周瑜死後，繼守南郡的魯肅看到曹操大軍對東邊威脅日增，以大戰略思考，力勸孫權撥借荊州的南郡給劉備牽制曹操的威脅，此時可以說是孫劉聯盟的蜜月期。據有南郡的劉備遂伺機西進益州。

## 劉備勢力的壯大

益州，約今四川，古名蜀，位處長江上游，爲四面環山的盆地，物產豐富，有「天府之國」的美名。今日考古發掘，有「三星堆古文明遺址」出土，青銅器特色異於中原，年代可能更早於商、周，至今還是學術界的熱門議題。東漢末年，荊州江夏郡出身的皇族劉焉（？—一九四）任益州牧。當時中原戰禍不斷，荊州南陽及長安一帶的流民大量流入益州，達數萬戶之多，與當地人衝突不斷。劉焉乃招收流民，組成「東州兵」做爲統治的基礎。益州北部的漢中是通往長安的要地，此時由領導「五斗米道」的張魯所統治，劉焉利用張魯阻斷交通，自成獨立王國。劉焉死（一九四）後，子劉璋（一六二—二一九）繼位。

建安十六年（二一一）春，孫權屢次建議劉備共同攻取益州，都被劉備婉拒。同年十二月，益州牧劉璋聽聞曹操準備攻打漢中的張魯，而漢中是益州北邊重要的緩衝地，於是聽從部下張松的建議，邀請劉備進入益州幫助爭奪漢中。孫權得知劉備受邀入蜀，遂召回嫁給劉備的妹妹，孫劉關係開始緊張起來了。

劉璋與劉備各懷鬼胎，劉備以往四處投奔，猶如國際傭兵。劉璋邀請劉備入蜀，也是把劉備當成傭兵，既可北防漢中，又可壓制內部的不穩勢力。劉備假意助防，實則伺機奪取益州。兩人相互猜疑了一年多，終於反目成仇。建安十七年（二一二）十二月，劉備軍直攻成都，劉璋軍頑強抵抗，又相持了一年多，久攻不下。直到建安十九年（二一四）五月，在關中被曹操打敗的馬超，前來投靠劉備，助攻成都，劉璋才被迫投降。劉備據有益州，勢力更加強大了。

孫權見劉備勢力擴大到益州，派諸葛謹（諸葛亮之兄）前去要求歸還荊州南郡。劉備竟然回答說：等到他拿下涼州後，再把荊州全部歸還，表明就是要賴不還。孫權大爲震怒，派呂蒙攻取荊州的長沙、桂陽、零陵三郡，劉備命鎮守江陵的關羽再去奪回，兩軍劍拔弩張，大戰一觸即發。正當此時，得知劉備據有益州的曹操極爲震驚，親自率領軍隊攻打漢中。劉備慌了手腳，乃與孫權講和，雙方以湘水爲界，東側的江夏、長沙、桂陽歸孫權，西側的零陵、武陵、南郡歸劉備。此後孫權在東線與曹操爭淮南，劉備在西線爭漢中，雙方還保留某種聯盟的默契。

建安二十年（二一五）十二月，漢中的張魯投降曹操，劉備坐立難安，所幸曹操因東邊與孫權的戰局愈趨緊張，引兵東歸。此後數年，曹、劉兩軍在漢中交戰。建安二十四年（二一九）劉備奪得漢中，因而擁有益州、漢中還有荊州的三個郡，聲勢達到了最高峰，志得意滿，乃自稱漢中王。

## 孫權從抗曹到稱臣

早在孫策攻占江東之時，曹操爲籠絡孫策，將侄女嫁給孫策小弟孫匡，又爲子曹彰娶孫策堂兄孫賁之女，但這些政治聯姻，似乎並未發揮多少效用。

赤壁之戰後，周瑜在西線圍攻江陵時，孫權親自率軍在東線圍攻合肥，無功而返，江淮之間成爲雙方爭奪的地區。曹操雖然在赤壁大敗，但是並沒有放棄南進，在淝水的芍陂（安徽壽縣南部）開設屯田、蓄積兵糧，並大量造船練水軍，做南進的準備。孫權也同樣積極經營江北防線，在長江南岸的秣陵（江蘇南京市）興建石頭城，把秣陵改名爲建業，做爲對抗曹軍的根據地，又設「濡須塢」嚴防長江。

建安十八年（二一三）正月，曹操親率四十萬大軍向濡須口（安徽無爲縣東南）前進，孫權也親率七萬軍抗敵。兩軍對峙，僵持月餘。曹操見孫權軍容壯盛，感歎地說了一句：「生子當如孫仲謀（孫權）。」孫權寫信給曹操說：「春水方至，公宜速去。」曹操見信，告訴諸將：「孫權不欺孤也。」然後班師返朝。這時曹操五十九歲，孫權三十二歲，兩人年齡之差恰如父子。

建安二十年（二一五）八月，也就是孫劉雙方畫荊州以湘水爲界後不久，孫權見曹操出兵漢中，遂親率十萬大軍圍合肥，無功而還。建安二十二年（二一七）二月，曹操再征孫權，進軍濡須，也是無功而還，孫權則派人向曹操請和。十月，力主孫劉聯盟的魯肅逝世，代替魯肅的少壯派武將呂蒙向孫權分析，在北方與曹操交兵，即使攻得土地也不容易守住，不如與曹操講和，改而向西邊爭奪荊州，深得孫權的認同。此時曹營的司馬懿也向曹操獻計，要求孫權從背後攻擊鎮守南郡的關羽，事成後許諾孫權占有荊州南部。孫、曹雙方已漸有同盟的態勢。

建安二十四年（二一九）劉備攻取漢中自稱漢中王之後，聲勢如日中天，孫權感受到劉備的威脅愈來愈大。關羽北攻曹軍，擒于禁、攻取襄陽、圍曹仁於樊城，

圖 2-1　曹操墓出土的石牌「魏武王常所用挌虎大戟」。曹操高陵遺址博物館提供。

威名滿天下，曹操也感受到威脅，還曾一度考慮要把漢獻帝遷出許昌。劉備的壯大，終於促成了孫權與曹操的同盟。

建安二十四年十月，孫權去信曹操，願從背後偷襲關羽，但請他保密。曹操卻故意將此信內容讓樊城曹軍及關羽軍都知道，目的在堅定守城的曹軍，並動搖關羽軍。關羽一時不敢置信孫權會背盟，猶豫不決。此時呂蒙的精兵已隱藏在船艙中，讓船夫喬裝成商人偷襲江陵，這次行動歷史上稱爲「白衣渡江」。白衣並非指白色的衣服，而是指未穿甲冑的便服，以掩人耳目。關羽聽到江陵失守才倉皇撤軍，然而撤軍時士兵紛紛逃去。關羽敗退到江陵北邊的麥城（湖北當陽市東南），和他的兒子關平雙雙被捕並遭斬首。十二月，孫權將

圖 2-2　湖北當陽關陵。沈少竹拍攝提供。

關羽首級送給曹操，曹操厚葬關羽，依約任命孫權爲荊州牧。孫權成爲最大贏家，但形式上已稱臣於曹操。至此，孫權完全掌握荊州南部，控有長江中、下游以南的江南地區，三分天下的形勢大致底定。

孫權受命爲荊州牧後，向曹操「上書稱臣，稱說天命」，慫恿曹操稱帝以博取歡心。曹操把信給群臣看，笑說：「是兒欲踞吾著爐火上邪。」（這小子要把我架在爐火上啊）。漢室雖已傾覆，但仍然不乏有「人心思漢」者，曹操看到先前袁術躁進稱帝，成爲天下公敵，身敗名裂。此時孫權表面勸進讓曹操內心五味雜陳，既期待又怕受傷害，只好無奈的幽默一下。群臣們見狀也跟著勸進曹操稱帝，曹操回說「若天命在吾，吾爲周文王矣」。周文王生前只是「西伯」，「文王」是其子武王的追封。曹操表明自己不會稱帝，至於兒子會不會稱帝，就隨「天命」吧。

關羽被殺後不久，呂蒙也病死了。隔年正月，曹操也病逝了（享年六十六歲）。數月之間人事全非，眞的是「浪花淘盡英雄」。

曹操病逝後，曹丕繼爲魏王。十月，獻帝禪位，曹丕稱帝，改元黃初，國號爲魏，是爲魏文帝，封已禪位的獻帝爲山陽公。隔年（二二一）四月，劉備宣稱漢獻帝已被加害，也自己稱帝。他以繼承漢室自命，改元章武，國號仍爲漢，史稱蜀漢昭烈帝。再隔八年（二二九），孫權也稱帝，年號黃龍，國號爲吳，史稱吳大帝。

## 曹操墓與關羽墓

西元一九七四年，安徽省亳縣城南出土了一處古墓群，經調查確認爲曹操父祖輩的古墳。亳縣在漢代爲沛國譙縣，正是曹操的故鄉。由出土文物有銀縷玉衣等諸侯高官才有的陪葬品，推測其中有曹操之父曹嵩、祖父曹騰的墓塚。另外有大量的文字磚刻有曹操族人曹褒、曹熾、曹鼎的名字，更加確證爲曹氏宗族之墓。

西元二〇〇九年河南安陽西高穴村出土一座東漢的古墓，該地鄰近魏王國的政治中心鄴城，出土的一塊石牌清楚刻有「魏武王常所用挌虎大戟」，被專家判定爲曹操墓，引起學界的震撼以及社會各界的廣泛討論。雖然仍然有人提出一些尚難解釋的質疑，但大多數學者仍然傾向認定確是曹操之墓。該墓珍貴的陪葬品不多，可能已遭盜墓者多次盜竊，也可能與曹操遺言薄葬有關。不論如何，曹操宗族及曹操墓的出土，讓讀史者增添不少眞實感。

關羽死後，孫權把他的首級送交給曹操。曹操以諸侯禮安葬關羽頭顱於河南洛陽，孫權則把關羽身軀安葬於湖北當陽，劉備則在成都爲關羽建衣冠塚，招魂祭祀。洛陽有兩個關羽的墓，一在洛陽市的關林，一在洛陽偃師縣佃庄鄉關庄村。一九七九年關庄村有一古塚塌陷，經挖掘考察，乃是當初曹操安葬關羽頭顱之墓，而關林則是明代所建的祀祠之所。總之，關羽死後有四個宣稱的墓地。至於後人爲感念關羽的忠義而興建的祠廟則不計其數。關羽神格化後，被尊稱為武聖，也稱為關聖帝君。臺灣臺北市區著名的行天宮，又稱恩主公廟，祭祠的主神就是關聖帝君。至於港澳、南洋地區則普遍視關羽為武財神，成為至今非常普遍的民間信仰。

## 二、三國再較量與外交的架構

### 吳蜀夷陵之戰

蜀漢章武元年（二二一）劉備稱帝不久就發動大軍攻吳。一般認為，關羽被殺、荊州被奪，孫劉聯盟已徹底破滅，劉備不論是為兄弟關羽報仇或奪回荊州失地，伐吳都是理所當然之事。然而，當時蜀漢大臣對於伐吳，仍然有正反兩派意見，反對者如趙雲等，始終認為曹魏才是大敵。不過，一代梟雄的劉備則執意伐吳，這難道只是意氣用事嗎？情感上劉備確實有復仇之心，但也並非沒有理性的算計。衡量實力，伐魏應無勝算之把握，伐吳則未必沒有勝算。因此，劉備的戰略可能是先滅吳，再與魏爭天下。

殺關羽、奪荊州之後，孫權知道和劉備的決戰已難避免，於是遷都武昌，坐鎮前線，積極備戰。劉備發兵攻吳之前不久，另一員兄弟大將張飛遭部下暗算，暗算者又投奔吳國，更讓劉備深惡痛絕。劉備發兵之後長驅直進，破巫縣、入秭歸，親率主力越過夷陵

（湖北宜昌市），進駐南邊的猇亭。孫權以宜都太守陸遜統兵五萬，西上迎敵，雙方對峙近半年，陸遜始終堅守不戰，劉備軍則逐漸疲憊。

劉備軍隊主力抵達夷陵後，十餘萬大軍棄船上岸，竟在長江南岸搭起數十座營寨，「樹柵連營七百餘里」，軍隊極爲分散。章武二年（二二二）閏六月，陸遜見狀，命將士各執一火把，全力出擊，蜀軍大敗。劉備趁黑夜逃回秭歸，再退回白帝城（重慶奉節縣東）。陸遜縱兵追擊，連破四十餘營，蜀軍「舟船器械，水步軍資，一時略盡。尸骸漂流，塞江而下」。據估計，蜀軍折損八萬餘人，國力大傷，史稱「夷陵之戰」。

敗退之後的劉備未再回成都，一直留在白帝城，翌年（二二三）四月，抑鬱而終，得年六十三歲。臨終前，劉備把丞相諸葛亮從成都請來，對他說：「君才十倍曹丕，必能安國，終定大事，若嗣

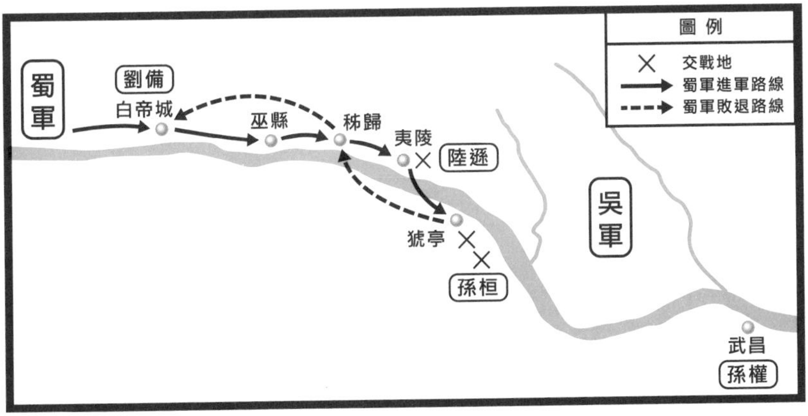


圖 2-3　夷陵之戰示意圖。

子可輔，輔之，如其不才，君可自取。」（《三國志．蜀書．諸葛亮傳》）十七歲的後主劉禪繼位，諸葛亮輔政。

「夷陵之戰」鞏固了孫吳得到的荊州，三國的疆界更加確定，可以說是三分天下格局的實質確立。蜀漢最弱，必須尋求聯盟；孫吳得荊州，穩固上流門戶，已有與曹魏決裂的本錢；然而曹魏的優勢得到增強，對吳的壓力增大，孫吳也有再與蜀漢聯盟的需要。眞是弔詭，孫劉聯盟破滅之後的大決戰，反而迫使雙方不得不再走向聯盟之路。

## 魏吳同盟的終結

魏文帝黃初二年（二二一）八月，也就是劉備發兵攻吳的隔月，孫權立刻遣使向魏稱臣，避免兩面受敵。曹丕大喜，封孫權爲吳王。曹丕的參謀劉曄說：孫權怕劉備攻擊，才假意來稱臣，不如聯合劉備攻吳。曹丕有自知之明，剛即位不久，內外還不穩固，孫權來稱臣可以增添自己的權威，這是做政治宣傳的最好時機。何況死敵劉備早已大肆宣傳漢獻帝被害，自己也都稱帝了。曹丕當然知道孫權稱臣未必是眞，但想假戲眞作讓吳蜀相殺，隔山觀虎鬥，再來漁翁得利。

孫權稱臣之後，曹丕屢次無禮要求進貢象牙、孔雀、犀牛角等南方特有的珍品，孫權都忍辱負重地一一照辦。不過，當曹丕要求送長子孫登入朝當人質時，孫權則陽奉陰違，找各種理由推託。這種曖昧的態度終於惹怒了曹丕。

黃初三年（二二二）九月，曹丕派三路大軍逼臨長江下游的廣陵（江蘇揚州市）、濡須口及中游的荊州南郡，脅迫孫權送子入質。孫權一方面再次「卑詞上書」，假裝答應，但另一方面卻出兵擊退魏軍。事實上，此時「夷陵之戰」剛好已結束，孫權最艱困的危機已經解除了。擊退魏軍之後，孫權再派使者前往白帝城，刺探與劉備講和的可能性。

曹丕一再等不到孫權送來人質，又見魏軍被擊退，大怒，親率大軍增援前線。孫權也全面應戰，雙方相持半年多，魏軍久戰無功，只好全軍撤退。江東危機再一次解除，這次孫權不再客氣了，建年號為黃武，不再用曹魏的年號，表明不再稱臣，以往的「魏吳同盟」也就結束了。

對於孫權的稱臣問題，《三國志》的作者陳壽曾評曰：「山越好為叛亂，難安易動，是以孫權不遑外禦，卑詞魏氏。」（《三國志·吳書·賀齊等傳》）認為孫權是因為內部有「山越之患」，才不得不「卑詞魏氏」。事實上並非如此，「山越之患」主要在孫吳政權早年的孫策時期（詳後），此時山越多已被討平。孫吳黃武二年（二二三）四月孫權拒絕群臣勸即尊號時曾說，當年「二處受敵，於孤為劇，故自抑按，就其封王」（《三國志·吳書·孫權傳》注引《江表傳》），已清楚的說明，孫權向魏稱臣的根本原因是要避免受到魏、蜀兩面的威脅。

## 孫權的稱帝

制定「年號」是皇帝的特權，孫權還沒稱皇帝卻建年號，非常奇怪。孫權爲什麼不直接稱帝呢？可能是還沒有準備好稱帝的宣傳，或者說，還要製造稱帝的正當理由。由於曹丕脅持漢獻帝禪讓，對外宣稱天命轉移，正當性十足。劉備宣稱獻帝已被加害，以漢室血脈繼承，也是理直氣壯。孫權則受曹丕封爲吳王，突然要稱帝則有逆反的疑慮。因此，即使大臣們一再的勸進，孫權都一再的推辭。不過，孫權雖然暫時未稱帝，但卻建年號，表示孫吳和曹魏、蜀漢三國的地位平等。直到黃武八年（二二九）四月，孫權終於稱帝了，年號改爲「黃龍」。據說是夏口、武昌出現黃龍、鳳凰的吉祥物，於是運用「五德終始說」的符瑞理論，證明自己擁有天命。此後又用了嘉禾、赤烏等象徵符瑞的年號，以證明孫吳政權的正當性。很明顯，這些所謂的「符瑞」都是編造出來的。

孫吳向曹魏稱臣時，採用曹魏的年號「黃初」，吳國製作的銅鏡留傳下來，上面銘文就有魏的「黃初」年號。然而，近年在湖南挖掘出土的《長沙走馬樓吳簡》，卻被發現有「建安二十七年」的年號，建安只到二十五年，建安二十七年應是魏的黃初三年（二二二）。因此有人認爲這是孫權「陽奉陰違」的證據，也就是可能流傳出國的銅鏡就用魏的「黃初」年號，而內部資料則仍用漢的「建安」年號。但也有人認爲「吳簡」上所見的建安二十七年年號，是在孫權稱帝之後，爲掩飾以往曾稱臣於魏的醜聞而追溯篡改的。

## 吳蜀聯盟的再建

劉備死後，諸葛亮當政，後主劉禪猶如虛位的皇帝。當此之時，蜀漢剛經歷了關羽被殺、荊州被奪、夷陵大敗、劉備抑鬱而終等大事。對蜀漢臣民來說，國仇家恨最大的敵人當然是孫吳。然而諸葛亮經過理性的衡量，百廢待舉的蜀漢，其生存之道除了再次聯吳，已別無選擇。

「夷陵之戰」後不久，曹丕派軍威脅孫權時，孫權已派使者向劉備傳達講和之意。劉備死後半年，諸葛亮派鄭芝出使吳國，洽談吳蜀再結盟。孫權面對曹丕執意要送人質，也感到無法再推託下去了，同時以吳國之力也不可能併呑蜀國。既是如此，再與蜀結盟共同抗魏，乃是最好的選擇。何況先前與魏的結盟，吳要稱臣，現在與蜀則是以對等的關係結盟。於是吳蜀雙方終於在二二四年（蜀建興二年、吳黃武三）春天，正式訂下盟約。

如此，吳蜀又回到結盟抗魏的老路，這原本是魯肅所規劃的大戰略，也是諸葛亮「隆中對」所規劃的大戰略。不過，歷史並不是單純的回到原點，而是經過反覆較量，讓吳蜀雙方都確實體認到無法併呑對方，如此才能死心塌地共同聯合抗魏。

## 三國外交的架構

曹丕聽到孫權背叛並與蜀漢結盟的消息極爲震怒，皇帝的尊嚴掃地。該年（二二四）

秋天，曹丕親率大軍到達長江下游的廣陵，看到浩大的江面只好望江興嘆，撤軍而去。翌年秋天，曹丕再次親率大軍來到廣陵，依然無功而返。這次回到洛陽後不久，曹丕就病死了，得年四十歲。孫權得知曹丕的死訊，立刻親自率軍攻打魏的江夏郡，也是無功而返。此後魏吳之間的戰事持續膠著，但已無關大局。

二二九年四月，孫權稱帝之後遣使赴蜀，建議二帝並尊。蜀漢大臣都氣憤地主張廢棄同盟，這讓諸葛亮又傷腦筋了。之前雙方的同盟是暫時擱置名分問題，彼此基於對等關係。但孫權稱帝後同時有兩個皇帝（曹魏皇帝是不被承認的），如何「並尊」？因爲理論上，皇帝只能有一個，所以蜀漢對曹魏宣稱「漢賊不兩立」，而且在此前一年開始，諸葛亮也高舉此名分北伐曹魏。現在如果與孫吳「二帝並尊」，豈不是自相矛盾、自打嘴巴？可是，此時的諸葛亮正要北伐，不能與孫吳翻臉，想來想去只好以「應權通變，弘思遠益」（諸葛亮〈絕盟好議〉），做下臺階，還遣使祝賀，與吳訂立滅魏之後「中分天下」的盟約。諸葛亮以此避開難題，眞是天才。

三國之間經過反覆的較量，最後還是不得不回到「吳蜀聯盟抗魏」的基本架構，這是有客觀條件爲依據的。三國鼎立，但三國並非勢均力敵。魏最強大，其次是吳，蜀最弱小。以領土來比較，魏擁有幽、冀、青、并、徐、兗、豫、司、雍、涼共十州；吳有揚、荊、交三州；蜀只有益州。再從人口比較，蜀滅亡時的人口爲二十八萬戶、九十四萬人；

吳滅亡時有五十二萬戶、二百三十萬人；魏有六十六萬戶、四百四十三萬人。大致上說，吳的人口爲魏的一半，蜀的人口不到吳的一半。如果再加乘各種有形無形的因素，譬如領袖才能、軍民士氣、可用資源等等，則整體國力之比，魏、吳、蜀大約是三比二比一。吳、蜀聯盟剛好是二加一等於三，與魏的國力相當。

不過，歷史不是數學。人是有情感、有理念也有理性的動物。蜀漢對內對外都以「興復漢室」爲號召，也最早高舉討伐「曹賊」的旗幟，因此絕對以曹魏爲死敵，否則政權無存立之基礎。但是蜀漢國力又最小，劉備或許有僥倖之心，以先滅吳之後再與魏爭天下，然而「夷陵之戰」讓他夢碎了。諸葛亮不顧國仇家恨，只能回到聯吳的道路上，即使孫權稱帝，要求「二帝並尊」，也只能務實地訂立「中分天下」的盟約。

孫吳也曾有全據長江的戰略，但猛將周瑜欲西進益州卻中途病故，魯肅退而力保孫劉聯盟，後又因蜀漢日益強大的威脅，轉而與魏同盟，偷襲荊州。往後更向曹魏稱臣，以免兩面受敵。然而，曹丕一再逼孫權送子入質，讓孫權再也演不下去了，也只好再回到吳蜀聯盟的道路。

曹魏雖然最強，然而如果無法離間吳、蜀，吳、蜀持續同盟下去，維持南北均勢平衡，曹魏也只能乾瞪眼了，這大概就是三國外交的基本架構。在這個大架構之下，三國內部如何演變成爲決定往後歷史發展的關鍵。

# 三、蜀漢的南征北伐與滅亡

## 諸葛亮的「隆中對」

劉備從一個「逃難英雄」或「國際傭兵」，最終能成爲一方之霸，乃諸多歷史因素匯聚而成。關鍵因素之一，是在荊州得到許多謀士的輔佐，其中最重要的人物，無疑是諸葛亮。

諸葛亮（一八一—二三四），字孔明，琅琊郡陽都縣（山東沂南縣）人，父親早逝。漢末動亂，諸葛亮與弟隨叔父南遷到荊州避難，叔父死後隱居隆中十年。劉備投靠劉表，在荊州前後八年（二〇一—二〇八），廣結各地人士。經名士徐庶、司馬徽的推薦，「三顧茅廬」訪求諸葛亮爲謀士。這時是建安十二年（二〇七），官渡之戰後七年，赤壁之戰的前一年；諸葛亮二十七歲，劉備已四十七歲。

諸葛亮向劉備分析天下形勢，他認爲華北的曹操「已擁百萬之眾，挾天子而令諸侯，此誠不可與爭鋒」，孫權「據有江東，已歷三世，國險而民附，賢能爲之用，此可以爲援而不可圖也」，只有荊州與益州尚有可乘之機。如果能「跨有荊、益，保其巖阻，西和諸戎，南撫夷越，外結好孫權，內脩政理」成鼎足之勢，再等「天下有變」北伐中原，「則霸業可成，漢室可興矣」。這就是有名的「隆中對」。諸如此類的形勢分析，在當時的群雄陣容裡可說屢見不鮮。七年之前，孫權剛繼位時，魯肅也曾向孫權分析華北已不可爭，先據江東鼎足而立，再全據長江、進圖天下，被稱爲有名的「江東對」。其他各式各樣的謀劃，不勝枚舉，只不過歷史的發展讓「隆中對」爲後世所津津樂道。

諸葛亮確有高瞻遠矚之處，劉備在當陽被曹操所追擊時，想要投靠蒼梧太守吳巨。經魯肅建議暫往夏口，派諸葛亮與魯肅一同去拜見孫權，促成孫劉同盟，而有赤壁勝戰。雖然說抗曹大計早在孫權規劃之中，但把逃難集團搖身一變成爲孫劉同盟軍，戰後並奪取荊州南部四郡爲地盤，諸葛亮居功厥偉。

此後劉備維持與孫權聯盟，而西進益州，北奪漢中，跨有荊、益，逐步實踐「隆中對」的規劃。不過後來關羽被殺，夷陵再敗，蜀漢無法再保有荊州了。劉備死後，諸葛亮受命輔政，「政事無巨細，咸決於亮」。縱然與孫吳已有深仇大恨，但是諸葛亮堅持理性務實的路線，毅然再恢復與孫吳的聯盟，其執政方針仍然依「隆中對」——「西和諸戎，南撫夷越，外結好孫權，內脩政理」，伺機北伐。

## 諸葛亮治蜀

諸葛亮執政之後，首先要面對的是內部各派勢力的調和問題。劉焉、劉璋父子治理益州，簡選來自南陽三輔地區的流民爲「東州兵」，以跟隨自己的親戚故舊爲核心集團，可稱之爲「東州集團」，壓制益州士族與土著豪強，衝突不斷。建安十六年（二一一），益州土豪出身的張松建議劉璋，邀請劉備入益州幫助攻打漢中，實際上是想藉機顛覆劉璋。後來劉備果然奪取益州，然而益州人士的地位，並未因而得到明顯的改善。

劉備以追隨自己的荊州班底爲統治核心，可稱之爲「荊州集團」，但對於劉璋舊部的「東州集團」也十分禮遇。至於對益州土著則軟硬兼施，不馴者加以壓制，順服者才加以拉攏。諸葛亮雖然大致延續劉備的人事政策，但也特意引用更多益州人士。

基本上，蜀漢政權的結構在劉備入蜀之後（二一四－二二三），中央地方要職都由荊州、東州集團所掌握。諸葛亮執政之後（二二三－二三四），中央朝官仍然以外來者居多，但是丞相府幕僚則增加不少益州人士；地方郡守除少數重要的郡之外，多由益州豪族出任。諸葛亮死後，蔣琬、費禕主政時期（二三五－二五二），也有不少諸葛亮拔擢的益州人士任職中央。

面對內部各種不同的勢力以及複雜的人民，諸葛亮嚴明法令，制定新法令〈蜀科〉爲執法的依據。他以身作則，「科教嚴明，賞罰必信，無惡不懲，無善不顯」。同受輔政的李嚴以運送軍糧失職卻又推卸責任，被貶爲庶民；諸葛亮賞拔的馬謖，在北伐中違反軍令導致兵敗，諸葛亮爲展現不徇私，遂「揮淚斬馬謖」。這是大家都耳孰能詳的故事。

諸葛亮又推行許多獎勵農商的政策。四川盆地土地肥沃，自戰國時代李冰爲秦開鑿水利工程都江堰以來，農業相當發達。但都江堰已年久失修，諸葛亮徵調民丁加以維修，使成都平原更爲富庶。同時又在漢中屯田，解決軍糧民食問題。四川紡織業興盛，特設「錦官」督導，「蜀錦」遠近馳名，還大量外銷魏、吳二國，增加財政收入；蜀國滅亡時，國庫甚至還存有「錦綺綵絹各二十萬匹」。蜀漢煮鹽業也十分發達，以「火井」煮鹽，設有鹽府校尉專責管理，「利入甚多，有裨國用」。由於農工產品豐沛，商業也很活躍，成都成爲富商大賈聚集的大都會。文學家左思的作品〈蜀都賦〉，形容成都「市廛所會，萬商之淵。列隧百重，羅肆巨千」。

## 「七擒孟獲」的南征

蜀漢的南部當時稱之爲南中，即今日的雲貴高原一帶，由於地形複雜、交通不便，自古以來就是民族極爲複雜的地區。今日中國政府經過調查，宣稱國內有五十五個「少數民族」，其中半數以上分布在這一地區。春秋戰國以來，史書稱當地土著爲「濮人」，因族類繁多，又有「百濮」之稱；漢代統稱這一帶的人民爲「西南夷」；東晉南朝到隋唐時期泛稱之爲「獠人」。後世「青面獠牙」一詞，就是形容異族獠人的猙獰形象。

秦漢以來雖然在這裡設官置郡，實際上控制力十分薄弱。劉備入蜀之初無暇經營，只設立庲降都督羈縻而已。劉備病逝，南中酋帥以雍闓爲首，紛紛起兵叛亂。諸葛亮在統治稍微穩固之後，若要揮師北伐必須要安定後方，因此就積極規劃出兵南征。

蜀建興三年（二二五）春天，諸葛亮親自率軍南征，兵分三路，深入異族居住地，即〈出師表〉所謂的「五月渡瀘，深入不毛」。不過，這次南征，除了鎮壓叛變首謀雍闓之外，對於其他異族都採取慰撫懷柔的方式。譬如爲使土豪孟獲降服，活捉孟獲後，「乃赦獲使還，合軍更戰。凡七虜七赦，獲等心服」（《華陽國志．南中志》），後來《三國演義》把它改寫成精彩的「七擒孟獲」的故事。

事實上，對於這些生活在深山密林中的異族，蜀漢根本沒有能力統治他們，也沒有統治的必要。只要不叛變，多少收一點稅，就可大功告成了。因此諸葛亮只花費半年，

圖 2-4　四川成都武侯祠。By Shizhao, via Wikimedia Commons, CC BY-SA 3.0.

安撫益州南部各個部族之後，就快速地收兵了。不過，諸葛亮確實能收攬人心，不但從南中挑選了一萬餘名的兵士編入蜀軍，稱爲「飛校」，還使孟獲領兵參加北伐。附帶一說，漢族對此地區的開發要在明代以後，今日雲南、貴州一帶，流傳許多關於諸葛亮南征的傳說，絕大多數是後來的人杜撰、附會的，與史實無關。

## 「出師未捷身先死」的北伐

諸葛亮所念茲在茲的，是所謂的北伐大業。「隆中對」裡說要等到「天下有變」，也就是北方動亂時就可趁機北伐。可是諸葛亮一直等不到「天下有變」，他已經快五十歲了，因此即使「天下沒有變」也還是要北伐。建興五年（二二七）春天，諸葛亮率軍

圖 2-5　「木牛」、「流馬」復原模型。By Deadkid dk, via Wikimedia Commons, CC BY-SA 3.0.

北駐漢中，上表北伐。隔年初，出祁山（甘肅西和縣北），從此展開一連六次的伐魏行動。當時曹魏的皇帝是年輕有爲的明帝曹叡，派遣曹眞、司馬懿鎮守關中，採堅壁清野的消耗戰，諸葛亮都無功而返。最後，在建興十二年（二三四）八月因爲積勞成疾，病逝於五丈原（陝西岐山縣），得年五十四歲。

北伐本來就不容易，蜀漢國力遠不如曹魏，即使與孫權密切配合，東西兩面齊發也難以奏功。而且蜀地出兵北上，要翻越海拔二千公尺以上的秦嶺山脈，交通困難、糧食補給不易，因此常因糧盡而退兵。附帶一說，諸葛亮要加強運輸，巧思設計「木牛」、「流馬」，可能是近似帶輪子的牛馬造型的手推車，可節省不少力氣。現代臺語把腳踏車俗稱爲「孔明車」，只是一種聯想，彼此沒有什麼關係。

諸葛亮「隆中對」原本的規劃，北伐是要等待「天下有變」，也就是要等待北方再動亂的適當時機。但要等到什麼時候？等不到「天下有變」的諸葛亮，只能「知其不可爲而爲之」。因爲蜀漢以「興復漢室」爲號召，不北伐無以維繫人心確保政權的正當性。其次，北伐是一種以攻爲守的戰略，諸葛亮在〈後出師表〉說，「惟坐待亡，孰與伐之」，就是要以攻爲守的意思，化被動爲主動是較弱小者常用的戰略。第三，蜀漢內部充滿荊州集團、東州集團、土著豪族酋帥等各種勢力，利益不一，難免衝突，北伐則可以讓全國動員一致對外，發揮轉移內部衝突的作用。

諸葛亮個性穩重，北伐採取穩紮穩打的戰法，雖然難有奇功，但也沒有太大的損傷，而且每次軍事行動時間都不長，也沒有對國力造成太大的負擔。但是諸葛亮死後，內政漸漸不穩，其後姜維仍然持續北伐，則成爲蜀漢滅亡的因素之一。

## 蜀漢的滅亡

諸葛亮死後，蔣琬接續主政。蔣琬是跟隨劉備入蜀的荊州零陵郡人，諸葛亮北伐時，他任丞相府長史，留守成都，深獲信任。諸葛亮臨終前上表後主，推薦蔣琬爲繼任者。蔣琬主政十二年（二三四—二四六）並未北伐。蔣琬死後，費禕接任（二四六—二五三）。費禕是荊州江夏人，以劉璋姻親而入蜀，劉備入蜀後加入劉備陣營，深獲諸葛亮信任。蔣琬、費禕合計主政二十年，史云：「承諸葛之成規，因循而不革。」延續諸葛亮打下的基礎，還能維持相當的安定。蜀延熙十六年（二五三），費禕被曹魏的降人刺殺身亡後，蜀漢慢慢走向衰敗之路。

費禕死後，姜維以大將軍掌握兵權。姜維（二〇二—二六四），天水冀縣（甘肅甘谷縣東）人，原爲曹魏天水參軍，諸葛亮第一次北伐時來降，深受諸葛亮誇賞，屢建軍功，雖然官至大將軍，但在朝廷中孤立無援。姜維生性簡樸，「心存漢室」，有軍事才華，但連年出

**❶ 昭烈帝 劉備**
221-223

**❷ 後主 禪**
223-263

圖 2-6　蜀漢帝系圖。

兵與曹魏爭奪隴西，得不到朝廷的充分支援，久戰無功，徒然折損國力。蜀景耀元年（二五八）之後，宦官黃皓弄權，企圖罷黜姜維，姜維危懼，長年領兵在外，不敢回成都。

蜀炎興元年（二六三），曹魏大將軍司馬昭派鍾會、鄧艾統率十八萬大軍分道伐蜀。主力鍾會由斜谷入漢中，姜維退守劍閣（四川廣元市）。鄧艾以奇兵從陰平間道取江油（四川平武縣），攻占涪縣（四川綿陽市東），直逼成都。後主劉禪召集群臣會商，有人主張投奔孫吳，有人主張南遷南中，眾議紛紜。益州士族出身的譙周則主張投降，後主接受他的意見投降，蜀漢亡國。

譙周的投降論是有輿論基礎的。蜀漢原本就充滿各種勢力，益州土豪出身的張松，期待劉備入蜀壓制劉璋的東州集團，但劉備仍然重用東州集團，益州人士的地位並未得到明顯的改善。諸葛亮執政雖然任用較多的益州人士，但並未能進入權力核心。簡單的說，蜀漢始終是個外來政權。

劉備、諸葛亮高舉「興復漢室」大旗，以北伐轉移內部衝突，一致對外。然而諸葛亮死後，蔣琬也不北伐了，「興復漢室」已無號召力。相反地，曹魏以受禪宣揚天命，統治日久，中原「名士」多已接受事實，甚至以書信招降蜀漢的「名士」。當時的「名士」是有輿論影響力的，因此這種書信招降能夠發揮左右民心士氣的作用，說穿了就是一種「統戰」。劉備死後不久，名士華歆、王朗、陳群和諸葛氏族人諸葛璋，都分別寫信給諸葛亮，說明天命在魏、力勸投降。諸葛亮則是以一篇〈正議〉的公開信，加以反駁，這算是諸葛亮的「反統戰」。

蜀漢後期，朝政紊亂，連年征戰，國力疲弊。孫吳薛珝出使蜀漢回國後，吳主孫休問他蜀政得失，薛珝回答說：「主闇而不知其過，臣下容身以求免罪，入其朝不聞正言，經其野民皆菜色。臣聞燕雀處堂，子母相樂，自以爲安也，突決棟焚，而燕雀怡然不知禍之將及，其是之謂乎。」（《三國志．吳書．薛綜傳》引《漢晉春秋》）這是當時的第一手觀察，很值得參考。

譙周（二〇一—二七〇），巴西西充（四川南部縣）人，是當時蜀漢最有學問的人，也是《三國志》作者陳壽的老師。他非常敬佩諸葛亮，聞諸葛亮死訊立刻前往奔喪。然而，看到姜維多次北伐、虛耗國力而心生不滿，著〈仇國論〉力陳北伐之弊。時日至此，有識之士都已深知「北伐無望論」，然而姜維卻仍高舉「興復漢室」的理想，當地人則要出兵出糧，以致民不聊生，因此〈仇國論〉可以說是控訴蜀漢人民之苦的代表性輿論。話說回來，譙周曾經譏諷劉備和劉禪的名字，說兩人名字合起來，就是「準備禪讓」的意思，這如果是在孫吳暴君孫皓面前，肯定是要殺頭的。不過，後主劉禪還是很尊重他，讓他官拜光祿大夫，不知道是後主劉禪眞的昏庸，還是蜀漢仍然保有某種程度的言論自由。

# 四、孫吳政權的江東化與討伐山越

## 孫堅的發跡

孫吳政權發跡於孫堅。孫堅，出身於吳郡富春（浙江杭州市）的豪族，富春是當時漢族往南開墾的邊境地帶。孫堅十七歲時追捕海盜有功，踏入仕途爲縣吏。孫堅個性豪邁粗獷、輕佻狡詐，看上了同郡美貌才藝雙全的女子吳氏，竟用要脅的方式強娶到手，生孫策、孫權。黃巾亂起，孫堅召募千餘人參與討亂，屢建軍功。董卓亂政，孫堅討伐董卓，勇猛攻入洛陽，一戰成名。初平二年（一九一）孫堅接受袁術之命攻打荊州的劉表，被劉表部將黃祖的軍士射殺，享年三十七歲。孫堅死後，所留部眾被袁術接收。

## 孫策立基江東

孫堅死時，長子孫策只有十七歲。孫策（一七五—二〇〇），英俊豪爽、幽默風趣、武藝高強、人緣好，被暱稱爲「孫郎」。十幾歲就廣交名士，在士大夫之間頗有名氣，和他父親一介武夫的形象大不相同。

孫堅死後，孫策與母親先去投靠舅父丹楊太守吳景，召募了幾百人，但在途中遭遇到土豪（山越）祖郎的襲擊，差點沒命。興平元年（一九四）孫策投靠袁術，求得其父孫堅少數的餘兵，但袁術對孫策始終有所猜忌。後來孫策利用機會得到袁術的同意，領兵攻取江東。出發時軍隊只有一千多人、馬數十匹、賓客數百人，沿途召募，來到歷陽（安徽和縣）時已擴大到五、六千人。興平二年（一九五）底，孫策軍隊渡過長江，所向披靡，揚州刺史劉繇棄軍遁逃，江東各郡守都拋棄城郭逃走，竄伏山區。孫策趁機擴大召募，十幾天四面雲集，士兵達到二萬多人、馬千餘匹，威震江東。

然而，孫家在江東社會地位並不高，孫策又以袁術部將的身分，率領江北的軍隊攻入江東，驅殺吳郡太守許貢等朝廷命官、誅戮許多江東英豪，自然得不到江東豪族的支持。偏遠地區還布滿著山越土著豪帥的勢力，孫策費盡全力四處征討，才逐漸站穩在江東的割據。

孫策在江東坐大之後，和袁術的關係轉爲惡化。建安二年（一九七）孫策利用袁術僭越稱帝的機會，正式和袁術決裂，袁術敗死後，孫策又發兵併其餘部。此時華北曹操、袁紹爭霸形勢逐漸形成，曹操聽到孫策旋風式的割據江東，無奈的說「猘兒難與爭鋒也」。曹操想要拉攏孫策，上表孫策爲討逆將軍，封爲吳侯；又以聯姻的手段安撫孫策，把侄女嫁給孫策小弟孫匡，兒子曹彰娶孫策堂兄孫賁的女兒，但孫策並不爲所動。

建安五年（二〇〇）曹操與袁紹對峙於官渡時，孫策陰謀偷襲許昌，迎接漢獻帝。卻在發兵前的一次出獵中，被故吳郡太守許貢的門客所刺殺，不久身亡，年僅二十六歲。

## 孫權的繼位

孫策猝死，孫氏政權陷入危機，孫策十九歲的二弟孫權繼統大權。當時的形勢非常嚴峻，孫權只能控制幾個郡城周圍，深險之地仍然布滿敵對的山越土豪。孫策的軍隊是以父親留下的將領，以及他在江北淮水、泗水地區結識的親信爲核心，一般稱之爲「淮泗集團」。孫策攻入江東誅戮許多江東英豪，江東豪族迫於他的武力不敢反抗，但對孫氏政權多冷眼旁觀。而北方流亡江南的「賓旅之士」則心存觀望，隨時注意局勢變化，有些看到北方漸趨穩定，又回去投奔曹操了，眞心要效忠孫家的並不多。

果然，孫權剛上位，幾乎四處都反叛。江東六郡中五郡有騷動，山越也大規模叛亂。曹操想趁機入侵江東，自家人廬陵太守孫輔信心動搖想去投效曹操，定武中郎將孫暠意圖割據會稽一方，廬江太守李術也不聽孫權號令。所幸孫權處變不驚，以張昭爲師，任用父兄留下來的部將程普、周瑜、呂範等人，討平各地的叛亂，懷柔江東士族。曹操還在忙於對抗袁紹的勢力，只好再上表孫權爲討虜將軍、領會稽太守，等於是承認孫權繼承孫策之職，領有江東，孫氏政權暫時穩住了陣腳。

建安八年（二〇三）底，孫權在穩住江東之後，本來想對外發展，溯長江而上，征討黃祖、爭奪荊州，又可爲父親報仇。但戰事到中途，後方山越又叛變，於是不得不返師，徹底解決山越問題。

## 山越威脅的虛實

「山越」並不是一個民族，更不是所謂的「少數民族」，而是當時盤據於江南各地非漢族土著的泛稱。由於當時江南的漢族多聚集於平野，其他地區布滿著非漢族的土著，他們在數量上遠多於漢族，又強健善戰。《三國志・吳書・諸葛恪傳》描寫山越：「丹楊山險，民多果勁」、「俗好武習戰，高尚氣力，其升山起險，抵突叢棘，若魚之走淵，猿狖之騰木也」。

有學者認爲，山越大部分是逃往山地避免徭役的漢人，他們常以宗族爲單位，形成自保的武裝團體，因此史書又常稱爲「宗部」、「宗賊」、「山寇」等。不過，由於「越」的名稱已顯示他們的「異族」色彩，因此「山越」並不能完全等同於「宗部」、「宗賊」、「山寇」。不過，他們卻有一個共通點，都是孫吳偏遠地區的敵對勢力，因此這些都可視爲廣義的山越。此時史書所見的山越，廣見於孫吳境內各地，但以揚州的山越，對孫吳造成的威脅最大。

孫堅死後，孫策與母親去投附舅父吳景時，就遭受到土豪「涇縣大帥」祖郎的襲擊，差點沒命，因爲這時孫策的隊伍只有數百人。孫策攻入江東之後所向披靡，但盤據山區的

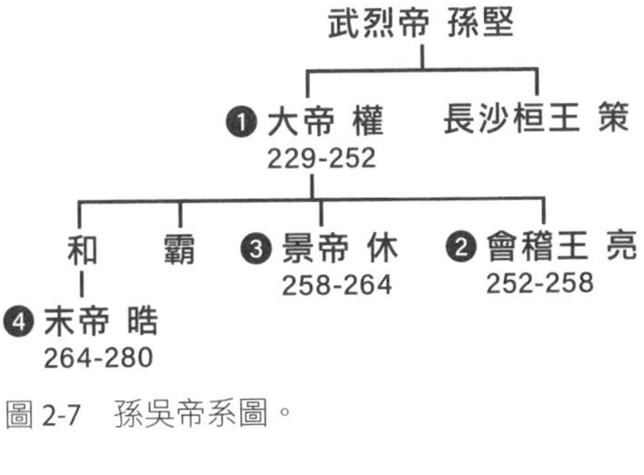


圖 2-7　孫吳帝系圖。

山越（土豪）仍然是最大的威脅。孫策據江東五年期間與山越的戰爭至少有十二次，每次山越的兵力，從數千到數萬不等。說山越是孫策最大的敵人並不為過。然而孫權繼位以後，「分部諸將，鎮撫山越，討不從命」，來自山越直接的威脅已大不如前。

建安八年底孫權西伐黃祖的時候山越來襲，這是史籍所見來自山越最大的一次威脅，迫使孫權不得不還師，命諸將全力討平鄱陽、會稽、樂安、建安、漢興、南平等地的山越，結果「斬首六千級，名帥盡禽，復立縣邑，料出兵萬人」。此後對山越的戰爭，幾乎都是孫吳主動出擊，掠奪山越人口。如建安十三年（二〇八）赤壁之戰前夕，吳將賀齊在丹楊、黟、歙等山越核心區大肆征討，「斬首七千」，收降四萬餘戶。孫吳軍隊多取自山越，故能征善戰，當時稱之為「丹楊精兵」。

基本上，山越對孫吳最大的威脅，是在孫策初入江東之時。建安八年被孫權大肆圍剿之後，山越對孫吳已不太構成威脅了，其後反而多是孫吳主動去掠奪山越。山越既已不構成威脅，孫權為何還要大肆征討？這與孫吳政權的「族群政治」有關。

## 孫吳的「族群政治」

孫策率淮泗集團以武力攻進江東，在掃蕩朝廷命官之後，最大的反對勢力為江東士族與山越土著勢力。

東漢以來，移民江南的漢族激增，侵入山越地區開發，時起衝突。東漢末年的混亂局面，盤據各地的宗部大帥與山越酋豪趁機而起。孫策軍入江東，山越酋豪在朝廷或袁術以印綬拜官的引誘下，展開抵抗孫策的戰爭。後來曹操策動山越爲內應，也是以朝廷印綬拜官爲誘，可見山越酋豪對接受朝廷印綬以獲得官職和爵位的強烈欲望，這有利於鞏固他們在地方的地位。然而山越被充當內應，卻加深他們和孫吳政權的敵對。另一方面，山越之民多在深險之地，不納稅服役，孫吳若要擴大其統治區域或籌備軍糧與兵力，必然要從事對山越的征討。

江東士族起初也是站在孫吳政權的對立面。孫策曾殺戮許多江東英豪，如吳郡陸康、句容許貢、會稽盛憲、周昕兄弟等，其中尤其以殺陸康家族百餘人最爲慘烈，因此江東士族對孫氏深懷怨憤。但當孫氏政權據有江東日趨穩固之後，江東士族爲自身生存與家族發展，除了仕吳已別無選擇，因此由敵對、旁視而妥協仕吳。江東士族與山越土著之間，長期在地方開發上起利害衝突。而相對於山越帶有濃厚的異族色彩，江北淮泗士人與江東士族彼此雖有地域隔閡，但都受儒學教育，彼此在文化上同聲共氣，因此比較容易合作。

孫策時期就有引用賀齊、董襲、凌統等江東士族助其討平山越。孫策死後，各地騷動，熟悉地方情勢的江東士族虞翻、顧雍，也曾助孫權化解地方危機。孫權時期更是拉攏熟悉地方情勢又有實力的江東士族，由他們領兵來征討山越。其中最有名的例子，是陸遜屢次建言孫權出征山越，結果大量捕獲江東三郡的山越，「彊者為兵，羸者補戶，得精卒數萬人」（《三國志．吳書．陸遜傳》），原已有私家部隊二千多人的陸遜，經此役之後，私家部隊更為龐大了。

江東士族積極建言、領軍掠奪山越，除了他們和山越在地方上的利害衝突之外，還有更多利益的考量。孫氏政權為拉攏江東士族，承認他們可擁有私家部隊的現實，更授與軍隊並鼓勵其招兵買馬、擴充實力，甚至父子兄弟可以世襲領兵，一般稱之為「世襲領兵制」。不僅如此，孫吳對於有功的將領與官吏，常以所領郡縣之租稅為俸祿及養兵費，又給予免除其佃客租稅與傜役的特權，即一般所謂的「奉邑制」與「復客制」。如此，江東士族更樂於藉由討伐山越，擴大他們在地方的實力與利益，遷官封侯、甚至逐漸進入權力核心。

孫吳政權也藉由征討山越，掠奪大量的人口，擴大其基層統治，補充兵源與勞動力。據估計，孫權時期自山越掠得的兵數不下十三萬人。孫吳能夠抵抗北方的曹魏與西邊的蜀漢，善戰的山越士兵扮演著重要的角色。

以上孫吳政權以淮泗集團結合江東士族打擊山越的策略，可以說是一種操弄族群矛盾，以利其統治的「族群政治」。這正是山越雖然已不構成威脅，但孫吳仍然要大肆征討山越的主要原因。

## 孫吳政權的江東化

「族群政治」化解了孫吳政權內部敵對勢力的威脅，並擴大其基層統治。但若要更加穩固根基，則要再進一步的「江東化」，也就是讓江東士族成爲支持孫吳政權的最大力量。

孫吳政權原本以淮泗集團爲統治核心，然而隨著天下三分局勢的形成，北方流民逐漸減少，淮泗集團的成員日益凋零。長治久安之計，孫吳政權必須獲得江東士族的全力支持。

赤壁之戰是江東士族與孫吳關係轉變的一個關鍵。孫策攻占江東、誅戮江東英豪，雖然也曾積極引用江東人士，但是江東人士大多冷眼旁視，親附的人物並不多。孫策臨終前特別囑咐孫權：「舉賢任能，各盡其心，以保江東」，孫權確實也盡全力拉攏江東士族。江東士族見孫氏統有江東的現實暫難改變，孫權也是朝廷合法的命官，爲自身安危與家族利益，不得不接受其徵召，甚至主動進言出征山越，擴大家族的利益。

然而這只是一時的妥協，當建安十三年（二〇八）曹操大軍壓境，群臣「莫不響震失色」，連淮泗集團的核心人物張昭都主張投降了，何況暫時妥協觀望的江東士族。可是，當赤壁之戰打敗曹操後，孫氏政權穩固下來，江東士族就眞的是別無選擇了，只有徹底歸心。江東士族與孫吳政權的合作，進入了新的階段。

此後隨著淮泗集團成員的日益凋零，孫權大力引用江東士族接替。如建安二十四年（二一九）陸遜代呂蒙居上游統帥之任，陸遜不辱使命，在「夷陵之戰」大敗劉備。黃武四年（二二五）更以吳郡顧雍爲相，前後長達十九年，陸遜、朱桓仍掌兵權。後來陸遜也接任丞相，江東士族成爲孫吳政權的主要支柱，學界稱之爲孫吳政權的江東化。

## 孫吳的施政方針

孫吳政權爲得到淮泗集團與江東士族的支持，處處維護世家大族的利益。其施政方針對外採取「限江自保」，對內則是「施德緩刑」。

孫吳在赤壁戰後，以鞏固內部統治爲首要工作，隨後征服山越、奪取荊州，夷陵之戰打敗蜀漢之後，勢力發展達於頂峰。然而此時，吳軍主將陸遜並未趁勢直攻蜀漢，而是以確保江東爲要。此後有人建議北伐，都因陸遜反對而作罷。陸遜之所以採取保守立場，是因爲江東士族希望確保江南的安定與穩固，不願意把私人部曲、物力消耗在無謂的戰場上。

對內「施德緩刑」的政策，並非是針對全民，而是對世家大族採取寬鬆的政策。因爲若法網太密、刑罰太重，勢必會影響世家大族的利益。因此，孫權的大臣張昭、顧雍、陸遜都主張「施德緩刑」。在這樣的政策下，勵行整飭吏治的吏部尚書張溫反而被貶黜，暨黜則被迫自殺，中書呂壹、秦博「舉罪糾奸，纖介必聞」，結果反而被治罪。

如前所述，孫吳又實行「復客制」，即賞賜文武百官，免除其名下佃客的一切稅役負擔；「世襲領兵制」，即以擁有私兵的世家大族為將領兵出征，賞賜俘虜來的敵兵，將領死後就由兒子或兄弟承繼。孫權用這些措施拉攏世家大族，幫助他征討山越。

以上孫吳維護世家大族利益的施政方針，得到世家大族的鼎力支持。相對於蜀漢一直維持著「外來政權」，孫吳政權的江東化，以及維護世家大族的利益措施，使得孫吳的國祚在三國之中最為長久。然而，孫吳這種近似分贓式的統治，也導致其政治腐敗及君主與大臣之間的緊張關係。孫權晚年要提高君權而爆發許多君臣衝突，以及孫吳末年政局的動盪不安，都與這種施政方針有關。

## 孫吳的建設

孫吳為擴大開發、提升國力，也廣設屯田。但是和曹魏不同的是，曹魏屯田民大多來自流民，孫吳的屯田民則大多來自掠奪的山越。孫吳在長江沿岸幾千里之間都廣設屯田。屯田分為軍屯與民屯。軍屯的佃兵，又稱之為「作士」，以軍事編制，戰時打仗，平時耕作。軍屯所在地設置典農校尉或典農都尉，取代郡守縣令。民屯則是以一般郡縣民耕作國家土地，屯田客只須耕種，不必服役或參戰。但佃兵或佃民除了耕種外，有時也要參加地方建設，如建糧倉、開道路、修河堤等。

孫吳統治時期又推動多項重大的水利工程，對江南的交通、經濟發展有相當大的助益。如築東興堤、修淙塘、鑿東渠，形成首都建業城外的水運網，又開鑿破崗瀆，這是連結三吳與建業城的人工漕運，又開鑿雲揚到長江的運河，可說江南運河的雛形已大致具備了。

孫吳的造船業相當發達，孫權在建安的侯官（福建福州市）、臨海的橫藇（浙江平陽縣）、廣州的番禺（廣州市）設置船塢，以大量罪人修建船隻。建造的大船上下五層，可乘二、三千人。西晉滅吳之後，還接收到「舟船五千餘艘」。

孫吳的手工業也有長足發展，紡織業中有以「八蠶之錦」著稱的絲織品，另有東吳特產的葛布和麻布。葛布質地輕薄、涼爽舒適，是夏衫的最佳衣料，曹丕曾特地派遣使者到東吳「求細葛」。孫吳背海立國，煮海爲鹽，煮鹽業之發達不在話下。另外，開礦業也很發達，在鍾山（江蘇南京）、武昌都有冶鐵鑄銅，會稽爲銅鏡製造中心。近年考古發現，東吳墓葬中有大量各式各樣的青瓷，可見其瓷器燒製技術也很進步。

交通便利和農業、手工業的發達，自然帶動商業貿易的活躍。孫吳各郡縣治所不僅是徵稅物質的集中地，也是地域貿易的中心。吳都建業有建業大市及建業東市，「富中之甿，貨殖之選，乘時射利，財豐巨萬」。此時江南地區的商品貿易多以絹、布、鹽爲媒介，孫權曾為貿易需求鑄大錢為貨幣，有五百、一千的大錢，但因不便流通而廢止。

孫吳對外的貿易也很興盛，與蜀漢、曹魏的互市一直不曾間斷，與東南亞、南海、印度洋各地都有貿易往來。黃武五年（二二六），有自稱秦論的大秦（羅馬帝國）商人來到交趾，交趾太守吳邈將秦論送至建業，秦論向孫權介紹大秦的風土人情，孫權則送給秦論「山越」男女各十人，並派人護送他回國。

## 孫權的海外拓展活動

孫權與曹魏對抗之時曾試圖擴大結盟，或擴展海外勢力，如對交州及遼東的拓展。交州包括今天廣東、廣西及越南北部，西漢武帝設郡縣統治。東漢末以來，交州豪族出身的士燮（一三七—二二六），任交趾太守，名義上歸順於吳，實際上形同於一個獨立王國。因中原戰亂，許多文人名士避難至此，士燮禮賢下士形成獨特的文化。黃武五年（二二六）士燮死後，吳國的交州刺史呂岱就誅殺士燮一族，將交趾郡直接納入管轄。士燮本身是個儒學家，他保護交趾二十年，免受漢末動亂之禍；並興辦學校，促進越南的文化發展。部分越南史家把士燮當成越南君主，稱之為「士王」，受後世越南人的尊崇。

孫吳控有交趾之後，又要求中南半島的林邑（越南南部）、扶南（柬埔寨）、堂明（寮國）來朝貢，以及派大軍到海上找亶洲及夷洲，結果以失敗而返。有人認為夷洲可能是臺灣，亶洲可能是菲律賓或日本的某地，不過這些說法在學術界還沒有定論。

黃龍元年（二二九）孫權稱帝之後，就派出使者到遼東，試圖與割據遼東的公孫淵結盟，與西邊的蜀漢分別從南、北、西三面圍攻曹魏，這是孫權的大戰略。在孫權積極拉攏之下，公孫淵曾派使節向吳國稱臣，但曹魏知悉後作勢要攻打遼東，公孫淵又改變心意，殺吳國使節，向魏稱臣。最後，魏明帝派司馬懿征伐遼東、滅公孫淵，孫權的大戰略以失敗告終。（再參見本書第十二章）

## 山越的消失

如前所述，山越對孫吳最大的威脅是在孫策初入江東之時。建安八年（二〇三）被孫權大肆圍剿之後，山越對孫吳已不太構成威脅了。但是孫吳操弄「族群政治」，主動往山區去掠奪山越，分贓所得戶口，掠奪山越成爲孫吳發展的重要事業。

嘉禾三年（二三四）諸葛恪率大軍圍攻丹楊山越，長達三年之久。結果十萬山越人民出山投降，這是孫吳掠奪山越最大規模的行動。孫權下詔稱讚：「元惡既梟，種黨歸義，蕩滌山藪，獻戎十萬。」（《三國志．吳書．諸葛恪傳》）

漢末山越的人口數多於漢人，而且多強健善戰，每次交戰，隊伍多則數萬，少則數千。何以在與孫吳將領對陣之後，都敗退下來？

山越人民多分散在深險之地，沒有嚴密的部落組織和統一的部落首領，常依附於山中大族和地方豪強。這些分散、無嚴密組織與訓練的人民，雖然強健善戰，但終究抵擋不住強兵悍將組成的有裝備的甲士。或許雙方可以比喻爲「民兵」與「正規軍」的對決，這可能是山越敗陣的最主要原因。

山越在歷經孫吳短短幾十年的征討與統治之後，驟然消失。孫吳滅後，六朝史籍幾乎看不到山越的記載。山越的消失並不是被屠殺殆盡，孫吳征討山越的目的是要搜括人民以爲驅使，自然不可能將山越人民悉數剿滅，因此學者大多認爲山越是融合於漢族之中了。然而，山越只是當時江南各土著民族的泛稱，而兩晉以後江南還是遍布著各種土著民族，如《魏書・僭晉司馬叡傳》載東晉境內的土著：「中原冠帶呼江東之人，皆爲貉子，若狐貉類云。巴、蜀、蠻、獠、谿、俚、楚、越，鳥聲禽呼，言語不同，猴蛇魚鼈，嗜慾皆異。江山遼闊將數千里，（司馬）叡羈縻而已，未能制服其民。」

東晉境內仍然有族類繁多的土著民，朝廷對這些土著民只能「羈縻而已」，而「未能制服其民」。因此，孫吳境內的山越可能有部分融合於漢族，但絕不可能全部都融合於漢族。換句話說，山越的消失只是「山越」名稱的消失，他們的後裔被改稱爲各種土著，仍然默默地生活於江南社會之中。

## 《長沙走馬樓吳簡》的發現

談到孫吳的歷史，不能不附帶說明近年來發現的《長沙走馬樓吳簡》。西元一九九六年七月，湖南省長沙市的中心走馬樓街，在建築工地中發現了三國時代的古井，從中出土了十幾萬片的簡牘，內容約三百萬字。這是近年出土最被重視的三國文物。簡牘是紙張未普及前，用來書寫的木片或竹片。

據推測，出土地點可能是當時的官廳。簡牘中看到的年號，最早是建安二十五年（二二〇），最晚的是嘉禾六年（二三七）。因此，這批簡牘應爲吳國的地方官廳文書。長沙在建安二十年（二一五）之後成爲吳國的領土，簡牘中看到的「步侯」、「呂侯」，應該是指當時吳國在長沙一帶的將領步騭和呂岱。

簡牘的內容包括租稅、戶籍、呈給上級官廳的報告、個人書信、名片等，其中最重要的是關於租稅和戶籍的資料。與租稅有關的簡牘，可以看到當時農地的類別，如向國家借來的「二年常限田」，以及由自己開墾的「餘力田」，兩者再依

圖 2-8　《長沙走馬樓吳簡》雙面簽牌。長沙簡牘博物館提供。

旱田（歉收）或熟田（豐收），來決定繳納米、布、錢的稅額。與戶籍有關的簡牘，是地方官向上級報告的居民文書，內容包括姓名、年齡、身分（吏、民、軍）以及家庭組成等，另外還註記身高、身體特徵或缺陷、疾病，或許是作為徵募兵役或賦役時的參考資料。

這批簡牘為何會留存在古井中？有人認為這些是廢棄的文書，丟在古井中銷毀，有人認為是孫吳滅亡時要祕密保存而埋在井底。但孫吳滅亡是天紀四年（二八〇），而這批簡牘又何以只到嘉禾六年（二三七）？眾說紛紜，莫衷一是。

無論如何，過去要研究三國時代只能參考《三國志》等文獻資料及少數碑文，《長沙走馬樓吳簡》的出土，增加許多第一手的珍貴史料，對今後吳國乃至三國時代的研究，必定有很大的助益。不過，由於簡牘的數量龐

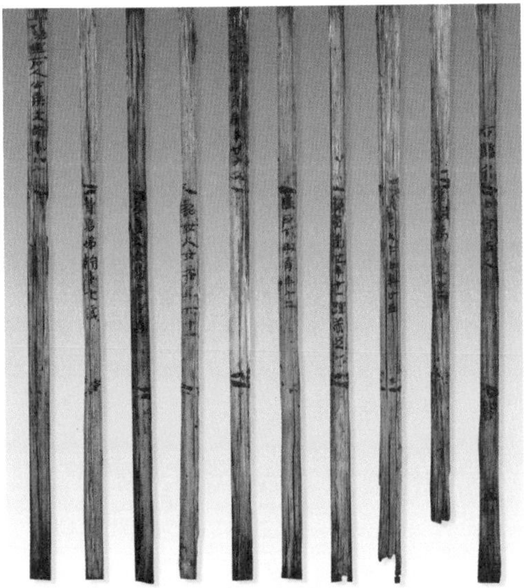

圖 2-9　《長沙走馬樓吳簡》。長沙簡牘博物館提供。

大，要進行正確的解讀還需要相當時日的研究。

## 五、曹魏的立國與新制度

### 曹丕篡漢的折騰

曹操打下江山，但並沒有稱帝，對於群臣的勸進，曹操曾說了一句：「若天命在吾，吾爲周文王矣。」那麼，曹操死後，曹丕是如何得到「天命」的呢？其實過程並非如一般想像的順利。

曹操雖然是打江山的強人，但對局勢的控制也並非十足絕對。追隨曹操的大臣之中，不乏如首席參謀荀彧般，期待曹操匡復漢室。荀彧見曹操意圖晉爵魏公，有篡奪漢朝的野心，乃服毒自殺以示不予苟同。曹操應該能感受到要篡奪有四百多年傳統的漢王朝，並不是一件容易的事。東漢末年，民不聊生，底層流亡的人民有漢室氣數已絕、須建立新王朝的期待，黃巾起事即緣於此。但是對士人乃至一般人民而言，仍然多忠於有四百多年傳統的漢室，因此劉備才能以「興復漢室」做號召，包括曹操底下都仍然有許多是效忠漢室的人。

曹操逝世前幾個月（二一九年九月）出征漢中時，出身同鄉的親信魏諷竟在鄴都謀叛，事發後被留守的曹丕誅殺，數千人連坐喪命。曹丕可能藉此事件清洗不少親漢的勢力，鄴都氣氛十分詭譎。不久，曹操死時（二二〇）祕不發喪。曹丕雖是被立爲「世子」的接班人，但對其弟曹植、曹彰始終猜忌，百般設防。

曹操葬禮一結束，曹丕便襲爵魏王，同年十月即位稱帝。曹丕如此火速地稱帝，與曹操完全不同，正反映他急於鞏固地位的心態。曹丕稱帝之前做了兩件重要的事，一是將曹植、曹彰兄弟外放封地，並派人嚴密監視；另一是採納魏國尚書陳群的建議，實施「九品官人法」。前者是防止兄弟的爭奪，後者是一套選拔官吏的制度，利用這個制度來排除親漢分子以及拉攏世家大族。關於「九品官人法」，稍後再做補充。

曹丕以所謂的「禪讓儀式」，對外宣示政權的正當性。戰國時代以來，相傳古代聖天子堯禪讓給賢能的舜，舜也同樣禪讓給禹。後世配合「五德終始說」的天命理論，失去「天命」的王朝遵循禪讓法則，和平的轉移政權給新得「天命」者。王莽就是依此理論篡代西漢，但是王莽並沒有舉行繁複的「禪讓儀式」。曹丕是第一位舉行盛大「禪讓儀式」的皇帝。

曹丕禪讓之前先營造輿論，各地紛傳祥瑞、讖緯。群臣一再上書勸進，說曹丕「應天受命」，曹丕則一再謙拒。終於延康元年（二二〇）十月，漢獻帝被迫下詔讓位給曹丕，曹丕「三讓」之後才「勉強」同意，於是在潁川郡潁陰的繁陽（河南臨潁縣繁城鎮）築受禪臺，臺高約十三公尺，現今還留存遺跡。獻帝在脅迫之下，配合繁複「禪讓儀式」的演出，折騰了半天，曹丕終於坐上了皇帝的寶座，禁不住向群臣說：「舜、禹之事，吾知之矣。」（《三國志・魏書・文帝紀》注引《魏氏春秋》）原來一切都是演戲。

配合演出的漢獻帝被封爲山陽公，還比曹丕多活了好幾年。因爲依照禪讓文化，讓位者也是聖人，所以不能加害。但是劉備藉此機會大肆宣揚獻帝已經被殺害，以繼承漢朝的正統，理直氣壯地稱帝。

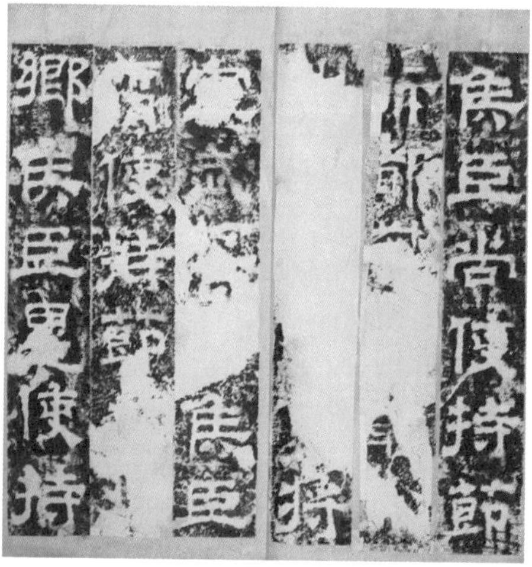

圖 2-10　上尊號碑。北京故宮博物院提供，田明潔攝影。

「禪讓儀式」雖然是大家都心知肚明的把戲，可是從曹丕之後七百多年間，西晉、南北朝到隋唐五代，乃至宋太祖趙匡胤的「黃袍加身」，都不斷上演著這種充滿欺騙性的鬧劇。禪讓鬧劇之所以能夠一演再演，是因爲它能夠以表面和平的方式來掩飾赤裸裸的篡奪，爲新王朝擦脂抹粉。曹丕固然可以用赤裸裸的武力強行篡奪，但這樣將欠缺統治的正當性，而透過「禪讓儀式」就可以展現他統治的正當性。另一方面，在世家大族掌權的時代，即使政權頻繁更替，依禪讓文化，前朝大臣可名正言順地繼續在新朝廷任官，不會有「變節」的問題，也不會有「殉國」的壓力，這也是禪讓鬧劇會不斷上演的另一個重要原因。

## 九品官人之法

曹丕篡漢前夕，實施魏國尚書陳群制定的「九品官人法」，又被稱為「九品中正制」。依據日本學者宮崎市定的研究，唐宋以前都稱之為「九品官人之法」，元代以後才有「九品中正制」之稱。但是稱「九品中正制」容易誤導誇大「中正官」在制度運作中的角色，因此，近代學者多再改回原稱「九品官人法」。

陳群設計的制度大致分成兩部分，一部分是重整官秩品階，設九品官制，另一部分是新的選舉辦法。

漢代的官制是以每年俸祿有幾石穀物來區分等級，如萬石、二千石、千石，六百石等，實際上此石數早已虛名化，成為純粹的官秩品階。東漢官吏從萬石到斗食、佐史，概分為十七級，陳群將之改為九品，同時也調整東漢長期以來，官職與秩位不相稱的現象。譬如，掌權的尚書令秩千石，但虛位的三公秩萬石，而三公府的長史秩千石等不合理現象。改革後，尚書令為三品，地位大為提升；三公仍尊崇為一品，但三公府的長史則大幅調降爲六品，可見新的品階制度具有反映時代變革的精神。

漢代官吏選拔的途徑很多，但最主要的途徑是察舉制，也就是由中央大臣或地方首長察納鄉黨輿論（鄉論），推薦人才到中央任官。察舉又分詔舉（特舉）和常舉（歲舉），其中又以常舉爲正途，即每年由州舉秀才（東漢避光武帝名劉秀，改稱茂才）、郡國舉孝廉。推薦人才的標準，是依據儒家的道德思想，由鄉里的輿論來評鑑。然而，薦舉的運作本來就容易受到權勢的干預，過度重視道德又容易衍生虛僞的風氣。因此東漢末年選舉不實的情況已非常嚴重，有所謂：「舉秀才，不知書，舉孝廉，父別居，寒素清白濁如泥，高第良將怯如雞。」（《抱朴子．審舉篇》）漢末戰亂造成各地殘破荒廢、人物流散，察舉制更是無法再推行下去了。曹操曾四次下「唯才是舉」的求才令，但那是一時性的措施，並非恆常性的制度。

陳群廢除漢代的察舉制，各郡設置中正官，由中央朝官兼任，專責察訪地方，考核士人的家世（父祖的官爵，又稱之爲簿世）、才德（行狀）、排比在鄉里的高下（倫輩），把人才分成一至九品，即所謂的「鄉品」。送到中央的司徒府審核後，再轉送吏部，做爲銓選官吏的依據。吏部選用官吏時，依「鄉品」高低授予適當的官職，一般鄉品最高爲二品（一品多爲皇族），授予六品官；三品者授予七品官；四品者授予八品官。初次的任官稱爲「起家官」，「起家官」與鄉品大致維持相差四品的對應關係。「鄉品」二品意味著有當二品官的資質，因此鄉品也意味著一生中最高可達到的官品。

基本上，九品官人法乃延續察舉制尊重鄉黨輿論（鄉論）的精神，只是察舉制由州郡長官薦舉，九品官人法則由中正官專責察訪。而東漢末的鄉論，常由地方名士把持，易受地方大族的影響；中正官則由中央朝官出任，吏部選任也可由中央左右，因此可強化中央的人事權。這是兩者不同的地方。

陳群出身於名士中心地潁川（河南禹州市）的名門望族，九品官人法除了考核士人的才德之外，還要重視家世及倫輩，且中正官也多由世族出任，因此制度的運作必然有利於世家大族。另一方面，中央可利用強化人事權，排除親漢反魏的分子，因此這應是曹丕與世家大族妥協的結果。

制度是時代的產物，九品官人法是漢代察舉制的改良版，也是漢魏禪代的妥協物。無論如何，在世家大族掌權的時代，制度的運作自然難於擺脫世家大族的影響。九品官人法到西

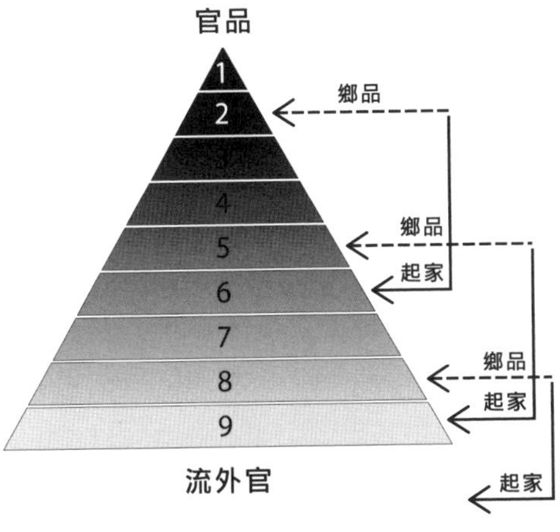


圖 2-11　「九品官人法」鄉品官品對應圖。

晉時代，已被批評造成「上品無寒門，下品無勢族」的弊端，但卻仍然實行到隋朝初年，才由科舉制所取代，可見制度變革之不易。

## 屯田制的興廢

所謂「屯田」，字面上的意思就是屯聚墾田，也就是聚集一些人去開墾種田。這並不是曹操所新創，兩漢時期爲解決軍糧的問題，已常在邊地屯田。漢末黃巾動亂之後，戰禍紛起，流民四散，土地荒蕪，糧食不足。曹操任兗州刺史之後，爲了經營這塊地盤，首要之務在於恢復生產秩序，因此曾試行利用流民墾田。迎獻帝定都許昌之後，乃採納棗祇和韓浩的提議，在許都一帶設置屯田、招募流民，給予無主的農地、牛隻、農具等。使用官牛者，政府收取六成的地租；使用自家牛，則政府收取五成的地租。屯田民不必服兵役、勞役，又能在政府庇護下專心農作，政府也能收到大量的地租，可說是在戰亂歲月中恢復生產的權宜之計。屯田頗見成效後，又推廣到各地，郡設典農中郎將、典農校尉，縣設典農都尉，不同於一般地方行政系統，以軍事編制來管理，猶如國家直營的集體農場。

建安十八年（二一三）曹操又採納司馬懿的建議，在與吳交戰的淮河流域以及與蜀接壤的關中一帶，實施「寓兵於農」的「軍屯」，保證了前線的軍糧穩定。曹操能在群雄割據中壯大，屯田的成功是很重要的關鍵因素。

曹魏屯田的成功，使吳、蜀也起而效尤。孫權在長江流域各地實行「民屯」與「軍屯」，主要是充分利用搜捕山越而來的勞動力增加生產；蜀漢諸葛亮也在漢中推行「軍屯」，儲備北伐的軍糧。

不過，屯田雖然可以在動亂之後快速地恢復生產，但只能是一時權宜之計，不能當成長治久安的制度。屯田的土地，主要是來自國家沒收的無主荒地或新開墾之地。屯田民向國家繳交約收成的五、六成不等，等同於民間佃農繳給地主的「地租」。因此，屯田民就是國家的佃農，與一般向國家繳納田賦的「編戶齊民」，性質完全不同。

曹魏的屯田民多來自流民，對動亂時代的流民而言，不必服兵役、勞役，又能在政府庇護下專心農作，繳大致相同的地租，比起在大地主之下當佃客更有保障。然而，時局穩定之後，屯田民發覺在軍事化的管制下相當不自由，政府愈來愈不重視屯田民，雖說不必服兵役、勞役，但事實上他們經常被迫參與各種勞務，有時也要上戰場。更糟糕的是，政府任意加重稅率，到曹魏後期甚至有收高達七、八成的地租，促使屯田民紛紛逃亡。

另一方面，兩漢以來豪族大地主的發展，吸收流民為佃客，與政府爭奪勞動力，因此屯田制本質上是與世家大族利益相衝突的。在非常時期世家大族無可奈何，但承平之後，世家大族就利用各種名目壓榨、侵奪屯田民，屯田制更難維持下去了。咸熙元年（二六四），也就是司馬氏篡曹魏的前一年，廢止民屯，把典農中郎將、典農校尉改為郡太守，典農都尉改爲縣令，只勉強保留軍屯。

屯田是曹魏招收流民開墾荒蕪棄地的臨時性、局部性的措施，大致只實行了數十年，屯田民過重的負擔是制度廢止的關鍵。後來北魏的均田制，承繼部分屯田制的精神，但負擔相對較輕，所以能實行到唐代中期，這應該是有記取屯田制失敗的教訓吧。

## 世兵制

兩漢實行徵兵制，成年男子一生需服兵役兩年，一年在地方服役爲正卒，另一年在京師屯戍爲衛士或在邊疆爲戍卒，另外每年在郡縣服徭役一個月。這些制度的基礎是要有穩定的小自耕農社會，然而東漢末年農村殘破、人民流散，徵兵制已經無法再推動了。

東漢末年的戰亂，許多豪族都擁有由宗族或佃客組成的私人武裝部隊，當時稱爲「部曲」。大小無數的豪族武裝部曲割據各地，經過不斷的分裂、兼併，茁壯成各種軍閥，最後由魏、吳、蜀三國所統合。因此，三國的君主其實就是最大的軍閥，而君主底下的武將，就是豪族私人武裝部隊的首腦。

曹魏基於中央集權原則，極力解散這些武將的私人武裝部隊，將之重新編入中央軍隊；也透過實施軍屯來建立直屬於國家的軍隊。曹魏又有些軍隊是收編流民組成的，如從黃巾餘眾收編成的「青州兵」，家屬另被集中管理；又如攻克袁紹大本營鄴城並平定冀州後，把將士家屬遷到鄴城一帶集中管理成爲人質，可防止將士的叛變，逐漸形成軍隊及家屬，與一般郡縣民分開成獨立的軍籍。軍籍人民須世代爲兵，父死子繼、兄終弟及，即所謂的世兵，或稱士家、軍戶，身分地位遠低於一般郡縣民。世兵的妻子因丈夫死而改嫁，或世兵的女兒出嫁，都只能夠嫁給世兵；如果世兵逃亡，其妻子或女兒要被沒爲官奴婢甚至處死。

總之，動亂導致漢代的徵兵制無法再推行，因而有曹魏的世兵制，其基本特徵是軍民分籍，也就是士兵的軍籍與郡縣民的戶籍分開。軍籍者世代爲兵，形同職業軍人。由於長期動亂的時代背景，世兵制大致通行於整個魏晉南北朝時代，即使西魏、北周到隋唐的府兵制，在士兵的地位上略有不同，但仍然是軍民分籍，可見曹魏的世兵制對後代的深遠影響。

## 六、高平陵政變與司馬氏篡魏

### 明帝「浮華案」與「考課法」

曹操有法家的性格，在儒家道德僵化的時代，標榜「唯才是舉」的用人政策，確實也拔擢不少底層的人才，如于禁、樂進、張遼、徐晃等武將。同時，曹操施政強化中央集權，對於擁有龐大地方勢力的豪族或世家大族，皆採取抑制的政策。儘管如此，曹操身邊的重臣謀士也多爲世家大族，如荀彧、荀攸、陳群、鍾繇等。

曹丕爲順利禪代，穩固統治，更是不得不與世家大族妥協，以九品官人法籠絡世家大族，世家大族在中央官界與地方的地位都更加穩固。然而，黃初七年（二二六）文帝曹丕死後，二十四歲的明帝曹叡（二二六—二三九在位）繼立，在政權已經穩固的情況下，對世家大族的勢力又多所警戒。

東漢豪族勢力的發展，最後演變成「外戚政府」以及「宦官政府」，再導致「黨錮之禍」。曹魏記取歷史的教訓，不再有外戚坐大與宦官干政的情形，但仍然無法擺脫世家大族的勢力。另一方面，傳統的皇帝體制本身權力的設計，即傾向於中央集權，漢武帝以後再粉飾儒術的外衣。因此曹魏文帝、明帝時代實施諸如建太學、立宗廟、議禮制等儒家化措施，都在重建皇帝統治的權威。

明帝時期，九品官人法的弊端已漸顯現，中正品評士人標準的「簿世」、「倫輩」有利於世家大族，「行狀」雖是重視鄉論的才德風評，但也常受中正操弄輿論、影響選舉，明帝早有整頓的決心。而此時學術風氣大爲變化，漢末經學已不能滿足新一代的年輕士人，一種追求宇宙、人生哲理的清談玄學新思潮興起。在京師洛陽以夏侯玄、諸葛誕、鄧颺爲主的「當朝俊士」，形成名士圈，模仿漢末清議，品評人物。然而，他們高居權勢、奢侈享受、清談玄理，與漢末名士針砭時政不同，只是互相標榜，成爲博取聲名、影響選舉的手段。太和四年（二三〇）明帝下詔杜絕這種浮華之風，太和六年（二三二）司徒董昭上疏指陳浮華之弊。明帝遂下詔直接斥免夏侯玄、諸葛誕、鄧颺、何晏、司馬師等一批權貴子弟，禁錮終身，以壓制「浮華」風氣，這就是有名的「浮華案」。

明帝爲進一步改革選制，景初元年（二三七）下令擅長品鑑人物、著有《人物志》的散騎常侍劉劭擬制「考課法」。明帝對於九品官人法以中正品評士人、取決於鄉論的方式大爲不滿，希望以一個更具體的考課標準做爲選舉的依據，既達到選才的目的，又可避免世家大族把持選舉。劉劭完成草案之後，明帝將它交付大臣討論，受到杜恕、傅嘏等人的批評反對。不久，明帝病死，「考課法」因而暫時擱置。

## 曹爽專政與「正始之音」

景初三年（二三九）元月，三十五歲的明帝曹叡駕崩，年僅八歲的太子曹芳繼位。明帝的親生子都早夭，曹芳是明帝養子，家系不明。明帝臨終前，指派大將軍曹爽與太尉司馬懿輔政。

曹爽之父曹眞，原本姓秦，爲曹操養子、著名武將，文帝曹丕臨終，選爲明帝的輔政大臣之一。曹爽自少出入宮中，與太子曹叡交情甚好，曹叡即位後屢加重用，官至大將軍，此時曹爽可說是做爲曹魏皇族勢力的代表輔政；司馬懿出身於河內（河南武陟縣）的世家大族，其父司馬防曾薦舉曹操爲北部尉，曹操爲報知遇之恩，辟其兄司馬朗爲司空掾屬。司馬懿則稱病多年，後來仍然被曹操辟用，多有謀劃之功，又當曹丕的幕僚，助曹丕爭位有功。曹丕即位後官至尙書右僕射，曹丕臨終時被選爲明帝的輔政大臣之一。明帝時期，司馬懿抵禦蜀漢諸葛亮北伐，又平定遼東公孫淵，已是功業彪炳的三朝元老，此時司馬懿可說是做爲官僚集團勢力的代表輔政。

景初三年（二三九）二月，曹爽上奏以司馬懿爲太傅，奪其實權；又任命自己的胞弟曹羲爲中領軍控制禁軍，心腹何晏、鄧颺、丁謐、畢軌、李勝等人掌管樞要，曹爽掌握實權，隔年改元正始。司馬懿在歷經多次被削奪權力之後，遂於正始八年（二四七）五月「稱疾不與政事」，完全退出朝政，並且極力避免被曹爽猜疑。

正始年間（二四〇—二四九），曹爽執政，他所任用的親信多是在明帝「浮華案」被黜退者，如夏侯玄、諸葛誕、鄧颺、何晏等人。這些權貴子弟多是善於清談的名士，因此沉寂十年左右的談論之風再起，並迅速地發展。正始年間成爲清談玄學的高峰時期，夏侯玄爲清談名士的領袖，何晏則爲玄學理論的奠基者，他與另一名傑出的玄學家王弼，共同建構「以無爲本」的玄學理論體系。這個時期的清談盛況，被後世稱之爲「正始之音」。

曹爽主政之後，對於九品官人法的弊端，採取類似明帝的做法：加強考課、以考績及中正品狀做為吏部銓敘的依據。削弱了中正官的影響力，等同削奪世家大族的選舉權，而加強中央吏部的選舉權。

明帝的考課法，要加強中央的人事權，削奪世家大族把持選舉，已引起杜恕、傅嘏等大臣的反對。曹爽再續推此案，加強吏部選舉權，削奪世家大族的影響力，當然還是會遭受到許多世家大族出身的大臣反對。不僅如此，明帝的考課法是要貫徹法家精神的用人唯才政策，但是曹爽卻再重用「浮華案」被罷黜的權貴子弟，以玄學家何晏主選舉，任用清談名士，這更讓崇尚儒學的世家大族不滿。曹爽掌權之後，日益驕奢跋扈，飲食、車馬、衣服都比擬帝王，積聚珍貴玩物、極盡奢華，他的種種作為，招致許多元老重臣的不滿。

另一方面，司馬懿雖然是稱病在家，表面上完全退隱，不再參與政事，但心中已另有謀劃。曹爽對司馬懿也未完全解除警戒，正始九年（二四八）曹爽的親信李勝將赴任荊州刺史時，藉辭別之名前去刺探司馬懿的狀況，司馬懿見機故意顯得衰老糊塗，連衣服也拿掉了，喝粥時沾溼了胸前衣服，還兩次把荊州講成并州。於是李勝草草告辭，回去向曹爽報告司馬懿已形同個活死人了，曹爽這才完全解除了戒心。

事實上，正始四年（二四三）曹爽為奪取司馬懿在關隴一帶的兵權，以中護軍夏侯玄出任征西將軍，而命司馬懿長子司馬師接替中護軍，以為補償。中護軍擁有部分禁兵，以及選任武官的權力，司馬懿遂利用其子司馬師的職權，以及他在官僚集團中千絲萬縷的權力關係，暗中做了部署。

## 高平陵政變

正始十年（二四九）正月初六，少帝曹芳前往洛水之南的高平陵（河南汝陽縣）祭拜明帝，曹爽及其同黨隨行。已年高七十歲的司馬懿趁此機會發動政變，利用司馬師任中護軍時「陰養死士三千人」的兵力，親自攻占兵器重地的武庫；弟司馬孚及長子司馬師攻占禁軍要地，次子司馬昭控制太后宮，又以司徒高柔領曹爽營，太僕王觀領曹羲營。然後以郭太后之令關閉城門，發表上奏書細數曹爽罪狀，罷免曹爽兄弟。司馬懿與太尉蔣濟勒兵出迎天子，屯兵於洛水浮橋。

曹爽在城外得知這個晴天霹靂的消息，一時不知所措。這時從京城逃出的曹爽近臣桓範勸曹爽擁少帝到許都，然後號令各地軍隊討伐司馬懿，情勢尚大有可爲，但是曹爽卻舉棋不定。此時司馬懿請太尉蔣濟致書曹爽，勸他放棄抵抗，只要交出大權仍然可以保有富貴。司馬懿又以侍中許允、殿中校尉尹大目勸曹爽投降，還隔著洛水發誓。一生未經大風大浪的曹爽，信心動搖已無鬥志，最後決定投降，說：「我不失做富家翁。」桓範氣得大哭說：「曹眞大將軍怎麼會生出你們這群豬，害得我全家也要被族滅了。」

曹爽作夢都沒有想到會被殺頭，司馬懿監禁曹爽數天之後，以謀反罪收捕曹爽兄弟及其黨羽何晏、丁謐、鄧颺、畢軌、桓範等十個家族，誅滅三族。蔣濟曾諫說：「曹眞之勳，不可以不祀。」請爲曹眞留個後嗣，司馬懿不聽。蔣濟因失信於曹爽，三個月之後也鬱鬱而終。

司馬懿被架空實權已近十年，稱病完全退出朝政也已一年半，竟然只靠司馬師三千人的兵力攻占京城政變成功，很難令人置信。參與這次行動的核心人物，主要是司馬懿弟司馬孚以及兩個兒子司馬師、司馬昭。太尉蔣濟、司徒高柔、太僕王觀應該只是附從而已，他們都是曾被曹爽排擠的重臣，包括郭太后也是受到曹爽的軟禁而心生不滿。因此他們支持司馬懿的行動，只是冀望結束曹爽的亂政，而非支持司馬懿的篡奪。勸曹爽投降的侍中許允、殿中校尉尹大目只是同情司馬懿的行動，後來也都站在反對司馬氏篡奪的立場。

曹爽前往高平陵時，領兵的兄弟都相隨同行，桓範曾提醒他應有人留守京城。曹爽認爲朝中已無任何威脅，反而是要防範自己領兵的兄弟，可見掌權已久的曹爽，猜忌的對象已轉移到自己的兄弟。相反的，司馬懿則是充分利用朝中元老對曹爽的種種不滿情緒，包裝自己爲改革朝政的忠臣，以達成奪權的目的。總之，曹爽的失敗歸根究底是自己專權亂政的下場，同時也顯現出這批權貴子弟的花拳繡腿，在沙場老將司馬懿面前只像扮家家酒的兒戲。

高平陵政變成功，司馬懿只是掌控了中央朝廷，甚至朝廷百官也未必支持他的奪權，何況各地仍然有許多忠於曹魏的勢力。因此，司馬懿要篡奪曹魏政權，還有一段漫長的路程要走。

## 「州大中正」與淮南三叛

高平陵政變之後，少帝曹芳命司馬懿爲丞相，掌握朝廷大權。不久，司馬懿推行在各州設置「大中正」的措施。相對於曹爽加強考課、提高吏部的選舉權，司馬懿認爲在郡中正之上加設州大中正，藉由多一層監督審核即可改革郡中正選舉不實之弊。事實上，這是司馬懿拉攏世家大族的措施，表面上強調選舉要更重視地方輿論，但出任州大中正者多爲地方望族，因此保障了世家大族在人事選舉上的主導權，司馬懿以此獲得世家大族更牢固的支持。

接下來，司馬懿最重要的是如何掌控地方的軍鎮勢力。當時地方的軍鎮主要是在西邊防蜀漢的關隴地區，與東南邊防孫吳的淮南地區。由於司馬懿曾長年在關隴地區抵禦諸葛亮的北伐，對關隴的掌控較容易，但淮南則是他最爲薄弱的地區。此時淮南的主將是曹魏元老王淩，司馬懿以徵召王淩爲太尉，加以籠絡，實拔除其軍權。嘉平三年（二五一）夏，王淩擁立曹操子楚王彪，起兵討伐司馬懿。七十二歲的司馬懿親率大軍急襲淮南，平定了王淩、殺楚王曹彪，並把曹魏諸王公集中於鄴城看管。不久，司馬懿就病逝了。

司馬懿死後，其子司馬師（二〇八—二五五）以撫軍大將軍繼續執掌朝政。司馬懿專權，有明帝遺命爲託詞，以及長期累積的威望與人脈資源，但司馬師的掌權則難以令人心服。司馬師想以建立事功來鞏固權力，但嘉平四年（二五二）討伐孫吳，以及嘉平五年（二五三）攻打北方胡人都失敗，沉重打擊了司馬師的威信。司馬師只好以恩威並施的手段，即一方面維護官僚們的既得利益，另一方面則嚴密監控百官，加強對內部的控制。正元元年（二五四）二月，中書令李豐、后父張緝試圖擁立太常夏侯玄輔政。事洩，所有涉案者都被族誅，朝中還忠於曹氏的勢力，被徹底清除。九月，廢已二十三歲的少帝曹芳，改立曹丕之孫、十四歲的高貴鄉公曹髦（二五四—二六〇在位），史書亦稱少帝。至此，司馬氏對曹魏中樞的控制，已相當穩固。

司馬師廢帝的行爲，立即激起淮南將領的反對。正元二年（二五五）正月，鎮南將軍毌丘儉、揚州刺史文欽起兵討伐司馬師。司馬師親率大軍鎮壓，雖然很快就平定叛變，但卻因眼疾復發死於許昌，享年四十八歲。司馬師死

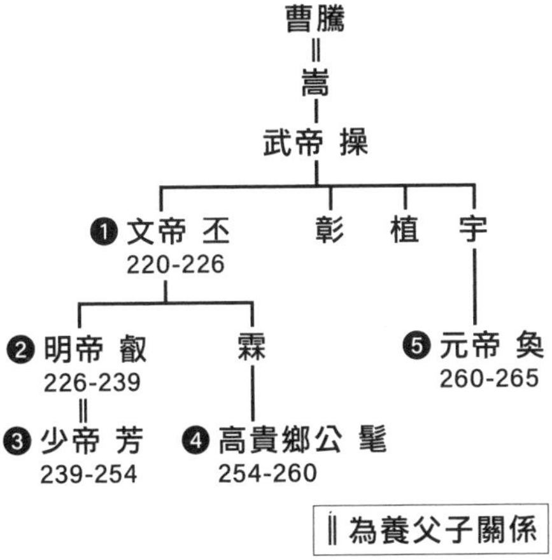


圖 2-12　曹魏帝系圖。

後，其弟司馬昭（二一一—二六五）繼續以大將軍掌權，爲早日確立司馬氏的統治地位，於是積極準備禪代。

司馬昭禪代的阻礙還是來自淮南，此時淮南由曾助司馬氏平定王凌與毌丘儉的諸葛誕代掌兵權。甘露二年（二五七）五月，司馬昭徵諸葛誕入朝爲司空，逼反諸葛誕再親自率兵討平。淮南本是司馬氏最難於掌控的地區，以上王凌、毌丘儉、諸葛誕的起兵，史稱淮南三叛。由於淮南諸將內部矛盾重重，未能團結一致，司馬氏則因勢利導，利用其矛盾，各個擊破，完成對淮南的控制。

## 少帝兵變與「司馬昭之心」

少帝曹髦很有才華，即位之初應對得體。司馬師曾問親信鍾會暗中對曹髦的觀察，鍾會回答說：「才同陳思（曹植），武類太祖（曹操）。」讓司馬師心都涼了，原本以爲幼小的皇帝比較好控制，這下算盤打錯了，臨終前叮嚀司馬昭要特別提防。

甘露五年（二六〇）五月，當了六年傀儡皇帝的曹髦已經二十歲了，再也無法容忍，祕密召集近臣王沈、王經等人，憤慨地說：「司馬昭之心，路人所知也。吾不能坐受廢辱，今日當與卿等自出討之。」不顧太后及眾臣的反對，親自率領宮中僮僕數百人，殺向司馬昭府邸。王沈背叛了皇帝，向司馬昭通報，司馬昭大吃一驚，派中護軍賈充帶兵進宮一探究竟。賈充見皇帝手持利劍，士兵們不知所措，於是唆使部下成濟說：「畜養汝等，正謂今日，今日之事，無所問也。」成濟乃上前一劍刺死了皇帝。曹髦壯烈而死，朝野震撼，出殯之日，百姓憤恨不平，「掩面而泣，悲不自勝」。禁不住輿論的撻伐，司馬昭將弒君罪狀全推給成濟，誤信「今日之事，無所問也」的成濟，家族盡遭誅滅。

## 嵇康的反抗

一句「司馬昭之心，路人所知也」，顯示司馬氏篡奪的野心已經無法再掩飾了，然而朝野噤聲，只有少數氣節之士還敢反抗。大約在高平陵政變前後幾年，一群以中散大夫嵇康為首的文人，相聚林野之下，縱酒高歌，清談玄學。主要人物有嵇康、阮籍、山濤、劉伶、向秀、阮咸、王戎七人，被後來的人稱為「竹林七賢」，他們在司馬氏的高壓統治下，政治態度出現了紛歧。山濤投效司馬師，嵇康、阮籍、劉伶則對司馬氏持不合作的態度，尤其嵇康反抗最為激烈。

嵇康（二二三—二六二），譙郡人，曹魏宗室女婿，官至中散大夫。司馬懿政變後，即退隱不仕。毌丘儉起兵失敗之後，嵇康著〈管蔡論〉為西周初年的管叔、蔡叔翻案，認為管叔與蔡叔之反，是疑慮周公篡權，影射司馬氏的篡權。又提倡「越名教而任自然」，諷刺司馬氏凶殘險毒，卻以崇尚「名教」相標榜。司隸校尉鍾會曾慕名去拜訪他，遭他冷遇。好友山濤自吏部郎遷散騎常侍，舉康代己，嵇康借機寫〈與山巨源（濤）絕交書〉嚴詞回絕，文中倡言「非湯武而薄周孔」，嘲笑提倡名教的司馬氏。景元三年（二六二），也就是少帝曹髦被殺後兩年，司馬昭找個罪名抓嵇康入獄。鍾會向司馬昭進言，認爲嵇康有很大的影響力，不利於司馬氏的篡奪，必須殺雞儆猴，於是定嵇康死罪。消息傳出，震撼朝野，有三千名太學生聯名爲他請命無效。臨刑前，嵇康從容索琴獨自彈奏擅長的〈廣陵散〉，曲罷後長嘯哀嘆：「〈廣陵散〉絕矣！」從容就刑。

嵇康被殺後，再也無人敢公然反抗司馬氏。嵇康好友向秀被迫入仕，酒鬼劉伶與阮籍則整日以酒裝瘋，做消極的抵抗。司馬昭曾爲子司馬炎向阮籍女兒提親，「籍醉六十日，不得言而止」（《晉書・阮籍傳》），嵇康被殺後隔年，阮籍也病死了。

## 司馬氏的滅蜀與篡魏

少帝曹髦被殺後，司馬昭立曹操孫、十六歲的曹奐，史書乃稱爲少帝。司馬昭已經大權在握，積極部署禪代，但感受到正當性不足。漢末天下動盪、民不聊生，曹操平定華北，恢復生產秩序，曹丕篡奪名存實亡的漢室還費了一番心力。司馬氏在社會大致安定的情形下，以陰謀政變、高壓統治奪權，要硬生生的進行篡奪，很難有正當性。

爲轉移弒君的陰影，並提高禪代的正當性，司馬昭必須創建更大的功業，於是決定伐蜀。雖然群臣多持質疑的態度，包括當時鎮守蜀魏前線的名將鄧艾，亦認為蜀有名將姜維鎮守，堅決反對伐蜀的軍事冒險，但司馬昭仍然力主伐蜀。

景元四年（二六三）八月，司馬昭以參與謀劃的核心人物鍾會為主帥，與鄧艾、諸葛緒共領十八萬大軍，兵分三路伐蜀。鍾會攻入漢中，蜀將姜維退守劍閣，鍾會久攻劍閣不下；鄧艾卻從陰平走險路，翻山越嶺七百里，奇襲成都。十一月，蜀漢後主劉禪投降。

鄧艾入成都後，為安撫蜀人，獨斷專行，擅自拜授官員。清談名士出身的鍾會，向來瞧不起出身行伍又患有口吃毛病的鄧艾，此時更忌恨鄧艾獨攬伐蜀之功，乃向司馬昭誣告鄧艾謀反，司馬昭命鍾會收捕鄧艾及其子鄧忠押送長安。其實眞正謀反的是鍾會，蜀將姜維投降鍾會之後，策動鍾會謀反，盤算借機復國。鍾會則想結合蜀國殘軍，取代司馬氏的掌權，縱使不能成功，也可以割據蜀地。結果，鍾會的叛變因所領魏軍將領的倒戈而失敗，鍾會、姜維都被誅殺；而被押解長安途中的鄧艾父子也被監軍衛瓘擅殺，鄧艾留在洛陽的其他兒子也都被誅殺。鄧艾一門的冤曲，到晉武帝時代先後有鄧艾的舊部屬段灼，及蜀漢舊官員樊建為他申冤，但是終西晉之世，仍然沒有眞正的受到平反。

從景元四年（二六三）八月，司馬昭下令發兵伐蜀，到景元五年（二六四）正月，鄧艾被誅，短短半年之間，人事全非：蜀國被滅，伐蜀將領鍾會、鄧艾以及蜀將姜維，都遭誅殺。

鍾會出身潁川名門，他的父親鍾繇是著名的書法家，與荀彧、陳群齊名，是曹魏的開國功臣，其家族名望功業皆不在司馬氏之下。長期在司馬氏旁邊助其奪權的鍾會心想，你司馬氏既可篡奪曹魏大權，我鍾氏爲何就不能取而代之？然而，司馬氏的篡權，至少經營十幾年了，鍾會一夕之間要取而代之，談何容易。不過，這正反應出當時世家大族互爭權勢的一面。

蜀漢已滅，叛臣已除，司馬昭建立不世之功，篡奪之事已無罣礙。然而，咸熙二年（二六五）八月，當司馬昭積極謀劃禪代之時卻病死了，享年五十五歲。三十歲的長子司馬炎繼其權位，當年十二月篡奪曹魏，改國號爲晉，是爲西晉武帝（二六六－二九〇在位）。

司馬炎的篡魏，仍然仿效四十五年前曹丕的那一套「禪讓鬧劇」，少帝曹奐屢下詔書讓位，司馬炎也一再推謝；滿朝文武官員再三勸進，司馬炎多次推讓後才勉強答應。於是禪代儀式，行禮如儀，終於順天應人、天與人歸。前朝魏臣自動轉換爲晉臣，沒有變節問題，也沒有殉國壓力。不過，曹丕的「禪讓鬧劇」演了八個月，這次司馬炎只演了四個月，相對之下，顯得更爲猴急。

史家陳寅恪認爲，兩漢以來社會階層的分化是時代的大趨勢，東漢是豪族所建立的政權，繼東漢之後應是世家大族的政權。然而，最有可能建立世家大族政權的袁紹卻在官渡之戰敗於曹操，於是歷史在曹魏時期繞了一段迴旋，到了西晉才回到軌道，由司馬氏建立世家大族的政權。日本學界一般把曹魏視為到貴族制的過渡時期，而西晉則是貴族制的確立時期，也是基於類似的思考。

第三章

# 西晉的改革與戰亂

晉武帝司馬炎即位時（二六五），孫吳已經逐漸衰敗，但他並沒有積極準備伐吳，直到十五年之後，才併滅孫吳（二八〇），重建統一大帝國，並維持十年左右的小康局面（二八〇—二九〇）。然而，腐敗的政治，再度讓帝國走向滅亡之路。武帝司馬炎死後，惠帝司馬衷繼位（二九〇—三〇七在位），不久即爆發賈后干政與八王之亂。經過十幾年的宮廷鬥爭與內戰，引爆了邊地民族的叛變，史稱「永嘉之亂」，西晉滅亡（三一七）。部分逃到江南的西晉宗室成立流亡政權，史稱東晉，華北則再度陷入長期的戰亂。這段歷史的演變，有如雲霄飛車攀升到最高點而急速下墜，到底是怎麼回事？這是本章要探討的主題。

## 一、西晉初年的新政與立國精神

### 分封宗室與宗王出鎮

晉武帝司馬炎即位之後，以曹魏缺乏宗室藩屏而遭到篡奪爲教訓，大封宗室爲王。宗王大多是武帝的伯叔輩，諸侯國總數約有三十個，分爲三個等級：大國戶約二萬，軍隊五千人；次國戶一萬，軍隊三千人；小國戶五千，軍隊一千五百人。不過，諸侯只能享用部分租稅，不能統治人民，而且大部分宗王並沒有到封國。

晉武帝又以諸侯王擔任地方都督，掌握地方軍權。都督是「都督某州諸軍事」的簡稱，這是東漢末以來臨時派遣的戰地指揮官，後來發展成爲地方最高的軍事首長。司馬懿政變之後，許多重要的地方都督，都逐次由司馬氏出鎮。晉武帝分封宗室，諸王有的留在京師，有的出任地方都督。

咸寧三年（二七七），武帝擔心太子司馬衷愚拙，派遣諸王赴封國以護衛中央，諸王任都督者，則「移封就鎮」，使軍鎮與封國合而爲一。譬如改扶風王司馬亮爲汝南王，都督豫州；改渤海王司馬輔爲太原王，都督并州等。諸王出鎮，開設軍府，擁有許多幕僚軍隊，而軍鎮與封國合一，使都督幾乎成爲終身職，在地方形成龐大的勢力。

雖然晉武帝的分封宗室與西周的封建完全不同，封國權力有限，基本上像是漢武帝之後虛級化封國的改良版。但在配合宗王出鎮以及「移封就鎮」後，宗王領兵，猶如「軍事封建」，也就是帶有軍事分封的性質。不論如何，在當時確實也達到了環衛中央的功能，然而卻也埋下宗王擁兵自

圖 3-1　西晉武皇帝司馬炎〈省啟帖〉。臺北國立故宮博物院提供。

重的隱患。

## 儒家化的《泰始律》

司馬昭任晉王時（二六四），認爲當時的律令太過於繁雜，命賈充主持修訂律令。泰始三年（二六七）新律修成，翌年頒行全國，後世稱之爲《泰始律》。

《泰始律》是在漢代《九章律》的基礎上增加十一篇，合計二十篇，其體例和內容都比較嚴謹完善。《泰始律》的精神是「禮律並重」，簡單說就是儒家化的法律。過去秦律是以法家思想爲原則，漢武帝獨尊儒術之後，歷代法律開始受儒家思想的影響，如西漢時有以《春秋》判案、東漢時則有用儒經解釋法律。但儒家思想全面而完整的呈現於法律條文中，則始於西晉的《泰始律》。儒家的人倫關係，最重視親疏遠近，具體表現在喪禮的「五服」中，即服喪的禮制由親而疏分爲斬衰、齊衰、大功、小功、緦麻五等級。《泰始律》也把「五服」等級納入法典之中，即「峻禮教之防，準五服以制罪」，以五服關係作爲判斷是否構成犯罪，以及衡量罪行輕重的標準。這一原則的影響，直到後世的明清時代。

另外，晉律又有「寬簡」的特點。寬是指刑罰有所減輕，簡是指法律條文省併削減，此一特點在當時既體現儒家重視教化的精神，也頗有收買人心的作用。至於法律條文中，有犯罪者可以用奪爵、除名、免官等方式來抵罪或減刑，則反應了世家大族維護特權的時代特色。

總之，晉武帝頒行的《泰始律》，是一部全面而完整的儒家化法典，既表現當時世家大族以禮為教的統治思想，又符合上層階級的實際利益。在穩固統治與收買人心方面，發揮很大的作用。南北朝的法律，基本上都是沿襲晉律，甚至影響至隋唐，成為後世刑律的正統。

**建立「國子學」**

西漢武帝建太學，設置五經博士，招收博士弟子，即太學生。太學為培養官吏之所，後來太學生人數漸增，到東漢中期，太學已成為經營人脈的交際場所。東漢末，入太學游學者多達三萬人，太學生批判宦官干政，但也有流於浮華的情形。魏文帝曹丕重整太學，再整備考試升進制度，當時太學生有數百人，但到曹魏後期又膨脹到數千人。太學生人數的激增，最主要的原因是為逃避傜役，因為太學生有免役的特權。另外，由於太學博士地位低下，素質參差不齊，而清談玄學興起，儒學逐漸不受年輕人重視。本來就有免役特權的門閥子弟，又因實行九品官人法，已另有入仕捷徑，結果造成門閥子弟不屑於進入太學的現象。

作爲中央官學的太學，本來應該是天下禮教與教化的中心，現在卻成爲逃避徭役的地方。世家大族出身的司馬氏爲了要標榜儒學，不得不改革中央的官學，咸寧二年（二七六）晉武帝下詔建「國子學」，供五品以上官員子弟就讀，咸寧四年（二七八）正式施行，「置國子祭酒、博士各一人，助教十五人，以教生徒」（《晉書．職官志》）。

「國子學」以具有儒學素養的名族近侍高官，出任國子祭酒（校長）、博士等。招收貴族子弟，作爲推廣禮教政策的核心，實踐禮教立國的理想。創立國子學之後，太學仍然存在，並招收六品官員以下的子弟，形成國子學凌駕太學，確立了後來中央官學區分爲清（國子學）、濁（太學）的「二學」體系，持續到南北朝，促使隋唐國子監制度的形成。

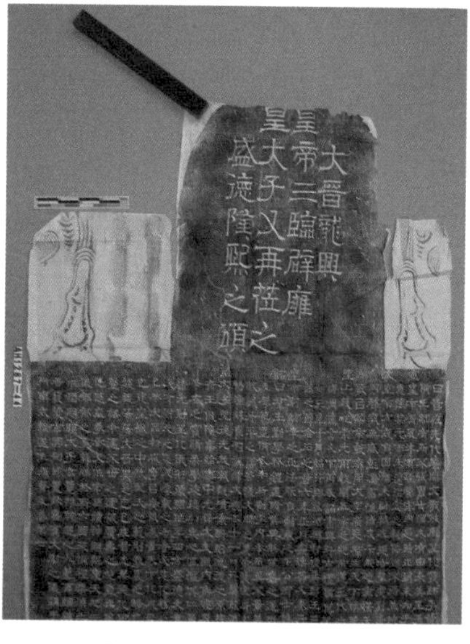


圖 3-2　「晉龍興皇帝三臨辟雍之頌并陰及額畫像」拓片。國立臺灣博物館提供。

## 禮教立國的理想

晉武帝年輕時被評爲「寬惠仁厚，沈深有度量」，即位後重用的大臣，多爲博學多聞且注重禮教的名望人士。其施政方針以結束漢末到曹魏的苛政，恢復漢代的禮教國家爲理想。諸如分封、禮遇宗室，懲曹魏猜忌宗室之弊；頒布實行儒家化的《泰始律》，矯正漢魏法律苛酷之弊；創立國子學，實踐禮教立國的精神等等。

從更宏觀的角度來看，以禮教立國並不只是晉武帝個人的理想，而是西晉開國君臣們所共有的理想。司馬氏雖然是以政變、權謀、誅殺篡奪政權，但畢竟是出身於崇尚儒學的世家大族，治國理念仍然不離兩漢的禮教思想。何況其政權來自篡奪，只有標榜恢復漢代的禮教理想，掃除漢末、曹魏的苛政遺風，才能提升王朝統治的權威。

西晉的開國功臣們，大都是崇尚儒學的世家大族。鑑於漢末以來的種種動亂，只有回歸禮教治國才符合他們根深蒂固的政治理念，也才能保障他們目前擁有的榮華富貴。

總之，西晉君臣的治國理想，是回復到漢末動亂以前的禮教世界，不要再有宦官干政、黨錮之禍、黃巾之亂、群雄割據等等亂象，重建一個政治安定、社會祥和的禮教世界。

## 二、繼位之爭與併滅孫吳

### 伐吳之議與繼位之爭

如前章所述，司馬昭滅蜀，是爲了對外立功以提高其禪代的正當性。滅蜀之後，司馬昭並未再規劃伐吳，而是積極準備禪代。司馬昭死後，司馬炎完成禪代，也未規劃伐吳，而是先以鞏固統治、安定民生爲要務。

晉武帝在穩固統治、安定民生之後，才將伐吳之事排上日程。泰始五年（二六九）武帝命羊祜爲荊州都督，暗中規劃伐吳。當時孫吳名將陸抗鎮守江陵，羊祜知道軍事征討還未成熟，乃「施以信義」，即以「和平統戰」的手段鬆懈吳國戒心。咸寧二年（二七六）陸抗病死後，羊祜上書武帝，稱伐吳時機已經成熟。武帝與公卿朝議，沒想到以賈充爲首的元老重臣們幾乎都反對，武帝只好作罷。賈充等元老重臣們反對伐吳，表面上是以河西地區鮮卑酋長禿髮樹機能（？—二七九）的叛變還未平定做理由，實際上是與繼位有關的內部權力鬥爭。

武帝司馬炎有一同母胞弟司馬攸（二四六—二八三），年紀比他小十歲，才華出眾，從小就很得祖父司馬懿寵愛。由於司馬師沒有兒子，司馬懿乃把司馬攸過繼給司馬師當養子，司馬昭曾說家業是司馬師打下來的，將來大位應由司馬攸繼承。然而，司馬昭在滅蜀之後，還是選立了司馬炎爲世子（二六四），雖然兩人都是親生，但在禮法上還是立嫡長子。武帝司馬炎即位後，司馬攸受封爲齊王，歷任鎮軍大將軍、侍中、司空等軍政要職，頗受朝野讚賞。由於武帝諸子都年幼闇弱，元老重臣們都希望將來由司馬攸繼位。

知子莫若父，武帝當然知道自己的兒子不成材，但還是選立兒子司馬衷爲太子，畢竟弟弟與兒子相比，還是兒子親。司馬衷就是後來的晉惠帝，有名的故事是他即位後天下動亂，聽說百姓沒有飯吃，竟問：「何不食肉糜？」武帝選立司馬衷爲太子後，大臣們對太子的愚笨深以爲憂，在一次筵席上，重臣衛瓘藉機跪在武帝面前，拍著武帝的座席，說「此座可惜」。相對於太子的愚昧，齊王司馬攸反而更廣受朝野的期待，在朝政上擁有舉足輕重的地位，這讓武帝很頭疼。

咸寧元年（二七五）京師洛陽流行了一場大瘟疫，洛陽人口死亡過半，連武帝自己也病得很重，後來幸運康復了。但重病期間，武帝深思未來，決心以伐吳功業，提高自己的威信，排除元老重臣以及司馬攸的勢力。

武帝即位之初，身邊大臣都是其父司馬昭留下來的元老，爲建立自己的親信班底，早有排除元老重臣的打算，元老重臣們也擔心武帝以伐吳之功排除他們。因此伐吳之議的背後，實際上暗藏著繼承問題，以及武帝與元老重臣之間的角力。

咸寧二年（二七六）羊祜上書伐吳，因大臣們的極力反對而作罷。兩年後羊祜去世，代羊祜出鎮荊州的杜預再度上書，說明吳國已衰敗，不可錯失伐吳的時機。這次武帝下定了決心，不顧眾臣們的反對，堅決伐吳。

## 孫吳的衰敗

孫吳赤烏四年（二四一）孫權的太子孫登去世，年僅三十三歲，對六十歲的孫權是一大打擊，當年豪邁英明的孫權，已變成一個倔強昏庸的老人。孫登死後，孫權立孫和為太子，卻對孫和弟魯王孫霸同等對待。於是朝臣出現太子派與魯王派之爭，史稱「二宮之爭」。紛爭長達九年，許多無辜大臣被殺，包括宰相陸遜痛心疾首而死。赤烏十三年（二五〇），孫權痛下決心廢太子，又賜死魯王，改立么兒孫亮為太子。兩年後，孫權病逝，十歲的孫亮（二五二—二五八在位）繼位，大將軍諸葛恪輔政。

諸葛恪（二〇三—二五三），是諸葛謹的長子，也就是諸葛亮的侄兒，才華橫溢，但欠缺穩重，一心想要北伐中原。建興二年（二五三）三月，諸葛恪親率二十萬大軍，與蜀漢姜維聯合北伐，結果失敗而返，引起朝野不滿。宗室孫峻趁機刺殺諸葛恪，自任丞相掌權。五鳳二年（二五五），孫峻病逝，從弟孫綝接續執政。太平三年（二五八）孫綝廢孫亮，改立孫亮兄孫休（二五八—二六四在位）。同年孫休殺孫綝，奪回大權。

孫休在位六年，他喜好文學，建學校、設置五經博士，政局相對穩定。永安七年（二六四），也就是蜀漢滅亡的隔年，孫休病逝，諸子都年幼。大臣們認為蜀漢已滅，幼帝難於應付當前的國家危機，於是擁立二十三歲的舊太子孫和之子孫皓（二六四－二八〇在位）。孫皓即位前聰明好學，沒想到即位後卻性情大變，精神狀態極不穩定，喜怒無常，可謂三國的第一暴君。對臣下濫刑酷殺，包括剝臉皮、剜眼珠等，宗室、大臣們動輒得咎，人人自危，朝野人心背離。學者多認為可能是來自晉國的威脅壓力太大，造成他精神狀態異常，不論如何，孫吳政權已走向衰敗之路。

## 滅吳與繼位之爭

晉咸寧五年（二七九）十一月，晉武帝以賈充為主帥「總統六師」，楊濟為副主帥，東西各路軍隊總共二十餘萬，大舉伐吳。各路晉軍所向披靡，吳人震恐，潰不成軍。咸寧六年（二八〇）三月，上游巴蜀沿江而下的王濬八萬水軍，攻陷守護都城建業的天險要塞石頭城。吳主孫皓只好「素車白馬，肉袒面縛」，率領太子及大臣到王濬營門前請降，吳國滅亡，戰事只歷時五個月。

有趣的是，一向反對伐吳的賈充，一開始推辭統帥大軍，武帝說：「你不去，朕就親自出征。」賈充只好勉為其難的出發。等到戰事到一半，賈充以疾疫將起為理由，上奏請求撤軍。杜預知道後也立即上表力爭，說吳國快投降了，不能功虧一簣。結果兩人的上奏文都還沒有傳送到京師洛陽，就已經傳來孫皓投降的消息了，賈充只好趕快向武帝謝罪，武帝卻仍然大加獎賞。

滅吳之後，不但反對伐吳的賈充受到重賞，包括其他的反對派大臣也都受到重賞，反而是主戰派的賞賜微薄，到底是怎麼回事？原來武帝就是要以滅吳之功業，排除其弟齊王攸的勢力，而主戰派幾乎都是擁護司馬攸的，當然不能讓他們在朝中掌權，只要利用他們達成滅吳之功即可。以賈充掛名爲伐吳主帥，就是要避免戰功全由主戰派奪取的安排。

太康三年（二八二）武帝利用其滅吳所帶來的空前威望，強行命令齊王攸回到自己的封地。司馬攸憤恨不平，氣出病來，武帝仍然催促起行，情景有如當年曹丕逼迫曹植的翻版。司馬攸起行兩天後就吐血身亡，繼位之爭就此告一段落。

賈充兩個女兒分別嫁給齊王攸及太子司馬衷，在這場繼位之爭中，賈充搖擺不定。滅吳之後，武帝實際上是對主帥賈充明升暗貶，賈充也知趣地稱病告退；而武帝以外戚楊濟爲副主帥，是要培養他作爲未來輔佐太子的核心勢力。

說穿了，整個滅吳戰爭對西晉君臣而言，乃是圍繞著繼位問題的權力鬥爭而已，而天下也在這場勾心鬥角中歸於一統。

## 西晉對江南的統治

西晉滅吳之後宣布寬大之政，吳國地方牧守以下官員不作變動，廢除吳國的苛政，減免人民賦稅。近年南京出土的古墓中，有墓磚刻字：「太歲庚子，晉平吳，天下太平」，庚子即吳國滅亡的西元二八〇年。這段刻字似乎反映，吳國人民從孫皓的恐怖暴政中解脫出來的快感。

晉武帝雖然下詔對吳國人民不得有歧視，然而南北敵對數十年，彼此多有隔閡，戰勝者也難免會流露出上國心態。陸抗子陸機，曾在爲吳將周處作的墓誌銘中，記載當時建業宮的慶功宴上，晉將王渾在酒酣之際，對吳國大臣們說：「諸人亡國之餘，得無戚乎？」周處不甘示弱當面回說：「漢末分崩，三國鼎立，魏滅於前，吳亡於後，亡國之戚，豈惟一人。」王渾自己也是魏的「亡國之餘」啊！王渾當場啞口無言。（陸機〈晉平西將軍孝侯周處碑〉）周處就是《世說新語》故事裡「除三害」的周處，他對王渾的反駁維護了吳人的尊嚴。陸機在碑文中特載此事，以表示讚賞，同時顯示內心深處難以去除的亡國之痛。

再過幾年，吳國人民對西晉的統治開始反感，各地的叛變時有所聞，讓晉武帝很傷腦筋。太康（二八〇—二八九）年間，吳人華譚被舉秀才入洛陽，武帝親自策問他：「爲什麼吳、蜀亡國之後，蜀人很好統治，吳人卻屢次作亂呢？」華譚回答說：「因爲吳地人才沒有被重用。」這當然是原因之一，不過，或許還可以從吳、蜀兩國統治的差異去尋求答案。

蜀漢對蜀地人民而言，自始至終都是外來政權，並未得到蜀人的認同，最後才會有蜀地士人譙周勸後主投降。孫吳政權則因實行江東化，重用江東士族，得到吳人的認同，因此亡國之後，吳人仍然有強烈的吳國認同，這大概才是晉武帝憂心吳地不易治理的歷史因素吧！

## 三、太康的盛世與腐敗

### 戶調式

晉武帝平吳之後，頒行了「戶調式」。「式」是當時的法令名詞，類似於「實施辦法」，「戶調式」就是與土地賦稅相關的實施辦法。

西晉的戶調式包括占田制、課田制以及徵稅制度。占田制主要的規定是，平民每一對夫妻都應向政府申報耕種農地面積，男子可占七十畝，女子三十畝；官員部分，一品官可占五十頃（一頃等於一百畝），二品官可占四十五頃，依此遞減至九品官可占十頃。另外，官員貴族還可依官品高低，擁有庇蔭族人及佃客免除稅役的特權。這一規定一方面鼓勵平民去開墾荒地，另一方面維護官僚貴族的特權，但同時也限制官僚貴族過度的兼併土地，以及合法的蔭族、蔭戶範圍。

課田制則是在廢除曹魏屯田制之後，以舊屯田民爲實施對象，將公有地分配給舊屯田民耕種，並徵收田租。男子五十畝，女子二十畝，次丁男（老弱殘疾者）則減半，盡可能保障農民有土地可以耕種。

戶調式對賦稅的規定，是廢除漢代依人丁徵收的辦法（人頭稅），而改以戶爲徵收單位，這是劃時代的稅法變革。

戶調式的推行是在天下一統之後，盡可能維持人民的基本耕地，以增加政府稅收。但又不能不維護貴族官僚的既有利益，只能給予某種程度的限制，這應該也是與世家大族妥協之後，勉強推行的辦法吧。

## 罷州郡兵

滅吳之後，武帝又下詔「罷州郡兵」。這一措施常被後世誤解爲廢置地方武備，事實上這是全面整頓軍事事務，把地方民政與軍務分開的改革。

漢末動亂以來，各地州郡長官與豪族經常私自招募武裝部曲，地方武備極度混亂。曹操在其統治的後期大肆整頓，部分州郡置兵，到魏明帝時沿邊州郡仍有州郡兵。晉武帝即位後，以都督兼領刺史，或刺史加將軍號來統領州郡兵。武帝太康三年（二八二）開始，刺史只管民政，不再加將軍號領兵，州郡士兵返家務農；地方武備則由都督統領，而地方都督也不再兼領刺史，只管軍務，不涉民政。把地方民政與軍務分開，可說是結束漢末以來漫長的戰時體制，回歸正常體制的軍事改革。

武帝的罷州郡兵，本來是進步的軍事改革，只是由於後來發生了八王之亂與永嘉之亂，論史者常把禍因歸於罷州郡兵導致守備空虛。事實上，歷史發展的因果關係極爲複雜，八王之亂與永嘉之亂另有更重要的原因，歸之於罷州郡兵並不公平。

## 「太康之治」

武帝滅吳之後（二八〇），改元太康（二八〇—二八九），意即天下已太平安康，漢末黃巾動亂以來，近百年的苦難歲月已經結束，即將迎接太平安康的日子。這是當時君臣萬民期待已久、歡欣鼓舞的時代，後來史家稱之爲「太康之治」。

《晉書．食貨志》記載太康之治「是時天下無事，賦稅平均，人咸安其業而樂其事」、「世屬升平，物流倉府，宮闈增飾，服翫相輝」；東晉的干寶（二八六—三三六）在其著作《晉紀．總論》中，也記載當時社會經濟恢復的景象：「牛馬被野，餘糧棲畝，行旅草舍，外閭不閉，民相遇者如親。其匱乏者，取資於道路，故于時有天下無窮人之諺。」甚至譽之爲「百代之一時矣」。這些記載或許有溢美之辭，但也不至於全是杜撰。

不過，如果查看一下當時的戶口記載，不免有許多疑惑。據《通典．食貨》，太康元年（二八〇）晉武帝統一時，全國有二百四十六萬戶、一千六百一十六萬口。比起東漢末桓帝永壽三年（一五七）有一千零六十八萬戶、五千六百四十九萬口，一百多年間，戶數減少超過四分之三，人口減少超過三分之二。其中固然有部分是死於戰亂、饑荒或疾疫，但更多的是投靠貴族豪門，或逃散四方，成爲政府無法掌握也收不到稅的隱藏性戶口，社會階層分化仍然嚴重。整體來看，造成漢末動盪的根本性因素仍然未消除，因此在太康之治的表面盛世底下，仍然暗藏著不安的隱憂。

## 貪污奢侈之風

晉武帝以中等之資，靠祖先三代的經營，締造天下一統的歷史功業，不覺之中志得意滿起來了。平吳之前，武帝還能勵精圖治，平吳之後卻「頗事遊宴，怠於政事」，好像沒事可幹的退休老人。後宮美女將近萬人，「帝莫知所適，常乘羊車，咨其所之，至便宴寢。宮人乃取竹葉插戶，以鹽汁灑地，而引帝車」（《晉書．后妃胡貴嬪傳》）。上行下效的結果，貴戚公卿無不競相誇耀，崇尚奢侈。

南朝宋劉義慶的《世說新語．汰侈篇》，記載了十二則奢侈的故事，幾乎全部都是在西晉時代，其中最有名的是王愷與石崇的競富。王愷是經學家王肅的兒子、武帝司馬炎的舅父，石崇是司馬師親信石苞的兒子，兩人經常鬥富。王愷用麥芽糖生火，石崇則用蠟燭煮飯；王愷用紫絲巾做四十里的帳幕，石崇則用緞錦做五十里的帳幕。對於兩人的鬥富，武帝不但沒有斥責遏止，還暗助王愷。武帝賜給王愷一株珊瑚樹高二尺多，非常珍貴，王愷拿出來炫耀。石崇當場用鐵如意把它擊個粉碎，然後叫下人搬出家藏珊瑚樹，有高三尺、四尺的，至少六、七株，任其挑選，王愷惘然若失。又有一則說，武帝某天駕臨女婿王濟（征吳將領王渾之子）家，王濟設宴款待，有一道菜「蒸乳豬」非常美味。武帝問他怎麼能這麼好吃？王濟說，這豬是用人奶飼養的，武帝聽後深感不悅，沒吃完就走了。

諸如此類的奢侈故事，《晉書》裡還有很多。開國功臣何曾「性奢豪」、「日食萬錢，猶曰無下箸處」。他的兒子何劭更加誇張，每天窮盡珍異，花錢兩萬。奢侈之事，歷代皆有，但像西晉這樣成爲整個時代的風氣，而被史書所特別記載，並不多見。

西晉腐敗的風氣，達到讓人難以置信的地步。《世說新語．汰侈篇》記載：「石崇每要客燕集，常令美人行酒，客飲酒不盡者，使黃門交斬美人。」有一次年輕的王導與王敦前往做客，王導「素不能飲，輒自勉彊，至於沉醉」，但王敦「固不飲，以觀其變。已斬三人，顏色如故，尚不肯飲」，王導不忍心，勸王敦喝，王敦卻說：「自殺伊家人，何預卿事。」唐代編撰的正史《晉書．王敦傳》記載了類似的故事，但殺侍女者換做王愷。《世說新語》成書較早，史料價值較高，但是唐代編的《晉書》做了更改，可能是有經過查證。不論如何，故事中主人任意殺害侍女，也是駭人聽聞。當時的《泰始律》有「寬簡」的特點，但也不致於如此放縱任意殺人吧？因此有學者認爲這應該是傳聞過實之辭。總之，《世說新語》與《晉書》記載這個故事，是要突顯王敦「顏色如故」的名士作風。如果這也算是「魏晉風度」的話，未免太過於冷血了。

西晉的奢侈風氣部分與滅吳有關。滅吳之後，應該有很多南方物質流入北方，帶動奢靡的消費。南方物質流入的方式，包括官員的搜括，譬如石崇出任荊州刺史時，經常打劫路過荊州的商旅，獲取巨大的財富。

奢侈與貪污經常是同時並存的，武帝時，上至皇帝下至百官已公然賣官售爵。武帝曾問大臣劉毅：「朕可比漢何帝？」劉毅答：「桓帝、靈帝吧！」武帝說：「未免太過分了吧？」劉毅說：「桓、靈賣官，錢入官庫，陛下賣官，錢入私門，以此言之，殆不如也。」（《晉書．劉毅傳》）堂堂開國皇帝，竟被比喻爲末代昏君，西晉初年君臣以禮教立國的精神，似乎消失得一乾二淨了。

奢侈貪污的腐敗風氣瀰漫到西晉末年。惠帝時（二九〇—三〇七），有一位隱士魯褒寫一篇〈錢神論〉，痛批這種拜金主義的風潮，文中說：「錢之爲體，有乾有坤，內則其方，外則其圓」、「親愛如兄，字曰孔方。失之則貧弱，得之則富強。」後世遂稱錢爲「孔方兄」。又說：「錢之所在，危可使安，死可使活；錢之所去，貴可使賤，生可使殺。」又有名句「有錢可使鬼，而況于人乎。」成爲後世名言「有錢能使鬼推磨」的來源。

## 上品無寒門，下品無「勢族」

西晉的腐化又表現在選舉的敗壞，曹魏時九品官人法的弊端已經出現，魏明帝與曹爽的改革都沒有成效。司馬懿政變後，加設州大中正以拉攏世家大族，九品官人法遂成爲世家大族入仕的保障。

西晉選舉的敗壞更加嚴重。武帝時，尚書左僕射劉毅曾上〈九品八損疏〉，其中批評選舉不實之害：「今之中正，不精才實，務依黨利；不均稱尺，務隨愛憎。所欲與者，獲虛以成譽；所欲下者，吹毛以求疵。高下逐強弱，是非由愛憎」、「或以貨賂自通，或以計協登進，附託者必達，守道者困悴。無報於身，必見割奪，有私於己，必得其欲。是以上品無寒門，下品無勢族。」（《晉書・劉毅傳》）

劉毅這裡所批評的是「勢族」而非「世族」，即當朝的權貴家族，而非一般的世家大族。與此同時，段灼也曾上表武帝，指責中正品第不公：「據上品者非公侯之子孫，則當塗之昆弟也。」此處所謂的「公侯之子孫」、「當塗之昆弟」，也就是劉毅所謂的「勢族」。當時的「勢族」至少要兩三代人位居公卿者，即權門勢家。這種選舉風氣，也就是所謂

「公門有公，卿門有卿」，形成門閥。

換而言之，九品官人法到西晉時的流弊是專以門第取人，而門第之高低取決於有沒有在朝為官，形成階級複製。尤其是在魏晉之際，更重視有沒有依附司馬氏、攀附上政治高位。能於此時躍上高門者，方能代代相襲成為門閥。相反的，有些東漢時顯赫的家族，如梁、竇、耿、鄧諸外戚家族，在魏晉之際已非當權高門，其家族逐漸沉寂，後世甚至不見蹤跡了。

中正品評人物本來應該是基於鄉里的聲譽，但此時多趨炎附勢，而出現不實的「虛譽」。惠帝時賄賂請託公然橫行，當時把賄賂與「虛譽」的交換，比喻為與外國之間的「互市」交易。有一位懷才不遇的王沈（非出賣高貴鄉公曹髦的王沈）寫一篇〈釋時論〉，痛批這種「虛譽」的污濁選舉風氣。

儘管九品官人法自實行以來，即有選舉不公的批評，但其基本精神仍是冀望於中正官能察舉人才。若拋棄此一基本精神，只趨炎權勢，形成「勢族」門閥，則與皇帝賣官本質上沒有什麼差別，都是政治極端腐敗的表現。

## 清談玄學之風再起

自從嵇康被殺之後，名士們噤若寒蟬，清談之風幾乎消聲匿跡。直到平吳之後，太康年間的昇平氣象，讓清談之風又逐漸復活了。

然而，太康年間的清談，無人敢再談嵇康的「越名教而任自然」。司馬氏提倡名教，以禮教立國，時代的氛圍是「自然」要爲「名教」服務。因此這時候玄學的主流思想是要調和「名教」與「自然」，達到「名教即自然」。不但如此，西晉的玄學思想起初接續「正始之音」何晏、王弼的「貴無論」，進一步發展到裴頠的「崇有論」，再到郭象的「獨化論」，玄學思想發展到最高峰。郭象的「獨化論」，認爲萬物都是「自足其性」。凡是存在的，都是合理的，人們無須在現實社會之外，另外再去尋求理想的社會。只要精神上能清高絕俗，即使身在廟堂之上，心也可以像在山林之中一樣，如此既可不廢享樂之實，又有清高之名，這種思想可以說正符合當時門閥士族的需要。（詳見本書第十章）

另一方面，阮籍等名士以放蕩行爲抗議司馬氏的假名教，卻被西晉的貴游子弟競相仿效，成爲無病呻吟的頹廢風氣。只能說是清談末流，而這也可以視爲是時代腐敗的一環。

## 四、從八王之亂到永嘉之亂

### 外戚干政再起

太熙元年（二九〇），五十五歲的晉武帝司馬炎駕崩，三十二歲的太子司馬衷（二五九—三〇七）繼位，即被後世取笑爲白癡的晉惠帝。武帝不放心愚笨的司馬衷，安排皇后楊氏的父親楊駿輔政。

晉武帝平吳之後，天下無事，不復留心政事，開始寵信外戚楊駿。楊駿與其弟楊珧、楊濟勢傾天下，當時人號稱三楊。楊氏是弘農（河南三門峽市）名族，楊駿執掌大權，有如東漢外戚干政再起。

惠帝司馬衷愚昧，但卻有個強悍陰毒的皇后賈南風，她是開國功臣賈充的女兒。晉武帝曾嫌她「醜而短黑」，也就是個子矮、皮膚黑、相貌又醜，但因希望太子能得到賈充的支持，而同意這樁婚事。司馬衷照單全收，可能是愚昧到不辨美醜，婚後賈南風被冊拜爲太子妃，其人「妒忌多權詐」，司馬衷很怕她。

楊駿大權獨攬，賈后與宗室諸王都極爲不滿。永平元年（二九一）三月，賈后利用宗室與楊氏的矛盾密召楚王司馬瑋帶兵入京，誅殺楊駿一族及其黨羽，死者多達數千人。楊駿被誅殺後，由汝南王司馬亮和元老大臣衛瓘共同輔政。

西晉從歷史的教訓中，排除東漢的宦官干政，以及曹魏的猜忌宗室，但卻未防範外戚。不過，外戚楊駿掌權不久就失敗被誅，顯示此時的歷史條件與東漢已有所不同。除賈后這一獨特的因素之外，更重要的是有宗室諸王領兵的因素，這是由晉武帝大封宗室又以宗王出鎮而埋下的種籽。雖然在初期確實能達到藩屏中央的功能，但在武帝死後的歷史中，卻長出可怕的惡果。

### 賈后干政與八王之亂

永平元年六月，賈后爲掌控朝政，以惠帝手詔令楚王司馬瑋誅殺輔政大臣汝南王司馬亮和衛瓘，再誣稱楚王司馬瑋僞造詔書殺戮大臣，而將其處死，朝政遂落入賈后手中。

賈后執政，除了依靠賈氏親黨之外，也起用名士張華、裴頠、裴楷等共同輔政，將近十年之間，政局還算穩定，百姓勉強能夠維持安定的日子。但是，到了元康九年（二九九）十二月，賈后廢殺太子司馬遹，事態遂一發不可收拾。

賈后生了五個女兒，卻沒有生男孩。太子司馬遹是惠帝妃謝氏所生，也是惠帝唯一的兒子，自幼聰慧，甚得武帝寵愛。武帝堅持要傳位給愚笨的惠帝，就是寄希望於賢孫司馬遹。賈氏親黨怕太子司馬遹將來繼位後對他們不利，乃誣陷太子謀反而廢殺太子。太子無罪而被廢殺，引起朝野憤怒。永康元年（三〇〇）四月，掌禁軍的趙王司馬倫藉口爲太子報仇，起兵殺賈后及其親黨，張華、裴頠等名臣也一起被殺。司馬倫又廢惠帝，自立爲帝，其他諸王見狀，紛紛起兵叛變，殺趙王司馬倫。手握重兵的諸王持續鬥爭，交戰不已，整個中原亂成一片。直到光熙元年（三〇六）十一月，東海王司馬越在洛陽毒殺惠帝，改立司馬熾（懷帝），才算結束，史稱「八王之亂」。

事實上捲入這場動亂的不只有八王，因涉入較重的八王在唐代編撰的《晉書》合爲一傳，後世乃稱這場動亂爲「八王之亂」。至於八王是誰，已不重要，重要的是動亂所招致的惡果，以及動亂背後的歷史意義。

大亂之中，彼此動員軍隊大者幾十萬，小者數萬人。此起彼落的戰亂死傷無數，燒殺洗劫，饑荒、疾疫隨之而起，生靈塗炭，人民流離失所。更嚴重的是，諸王在混戰過程中失去對各地的控制，又形成群雄割據的局面。諸王引進邊地民族加入戰局，最後誘發這些邊地民族起兵入侵，西晉王朝隨之滅亡。當時西晉年號永嘉，史稱「永嘉之亂」。

八王之亂的每場戰役，彼此都高舉大義凜然的口號，但在勝利之後，很快就露出專權的原形，因此本質上是司馬氏宗室之間爭奪權力

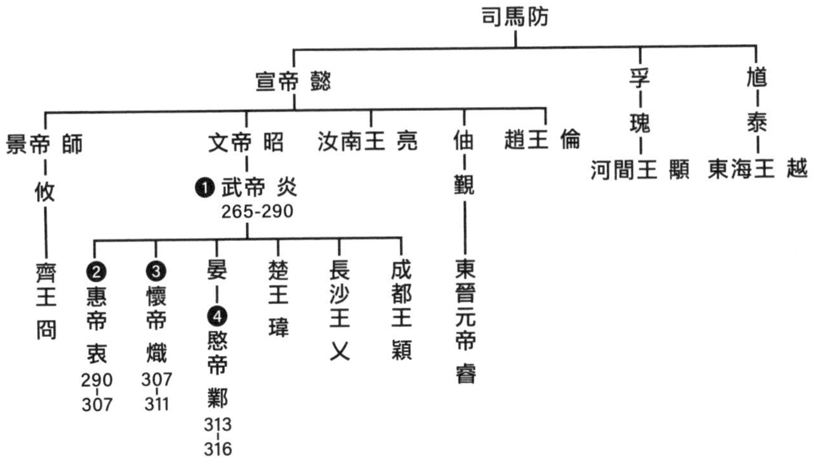


圖 3-3　西晉帝系圖。

的大混戰。司馬氏以政變陰謀篡奪政權，而宣揚禮教立國的精神，崇尚以孝道爲本的名教，但最終卻淪爲骨肉相殘，政權土崩瓦解，豈非一大諷刺。

八王之亂的肇因，實是晉武帝以宗王出鎮的「軍事封建」，加上領兵諸王背後有士人幕僚參與策劃，以及門閥社會下不得志的寒人推波助瀾，動亂更是難以遏止。從更長遠的歷史來看，這種骨肉相殘的悲劇在後來的南朝，並沒有得到教訓而繼續上演。學者唐長孺認爲，在世家大族勢力龐大的時代，皇室只是世家大族中的第一家族，爲鞏固其統治地位，這是不得不然的安排。

然而，如果配合西晉政權各層面的腐敗現象來看，八王之亂本質上也是權力腐化的一環。司馬氏政權以道德相標榜，但沒有在體制上做適當的權力制衡，無法避免權力的腐化，最終淪落到這種境地，也並非無法理解之事。

## 永嘉之亂

八王之亂的戰場主要在華北一帶，但約略同一時期，華北以外的各地區也動盪起來，已再度全面陷入群雄割據的狀態。

早在元康六年（二九六），氐族族長齊萬年在甘肅、陝西一帶叛變，雖然叛變本身在元康九年（二九九）就被平定，但當地的戰亂及連年饑荒，造成大量的流民。這批流民後來由氐族李特、李雄父子率領流入四川，攻陷成都。李特死後，李雄自稱成都王，光熙元年（三〇六）稱帝，國號大成。西晉政府爲前往四川鎮壓，擬自湖北徵兵，引發湖北地區的百姓及外來流民的反抗，在蠻族出身的張昌號召下起兵造反，其動亂蔓延到整個長江流域。

在八王之亂的混戰過程中，成都王司馬穎引匈奴族劉淵爲外援，東瀛公司馬騰引烏桓兵爲助，幽州刺史王浚引遼西鮮卑爲助，東海王司馬越的部眾中更有鮮卑兵三萬人。這些邊疆民族自漢代以來即飽受漢人政權奴隸般的統治，早已心懷怨恨，現在眼見西晉政權腐敗不堪，乃趁機紛紛起兵自立。

永安元年（三〇四），匈奴族劉淵在左國城（山西離石縣東北）自立，稱漢王；永嘉二年（三〇八）在平陽（山西臨汾縣西南）稱帝，國號漢。劉淵部下羯族石勒，與漢族流民首領王彌橫行於河南、山東一帶。永嘉四年（三一〇），兩股力量向洛陽包圍而來，懷帝傳檄四方求救兵，掌朝廷大權的東海王司馬越，竟以討石勒爲名，率領精兵甲士四萬人和大批朝臣逃出洛陽，到項城（河南周口市）避難。永嘉五年（三一一）東海王司馬越憂懼病死，太尉王衍領大軍東逃，被石勒軍追及，晉軍主力全被殲滅，包括王公士卒百姓被殺者達十多萬人。

永嘉五年六月，匈奴部將劉曜攻入洛陽，懷帝被俘到平陽，不久遇害。洛陽王公百姓被殺者三萬餘人，洛陽城全數化爲灰燼。

接著劉曜再攻關中長安，晉臣賈疋等聚眾十餘萬守長安，劉曜攻城失利，掠奪關中鄉野八萬多人回平陽。永嘉七年（三一三）四月，秦王司馬鄴在長安即帝位，是爲晉愍帝，依靠關中地方豪強的支持，勉強維持了四年。建興四年（三一六）十一月，劉曜攻入長安，愍帝被俘至平陽，西晉滅亡。隔年愍帝在平陽被殺害，琅琊王司馬睿在江南建立政權，史稱東晉。

第四章

# 東晉流亡政權的成立與發展

永嘉之亂後，西晉滅亡（三一七），出鎮江南的琅琊王司馬睿受到流亡的王公貴族及江南士族的擁立，成立流亡政權，史稱東晉，華北則淪入胡族政權的統治。江南原爲孫吳舊境，琅琊王司馬睿如何能在江南立國？東晉政權又如何處理大量流亡的人民，以及面對北方胡族的威脅？約百年之後，東晉政權被北府兵出身的將領劉裕所篡奪（四二〇）。這段歷史又是如何演變的呢？這是本章要探討的主題。

# 一、東晉流亡政權的成立

## 江南的動亂與平息

西晉滅吳之後，雖然表面上曾頒布一些寬大的措施，但西晉官員對吳地的統治難免有征服者的優越感。因此沒有多久，吳人就心生反感，民間甚至流傳復國的童謠：「中國當敗，吳當復。」（《宋書．五行志》）吳人有復國之心，因而導致各地屢起叛亂，連晉武帝都很傷腦筋。

吳亡之後，江東士人多隱居地方，少數北上出仕者都遭遇歧視，甚至被害。「除三害」的吳人名將周處，入洛陽後官至散騎常侍、御史中丞，但是得罪了梁王司馬彤，在出征關中氐族齊萬年的叛亂時被陷害而死在戰場。吳將陸抗之子陸機、陸雲兄弟，以及吳國宰相顧雍之孫顧榮，隱居家鄉十年才北上洛陽出仕，卻被捲入西晉諸王的內戰之中，陸機被害，夷滅三族，陸雲也受牽連慘死。像這樣，江東士人北上的慘痛遭遇，讓許多江東士人如顧榮等，紛紛逃回家鄉觀望局勢。

元康六年（二九六），氐族齊萬年在甘肅、陝西一帶的叛變，造成大量的流民，由巴氐李特、李雄父子率領流入四川。太安二年（三〇三），西晉政府徵發湖北百姓及外來流民前往四川鎮壓，引發義陽蠻出身的張昌在湖北地區起兵造反，並波及湖南地區，張昌部下石冰，更率領一支軍隊侵入長江下游的安徽、江蘇一帶，於是整個長江流域都動盪不安。

江南的動盪情勢，嚴重威脅到江東世家大族的利益，爲了遏止亂象的蔓延，以吳郡士族顧秘及周處的兒子周玘爲中心，動員世家大族的私人武裝，並夥同負責督運糧食的廣陵度支陳敏，共同討平石冰等叛亂勢力，江南的動盪才暫時安定下來。

然而，這時華北地區由八王之亂以及胡族入侵引發的動亂，造成大量難民不斷湧入江南，動盪的情勢仍然難以平息。永興二年（三〇五），陳敏見天下已陷入群雄割據的局面，也想據有江南，乃在歷陽（安徽和縣）舉兵反晉，攻掠江東各地，稱楚公。並拉攏以顧榮爲首的江東世家大族四十餘人，任命爲將軍和各地郡守。

西晉政府陷入土崩瓦解之勢，正是吳人復國的大好時機，可是低級官吏出身的陳敏被批評爲「七第頑冗，六品下才」（《晉書・陳敏傳》），江東士族不屑於擁戴他，而且又擔心受其連累。於是在顧榮的號召下，江東豪族周玘、顧秘、甘卓等人共同起兵，討平陳敏。陳敏失敗最大的因素當然是未獲江東士族的支持。另外，他稱「楚公」，春秋時代的楚與吳爲世仇，「楚」對吳人也難有號召力。不論如何，吳人的復國時機轉瞬即逝。不久，琅琊王司馬睿就來到江東了。

## 琅琊王司馬睿出鎮建鄴

琅琊王司馬睿（二七六―三二三），是司馬懿曾孫，祖父司馬伷是司馬炎的叔叔，也是伐吳的將領之一，受封爲琅琊王。父司馬覲襲封，司馬覲死後，司馬睿再襲爵，由於地緣的關係，與當地琅琊（山東臨沂市北）高門王氏關係密切。八王之亂期間，琅琊的王衍，是東海王司馬越的親信。司馬睿亦從屬於東海王司馬越集團，受命鎮守下邳（江蘇睢寧西北），司馬睿任用王導爲司馬爲其出謀劃策，對他是言聽計從。

隨著北方局勢日益惡化，王導勸司馬睿向東海王司馬越請求移鎮建鄴。建鄴即以往的吳國都城建業，晉武帝改爲建鄴。司馬越正有意鞏固江南的統治，在王衍的策劃下，遂於永嘉元年（三〇七）七月命司馬睿爲安東將軍、揚州都督，鎮守建鄴。十一月，王衍爲自家門戶計，又請司馬越命其弟王澄爲荊州刺史、族弟王敦爲青州刺史，而自居中樞，自己比喻爲「狡兔三窟」。

司馬睿來到建鄴的時間大約是年底了，這時江南的陳敏之亂才剛被討平不久。司馬睿到了建鄴一個多月，江東士族看他只是庶系宗室、地位低，沒有人理睬他。王導很著急，深知沒有江東士族的支持，很難在江東立足。永嘉二年（三〇八），王導利用農曆三月初三的「上巳節」這個大家都出遊驅除災厄的日子，安排司馬睿乘著肩輿、擺著盛大儀仗出遊，王導與王敦等大族名士騎馬隨從於後。在暗中悄悄觀看的吳人顧榮、紀瞻等「江南之望」看到如此陣仗，受其權威鎭懾，遂相繼拜伏於路旁。嗣後王導又親自造訪拉攏，禮聘這些江南望族入仕琅琊王府，於是「吳會風靡，百姓歸心」，司馬睿在江南初步站穩了腳跟。即使如此，《世說新語．言語篇》記載，此時司馬睿曾對顧榮說：「寄人國土，心常懷慚。」可見司馬睿剛來到這片往昔的孫吳國土，還有一種寄人籬下的感覺。

## 東晉政權的成立

北方的局勢不斷地惡化，避難逃亡的人潮一波一波地南下。尤其在永嘉五年（三一一）東海王司馬越病死、西晉主力軍被殲滅、洛陽被攻陷、晉懷帝被俘等慘重事件後，北方世家大族紛紛南遷，所謂「洛京傾覆，中州士女，避亂江左者十六七」（《晉書．王導傳》。在此變局中，王導發揮其過人的才能，安頓流民、延攬世族人才，倡議光復中原、鼓舞士氣，因此司馬睿政權獲得北方流民廣泛的支持。

王導大量安排北方南下的士族人才，於司馬睿的安東將軍府內，出任司馬睿身邊的要職，面對北方士族逐漸掌握權力核心，江東世族對司馬睿政權的期待乃逐漸落空。對江東世族而言，雖然孫吳的復國已不可能，但是司馬睿如果能夠像孫吳政權一樣江東化，以江東世族爲骨幹，則無異於實質的復國。然而，眼見司馬睿身邊的要職，都由北方士族所把持，江東世族的不滿情緒日益升高。

當時司馬睿所能掌握的兵力還相當有限，遠遠不如江東世族，如果江東世族能夠團結一致，歷史可能會改寫。然而，江東世族本身也是一盤散沙，依其屬性可簡略分成文化士族與武力豪強，這兩類人彼此本來就壁壘分明，即使在同一類的武力豪強之中，也常因地域或宗族不同而難以合作，這就給予王導等北方士族分化的機會。

江東文化士族懾服於北方士族的顯赫，又擔憂北方胡族南侵的威脅，以及不斷湧入的流民衝擊其家園，乃不得不與北方士族合作。因此，王導先拉攏江東文化士族，冷落江東武力豪強，接著再分化武力豪強，使其彼此相剋，從而掌握政治的主導權。

永嘉七年（三一三），平息江南動亂有重大軍功的江東豪族周玘，眼見無重大功勳的北方士族占據高位，而自己只被任命爲地方的郡太守，還常遭受欺凌，憤恨不平，於是密謀起兵，事洩，憂憤而死，臨死前告訴兒子周勰說：「殺我者諸傖子，能復之，乃吾子也」（《晉書．周玘傳》），「傖」是當時吳人對北方人的蔑稱。翌年（三一四），周勰密謀起兵，被叔父周札密告而失敗，司馬睿念及周氏功績，以及顧忌周氏勢力，沒有加以治罪，周勰失志歸家。

江南第一豪族的周氏被壓制之後，司馬睿在江東的政權日益穩固。相對的，華北局勢則更加殘破不堪。建興四年（三一六），長安的晉愍帝被俘，隔年被殺害。留在北方的抗胡將領劉琨等人，乃聯合鮮卑段部、慕容部等勢力，上表擁戴司馬睿。大興元年（三一八）三月，司馬睿登皇帝位，是爲東晉元帝，爲避愍帝司馬鄴諱，改都城建鄴爲建康。

## 王與馬共天下

元帝司馬睿能在江東成立流亡政權，幾乎是靠王導一手策劃。登基之日，司馬睿竟拉著王導的手，要他「升御床共坐」，王導堅決不肯。元帝即位後，仍然委由王導掌理中樞大權，甚至稱王導爲「仲父」。

王導的堂兄王敦，也是幫助元帝建立政權的重要功臣。東海王司馬越曾任命王敦爲青州刺史、揚州刺史，司馬睿到建鄴之後，以王敦爲軍事參謀。永嘉五年（三一一）

圖 4-1　烏衣巷。劉靜宜拍攝提供。

湖南、湖北地區有杜弢率領的流民叛變，王敦率領陶侃、周訪等江南名將討平杜弢。從此王敦勢力大增，以都督江揚荊湘交廣六州諸軍事，掌握長江上游兵權。元帝即位後，升王敦爲大將軍、荊州刺史，仍在外掌握軍權。

由於王導與王敦幫助元帝建立政權的功績，東晉初年，王導在內掌中樞朝政，王敦在外掌兵權，勢傾朝野，因此當時有歌謠唱道：「王與馬，共天下。」意即高門士族琅琊王氏與皇族司馬氏，共享東晉的天下。

事實上，這不僅是東晉初年的政治形態，而幾乎是整個東晉時期的政治形態，東晉司馬氏皇權下墜，必須由高門士族來共同支撐政權。換而言之，這是一個皇帝與門閥士族共享政權的時代，學者田餘慶稱此種政治形態爲典型的「門閥政治」。

## 二、難民潮與流民的安置

### 四竄的難民潮

自八王之亂起，西晉的天下就陷入動盪不安，華北成爲動亂的重災區。《晉書・食貨志》載：「及惠帝之後，政教陵夷，至於永嘉，喪亂彌甚。雍州以東，人多飢乏，更相鬻賣，奔進流移，不可勝數。幽、并、司、冀、秦、雍六州大蝗，草木及牛馬毛皆盡。又大疾疫，兼以饑饉，百姓又爲寇賊所殺，流尸滿河，白骨蔽野」、「人多相食，饑疫總至，百官流亡者十八九」，宛如一幅人間地獄的景象。起初華北人民多在家鄉近處險要之地，構築塢壁避難，以保全身家性命，其後動亂愈來愈厲害，流民遂大規模四竄。

華北西邊關中地區的流民，主要逃往南方的四川盆地，以及西北的河西走廊。前者由李特、李雄父子所領導，在四川建立大成國（三〇四）；後者由涼州刺史張軌所收容，助成前涼政權的成立（三二〇）。

華北東邊黃河下游地區的流民，主要逃往南方的淮河流域，再南下到長江下游地區，成爲支持東晉政權的主要力量。也有少部分逃往遼西地區，投靠鮮卑慕容廆，助成後來前燕慕容氏的建國（三三七）。

華北中部黃河中游地區的流民，多逃往長江中游的兩湖地區，其中有部分參與張昌的叛亂。亂平之後，再南下的流民停留在荊州，上層的世家大族到達江陵，中下層民眾則多留在襄陽，成爲荊州都督招募軍隊的兵源。

## 南下的流民

前述四竄的難民，數量上最多的是從黃河下游逃往淮河流域、長江下游地區者，所謂「洛京傾覆，中州士女，避亂江左者十六七」。這些流民包括進入建康朝廷的上層官員，以及停留在長江沿岸京口（江蘇鎮江市）、晉陵（江蘇常州市）一帶的下層流民，成爲後來北府兵的主要兵源，據估計總數約略七十萬人。

南下的難民，有很多在逃難途中加入各種流民武裝隊伍，譬如號稱「乞活」的武裝隊伍，便是以并州流民爲核心，由眾多流民帥所統率，在淮河一帶與北方胡族軍隊對抗，或加入東晉將領祖逖等領導的北伐軍。據估計停留在江淮之間者，總數約略二十萬人。東晉初年祖逖死後，北伐軍撤退到淮河一線，淮北居民或原來避亂淮北的難民再度南遷。不久流民帥蘇峻、祖約（祖逖弟）叛亂，百姓又紛紛渡江。咸和四年（三二九）蘇峻之亂平息後，大規模的南遷就比較少見了，東晉政權也才穩定下來。

東晉中期，桓溫北伐，洛陽收而復失。桓溫退兵時不少當地人民也隨之南遷，這次南遷人民大多進入長江中、上游或漢水流域。其後，在淝水之戰、劉裕北伐、劉宋與北魏交戰之後，也都有南渡人潮，但在規模上都遠不如永嘉之亂的難民潮。

一般推測，永嘉之亂以來，南下的流民約占東晉戶口的六分之一。這個人口比例，非常近似第二次世界大戰後，從中國大陸遷入臺灣的「外省人」比例，生活在臺灣的人應該很容易感受當時族群差異比例的狀態。

當時難民逃亡過程千辛萬苦，不是悲慘兩個字足以形容的。以下舉鄧攸逃亡的故事，可見一斑。永嘉末年，河東太守鄧攸，遭羯族石勒部隊俘虜，後來趁機脫逃，鄧攸用牛馬載著妻兒及侄兒逃亡。路上遇到賊匪，牛馬被搶了，只能擔挑著兩個小孩徒步行走，翻山越嶺、精疲力盡。鄧攸向妻子說，現在如果擔挑著兩個小孩逃亡，大家都會沒命，我弟弟已經死了，爲保存他的香火、免於絕嗣，只能拋棄自己的兒子救侄兒，反正我們夫妻還可以再生。妻子悲泣著同意，可是他的小孩在後緊追不捨，鄧攸把小孩綁在樹幹，才逃到南方。但後來他的妻子也沒有再懷孕，只好替他找了一個小妾，希望能夠傳宗接代。沒想到事後鄧攸詢問小妾家鄉親人時，才發現小妾竟然是自己離散多年的外甥女，鄧攸無意間亂倫，悔恨不已，從此不再納妾，也因而斷絕後嗣。鄧攸（字伯道）爲官清廉，深受百姓愛戴，當時人慨嘆：「天道無知，使鄧伯道無子。」後世遂以「伯道無兒」、「鄧攸棄子」，做爲以義斷恩的典故。但是唐代史臣房玄齡在《晉書．鄧攸傳》裡批評鄧攸說：如果鄧攸眞的沒有能力救兩個小孩，也不該把兒子綁在樹幹，斷絕他逃亡求生之路，這完全不合乎人性，「卒以絕嗣，宜哉，勿謂天道無知，此乃有知矣」。這個故事的眞實性曾被質疑，但當時比這更悲慘的故事，不知凡幾。

## 從流民到「僑人」

東晉政權要安定下來，最重要的是流民的安置問題。當時的流民並不單純是因饑荒或失去土地的經濟難民，其中有許多是爲逃避胡族統治，追隨晉室的王公貴族，即所謂的

「衣冠南渡」，含有政治難民的意味。爲了讓流民安居下來而不再四處流竄，又能顧及一般流民的思鄉之情，以及維持士族流民的特殊地位，東晉政府參考當時鮮卑慕容廆對遼東流民設置新郡縣的措施，而「皆取舊壤之名，僑立郡縣」（《隋書・食貨志》）。也就是在江南地區僑置北方舊名的郡縣，僑郡縣之內的人就叫做「僑人」。因此嚴格地說，並不是所有南下的流民都是僑人，只有被安置在僑郡縣之內的人才是僑人。不過後來廣泛的稱南渡的人民爲僑人，而其中的士族被稱之爲「僑姓士族」，高居東晉政權的統治核心。

僑人上階層士族在朝爲官者，大多移居於首都建康附近，但建康周圍到太湖流域一帶，都是吳姓士族的良田家園，吳姓士族擁護東晉政府，最重要的考量是保護身家財產的經濟因素。僑姓士族若要與吳姓士族相安無事，必不得侵入他們的地盤。因此以王、謝爲首的僑姓士族，率領其宗族、賓客、部曲，避開太湖流域，往更東邊的會稽、臨海一帶殖產興利、廣占田宅，如此僑、吳士族在經濟上劃分各自的勢力範圍。

從《世說新語》中看到許多記載僑姓士族的活動，多在會稽一帶。最有名的如王羲之與謝安等名士及族人相邀在蘭亭集會，曲水流觴、飲酒賦詩，詩文收爲《蘭亭集》，王羲之作序，其書法被譽爲「天下第一行書」。這個蘭亭就位於會稽。

其次，對於僑人的中下階層停留在江淮之間者，儘量留在當地，由流民帥統領，做爲抵抗胡族入侵的最前線。原則上，東晉政府並不希望他們再南下過江，而已南下至長江下游者，則安排留置於長江沿岸地廣人稀的京口、晉陵一帶發展，不使直接衝擊到吳姓士族的田園。由於這些流民在逃亡過程中，練就一身強健體魄，成爲後來招募京口北府兵的主要兵源。

另外，還有許多流散在各地的流民集團，大多是以同宗族或同鄉里的關係，聚集而居、墾殖荒地。更低下者則投附僑、吳世家大族，成爲部曲、奴客以及各種形式的隱藏性人口，或者流浪各地，未編入國家戶籍，成爲所謂的「浮浪人」。

## 北伐國策與「僑州郡縣」

如前所述，東晉的僑人並不是單純的經濟難民，其中有許多追隨晉室的王公貴族，含有政治難民的意味。因此，僑人的安置問題，不僅只是經濟生活上的安定，還要在政治上確立國家的目標，甚至在精神上安頓他們的心靈。

《世說新語．言語篇》載：「過江諸人，每至美日，輒相邀新亭，藉卉飲宴。周侯（周顗）中坐而歎曰：『風景不殊，正自有山河之異！』皆相視流淚。唯王丞相（王導）愀然變色曰：『當共戮力王室，克復神州，何至作楚囚相對？』」

中原故鄉已淪爲殺戮戰場，遭受胡族蹂躪，逃難江南的僑姓貴族在江南觸景傷情，難免「楚囚對泣」。王導這時高舉「戮力王室，克復神州」，正有如當年諸葛亮的「興復漢室」一樣，成爲激勵士氣的有力口號，更成爲國家的基本國策，團結內部各種力量致力北伐，恢復中原。關於東晉的北伐事業，稍後再論述。

「戮力王室，克復神州」不僅只是北伐的口號，還成爲全民運動。僑人的南遷大多是以同宗族或同鄉里一起逃難，合舟共濟到達安全地區以後，聚集而居、墾殖荒地，生活漸安定下來，但僑人仍然多想念家鄉。東晉政府爲方便行政上的管理，同時安頓僑人的思鄉之情，激勵北伐中原、重返家鄉，於是乃有前述僑置州郡縣的制度。

所謂「僑州郡縣」，是在江南地區設置北方的州郡縣，以安置南徙的流民。如大興（三年（三二〇）於建康立懷德縣（江蘇南京市）安置琅琊郡流民，後來在咸康元年（三三五）於江乘縣（江蘇句容市北）境內僑立琅琊郡，爲了和北方的琅琊郡區別，稱之爲南琅琊郡。此後又在京口界內僑立南徐州、南兗州，在廣陵僑立南青州，在蕪湖僑立南豫州；至於僑人較少的州郡如幽州、冀州，則不設州，只設郡級或縣級的機構，併附於南徐、

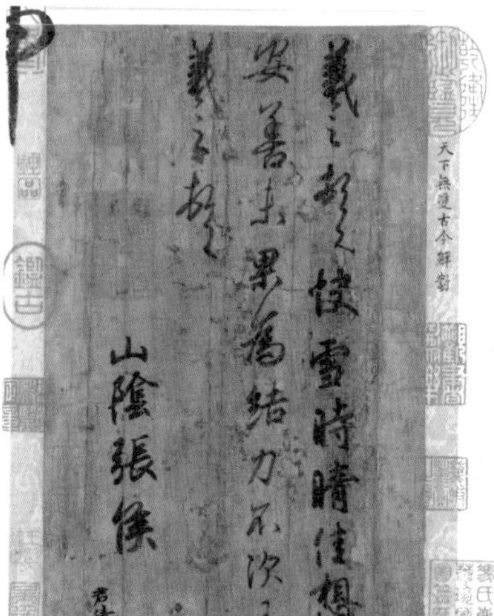
圖 4-2　王羲之〈快雪時晴帖〉。臺北國立故宮博物院提供。

南兗、南青等州郡下。總之，是以北方州郡名來安置流民，既方便行政上的管理，同時也安頓流民的思鄉之情。不過，這樣隨便僑置郡縣造成地方制度的混亂，成爲另外一個問題。

到了成帝咸康（三三五—三四二）年間，政局經過許多波折而逐漸安定下來了，可是僑姓貴族們心靈還是很落寞。這批僑姓貴族原本大多是屬於東海王司馬越與王衍的集團，王衍是當時的清談領袖，他們也多是清談高手，來到江南始終覺得是到了文化沙漠的蠻越之地，抑鬱寡歡，心理很不健康。王導見狀，再度提倡沉寂幾十年的清談活動，讓大家重溫舊夢，再建新中原。於是清談盛會再起，歷二十餘年，成爲清談史上的第三次高峰。僑姓貴族們暫時擱置思鄉之情，高談闊論，不亦樂乎，心靈也安頓下來了。（詳見本書第十章）

## 三、荊揚勢力的平衡

### 王敦之反

東晉初年，「王與馬，共天下」的歌謠傳唱沒多久，王與馬就翻臉了。元帝司馬睿即位時已經四十三歲，雖然說不上天資英明，也不愚笨。東晉政權多得力於王導、王敦兄弟的輔佐，但皇帝體制本身就賦予他皇權，他是不會甘心大權旁落的，因此，彼此的矛盾就難以避免了。

元帝即位之後，對在上游荊州掌握軍權的王敦甚爲畏忌，於是重用劉隗、刁協等人強化皇權，疏遠王導、防備王敦，引起王敦的不滿。大興四年（三二一）元帝更做軍事部署，以戴淵出鎮豫州、劉隗出鎮青州（淮南），還「發奴爲兵」，即釋放揚州地區淪落爲奴客的流民組成軍隊，充實中央。

永昌元年（三二二）王敦以「清君側」爲名，自武昌起兵，要誅劉隗、刁協等人。元帝召劉隗、戴淵入衛京師，劉隗勸元帝誅滅王家，王導爲了京城內王家百餘口的性命，帶領宗族子弟二十多人跪拜在宮城外面待罪，看到護軍將軍周顗要進朝，懇請他向元帝求情，元帝因而未殺王家。王敦軍隊攻到京師建康防禦要地的石頭城，鎮守石頭城的是江南第一豪族周札（周處的兒子，周玘的弟弟），卻因不滿「發奴爲兵」的措施，喪失許多勞動力，妨礙到他們家族的利益，於是開石頭城門迎接王敦。王敦因而入據石頭城，攻破建康，控制朝廷。

王敦逮捕戴淵、周顗，劉隗逃奔北方的胡羯石勒，刁協逃亡途中被殺。王敦殺戴淵之後，問王導要如何處置周顗，王導誤以爲先前周顗沒有相救，三問皆不答，王敦遂殺周顗。後來王導在宮中查看到周顗營救王家的文件，大哭著說：「吾雖不殺伯仁（周顗），

伯仁由我而死，幽冥之中，負此良友。」（《晉書．周顗傳》）

王敦自任丞相、都督中外諸軍事、錄尚書事，還鎮武昌。年底，元帝憂憤而死，二十五歲的明帝司馬紹（三二三—三二五在位）繼位，王導仍然受遺命輔政。王敦任命王家族人占據許多重要都督，並準備篡奪帝位，明帝則暗中聯絡江北的流民帥郗鑒、劉遐、蘇峻、祖約等做爲外援。太寧二年（三二四）王敦病重，明帝下令郗鑒、劉遐、蘇峻等，率領江北流民軍征討王敦。王敦兵敗，病重而死，叛軍被討平。

在這場叛變中，王導的角色頗受爭議，有人認爲王導始終支持中央，有人認爲王導暗中是支持王敦的。不論如何，由於東晉政權仍然需要世家大族的共同扶持，而琅琊王家仍然是士族的領袖，因此王家在朝廷內外仍然保有許多重要職位，維持一流家族的威望。但王導的權力與地位已大不如前，進位太保，只是位尊而已。

其實這場叛亂中，受創最重的是江南豪族。周札因不滿「發奴爲兵」的措施，而開城門迎王敦，另一大豪族沈充也以同樣的理由起兵響應王敦。但王敦掌權之後，忌憚周家勢力，誣指周札圖謀不軌，而借沈充之力誅滅周氏。王敦兵敗之後，沈充也戰敗被誅殺，結果江南兩大豪族，幾乎同歸於盡。

## 蘇峻之亂

太寧三年（三二五）十月，二十七歲的明帝駕崩，五歲的成帝司馬衍（三二一—三四二在位）繼位，王導、庾亮、溫嶠等人輔政，實際掌權的是庾亮。庾亮是明帝當太子時的侍講，妹妹爲明帝的皇后，因此很受明帝寵信。成帝年幼即位，庾亮便以外戚的身分獨攬朝政。

庾亮施政被批評爲太嚴苛，與王導的寬和政治不同，他整治不法的權豪，得罪許多世家大族，包括擁兵在外的流民帥蘇峻、祖約（祖逖之弟）等人。

蘇峻，長廣掖縣（山東萊州市）人，中原戰亂時在本縣裡糾合數千家難民，成爲塢主，後來率領鄉人數百家泛海南奔，屯據於歷陽一帶。王敦之反，蘇峻協助平亂有功，被任命爲歷陽內史，威望大爲提升，有精兵萬餘人，因此朝廷委以江北的防禦重任。

庾亮見蘇峻兵力漸盛，又常驕恣無禮，遂調他入朝爲大司農，想要奪取他的兵權。咸和二年（三二七）十一月，蘇峻聯合豫州刺史祖約，以討伐庾亮爲名起兵，渡江進攻建康；次年攻破建康，放火焚燒、縱兵大掠，建康殘破不堪。庾亮逃往江州，向溫嶠求救，溫嶠說服荊州刺史陶侃，統領上游軍隊出討，另一流民帥郗鑒也領兵助中央。結果蘇峻兵敗被殺，祖約逃奔北方的石勒，後來也被石勒殺了。

亂平之後，庾亮自請處分，出鎮豫州，朝政再歸王導執掌。王導依然秉持「鎮之以靜」、「政務寬恕」的施政方針，讓世家大族之間的利益都取得平衡，因而能朝野相安無事，迎來幾十年的安定歲月。前節提到王導再倡清談，就是以這一安定歲月爲背景的。

## 北府與西府

蘇峻之亂後，京師建康化爲廢墟，眾臣提議遷都，有人主張遷到豫章（江西南昌），有人主張遷到會稽（浙江紹興），但王導力排眾議，認爲只有建康才是帝王之都，豫章、會稽都是蠻越之地。

先前上游的荊州王敦之反，中央依賴下游的流民帥勢力討平；這次下游的蘇峻之亂，中央依賴上游的荊州勢力討平。或許王導由此洞察到上、下游平衡的重要性，堅持以居中的建康爲都，維持上、下游互相制衡才是江南政權生存之道。

後來以郗鑒軍團爲基礎，在下游流民聚集的京口、廣陵一帶，設置北中郎將、征北、鎮北將軍府鎮守於此，擔任防衛建康的任務，習慣上稱之爲「北府」；而以陶侃軍團爲基礎，在上游荊州地區設置征西將軍府或西中郎將軍府，習稱之爲「西府」。其後，東晉南朝的歷史發展，一再看到上游荊州與下游揚州的相互制衡，學界稱之爲荊、揚之爭。不過，後來「西府」指設在建康西邊屏藩的豫州軍府，「西府」成爲荊州與揚州中間的緩衝，這又是東晉內部門閥貴族勢力平衡的巧妙設計。

# 四、北伐與士斷

## 祖逖的北伐

如前所述，逃難到江南的僑姓貴族，假日聚宴時，常觸景傷情、楚囚對泣，王導以「戮力王室，克復神州」，激勵眾人勿懷憂喪志，因此北伐中原成爲基本國策，也是政權正當性的基礎。東晉的北伐，從江北的流民帥祖逖開始。

祖逖（二六六—三二一），范陽（河北定興縣）大姓，年少時和好友劉琨在大清晨聽到雞叫聲就起來鍛鍊武藝，以澄清天下爲志，這就是「聞雞起舞」的故事。華北動亂擴大後，祖逖率宗親鄉黨數百家避難到淮水、泗水地區，司馬睿此時出鎮建鄴，任命他爲徐州刺史，徙居京口。祖逖向司馬睿請求讓他北伐，但司馬睿無力於此，只資助他少許糧布，要他自己招募士兵。永嘉七年（三一三）祖逖率領原來追隨他的部曲數百家渡江北上，沿途招募各地塢主、乞活武裝部眾，勢力愈來愈大，屢敗石勒軍，收復黃河以南地區，阻擋石勒於黃河以北。

東晉初年，正當祖逖儲備力量，想進一步向黃河以北推進時，朝廷卻正陷入元帝與王敦的鬥爭中。元帝以戴淵出鎮豫州，防備王敦，祖逖也要受戴淵節制。祖逖不服，心懷憂憤，眼見朝廷內戰將起、北伐無望，遂發病而死。王敦之亂爆發後，祖逖收復的黃河以南地區又全被石勒攻占了。

## 庾亮、庾翼的北伐

祖逖死後，北伐事業沉寂近二十年，幾乎是無疾而終。直到後趙石勒死後（三三三），咸康五年（三三九）已代陶侃出鎮荊州的庾亮想趁機北伐，朝中大臣意見紛歧，庾亮勉強出兵北伐，結果兵敗而返。咸康六年（三四〇）庾亮憂慨發病而卒，其弟庾翼代鎮荊州。建元元年（三四三）庾翼上書請求北伐，又遭大多數朝臣反對，只有其兄庾冰和桓溫等人贊成，後來雖有象徵性地出兵，也以失敗告終。永和元年（三四五）庾翼死後，桓溫代鎮荊州，北伐事業進入另一個新階段。

## 桓溫西滅成漢與北伐

桓溫（三一二—三七三），譙國龍亢（安徽懷遠縣）人，其先世有段隱晦的歷史。據研究，曹魏末年高平陵政變（二四九），為曹爽謀劃的桓範被司馬懿族誅時（見本書第二章），有子隱姓埋名逃亡，桓溫即為其後代。桓溫父桓彝，在蘇峻之亂中殉難，桓溫「枕戈泣血，志在復讎」。十八歲時，殺父仇人江播去世，桓溫以弔唁為名進入守喪的廬屋內，將江播的三名兒子殺害，為父報仇。桓溫不但沒有因此受刑罰，反而博得孝子的美

名。（《晉書・桓溫傳》）

後來桓溫娶南康長公主，拜任駙馬都尉，又歷任琅琊太守、徐州刺史。永和元年桓溫出鎮荊州，隨即積極規劃北伐。當時北方的後趙國勢強大，而西邊四川的成漢則國勢衰弱，桓溫乃決定先西取成漢。

成漢是「巴氐」李特、李雄父子，在齊萬年叛變後（二九六）率領關中流民進入四川所建立，控有四川、漢中之地，版圖約略等同於先前的蜀漢。李雄以「五斗米道」為國教，在位三十年薄稅輕刑、興辦文教，「事少役稀，民多富實。至乃閭門不閉，路無拾遺，獄無滯囚，刑不濫及」（《華陽國志・李雄志》）。與當時華北的戰亂比起來，無異是亂世中的一片淨土。李雄死後（三三四），宗室發生爭奪內亂，國勢漸走下坡。

永和二年（三四六）十一月，桓溫出兵西征成漢，翌年三月就攻占成都，成漢滅亡。桓溫滅成漢之後，威勢大振，朝廷深為忌憚。永和五年（三四九）後趙石虎死後，北方又陷入動亂，桓溫趁此大好機會，多次上疏請求北伐，都被朝廷否決。當時掌握朝廷大權的是清談領袖殷浩，他為阻擋桓溫北伐，乃自請北伐。殷浩與桓溫年輕時是清談好友，現在彼此卻站在權力的兩邊。

《世說新語・任誕篇》裡有一則故事，說殷浩的父親殷羨（字洪喬），赴任豫章太守時，很多人請託他帶家書，他答應收下後，卻在中途把所有的信件都拋入長江，說道：

「沉者自沉，浮者自浮，殷洪喬不能作致書郵。」這大概就是所謂的「魏晉風度」吧，很瀟灑，但也很缺德。殷浩可能受他父親的影響，是當時的清談領袖。

永和八年、永和九年（三五二、三五三），殷浩兩次主持北伐，卻都以失敗告終，積年準備的器械軍儲損失殆盡。桓溫上書追究責任，殷浩被廢爲平民，其後，內外大權全歸桓溫。在桓溫主持之下，前後發動了三次北伐。

永和十年（三五四）桓溫第一次北伐，由荊州的江陵出發，攻向關中。當時在關中的政權是氐族的前秦，桓溫進軍到長安東面的灞上，卻因軍糧不足被迫退兵。永和十二年（三五六）桓溫第二次北伐，這次由江陵攻向洛陽，大破羌族姚襄，成功地收復洛陽，這可以說是自北伐以來最大的功業。桓溫上書請求朝廷返都洛陽，主張把南遷的僑人悉數北徙河南，引起僑姓士族的震恐，大家已安居江南，享受建康政府的高官厚爵，怎能再回去冒險，紛紛反對。桓溫只好作罷，留兵守洛陽，自己返回荊州，到興寧三年（三六五）洛陽再被鮮卑慕容氏的前燕所奪取。

桓溫自收復洛陽之後，集內外軍政大權於一身，此時桓溫已有禪代的野心，但爲了更加提高威望，太和四年（三六九）再發動第三次的北伐。這次從東邊的姑孰（安徽當塗縣）北上伐前燕，目標是鄴城，但軍至枋頭（河南浚縣西南）時，濟水枯旱、糧運不及，只好退兵。前燕將領慕容垂趁勢追擊，結果桓溫慘敗而返，士卒死亡三萬多人，淮河以北收復的土地又全部喪失。

枋頭之敗後，桓溫顧及年事已高（五十八歲），不再等待。太和六年（三七一）桓溫罷廢帝司馬奕，改立簡文帝司馬昱，自居大司馬專權，準備篡位。咸安二年（三七二）七月，簡文帝病危，桓溫本來希望簡文帝臨終禪位於己，不然也要以周公的模式「攝政」。簡文帝同意遺詔由桓溫攝政，但侍中王坦之看到遺詔，當著簡文帝面前撕毀，表示強烈反對，簡文帝才改遺詔依諸葛亮、王導模式「輔政」。簡文帝駕崩後，十一歲的太子司馬曜繼位，是為孝武帝。隔年（三七三）桓溫罹患重病，要求「加九錫」，這是篡位前的最後步驟，大臣謝安、王坦之藉口「九錫文」寫得不好，故意拖延。同年七月，六十二歲的桓溫病逝，終究沒有達成稱帝的野心。桓溫如果眞是被司馬懿族誅的桓範的後代，那麼，冥冥之中好像是來向司馬氏報仇的。雖然沒有成功篡位，但後來他的兒子桓玄一度篡位成功，只是帝位寶座沒坐多久，就敗於劉裕，容後再述。

桓溫之後，北伐之事停歇多年，直到太元九年（三八四）謝安曾趁淝水之戰的勝利收復黃河以南大片土地，其後要再到東晉末，才再有劉裕的北伐（四〇九），亦容後再述。

## 「偏安」的由來

一般史書寫到東晉，都少不了「偏安」二字。永嘉之亂的大禍，衣冠南渡、求生逃命都來不及，卻能在江南另創新局，開創華麗的六朝文化，有此成果也算難能可貴。爲何一定要和「偏安」聯想在一起？究其緣由，無非是恢復中原的北伐事業，讓人失望。

東晉初年，內外多事，建康朝廷都搖搖欲墜，根本無暇顧及北伐，因此北伐口號只是喊喊而已。眞有心積極北伐的，是江北的流民帥祖逖。祖逖北伐，朝廷也沒有積極支持，而是依靠各地的塢主、乞活軍，收復了黃河以南地區，但又因王敦之亂而前功盡棄。坐鎭荊州的庾亮北伐，事實上有和中央執政的王導暗鬥的意味；殷浩的北伐則是要制衡桓溫；而桓溫的北伐，則很明顯是爲擴大實力與提升威望，爲其篡位做準備。

由上可見東晉前期的北伐，除祖逖之外，幾乎都是由荊州都督所發起，而中央朝臣幾乎都是持反對的立場。荊州都督的北伐，是要藉此擴大自己的實力，中央朝臣的反對則是忌憚荊州的坐大。

總之，東晉的北伐事業要不是中途而廢，就是得而復

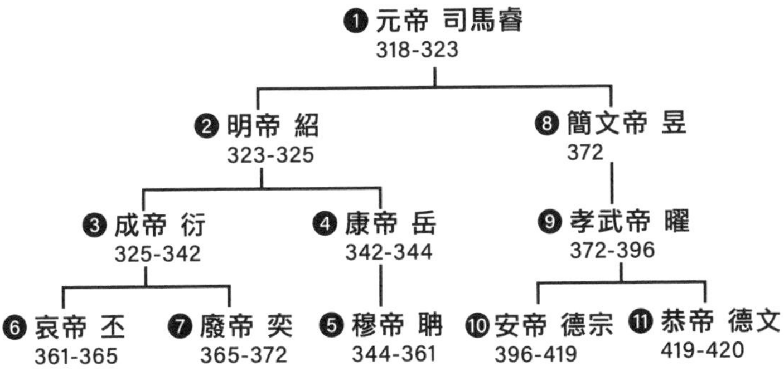


圖 4-3　東晉帝系圖。

失。問題的關鍵，並不是沒有北伐，也不是無心北伐，而是彼此爲北伐的「果實」將落誰家爭紛不已。朝野始終是各懷鬼胎、互相鬥爭，坐失北方動亂的大好時機，最後落得「偏安」二字的評語。當然，僑姓貴族已喜好江南的安逸生活，不願再一次遭受當年流離的苦難。因此，當桓溫收復洛陽，上表朝廷請求返於舊都時，朝中僑姓貴族驚恐的情形，讓人不覺感到啼笑皆非。

## 「土斷」與「黃白籍」

東晉爲了行政上方便對僑民的管理，同時安頓僑民的思鄉之情，於是設置僑州郡縣。不過，這樣也造成地方制度的混亂，以及影響財政稅收，終究非長遠之計。當政局逐漸安定之後，想要解決地方制度的混亂，並增加稅收，於是而有「土斷」的措施。

所謂的土斷，原則上是要把南遷僑民就地編列，納入舊的行政體系，但實際執行的情形頗爲複雜。史書所見東晉最早的土斷是《陳書．武帝紀》所載，南朝陳的開國君主陳霸先原籍潁川，「咸和中（三二六—三三四）土斷，故爲長城人」。關於這次的土斷只有這一條史料，因此有學者懷疑這次土斷的眞實性，認爲這是陳霸先發跡之後，爲攀附潁川高門陳氏而虛構的，不然很難理解爲何《晉書》及其他史料，都沒有這次土斷的相關記載。不論如何，依史料文意，「土斷」之後，籍貫會從舊籍（潁川）更改爲現居地（吳興郡長城縣）。

《晉書》有明確記載的第一次土斷是在咸康七年（三四一），這時王導、庾亮都已經逝世，政局平和，《晉書・成帝紀》記載這次土斷：「實編戶，王公已下皆正土斷白籍。」這時在先前設僑州郡時，給予僑民暫時性的戶籍，即「白籍」，享有免納稅服役的優惠。這時土斷廢除白籍，改納入正式的戶籍「黃籍」，並依法納稅服役，成爲實戶。兩晉是簡牘與紙張並用的時代，西晉戶籍是用簡牘編成的，稱爲「黃籍」，是正式的戶籍。東晉初年江南土著戶仍然沿用此黃藉，但僑置州郡縣時給予北來僑民寫在白紙上的臨時性、非正式戶籍，稱爲「白籍」。咸和三年（三二八）蘇峻之亂，京城建康被燒毀，版籍盡歸灰燼，亂後重新編制戶籍，改寫在黃紙上，仍然稱爲黃籍；到了咸康七年的土斷，廢除了白籍，僑民都納入黃籍，也是寫在黃紙上。然而，這次的土斷可能實行得並不徹底，同時又給予新的流民僑置州郡，因此白籍仍然存在。

《晉書》所見第二次的土斷是在興寧二年（三六四），也就是在桓溫第二次北伐收復洛陽之後，掌握朝廷內外大權的期間，由於是在陰曆三月初一庚戌日公布實施，又稱作「庚戌土斷」。這次土斷執行得相當徹底，許多藏匿於公卿大族底下的隱戶都被清查出來，譬如彭城王司馬玄藏匿五戶，被檢舉交付廷尉治罪；會稽地區也清查出蔭戶三萬多人。結果這次土斷增加政府財政收入，達到「財阜國豐」的目的，成爲桓溫第三次北伐的基礎。

永嘉之亂以來，到此時已經過了五、六十年，南遷的僑民長期享受免除賦役的特權，看在舊住民吳人眼中，難免感到不公平，而僑民生活都安定了，政府也不應再特別給予優待，尤其桓溫想再北伐，正好可藉由廢除白籍以增加政府財政收入。除此之外，此時桓溫已有簒位的野心，或許也想藉由廢除白籍，消除舊住民吳人的不平之情，以收買吳人的民心。

雖然庚戌土斷執行得相當徹底，但是到東晉末年還有范寧的〈時政疏〉，呼籲再行土斷廢除白籍，可見白籍仍然存在。或許桓溫下臺之後，土斷就沒有再認眞執行了。另外，也可能北方流民又一波一波南下，僑州郡縣廢了又設，問題還是一直存在。

第三次的土斷，是在相隔又近一甲子之後的義熙九年（四一三），已是東晉末年劉裕主政的時期，除晉陵、京口一帶之外，全國雷厲風行，大致上與「庚戌土斷」類似，以省併僑郡縣、廢除白籍，增加稅收爲主，也可能有收買人心的目的。

綜而言之，東晉的土斷是以整理僑籍、重編地方行政體系、增加政府財政稅收爲主要目的。然而，廢除白籍、全面黃籍化，就不再區分僑、吳，無形之中促進僑民的土著化，加強僑民對江南土地的認同，也使東晉流亡政權走向本土化。不過，由於流民仍然一波一波南下，僑州郡縣廢置無常，因此到南朝時期仍然還有土斷措施。

## 五、淝水之戰與東晉後期的政局

### 「清談高手」謝安主政

寧康元年（三七三），桓溫去世之後，謝安接續執掌朝政。謝安（三二〇—三八五），字安石，陳郡陽夏（河南太康縣）人，是望族子弟也是清談高手。年輕時已名滿天下，但一直隱居在會稽的東山，與王羲之等好友清談吟詩，不肯出仕，當時有言：「安石不肯出，將如蒼生何？」有一天，年長十七歲的王羲之勸謝安幹點正事，不要再整天清談了，「虛談廢務，浮文妨要」。謝安回說：「秦任商鞅，二世而亡，豈清言致患邪？」（《世說新語．言語篇》）

謝安在東山隱居了十幾年，直到兩位兄長謝尙、謝奕病逝，弟弟謝萬兵敗被罷官，家族已無人在朝廷任職，才不得不「東山再起」，此時已四十一歲了。謝安先入桓溫的幕府爲司馬，深受賞愛，後來歷任吳興太守、侍中。眼見桓溫篡位的野心愈來愈明顯，乃與琅琊王彪之、太原王坦之聯合，暗中與桓溫周旋。氣得桓溫好幾次想殺他，卻都被他的機智與幽默化解了。

謝安的施政風格頗有王導之風，他採取維持各方勢力均衡的方針，即所謂的「寬治」策略。謝安爲調和朝廷與桓氏的矛盾，仍然由桓溫的弟弟桓豁、桓沖代鎭荊州，提拔自己的侄兒謝玄爲兗州刺史，出鎮廣陵。謝玄隨即招募京口、廣陵一帶的流民，組成能征善戰的「北府兵」，大致再維持荊、揚勢力的平衡。

此時的前秦苻堅已經統一華北，甚至連東晉的漢中、四川都被前秦攻占了，前秦的國力達到頂峰，正積極整軍南進，情勢對東晉愈來愈危急。出鎮荊州的桓沖顧全大局，「自以德望不逮謝安，故委以內相，而四方鎮扞，以爲己任」，在朝野團結合作之下，積極準備抵禦來自北方的威脅。

## 令人驚訝的「淝水之戰」

太元三年（三七八）四月，前秦遣大軍十七萬攻襄陽，東晉守將朱序死守近一年，城破被俘。太元四年（三七九）前秦軍再圍攻彭城，被謝玄率五萬北府兵殲滅。

太元八年（三八三）八月，前秦苻堅親率六十萬步兵、二十七萬騎兵，以其弟苻融爲先鋒，號稱百萬，

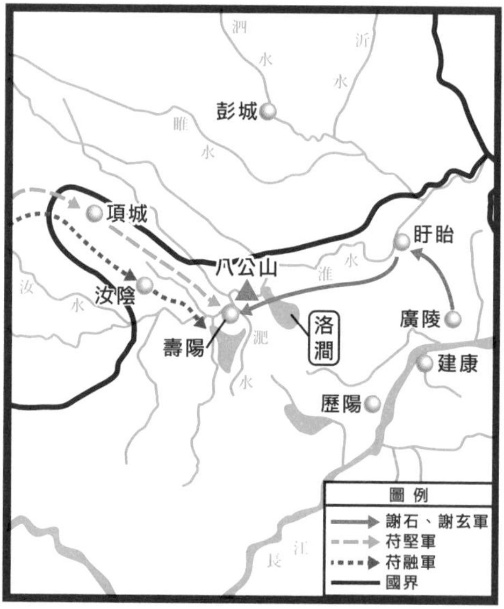


圖 4-4　淝水之戰示意圖。

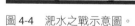

大舉南侵。對於這次南征，苻堅信心滿滿，在出征前的朝議上，反對者以長江天險爲由，苻堅說：「以吾之眾旅，投鞭於江，足斷其流。」謝安臨危受命，以謝石爲前線大都督、謝玄爲先鋒，共領八萬軍馬迎敵。十月，苻融先鋒部隊三十萬，先攻占壽陽（安徽壽縣），苻堅也領八千輕騎抵達。東晉面臨生死存亡的一戰。

苻堅派東晉降將朱序去勸降謝石，朱序反而向謝石獻策，應趁前秦軍隊到齊之前先聲奪人，挫敗其前鋒。十一月，謝石派劉牢之率精兵五千人擊潰在洛澗的前秦軍，殺其士卒一萬五千人，謝石、謝玄乘勝水陸軍齊進，與前秦軍在淝水對峙。苻堅登壽陽城觀望東邊的晉軍，看到晉軍嚴整漸有畏心，還把對面八公山上的草木都誤以爲是晉軍，這就是「草木皆兵」成語的由來。

當前秦軍直逼淝水時，京師建康人心惶惶，謝玄向謝安請教退敵之策，謝安只說：「處分已定」，然後駕牛車去渡假下棋了。桓沖見謝安漫不經心，非常著急，要求增兵護衛京師，被謝安拒絕，桓沖歎

圖 4-5　〈淮淝奏捷圖〉。北京故宮博物院提供。

經心，非常著急，要求增兵護衛京師，被謝安拒絕，桓沖歎息說：謝安是好宰相，但根本不懂打仗，讓那些小孩去帶兵，我們完了。其實謝安早已胸有成竹，當天晚上召集眾將領面授機宜。

秦、晉兩軍對峙淝水，謝玄遣使要求秦軍稍微後退，讓晉軍渡水決戰，苻堅想趁晉軍半渡時以騎兵殲之，遂同意揮軍稍退。沒想到大軍一退卻收不住，晉軍立刻渡水猛攻，苻融試圖重整亂軍，反而墜馬被殺。朱序乘機率人在後面賣力大喊：秦兵敗了，快逃啊！秦軍大潰散，自相踐踏，屍橫遍野，淝水都被屍體堵塞了。落荒而逃的秦軍聽到風聲與鶴鳴，都誤以為是追趕而來的晉軍，這就是「風聲鶴唳」成語的由來。當時天寒地凍，再加上饑餓，秦軍死亡十分之七、八。苻堅在亂陣中被流箭射傷，只帶少數幾人騎馬逃回淮北。

謝玄派人送捷報給謝安，謝安正與客人下棋，看完後把信丟到床上，毫無喜色，繼續下棋。客人詢問，他才慢慢答說：「小兒輩遂已破賊。」下完棋送走客人，一向淡定的謝安高興得手舞足蹈，連回房內過門檻時折斷了木屐齒都不知道。其實，謝安自己也沒有料到竟會贏得這麼徹底。不過，從這裡可以看到謝安沉穩慎重、喜怒不形於色的個性。

苻堅沿途收集逃散的敗兵，到洛陽時已有十餘萬人，於是回長安試圖重整國家。不料河西鮮卑、慕容鮮卑、丁零、羌等各族卻趁機叛離，前秦帝國竟至土崩瓦解，華北又陷入大混亂。太元十年（三八五）八月，苻堅被羌族姚萇所殺，一代雄主苻堅竟以淝水之戰一敗塗地。前秦戰敗的原因，苻堅驕傲輕敵固然無可卸責，但也有些是難以預料的陰錯陽差。不過由敗後的慘況來看，戰前苻融反對苻堅南侵的理由之一，即內部鮮卑、羌等各懷鬼胎才是更重要的因素，此點留在第五章再述。

東晉在淝水之戰大勝後乘勝追擊，收復部分失土，但謝安並未立刻全面北伐。太元九年（三八四）二月，桓沖去世，朝廷擬以建功的謝玄出鎮荊州。謝安顧忌謝家名位太盛，以桓沖的侄兒桓石民出鎮荊州，維持與桓氏的友好關係。同年八月，謝安才趁北方混亂分三路大舉北伐，東路收復兗州、青州、司州、豫州，中路收復洛陽，西路收復梁州、益州。到太元十一年（三八六），整個黃河以南再重歸晉朝的版圖。不過，在北伐期間，謝安因受孝武帝猜忌，退出中央，自請出鎮廣陵，不久即逝世。當時北方仍然持續混亂，孝武帝也並未再進一步收復黃河以北之地。

## 司馬道子專政

謝安從寧康元年（三七三）桓溫死後掌握朝中大權，他行事風格低調、爲人謙和，調解各方利益，贏得朝野一致的推崇。在各方勢力團結合作之下，才能有淝水之戰的大勝利，化解國家的存亡危機。然而，謝安長期掌權，孝武帝司馬曜逐漸長大，君臣之間的權力矛盾終難避免。

孝武帝司馬曜（三七二—三九六在位），是咸安二年（三七二）簡文帝臨終前，大臣王坦之修改遺詔阻擋桓溫謀篡而立的，時年十一歲。太元元年（三七六），十五歲的孝武帝親政，雖然實際大權仍由謝安掌握，但他已逐步在重振皇權。孝武帝為提防謝安過度專權，太元八年（三八三）淝水之戰前刻意重用其親弟會稽王司馬道子。淝水之戰勝利後，謝安聲望達到最高峰，孝武帝對他更加猜忌，尤其在北伐期間，司馬道子一直向孝武帝撥弄是非，謝安不得不請求出鎮廣陵，朝政遂完全由司馬道子掌控。到太元十年（三八五）八月，北伐未結束，謝安就病死了，享年六十六歲。

謝安主政期間，雖然能調解各方利益，但世家大族的利益不代表人民的利益，有時反而是放任世家大族對百姓的侵奪。因此到其主政後期，已有社會凋弊的現象，加上多年的征戰，國庫也逐漸空虛。謝安死後，孝武帝與司馬道子都耽於酒色、荒於政事，政治更加腐敗，百姓痛苦不堪。

由於司馬道子專權日盛，孝武帝也漸生不滿，乃以太原王恭出鎮北府、陳郡殷仲堪出鎮荊州，以牽制司馬道子。

太元二十一年（三九六）十一月，三十五歲的孝武帝暴崩。據《晉書．孝武帝紀》的記載，孝武帝對寵愛的張貴人開了一個玩笑——「汝以年當廢矣」，年近三十歲的張貴人聽到後很生氣，當天晚上孝武帝醉睡後就暴斃了。當時掌權的司馬道子竟然未追察眞相，民間流傳是張貴人所殺。《魏書・僭晉傳》更詳細記載，說孝武帝是被張貴人用棉被蒙殺的，大概就是依據當時民間的流言而寫的。皇帝開了一個玩笑，就惹來殺身之禍，簡直比「恐怖情人」還恐怖！不過，近代學者呂思勉卻認爲此事很不合情理，宮禁之事民間哪裡能知？司馬道子不去追查凶手，卻讓流言廣爲流傳，恐怕脫離不了關係，說不定是司馬道子弑君之後故布的疑陣。

孝武帝死後，十五歲的安帝司馬德宗（三九六—四一九在位）繼位。安帝是一個沒有行爲能力的白痴，連冬天夏天都分不清楚，比愚笨的晉惠帝還慘，朝政仍然在輔政的司馬道子手中。司馬道子寵信太原王氏的王國寶、王緒兄弟，任其賣官貪污。隆安元年（三九七）王國寶準備要裁損方鎭兵權，激發北府鎭將王恭與荊州鎭將殷仲堪的不滿，遂聯手起兵討伐王國寶，司馬道子迫於兵威，只好殺王國寶、王緒兄弟，讓王恭等人退兵。

## 桓玄的興起

王恭退兵之後，司馬道子對他仍然十分忌憚，暗中部署反制，再度激怒王恭。隆安二年（三九八）七月，王恭第二次舉兵，殷仲堪再度響應，司馬道子以其子司馬元顯爲征討都督領兵抵抗。司馬元顯派人收買了王恭的前鋒將領劉牢之，應許他取代王恭鎭京口，促使劉牢之倒戈，九月王恭兵敗被殺。殷仲堪見王恭被殺，乃退兵到尋陽（江西九江市），推桓溫的兒子桓玄爲盟主。

桓溫死後，桓氏的勢力仍然難以動搖。謝安爲安撫桓氏，以桓氏族人出鎮荊州，直到謝安死後，孝武帝才改以殷仲堪出鎮荊州。桓玄（三六九—四〇四）因其父桓溫曾篡位未成，朝廷對他深懷戒心，官歷不順遂，辭官賦閒在家。殷仲堪出鎮荊州，對桓氏的勢力十分敬畏，刻意與桓玄保持友好的關係。殷仲堪響應王恭第二次舉兵時，即以桓玄領兵參戰，殷仲堪退兵後爲求自保，遂推桓玄爲盟主。桓玄乘機殺殷仲堪，恢復桓氏在荊州的勢力，最後朝廷只好再以桓玄鎮荊州，承認其地位。

## 六、孫恩之亂與劉裕的崛起

### 「天師道」與孫恩之亂

隆安二年（三九八）九月王恭敗死、荊州兵撤退之後，司馬元顯竟反過來向父親司馬道子奪權，道子有病在身又每日醉酒，元顯使朝廷免除道子司徒、揚州刺史的職務，自己任揚州刺史。道子酒醒之後才知道大權已經被兒子奪走了，但也無可奈何。

司馬元顯性情苛刻，任意生殺，剛愎自用，他想建立一支屬於自己的軍隊，於是實行一新措施，徵召東土各郡「免奴爲客者」爲兵，號稱「樂屬」，也就是把世家大族底下已被免除奴僕身分而爲佃客者徵召爲兵，「樂屬」即樂意從屬官府的意思。這不但嚴重侵奪世家大族的耕種人力，也讓好不容易免除奴僕身分成爲良民者，又被調去充當身分低下的士兵，消息傳來，有如引爆大炸鍋，掀起由天師道徒孫恩領導的農民大暴動。

孫恩（?—四〇二），琅琊人，世奉「五斗米道」。五斗米道是東漢末年張陵所創，張陵被尊稱爲天師，故又稱爲「天師道」，流傳於巴蜀一帶。其孫張魯割據漢中，以五斗米道治民，形成一個政教合一的政權。張魯投降曹操後，巴漢地區的人民被遷徙到各地，五斗米道也隨之擴散到各地。西晉末年李特、李雄父子在四川建立的成漢政權，得到蜀地天師道首領范長生的輔佐，亦以天師道爲國教，此政權延續達四十餘年，後來被桓溫所滅。（參見本章前述，以及本書第一章及第十章）

東晉以後，許多門閥士族信奉天師道，東晉中期民間最有影響力的天師道組織，是由錢塘杜子恭所領導的教團，該教團仍然承襲漢末以來的教法，信徒交納五斗米，以符水、懺過等方法治病。杜子恭死後，該教團由孫泰、孫恩家族掌教權。孫泰是孫恩的叔父，在他領導教團時，信徒擴展到社會各階層，連掌權的司馬道子都奉他爲上賓，司馬元顯也常召見他求訪祕術。孫泰眼見當時政治的腐敗，認爲東晉氣數已盡，乃私集徒眾密謀起兵。隆安二年，孫泰假借討伐王恭爲名起兵，被司馬道子識破而遭殺。徒眾不相信孫泰已死，認爲他是「蟬蛻登仙」。孫恩率眾逃亡海島（崇明島），徒眾仍然暗中資助他。

隆安三年（三九九）十月，司馬元顯實行徵調「免奴爲客者」爲兵的措施，三吳地區民憤沸騰，孫恩趁機從海上登陸，攻下上虞、會稽，於是浙東八郡士民紛紛響應，「旬日之中，眾數十萬」，地方官多被殺或逃亡。「朝廷震驚，內外戒嚴」，以謝安的兒子謝琰領兵征討，北府將領劉牢之也領兵參與鎮壓。孫恩軍多狂熱信徒，有從戰婦女受嬰兒牽累者，把嬰兒裝袋投入水中，祝禱說：「賀汝先登仙室，我尋後就汝。」（《晉書．孫恩傳》）同年十二月，孫恩戰敗又退入海島，劉牢之卻放縱兵士掠奪，士民失望，百姓都逃散光了。

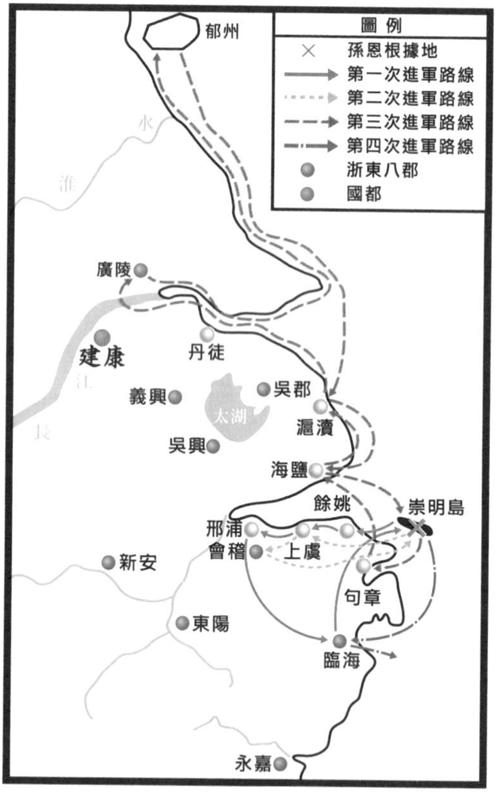


圖 4-6　孫恩之亂示意圖。

隆安四年（四〇〇）孫恩從浹口（浙江鎮海縣東南）登陸，入餘姚、破上虞，在會稽打敗輕敵的謝琰。謝琰和他的兩個兒子都被殺，震驚朝野，朝廷再緊急派劉牢之出征，孫恩又退入海島。隆安五年（四〇一）二月，孫恩又從浹口登陸，攻句章、海鹽，都被劉牢之的部將劉裕打敗。六月，孫恩從海道進攻丹徒（江蘇鎮江市東），有戰士十餘萬、樓船千餘艘。京師建康震恐，朝廷調各地軍隊入衛京師，最後孫恩軍被劉裕打敗，又遇上疾疫，「死者大半」，乃又退入海島。元興元年（四〇二）三月，孫恩進攻臨海，已是強弩之末了，失敗之後知道大勢已去，遂投海而死。其徒眾及家屬認爲孫恩已「屍解」成「水仙」，有百餘人也相隨投海而死。孫恩死後，其餘黨推舉孫恩的妹婿盧循爲首。此時建康朝政已轉入桓玄手中（詳後），桓玄向盧循招安，任命他爲永嘉太守，盧循也想喘一口氣，接受招降。

孫恩之亂歷時三年半，如果再加上後來的盧循之亂，歷時更達十餘年，對三吳地區的社會經濟帶來空前的破壞，也打擊了江南僑姓與吳姓士族的地方勢力，尤其謝安家族傷亡最慘。孫恩數十萬的徒眾死亡到剩數千人，東晉官軍也損傷慘重，連一般百姓被殺的都有數萬人。孫恩徒眾雖然有宗教狂熱，但畢竟不脫民兵性質，終究打不過北府的正規軍。這一場動亂雖然帶有濃厚的宗教色彩，但又以爭奪實際的經濟利益爲目的，參與動亂的領導階層既是上層教徒，也是豪強大族。動亂由司馬元顯的濫權亂政而起，結果則是讓東晉政權走上了末路。

## 桓玄篡位

孫恩起兵之後，坐鎮荊州的桓玄認爲是擴展勢力的天賜良機，他寫信給司馬元顯，指責朝政腐敗才釀成孫恩之禍，司馬元顯對他非常畏懼。隆安五年（四〇一）六月，孫恩大軍逼近建康時，桓玄以勤王爲名率大軍順流而下。孫恩敗退之後，司馬元顯要桓玄撤軍，桓玄雖暫時返回荊州，但卻更積極擴大勢力。

元興元年（四〇二）司馬元顯想先下手爲強，這時只有北府兵足以與桓玄的勢力相抗衡。於是司馬元顯以北府將領劉牢之爲前鋒都督討伐桓玄，桓玄也發布討伐司馬元顯的檄文揮軍東下。三月，桓玄收買了劉牢之，北府兵不戰而投降桓玄，司馬元顯潰敗被俘，桓玄遂長驅直入建康，殺司馬道子及司馬元顯父子，掌控朝政。元興二年（四〇三）十二月，桓玄逼迫白痴的晉安帝退位，自己登基爲帝，國號楚，實現了桓溫以來父子兩代的心願：桓範後代終於報先世被族誅之仇，滅司馬氏政權。

## 賭徒劉裕的崛起

桓玄最忌憚的是實力強大的北府軍團，因此進入建康掌權之後，就開始翦除北府將領，劉牢之被收奪兵權，想要起兵反抗，但因先前屢次倒戈造成部屬的不滿，不願再支持他而失敗自殺。隨後，其他的北府上層將領也紛紛被殺或逃亡，給予劉裕竄升的機會。

劉裕（三六三─四二二），先世徐州彭城（江蘇徐州市）人，南渡僑居京口，其父曾任郡府的小官，屬寒門士人。劉裕出生時，母親因產褥熱而死，父親沒有錢雇乳母。姨母已產子一年，讓自己的小孩斷奶，改哺育劉裕，劉裕寄養在姨母家，因此小名「寄奴」。十歲時父親去世，生活更加困苦，曾賣草鞋爲生，他又愛賭博，欠一屁股賭債，被鄉人瞧不起。正當人生最低潮的時刻，他遇到一位貴人，琅琊王氏的王謐，看他一表人才，幫他還了賭債，還勸他去從軍，劉裕於是投入北府兵，由基層幹起。孫恩之亂，又是劉裕人生的一大轉捩點，他參與鎮壓叛亂的大小戰役，簡直就是天師道的剋星，一路竄升成爲北府兵的高層將領。

元興二年（四〇三）二月，盧循率孫恩舊部又在沿海一帶起兵，劉裕領兵討伐，盧循戰敗，浮海逃竄到廣州。劉裕的能力引起桓玄的警戒，但又愛其才能。而劉裕眼見桓玄準備篡奪，又見許多北府將領被迫害，只好假裝支持桓玄稱帝，才避免了猜忌。

元興三年（四〇四）二月，劉裕聯合北府兵的中下級軍官劉毅、何無忌等人，分別在京口、廣陵同時舉兵，控制北府、進攻建康。桓玄兵敗，退回荊州聚集兵馬，再與劉裕對決，最後仍然是兵敗，不久被殺，桓玄的皇帝夢也只做了兩個多月。殺了桓玄之後，劉裕又費了一年多的時間，才完全剷除桓氏在荊州的勢力。義熙元年（四〇五）三月，劉裕迎接晉安帝回建康復位，自己還鎮京口，朝政委由當年的貴人錄尚書事王謐。王謐曾被動助桓玄篡逆，常感不安。義熙四年（四〇八）王謐死後，劉裕遂入建康接掌朝政。

## 劉裕的北伐與篡位

劉裕從寒微之家憑軍功崛起，以征討孫恩之亂一戰成名，又殲滅了篡逆的桓玄，成為新的軍事強人。擁護晉安帝復位，其功業已無人能比，接下來劉裕的野心當然是圖謀登基稱帝。然而，此時司馬氏政權延續近一百五十年，已有相當的王朝權威，而且江南已是成熟的貴族社會，僑吳士族在地方上都有極大的影響力。寒微出身的劉裕要進行禪代，時機尚未成熟，他必須建立更大的功業以贏取民心的支持，並減少朝廷內外的阻力，於是北伐成為最好的選擇。

當時的華北還在淝水之戰後的混亂期，鮮卑拓跋氏建立的北魏，聲勢如日中天，鮮卑慕容氏的後燕已被北魏消滅，慕容德建立的南燕撤退到山東半島，以廣固（山東青州市西北）為都，並趁東晉的動亂而掠取淮南地區。劉裕遂以此為藉口北伐南燕。義熙五年（四〇九）四月，劉裕自建康發兵，翌年二月攻入廣固，殺南燕王公以下三千多人，南燕滅亡，享國只有十三年（三九八—四一〇）。

正當滅南燕之時，劉裕原本要再西進洛陽，卻得知南方的盧循又起兵，於是趕回平亂。盧循在元興三年（四〇四）逃往廣州後，被招降任廣州刺史，在廣州近六年蓄積實力。義熙六年（四一〇）二月趁劉裕還在北方，兵分兩路，沿湘水、贛江北上，勢如破竹。圍攻建康兩個月不下，轉攻荊州，被趕路回來的劉裕大軍所破，再退回廣州，劉裕派兵一路追擊。義熙七年（四一一）四月盧循逃奔交州，兵敗投水而死。這次戰亂又歷時一年多。從孫恩起兵到盧循敗亡，這場天師道的動亂前後歷時共十一年五個月之久，到此時可說完全被平息了，劉裕還眞不愧是天師道的剋星。

平定盧循之後，劉裕對內剷除幾位潛在的權力對手，包括北府將領劉毅、諸葛長民等人，才算完全掌握大權。與此同時，劉裕又做了幾項政治社會方面的改革，包括恢復秀才、孝廉的策試制度，禁斷門閥豪強霸占山湖川澤，還有再度實行有名的土斷措施。自桓溫土斷之後，已過了近六十年，這期間不但桓溫的土斷措施已形同虛文，新的流民又一波波的產生，甚至世家豪強隱匿人戶的情形也更加嚴重。義熙九年（四一三）劉裕乃再仿效桓溫的「庚戌土斷」，省併僑郡縣、廢除僑居戶免稅的白籍，以增加政府稅收。這次土斷執行很徹底，會稽世族虞亮因爲藏匿亡命千餘人，被劉裕處死，於是「豪強肅然，遠近知禁」。不過，對於劉裕出身地的晉陵、京口一帶給予優免，不在土斷之內。劉裕的土斷除了增加稅收之外，廢除僑、吳差別待遇的白籍，也可達到收買人心的效果。

劉裕在剷除內部政敵，實行土斷財政豐裕之後，決定再度揮軍北伐，目標是關中的羌族後秦，此時後秦賢主姚興已死，國勢也正走下坡。義熙十二年（四一六）八月，劉裕兵分五路北上，十月攻至洛陽；義熙十三年（四一七）七月，進兵關中；八月攻進長安。後秦滅亡，享國三十四年（三八四－四一七）。劉裕收復洛陽與長安，是東晉北伐以來的最高成就，他個人的聲望達到了最高峰，禪代東晉的時機已經成熟了。

劉裕占據關中不久，爲他留守建康的首席參謀劉穆之病故。劉穆之的重要地位有如劉邦身邊的張良，劉裕接獲消息，恐朝廷生變，決定立刻班師回朝，以十二歲的兒子劉義眞與幾位將領留守關中。然而，留守關中的諸將不和、爭權奪利，匈奴族的夏國赫連勃勃趁機派兵進攻長安。義熙十四年（四一八）十一月，十二歲的小朋友劉義眞，竟命將士在長安大肆搶掠，載滿珍寶婦女才撤離長安，但最終被夏軍追及，劉義眞僅逃回一條命。劉裕占領的關中不到一年半，得而復失，精兵良將也傷亡很多。不過，黃河以南及漢水上游大片土地，算是守住了。

劉裕回建康後，義熙十四年六月受封爲相國、宋公。十二月，劉裕派人縊殺晉安帝，另立恭帝司馬德文。元熙二年（四二〇）六月，劉裕篡位稱帝，國號爲宋，是爲宋武帝。東晉正式滅亡，南朝由此開始。

東晉恭帝司馬德文對劉裕非常恭順，他知道晉室的天命已絕，早晚是要禪代出去的，只祈求能如同漢獻帝劉協、魏元帝曹奐一樣，在禪位之後得以壽終。沒想到劉裕在禪代之後沒多久，就派人送上毒酒，信佛的司馬德文，以佛教教義自殺者不得再投胎爲由，拒絕喝毒酒，最後被人以褥枕蒙殺。依禪代原則，得位者是聖人，讓位者也是聖人，曹丕、司馬炎遵循此原則善待讓位者，也是表示其自信。然而，出身寒微的劉裕面對擁有龐大勢力的門閥士族，以及擁有近一百五十年王朝權威的司馬氏，缺乏自信而殺司馬德文並不難理解。可是自從劉裕開了惡例，此後南朝的禪代，前朝帝室幾乎都難逃悲慘的下場，禪讓鬧劇已毫無原則，只剩下鬧劇，更添加殘酷冷血的一面。

第五章

# 五胡十六國與胡漢抗爭

西晉的八王之亂，引發邊塞民族的起兵，終致永嘉之亂，西晉滅亡。邊塞民族紛紛建立自己的政權，華北陷入所謂「五胡亂華」的混亂局面，直到鮮卑拓跋氏建立的北魏，才再度統一。這段期間，史家稱之爲五胡十六國時代。要了解這段歷史，必須從邊塞民族起兵前的民族關係、起兵後各族政權的追求目標，以及華北社會的變化等方面進行探討，才能逐漸呈現這段歷史的時代地位。這是本章要探討的主題。

## 一、五胡諸族的內徙與「徙戎論」

### 「五胡」與「十六國」名稱的由來

戰國以來，常見在異族之前加上數字的記載，如四夷、七戎、八蠻、九閩等等。「五胡」一詞大約出現於四世紀中葉（東晉中期）之後，其含義大致等同於「六夷」，用於泛指當時的異民族。然而此時「五胡」所指的具體對象爲何，還不清楚，要到六世紀前半，北魏崔鴻編纂《十六國春秋》時，才指出五胡是匈奴、羯、鮮卑、氐、羌。但是這種說法被普遍使用，大概是在十三世紀元代胡三省註解《資治通鑑》之後。實際上，當時族類繁多，並不只有五族，「五」胡之名與當時流行的圖讖符命思想有關，也是與「五德終始說」的思想有關。

「十六國」則是由崔鴻編纂《十六國春秋》而得名的。然而，當時所建立的政權並不只有十六國，一般認爲至少有十九國之多，崔鴻只記錄了其中十六國的歷史，也就是大家熟背的五涼（前涼、後涼、南涼、北涼、西涼）、四燕（前燕、後燕、南燕、北燕）、三秦（前秦、後秦、西秦）、二趙（前趙、後趙，前趙原稱漢，後改稱趙）及夏和成漢（初稱成，後改稱漢）。除此之外，當時的政權至少還有鮮卑拓跋氏的代、漢人冉閔創立的魏，以及鮮卑慕容氏的西燕。

並且還須留意，崔鴻所列的十六國，其建國者也並不是都屬胡族，如前涼、西涼、北燕都是漢人所建立的政權。

然而，崔鴻所列的十六國並未立即成爲固定的說法。崔鴻之後，北齊時期成書的《魏書》以及唐代編撰的《晉書·載記》，記載當時的政權都與崔鴻所列的十六國略有不同。

表5-1　五胡十六國簡表。

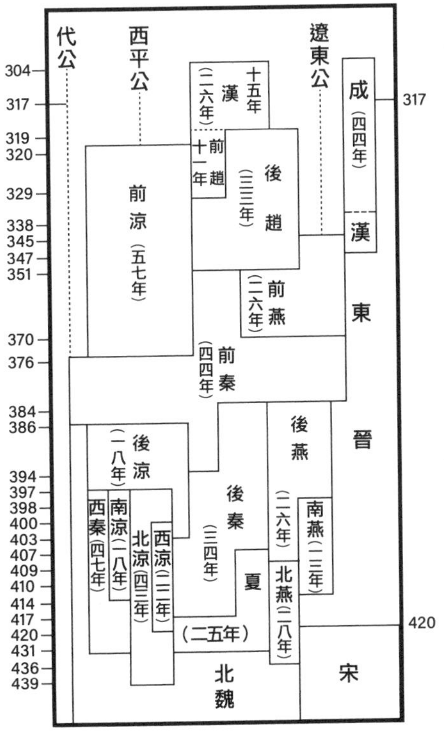

直到十三世紀以後，南宋王應麟《小學紺珠・歷代論》在「十六國」項目下，列舉崔鴻所記的十六國，大概此後十六國的內涵才固定下來。

「五胡」與「十六國」，本來是不同的兩個概念，一是指民族，一是指政權。後世將兩者合而為一，以「五胡十六國」指稱從西晉永安元年（三〇四）匈奴劉淵建國，到北魏太延五年（四三九）太武帝拓跋燾統一華北，這一百三十六年間民族、政權繁雜的時代。

## 五胡諸族的內徙

五胡諸族並不是西晉末年混亂時期才大舉入侵華北的，早在這之前數百年，五胡諸族就以各種形式入居華北了。

匈奴族在秦漢時期是中原王朝最大的外患。漢武帝大舉討伐之後，有四萬多匈奴人來降，被安置於河套以南地區。漢宣帝時又有五萬多的匈奴人來降，便設立西河、北地兩「屬國」加以安置。東漢光武帝時，匈奴分裂為南、北二部，南匈奴附漢、北匈奴西遷，衝擊歐洲歷史的發展。投靠東漢之後的南匈奴，被安置在甘肅東部、內蒙古中南部及陝西、山西的北部一帶，為漢帝國守邊。漢末動亂，匈奴單于曾助袁紹。袁紹被曹操打敗後，曹操分南匈奴為五部，設都尉加以統率。西晉武帝時，塞外大水災，又有二萬餘落（一落約十至二十人）入居山西省中南部的汾水流域，與晉人雜居。大多數的匈奴人，因經濟上的劣勢，成爲漢人的奴僕，而習慣農耕生活。少數匈奴貴族接受儒家教育，如後來建國的劉淵，年輕時曾入洛陽游學、飽讀經史。

羯族的外貌特徵爲「高鼻多鬚而深目」，因此被推測是來自中亞或西亞的民族。有學者認爲可能是來自西域康居，被匈奴帝國併入後，成爲匈奴內部的一部族，史書稱之爲羯胡、雜胡或匈奴別部羌渠種等，因地位較低下，「羯」字逐漸含有蔑視的意義。後趙的建國者石勒即屬羯族，其祖先本爲酋帥，到石勒年少時家族已極貧困。大致上此族的地位在匈奴之下，魏晉時已散居在山西，生活情況與匈奴大同小異。

鮮卑在秦漢時與烏桓同爲東胡的一

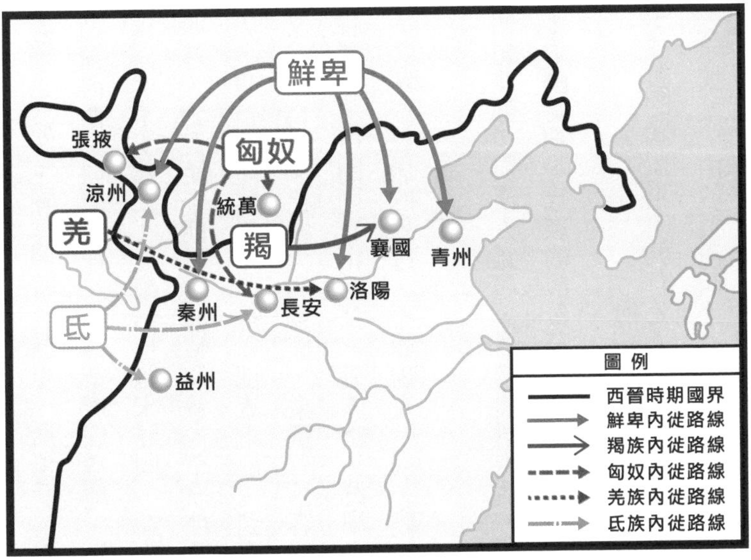


圖 5-1　五胡內徙示意圖。

支，分布在蒙古高原的東部。烏桓居地較南，以慕容氏著稱的東部鮮卑居地略北，後來建北魏的拓跋氏則在更北邊的大興安嶺北段東麓。匈奴帝國強盛時，鮮卑、烏桓受匈奴控制。北匈奴西遷、南匈奴南下之後，鮮卑、烏桓向西、向南遷徙，塡補草原的空地。漢末動亂，曹操打敗袁紹後再征討烏桓，收編成爲「天下名騎」。後來烏桓雖未建國，在十六國的征戰中也是不容小覷的一股勢力。鮮卑西遷，到東漢中期已徙據整個蒙古草原地區，日趨興盛。原本還留存草原的十餘萬落匈奴人，也自稱是鮮卑了。鮮卑部族零散，到東漢末年才有檀石槐建立一統的部落聯盟，不久又分裂爲幾個比較大的部族，東邊有慕容部、宇文部、段部，西邊有禿髮部、乞伏部、吐谷渾部，中間則有拓跋部。基本上，鮮卑各部活動地帶，多在中原政權的邊緣地區，與漢人接觸或雜居的程度，不如匈奴、羯一般的密切，仍多保留著部落生活。

氐族早期分布於陝西西南、甘肅東南到四川北部，與漢人雜居，多營農耕生活。曹操對氐人用兵，遷徙很多氐人入居關中一帶。十六國時期，氐族的前秦苻堅曾統一華北，國力達到鼎盛，但在淝水之戰後土崩瓦解。

「羌」很早就出現在先秦的文獻，周武王伐紂的聯盟軍中就有羌人。但是商周時期的羌與秦漢時期的羌是否爲同一部族，學者多表示懷疑。由於秦漢西邊河西走廊一帶，以牧羊爲生的族群太過於複雜，有學者認爲「羌」並不是一個民族，而只是漢人對帝國西邊牧羊人的一種泛稱。不論如何，東漢延續西漢，執行移民實邊和羌人內附的政策。西邊的牧羊人，遍布於隴西、關中一帶，與漢人雜居，言語不通，習俗有異，又被漢人小吏、豪強所侵侮，遂常反抗造成東漢長期而大規模的「羌患」。可以說羌患是漢帝國對外擴張的反作用力，東漢國勢因此由盛而衰。魏晉以後，羌族仍然遍布於隴西、關中一帶，與漢人雜居，生活形態有游牧，也有部分轉爲農耕。十六國時期，羌族的姚萇在淝水之戰後建立後秦。

整體而言，到魏晉時期，從東北的遼東半島往西，沿河北北部，經內蒙古，到西邊甘肅、四川北部一帶，再往內延伸到山西、陝西關中一帶，布滿著所謂的「五胡」。實際上的種族則更爲複雜，無法一一陳述。如果仿照清代對臺灣原住民的分類，五胡之中的匈奴、羯、氐、羌漢化較深，可稱之爲「熟番」；鮮卑漢化較淺，可稱之爲「生番」。

近代學者從宏觀的大歷史觀點，認爲當時北方民族的南下，最主要的原因是氣候的變遷。由於新的冰河期來臨，北方氣溫變得異常寒冷，影響到游牧民族的生計，因此被迫南遷，而導致魏晉南北朝的動亂。這是很值得注意的觀點，但是歷史的解釋，往往要多方觀照，在所謂「物必先腐而後蟲生」，如果沒有政治社會條件的配合，如漢帝國的擴張與內徙政策、西晉八王之亂的內耗等等因素，內徙的五胡也未必能起兵「亂華」。歷史因果關係的複雜，遠遠超乎人們的想像，不能只強調某種單一因素，必須從多方面觀察，才能接近歷史的全貌。

## 不可行的「徙戎論」

晉武帝司馬炎平吳之後（二八〇），朝野正沉醉於「太康之治」的盛世中。侍御史郭欽看到民族矛盾問題日益嚴峻，上書說：「戎狄強獷，歷古爲患。魏初民少，西北諸郡，皆爲戎居，內及京兆、魏郡、弘農，往往有之。今雖服從，若百年之後有風塵之警，胡騎自平陽、上黨不三日而至孟津，北地、西河、太原、馮翊、安定、上郡盡爲狄庭矣。宜及平吳之威，謀臣猛將之略，漸徙內郡雜胡於邊地，峻四夷出入之防，明先王荒服之制，此萬世之長策也。」（《資治通鑑》卷八十一）請求把胡族遷徙到邊地去，結果「帝不聽」。

元康九年（二九九）晉惠帝賈后當權、張華執政，氐族齊萬年叛變被平定後不久，太子洗馬江統上表〈徙戎論〉說：「關中之人百餘萬口，率其少多，戎狄居半」、「非我族類，其心必異，戎狄志態，不與華同」、「性氣貪婪，兇悍不仁」、「弱則畏服，強則侵叛」，極力主張把他們遷往塞外，結果朝廷也沒有採納。

論史者常嘆惜郭欽與江統的「徙戎論」未被採納，才會有後來的「五胡亂華」。事實上，依當時的情勢如果眞的實行「徙戎論」，恐怕「五胡亂華」會提早爆發。俗語說「請神容易，送神難」，當時民族矛盾確實非常嚴峻，解決之道絕非不顧及胡人生計，只靠武力驅逐就可了事。試想要強迫上百萬的胡人舉家遷徙，勢必造成顛沛流離，老弱倒斃的慘況，結果只會激起反叛。先前的河西鮮卑禿髮樹機能，以及氐族齊萬年的反叛，都與西晉官員的處置不當有關。稍後不久，巴氐李特率流民在四川的起兵，更是明證。郭欽上書時晉武帝當權，江統上書時張華執政，晉武帝、張華還算是名君賢相。「徙戎論」要用簡單粗暴的方式驅逐胡人出塞，明顯是偏激不可行，不被晉武帝與張華採納，並不是沒有道理。

## 二、匈奴劉淵起兵與羯族石勒建國

### 匈奴劉淵的政治理想

劉淵（？—三一〇）出身於南匈奴屠各部，《晉書．劉元海載記》說他是冒頓單于之後，因與漢帝室通婚，故以劉爲姓。近代學者認爲屠各部並非匈奴嫡系，可能在魏晉時期才與匈奴嫡系融合。劉淵父親劉豹爲南匈奴左賢王，被曹操命爲左部帥。劉淵年少時就以孝聞名，曾從漢人崔游學習《毛詩》、《京氏易》等，尤其喜好《春秋左氏傳》及《孫子兵法》，也遍讀《史記》、《漢書》等史籍；與漢人名士交游，又善於騎射，膂力過人，可謂文武雙全。曹魏末年，劉淵曾經到洛陽作爲人質，受到當時掌權者司馬昭的厚待。

晉武帝司馬炎在規劃平吳大計時，安東將軍王渾曾向武帝推薦劉淵領兵伐吳，卻被侍中孔恂、外戚楊珧以「非我族類，其心必異」爲由勸阻。不久，河西鮮卑禿髮樹機能起兵，大臣李熹也曾向武帝推薦以劉淵平亂，又被孔恂諫阻。齊王司馬攸忌憚劉淵的才華，甚至建議武帝殺劉淵以絕後患。懷才不遇的劉淵，在父親劉豹死後，回并州統領父親的舊部。八王之亂起，成都王司馬穎召劉淵入鄴城相助，劉淵見司馬穎兵少，要求回去召集五部匈奴做爲外援。

劉淵回到左國城（山西離石縣北），他的叔祖父劉宣率領匈奴部眾，推舉他爲大單于，二十日之間就聚集了五萬部眾。劉淵原本還想回去救司馬穎，劉宣極力反對，他說：「晉爲無道，奴隸御我」、「今司馬氏父子兄弟自相魚肉，此天厭晉德，授之於我。單于（劉淵）積德在躬，爲晉人所服，方當興我邦族，復呼韓邪之業」。呼韓邪就是娶王昭君的那位匈奴單于，西漢宣帝時來降，宣帝「以客禮待之，位在諸侯王之上」。因此，劉宣的意圖是脫離晉朝，恢復與漢人平等的自主地位。可是，劉淵卻回答說：「帝王豈有常哉」、「漢有天下世長，恩德結於人心」，劉備以興復漢室爲號召，能以一州之地抗衡天下，而我是漢帝之甥，「約爲兄弟，兄亡弟紹，不亦可乎」。簡單來說，劉淵不只是要當匈奴人的單于，而是要繼承漢朝的帝王之業，成爲包括胡漢的大一統皇帝。因此，劉淵稱國號爲漢，追尊蜀漢後主，「以懷人望」（《晉書．劉元海載記》）。飽讀經史、尤好《春秋左氏傳》的劉淵，已接受漢人的帝王理想，與叔祖父劉宣只要脫離晉朝的思考完全不同。劉淵這種思想對後來的胡族君主影響深遠。

晉永安元年（三〇四），劉淵在左國城即位爲漢王，當時在山東地區聚眾爲盜的漢人王彌、在河北地區起兵的羯族石勒，以及部分鮮卑、氐人都來降附。永嘉二年（三〇八）劉淵稱帝，不久遷都平陽（山西臨汾市西南）。

劉淵追求儒家聖君的理想，有一次將領劉景進攻黎陽（河南濬縣東北），在延津擊敗晉軍，把俘虜的晉軍及百姓三萬餘人推入黃河溺死。劉淵知道後，震怒說：「天道豈能容之，吾所欲除者，司馬氏耳，細民何罪？」（《資治通鑑》卷八十七），遂貶劉景官位。不論劉淵是出於「以懷人望」的政治操作，或是眞心追求聖君的理想，在當時民族矛盾嚴峻的現實下，「超越胡漢」的帝王理想能否經得起考驗，值得再觀察。

## 劉聰的胡漢分治

永嘉三年（三〇九）劉淵派兒子劉聰率精騎五萬攻洛陽失利。永嘉四年（三一〇）劉淵病死，子劉和繼位。不久，劉和猜忌擁重兵的劉聰，派兵攻劉聰，反被劉聰所殺，劉聰自立爲帝。永嘉五年（三一一）劉聰派族弟劉曜、王彌圍攻洛陽，石勒殲滅西晉主力部隊十餘萬人。劉曜、王彌攻陷洛陽，俘晉懷帝入平陽，就是所謂的「永嘉之禍」。建興四年（三一六）劉曜又攻破長安，俘晉愍帝入平陽，西晉滅亡。

滅西晉之後，中原大部分地區都已是匈奴漢國的統治範圍，這是漢國的鼎盛時期。但事實上，石勒殺王彌後占據河北地區，王彌部將曹嶷則占據山東地區，鮮卑慕容氏自東北內遷，拓跋氏則進入山西北部，劉聰眞正能控制的地區只有山西南部，以及關中地區而已。

劉聰面對內部複雜的民族，採取胡漢分治的二元體制，對漢人的統治是「置左右司隸，各領戶二十餘萬，萬戶置一內史，凡內史四十三」；對胡人的統治爲置大單于，其下再設「單于左右輔，各主六夷十萬落，萬落置一都尉」（《晉書．劉聰載記》）。漢人編戶系統主農耕，胡人部落系統用於打仗。基本上，此時多數的胡人已能農耕，或許劉聰認爲胡人體魄強壯，戰鬥力較強，更適合打仗。但更眞實的考量是，胡人軍隊比較可信賴，可見劉淵「超越胡漢」的理想只是口號，現實上的胡漢矛盾是不容易超越的。

劉聰從小天資聰穎，驍勇過人，熟讀經史及諸子百家，在書法及詩賦上也有優異的表現，他的漢文化素養，應是受父親劉淵的影響。然而劉聰在位期間，卻殘暴腐敗，酗酒荒淫，政治廢弛，甚至肆意殺戮大臣，坑殺士卒，導致氐、羌十多萬落反叛，兵連禍結，生產大減，饑荒四起，人民大量流離死亡。

## 劉曜改漢為趙

東晉大興元年（三一八）七月，劉聰病死，子劉粲繼位，也是荒怠政事。八月，操持國政的外戚靳準發動政變，屠滅在平陽的劉氏皇族，還對劉聰掘墓鞭屍。鎮守長安的劉曜及據守河北的石勒，都起兵平亂。劉曜行軍途中被擁立爲帝，滅靳準之後徙都長安，改國號爲趙，史稱「前趙」。石勒表面上接受劉曜封官，但實際上已形同獨立狀態。隔年（三一九），石勒自稱趙王，是爲「後趙」建國之始。

劉曜是劉淵的族侄、劉聰的族弟，年幼喪父，由劉淵撫養；聰慧好學，尤其喜好兵書，又擅長寫作及書法，草書、隸書都寫得很好。另一方面，他又雄健善射，號稱神射，自比戰國時代的名將樂毅，如同劉淵、劉聰，都是文武雙全。劉淵起兵後，劉曜成爲四處征戰的大將，攻陷洛陽與長安都是劉曜的戰功。

劉曜稱帝後，改國號爲趙，追尊匈奴本族祖先，以統一匈奴帝國的冒頓單于配天祭祀，以劉淵配上帝祭祀。當時西晉已滅亡，迫切的強敵是羯族的石勒，劉曜毋須再仿效劉淵以「漢」爲號召的策略，反而是要團結匈奴族對抗羯族石勒。劉曜曾受封爲中山王，中山是戰國時的趙地，此時的匈奴族也是遍布於戰國時的趙地，因此改以趙爲國名。不過，

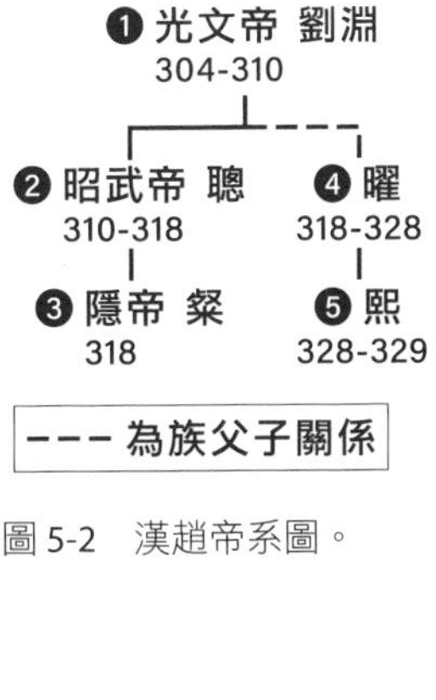


圖 5-2　漢趙帝系圖。

劉曜稱帝仍然表明其統治胡漢兩世界的野心。劉曜在位時重建已殘破的長安，築宗廟及宮殿，興辦太學及小學，又多年與關隴一帶叛服無常的氐、羌族交戰，還遠征仇池國與河西走廊的前涼，令前涼稱臣，但國力也耗損不少。

東晉太寧三年（三二五）之後，前趙與後趙終於正面交鋒，兩軍經常在洛陽一帶拉鋸戰，交戰多年，互有勝負。東晉咸和三年（三二八）十二月，石勒親自率領大軍西進，劉曜也親率大軍應戰，兩軍對陣於洛陽城。交戰之前，劉曜飲酒過度，交鋒後竟昏醉摔落馬下，被後趙軍俘虜。後趙軍趁機猛攻，斬獲前趙五萬士卒首級，前趙軍主力幾乎全被殲滅。不久，劉曜被殺。翌年（三二九），後趙軍再西進長安，劉曜子劉熙放棄長安，逃至上邽（甘肅天水市）。最後長安、上邽皆被攻占，劉熙被殺。自劉淵起兵到劉熙亡國，漢趙國祚共二十六年。劉曜竟因酒醉亡國，歷史上並不多見。

## 羯族石勒的崛起

石勒（二七四—三三三），是上黨武鄉（山西榆社縣北）的羯族人，他的先世可能是來自西域被匈奴併入的部族。祖、父都是部落酋帥，但到了他年輕的時候已經家境貧苦，曾經受到漢人豪族郭敬、甯驅的資助，而以助耕回報。晉惠帝末年八王之亂期間，山西發生大饑荒，石勒與一群胡人逃散，路途中饑寒交迫，幸而遇到郭敬，郭敬見狀傷心流涕，再資助他食物與衣服。不久，并州刺史司馬騰爲籌措軍糧，虜掠胡人，以「二胡一枷」的方式將胡人賣到河北等地，石勒也在其中，親眼看到很多胡人在途中餓死，石勒自己被賣到山東地區當耕奴。後來石勒得到主人的放免，邀集同樣命運的流浪奴隸，組成「十八騎」盜匪集團四處打劫，又投入成都王司馬穎舊部公師藩的麾下。後輾轉依附了劉淵，受到劉淵的倚重，派他征戰河北。數年之間，軍力壯盛，達到十餘萬人。

永嘉五年（三一一）石勒殲滅西晉主力軍隊十餘萬人，又殺劉聰部下王彌，併其部眾。其後又殺王浚，奪取幽州，掌控了河北、山東大部分的地區。東晉大興元年（三一八）參與平定靳準的政變，從平陽收降氐、羌各族十多萬落，遷回根據地襄國（河北邢臺市西南）。翌年，石勒自稱大單于、趙王，定都於襄國，史稱「後趙」。東晉咸和四年（三二九），石勒再滅前趙，併有關隴之地。北方除了遼東慕容氏、隴西張氏，以及山西北部的拓跋氏之外，都在石勒的掌控之中，東晉咸和五年（三三〇）石勒正式稱帝。

## 石勒的民族和睦政策

石勒出身低賤，和飽讀經史的劉淵截然不同，年少不識字，甚至淪爲奴隸。但掌權之後勤奮好學，常在兵馬之中令儒生讀書給他聽。石勒年輕時的悲慘遭遇，使他痛恨西晉王公貴族的腐敗。當他俘虜西晉太尉王衍時，見王衍不但推卸國家敗亡的責任，還厚顏無恥地勸進他稱帝，讓石勒非常氣憤，叫人半夜推倒土牆埋殺王衍，其他王公貴族被殺的也不計其數。然而，石勒並未被仇恨衝昏了頭，他知道要成就大事必須化解民族仇恨。當年曾像石勒這樣，被捕捉賣爲奴隸的胡羯非常多，有的還餓死在半路上，如今羯人石勒崛起，各地胡羯紛紛來投靠，他們見到漢人難免會加以報復。有一次石勒的軍隊打敗來自并州號稱「乞活」的流民隊伍，俘虜許多降卒，將要坑殺他們時，意外看到昔日的恩人郭敬也在隊伍裡面。石勒趕緊下馬拉著郭敬的手，流涕說：「今日相遇，豈非天邪！」於是賜衣服車馬，拜郭敬爲上將軍，赦免所有的俘虜並交由郭敬率領。石勒看到胡羯士兵任意殺戮漢人更下令禁止，盡力避免民族仇

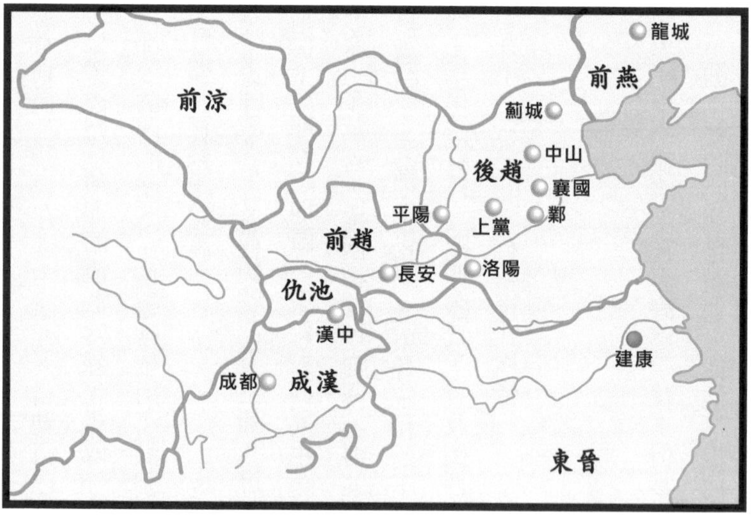


圖 5-3　東晉、前趙、後趙形勢圖。

殺，對於一般漢族士人還特別禮遇。早在轉戰河北時，石勒就從戰俘之中，挑選出衣冠士人組成「君子營」，並引用漢族士人張賓為謀主。

張賓父親曾任中山太守，但家世並非高門貴族，在西晉的門閥社會裡，張賓年輕時並不得志。他在戰亂之中，看到石勒的才華而主動前往投效，逐漸受到重用，成為石勒手下的首席謀士。計除王彌、經營河北、攻滅王浚，都出自於張賓的謀略。東晉大興二年（三一九）石勒稱王之後，朝政都委由張賓掌理。張賓為後趙規劃典章制度，興辦學校，再行九品官人之法，引用許多華北的漢人士族，又勸課農桑，減輕賦稅，為後趙奠定了強盛的基礎。東晉永昌元年（三二二）張賓去世，石勒非常的哀慟。

張賓之外，影響石勒最重要的人物，是來自西域的高僧佛圖澄。佛圖澄（二三二—三四八）是西域龜茲國人，永嘉四年（三一〇）抵達洛陽，本來是要建佛寺弘法，卻遭逢永嘉之禍，只好潛居鄉野。經石勒部將的引介得見石勒，石勒問他佛道有何靈驗，佛圖澄在清水中變出蓮花，讓石勒驚駭不已，因而得到信任。佛圖澄的神通，或許是來自西域的魔術，但在當時確實讓人感到神奇無比。佛圖澄見石勒軍中多殺戮，勸他少殺戮而救了很多人。佛圖澄又為石勒提供許多情報，讓他戰無不克，石勒奉之為國師，尊稱他為「大和尚」。

佛教自傳入中原以來，到魏晉時期影響力還相當有限，自從石勒尊奉佛圖澄之後，佛教快速地傳播，達到「中州胡晉略皆奉佛」的程度。佛教勸人爲善，普渡眾生的精神，對石勒的施政有相當大的影響。石勒想藉由佛教的教化化解內部複雜的民族矛盾，達到安定社會民心的作用。

石勒雖然有心想推動民族和睦政策，但在當時民族矛盾嚴峻的情勢下，很難有絕對的成效。長期以來「胡」、「羯」已成爲歧視、輕蔑的用語，石勒規定稱羯人爲「國人」，稱漢人爲「趙人」，嚴禁漢人再用「胡」、「羯」的稱呼。羯人既是統治民族，受到政府各方面的偏袒，社會地位當然高於漢人。羯人欺壓漢人的事件屢見不鮮，石勒也很難加以禁止。

## 石虎的殘暴統治

東晉成和八年（三三三）石勒病死，子石弘繼位，但手握兵權的石勒侄兒石虎才是主掌朝政之人。成和九年（三三四）十一月，石虎殺石弘自立，並遷都到鄴城。

石虎（二九五—三四九）早孤，被石勒的母親收養，在石勒建國過程中驍勇善戰，但生性殘暴好殺，石勒也引以爲患。石虎奪位之後，大興土木、修建宮殿，服勞役者達五十多萬人，又對外窮兵黷武，人民的傜役負擔非常繁重；更擴充後宮，徵集十三到二十歲以下民間女子三萬餘人，地方官挨家搜捕，因反抗而被殺或自殺者竟然達到三千多人；還制定許多殘酷的法令，以及推行鼓勵告密的恐怖政治。

殘暴的石虎依然崇佛，石虎知道羯族祖先來自西域，佛也是來自西域，因此把佛當成是本族的保護神，和石勒崇佛以化解民族矛盾不同。石虎曾問佛圖澄，什麼是佛法？佛圖澄回答說：「佛法不殺。」石虎聽了只當耳邊風而已。

石虎晚年，爲儲君問題搞得政局動盪不安，殘殺諸子，還激起東宮衛士的叛變。東晉永和五年（三四九）石虎病死，諸子爭奪政權、互相攻殺，最後政權落入漢人冉閔之手。

## 冉閔屠殺羯胡

冉閔（?—三五二），魏郡（河北臨漳縣西南）人，父親冉良原本在并州流民組成的「乞活軍」底下，後來投降石勒，成爲石虎的養子，改名石瞻。冉閔則爲石虎的養孫，名石閔。石閔驍勇善戰，深受石虎重用。在石虎死後，諸子爭位的動亂中，與另一位漢族將領李農擁立石虎子石鑒，掌握朝中實權。

羯族皇室與將領見漢人石閔掌權，深感不滿，多次謀刺石閔與李農失敗。石虎另一兒子石祗則在襄國起兵相抗。羯族將領孫伏都也祕密集結三千多名羯族士兵，伏襲石閔和李農失敗，與其黨羽數千人被殺。石閔見羯人屢次叛變，遂下令六夷胡人有敢持兵器者一律處斬，等於是要胡人繳械，於是胡人驚恐相繼逃亡。石閔爲安撫胡人，又下令「與官同心者住，不同心者各任所之」，結果百里之內的漢人爭相入城，胡羯則紛紛外逃。石閔認爲胡羯終究不爲己用，竟食言下令漢人斬一胡羯者，「文官進位三等，武職悉拜牙門」。長期被胡羯欺壓的漢人，爭相奮起殺胡。石閔親自帶漢人屠殺胡羯，「無貴賤男女少長皆斬之，死者二十餘萬，尸諸城外，悉爲野犬豺狼所食」，各地方漢人將領也帶頭殺胡人，「于時高鼻多鬚至有濫死者半」（《晉書．石季龍載記》）。經過如此的大屠殺，原本人口不多的羯胡幾乎遭到滅族，直到南北朝後期侯景的崛起，才再看到羯人活躍於歷史舞臺。（參見本書第六章）

石勒的民族和睦政策本來就很難有成效，石虎殘暴統治的時期更完全被廢棄，胡羯欺壓漢人的問題更加惡化。現在石閔要依靠漢人鞏固權位，遂鼓動漢人起來報復。然而，這種不分青紅皂白的大屠殺，只會更加深民族的仇恨。石閔又想安撫胡羯，以其子石胤爲大單于，收攏千名投降的胡人爲其部下，光祿大夫韋謏進諫，反被石閔所殺。不久，這些降胡果然叛殺石胤，投降了石祗。這種民族仇殺不斷擴大，引發天下大亂，結果「賊盜蜂起，司冀大饑，人相食」，「青、雍、幽、荊州徙戶及諸氐、羌、胡、蠻數百餘萬，各還本土，道路交錯，互相殺掠，且饑疫死亡，其能達者十有二三。諸夏紛亂，無復農者」（《晉書．冉閔傳》）。

東晉永和六年（三五〇）皇帝石鑒謀誅石閔失敗，石閔於是殺石鑒以及石虎子孫三十八人，不久自立爲帝。石閔自己恢復冉姓，改國號爲魏，史稱「冉魏」。後趙從石勒稱趙王（三一九），到石鑒被殺（三五〇），享國三十一年。

冉閔稱帝之後，猜忌和流民武裝部隊「乞活軍」關係密切的漢人大將李農，誅殺李農和他的三個兒子，因此失去了「乞活軍」的支持。他面對據守襄國的胡羯殘餘勢力的反抗，以及遼東鮮卑慕容氏的入侵，曾遣使向東晉求援，但東晉看他都已經自行稱帝了，置之不理。永和八年（三五二）冉閔出戰鮮卑大將慕容恪，兵敗被俘，被押往龍城斬殺，冉魏立國不到三年而亡。清末民初中國人因受西方帝國主義的侵略，激起漢族的民族主義，因此有人奉頒布「殺胡令」的冉閔爲漢族的民族英雄。其實冉閔只爲爭權奪利，他到底有多少漢族意識，很讓人懷疑。

冉魏滅亡之後，大量的中原漢人怕再被胡人欺壓，逃奔江南。河北漢人二十多萬人已渡黃河，請求東晉派兵應援，東晉朝廷並未配合，使得這二十多萬漢人「皆爲慕容皝及苻健之眾所掠，死亡咸盡」，下場十分悲慘。

西元四世紀中，後趙與冉魏引發的這場動亂，導致遼東

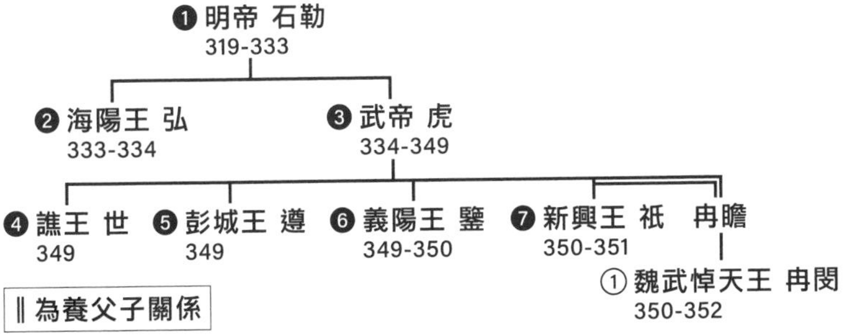


圖 5-4　後趙及冉魏帝系圖。

的慕容皝之子慕容儁入據中原，以及氐族苻健在關中建立前秦，最後再由前秦苻堅統一華北。

## 三、前秦苻堅統一華北與敗亡

### 鮮卑慕容燕的興起

如前所述，鮮卑是東胡的一支，匈奴帝國強盛時受匈奴控制；匈奴下衰後，鮮卑遷入草原地區。東漢末年鮮卑曾建立一統的部落聯盟，不久又分裂爲東邊的慕容部、宇文部、段部，西邊的禿髮部、乞伏部，以及北邊的拓跋部。鮮卑與漢人接觸或雜居的程度較少，仍多保留著部落生活。

西晉時期，鮮卑慕容部居於遼東一帶。八王之亂後華北動盪，河北各郡有數萬家的流民逃往遼東，慕容部領袖慕容廆設僑郡縣安置流民，游牧、農耕並行，部族實力大增；對外勸進司馬睿即位，接受東晉冊封爲遼東公。東晉咸和八年（三三三）慕容廆死，其子慕容皝繼位。東晉咸康三年（三三七）慕容皝自稱燕王，可視爲「前燕」建國之始。咸康七年（三四一）慕容皝遷都龍城（遼寧朝陽市），不斷對外擴張，併滅段部、宇文部、扶餘國，朝鮮半島的高句麗也臣服，勢力擴展到遼西地區。

東晉永和四年（三四八）慕容皝去世，其子慕容儁繼位，趁後趙陷入混亂之際侵入河北。東晉永和八年（三五二）慕容儁出兵擊滅冉魏，乃稱帝，建都薊城（北京市），後遷都鄴城。後來前燕再併有整個關東地區，與關中的前秦及南方的東晉，形成三國鼎立的局面。

## 氐族前秦的建國

氐族苻氏本姓蒲，世為部落酋帥，居於略陽臨渭（甘肅秦安縣東南）。永嘉

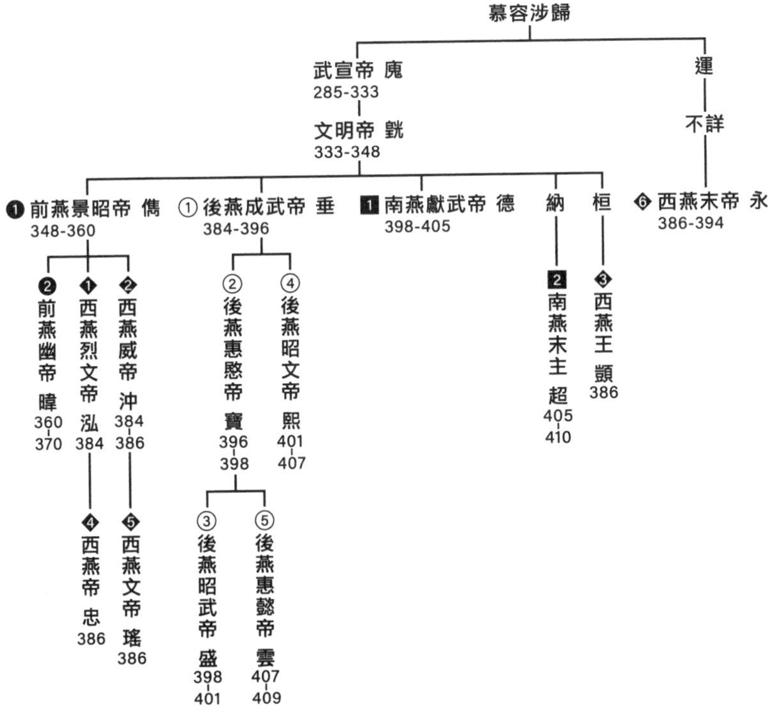


圖 5-5　慕容諸燕帝系圖。

之亂時，蒲洪被推爲氐族部落的盟主，劉曜占據長安後，封蒲洪爲率義侯。劉曜敗後，蒲洪投降石虎，被遷往關東，率領部族駐屯於枋頭。在石虎死後的動亂中，關隴流民都歸附於蒲洪，擁眾十餘萬人。

永和六年（三五〇）蒲洪自稱大將軍、大單于、三秦王，並因讖文有「艸付應王」之說，而改姓爲苻氏。苻洪準備率眾遷返關中，不料卻被後趙降將麻秋毒殺。其子苻健繼續統領部眾，殺麻秋報仇，然後西遷關中。永和七年（三五一）苻健自稱大秦天王、大單于，永和八年（三五二）稱帝，國號秦，史稱前秦。前秦建國之初，只據有渭水流域的一部分。永和十年（三五四）東晉桓溫北伐，被苻健擊退，苻健乘機發展，乃控有整個關中地區。

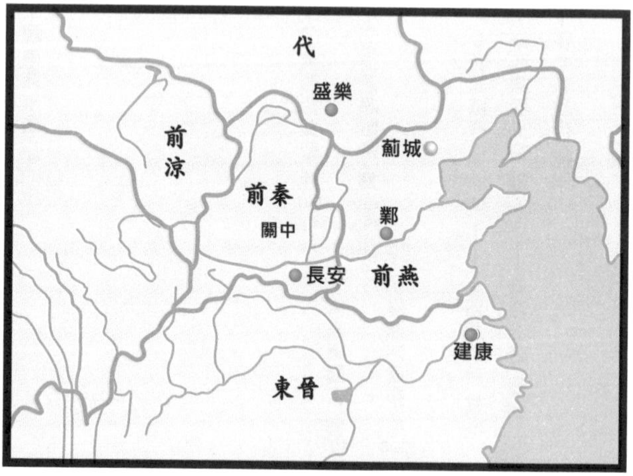


圖 5-6　東晉、前秦、前燕形勢圖。

## 王猛輔佐苻堅

永和十一年（三五五）苻健病死，子苻生繼位。苻生剛愎自用，任意殺戮大臣，造成內部人心惶惶。東晉升平元年（三五七）苻健的侄兒苻堅起兵殺苻生，自立爲大秦天王。

苻堅（三三八—三八五），博學有才氣，愛好儒學，結交漢人王猛等才能之士。即位之後以王猛爲中書侍郎，參掌機要。王猛（三二五—三七五），字景略，北海郡劇縣（山東壽光市南）人，居魏郡，後遷居華陰。其人博學好讀兵書，家世貧寒，曾在洛陽以賣畚箕爲業。桓溫北伐入關中時，王猛曾去拜見他。桓溫邀他一起南下，但王猛知道自己是寒人，在東晉門閥社會難受重用，於是拒絕了。苻堅聽聞王猛的盛名，邀他相見，兩人一見如故。苻堅即位之後重用王猛，對他言聽計從。王猛屢次遷升，成爲最重要的輔佐大臣。

王猛的施政首先以提高君權、壓抑氐族貴族的權勢爲重點。氐族部落原本多由貴族行分散式的統治，自永嘉之亂後，氐族部落在不斷的戰爭與遷徙後，強化了部落的軍事組織。前秦建立之初，政權都由擁有部落軍事組織的宗族、貴戚、功臣所共享，這些權貴多不遵行法令。王猛壓抑權貴的做法，引起當時最大功臣樊世的反彈，公然在苻堅面前對王猛破口大罵，惹得苻堅大怒，處斬樊世。王猛又強行捕殺在地方上橫行霸道的貴戚以及豪強二十餘人，如此才確立中央政府統治的權威。

其次，王猛實行一系列富國安民的社會經濟措施。包括勸課農桑，請苻堅親自向百姓示範農耕，即所謂的「籍田」儀式；開放以往公家獨享的山澤之利；減輕人民的租稅徭役；開發水利灌溉；禁止奢侈作風等等。另外又在各地廣興學校；建太學於首都長安，苻堅更曾親臨太學主持考試。

總之，在王猛十八年左右的輔佐之下，前秦出現富足安樂的景象。《晉書．苻堅載記》：「自永嘉之亂，庠序無聞，及堅之僭，頗留心儒學，王猛整齊風俗，政理稱舉，學校漸興，關隴清晏，百姓豐樂，自長安至於諸州，皆夾路樹槐柳，二十里一亭，四十里一驛，旅行者取給於途，工商貿販於道。」這時候距離冉閔大屠殺的時期，不過二十年左右，華北景象卻有如地獄與天堂之別。東晉寧康三年（三七五）王猛病死，苻堅哭著說：「天不欲使吾平一六合邪？何奪吾景略（王猛）之速也！」朝野哀悼王猛，「巷哭三日」（《晉書．王猛傳》）。

漢人王猛在冉閔民族仇恨的大屠殺之後，受氐族君主苻堅的重用，君臣精誠合作，當時北方人都把王猛比喻是苻堅的諸葛亮，可見胡漢的民族界線並非不可超越。王猛最初曾受氐人貴族的排斥，死後卻受到朝野不分族類在里巷中聚哭三日，可見人性中自有共通的是非，所謂「公道自在人心」。

## 苻堅統一華北

前秦在王猛的輔佐之下，國勢日益強盛。相對的，慕容氏的前燕國勢卻因內部鬥爭，而逐漸走下坡。東晉太和二年（三六七）前燕輔政的賢相慕容恪病死，慕容評繼其執政，性情猜忌，政治腐敗。太和四年（三六九）東晉桓溫率五萬大軍北伐，進駐枋頭。燕都震恐，幸賴大將慕容垂領兵擊退桓溫而解圍，戰後慕容垂卻受到猜疑，被迫出逃前秦。太和五年（三七〇）苻堅遣王猛率大軍伐燕，一路直進，攻下燕都鄴城，燕主慕容暐被俘，前燕滅亡。從慕容皝稱燕王（三三七）至此，享國三十四年。

滅燕之後，華北大部分地區已爲前秦所有。寧康元年（三七三）苻堅派軍西進，攻滅於仇池立國的氐族楊氏，徙其民於關中。同年又攻取東晉統治下的益州。東晉太元元年（三七六）苻堅發大軍西進河西走廊，滅前涼，俘涼主張天錫。同年又派軍北上滅鮮卑拓跋氏的代國。太元七年（三八二）苻堅更派氐族大將呂光，率軍遠征西域，降者三十餘國。至此，北方完全被前秦所統一，疆域「東極滄海，西并龜茲，南苞襄陽，北盡沙漠」（《高僧傳．釋道安傳》）。

## 苻堅的德治主義與統治策略

苻堅或許從王猛輔佐的經驗中，深信人性有善良的一面，只要眞誠相待，即使不同族類，也能共存共榮。苻堅深愛儒學，他想徹底實踐儒家聖君的理想，以德治主義爲施政的方針。這不僅表現在認同前述王猛的各項施政，更表現在對待歸降者的寬大上。

苻堅對於臣服的外族君臣極爲寬大，不但未殺其君主，還特別優遇。譬如前燕主慕容暐被封爲新興侯；仇池國主楊統被封爲南秦州刺史；慕容評被任命爲給事中；皇甫眞被任命爲奉車都尉；前燕宗室諸王也都被任命爲邊郡太守；慕容垂亡命前秦後，王猛深恐慕容垂將來爲患，曾勸苻堅殺了他，苻堅卻回答說：「吾方以義致英豪，建不世之功。」仍然接納他，並加以重用，官至京兆尹、泉州侯；羌族的姚萇也受苻堅重用，參與領兵滅前涼。基本上，苻堅對臣服的外族貴族都加以善待，並讓他們統領原有勢力，未加以消滅或遣散。

苻堅的德治主義也並不是天眞地不顧現實，他把外族的勢力移徙入關中，既有充實京師，也有就近看管的用意。譬如滅前燕後，「徙（慕容）暐及其王公已下並鮮卑四萬餘戶於長安」；滅仇池國後，徙其民於關中；滅前涼後，遷涼州豪族七千餘口於關中等，這些措施有如秦滅六國後，遷六國豪族充實關中的做法。另一方面，苻堅又分封氐族宗室貴族，率領氐族士兵鎮守各重要據點，如以兒子苻丕爲冀州牧，出鎮鄴城；以氐族貴族毛興爲河州刺史，鎮枹罕；王騰爲并州刺史，鎮晉陽；苻暉爲豫州牧，鎮洛陽；苻叡爲雍州刺史，鎮蒲阪。苻堅這種安排，頗多仿效西周武裝殖民的封建策略，既可減少本族權貴在身邊掣肘，又可發揮宗室武將在各地藩屏中央的功能。

## 苻堅的皇帝夢

寧康三年（三七五）王猛病危之時，苻堅親臨探病，問以後事。王猛遺言說：「晉雖僻陋吳越，乃正朔相承。親仁善鄰，國之寶也。臣沒之後，願不以晉爲圖。鮮卑、羌虜，我之仇也，終爲人患，宜漸除之，以便社稷。」（《晉書・王猛傳》）王猛反對苻堅南征，應該是察覺東晉政權擁有民意正當性（正朔相承），伐晉不容易成功，而應先處理鮮卑、羌虜的威脅。可是王猛死後七年，苻堅已完成華北統一，下一個目標，很自然就是要南征東晉，完成「混一六合」的大業。

太元七年（三八二）十月，苻堅召集文武大臣，計劃親征東晉。大部分的大臣都反對，有反對者以長江天險爲由，苻堅信心滿滿的回說：「以吾之眾旅，投鞭於江，足斷其流。」（《晉書・苻堅載記》）面對滿朝官員的反對，苻堅退朝之後，找來最信任的弟弟苻融密商，沒想到苻融也是堅決反對，並以王猛遺言提醒苻堅，讓苻堅非常失望。但是，苻堅好像是著魔似的，所有反對的聲音都聽不進去。這時鮮卑慕容垂卻贊同南征，並勸苻堅不必理會反對的意見，苻堅大喜，遂下定決心大舉伐晉。苻堅之所以如此堅決地要伐晉，簡單的說，是因爲他始終懷抱著大一統的皇帝夢。

苻堅自即位以來，二十餘年都只稱大秦天王，而未稱皇帝。「天王」的稱號，有的學者認爲是仿自《春秋》一書，稱當時的周天子爲「天王」，以區別於僭越稱王者；有的學者則認爲是來自佛教的信仰，以「天王」爲佛祖派在人間的統治者，也有人認爲是與游牧民族對天的信仰有關。不論如何，五胡君主常用「天王」的稱號，確爲這個時代的一個特色。從五胡君主的稱號習慣來看，「天王」是稱帝前一階段的稱號。譬如石勒在東晉咸和五年（三三〇）二月「稱趙天王，行皇帝事」，至九月才正式稱皇帝；石虎在咸和九年（三三四）十一月稱「居攝趙天王」，咸康三年（三三七）四月稱「大趙天王」，到永和五年（三四九）才正式稱帝；苻健在永和七年（三五一）先稱「大秦天王、大單于」，翌年再稱帝。咸和九年石虎面對稱帝的建議時回答說：「朕聞道合乾坤者稱皇，德協人神者稱帝，皇帝之號非所敢聞，且可稱居攝趙天王，以副天人之望。」（《晉書．石季龍載記》）換言之，這時石虎連天王都只是暫時代理的。後秦的姚興原本已稱帝，後來以天變地異爲理由，降稱天王。

由上可見，自秦始皇用皇帝稱號以後，「皇帝」代表著絕對的道德和權威，許多胡族君主未敢遽行稱帝時，則先稱天王。那麼，苻堅一直只稱「天王」，表示還在等待稱帝的最佳時機。苻堅曾向高僧釋道安說明他要南征的理由：「非爲地不廣、人不足也，但思混一六合，以濟蒼生」、「朕既大運所鍾，將簡天心以行天罰」（《晉書．苻堅載記》）。換言之，苻堅是要在完成「混一六合」的大業，德、能兼備之後再稱皇帝，這就是苻堅的皇帝夢，也正是苻堅堅決要發動淝水之戰的理由。另外，當時種族複雜，或許苻堅也認爲，只有統一之後再稱帝，才能夠壓服人心而握有天下。

## 淝水戰敗與前秦帝國的弱點

東晉太元八年（三八三）八月，苻堅宣稱以百萬之眾大舉伐晉。結果，十一月在淝水慘敗，苻堅被流箭所傷，逃回淮北。關於淝水之戰的概要，已在本書第四章有所論述，這裡不再贅述。倒是淝水戰敗之後，前秦帝國竟至土崩瓦解，原因何在，值得再做進一步的分析。

前秦在淝水之戰失敗的原因，暫且不談戰場上陰錯陽差的細節，比較重要的因素，正如苻融戰前反對出兵時所說：「歲鎭在斗牛，吳越之福，不可以伐一也。晉主休明，朝臣用命，不可以伐二也。我數戰，兵疲將倦，有憚敵之意，不可以伐三也。」苻堅還是聽不進去，認爲自己的百萬雄師戰無不克，回說：「吾終不以賊遺子孫，爲宗廟社稷之憂也。」這時苻融又提出他眞正的憂心所在：「吳之不可伐昭然，虛勞大舉，必無功而反。臣之所憂，非此而已。陛下寵育鮮卑、羌、羯，布諸畿甸，舊人族類，斥徙遐方。今傾國而去，如有風塵之變者，其如宗廟何！」（《晉書・苻堅載記》）

苻融認爲東晉君臣團結，還不是南征的好時機，而前秦經過幾年用兵，「兵疲將倦」，應該先休養生息，對新征服地好好消化，以穩固統治爲優先，並指出遷鮮卑等異族入關中的隱憂。

讀歷史最常見的迷惑之一，就是「歷史借鏡」與「事後孔明」。苻堅的統治策略是仿效西周武裝殖民的封建，以及秦滅六國之後的統治措施。表面上很難說錯，但歷史的時空因素太過於複雜，許多所謂「歷史借鏡」或「歷史教訓」，常忽略複雜的時空因素，而「畫虎不成反類犬」或「矯枉過正」。另一方面，苻堅與苻融看法的不同，是兩人對局勢判斷的差異，從事後來看，苻融是對的。但後人論史，若單純以爲苻堅愚蠢，則難免有「事後孔明」之嫌。

不論如何，苻堅的南征，有如走鋼索般的危險，或許統一華北的順利，讓苻堅躁進起來，過於自信而忽略了內部的隱憂。因此，不但軍隊組成雜亂，一遇挫敗即潰散不止，還因爲各族將領多心懷鬼胎，利用苻堅的潰敗紛紛叛離而去。苻堅遷徙外族入關中，但保留其原有部落組織，未能有效達到控制的效果，反而助成其叛離。而派出氐族宗室將領帶士兵鎮守各地，反而使得原本部眾就不多的氐族勢力更加分散，而無法有效鎮壓反叛。因此，苻堅精心設計的統治策略，反而變成前秦帝國的弱點，這是苻堅始料所未及的。

## 淝水戰後的華北

淝水戰敗之後，前秦大軍不是戰亡就是潰散，唯獨治軍嚴整的慕容垂所領三萬鮮卑軍卻完整無傷，逃回淮北的苻堅領著一千多兵馬投奔他。慕容垂的兒子慕容寶及族人勸慕容垂趁機殺苻堅復國，但慕容垂以知恩圖報爲理由加以拒絕，可見苻堅的德治主義，也不是完全沒有回報。苻堅沿途收集散兵，到達洛陽時有十多萬人。慕容垂護送苻堅到洛陽西邊的澠池，才以安撫河北動亂及回家掃墓爲藉口，離開苻堅。太元九年（三八四）慕容垂返回舊燕地域後，自稱燕王，形同復國，史稱後燕。

苻堅回到長安後，想再重整旗鼓，可是此時隴西鮮卑乞伏國仁已經叛離建國，史稱西秦。不久，丁零酋長翟斌也叛變了，慕容暐弟慕容泓及慕容沖更率領關中及關東一帶的鮮卑兵叛變，攻進長安。太元十年（三八五）苻堅逃出長安，被羌族的姚萇部下所擒，姚萇逼迫苻堅禪位給他，被苻堅拒絕。姚萇雖然也曾受苻堅之恩，但最後仍然絞殺了苻堅。太元十一年（三八六）姚萇稱帝，國號大秦，

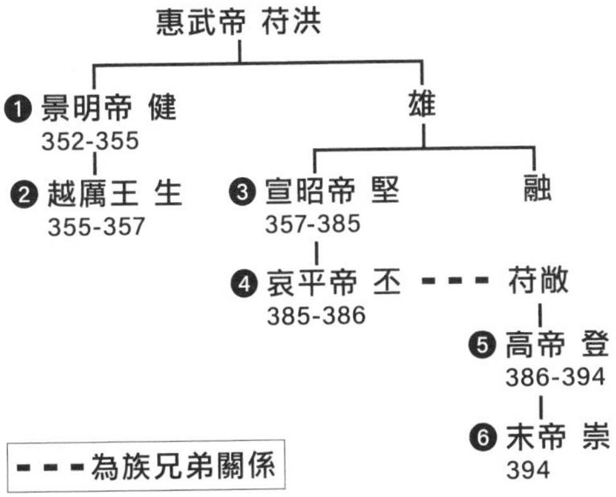


圖 5-7　前秦帝系圖。

史稱後秦，其控制的領域主要在關隴一帶。根據《晉書．姚萇載記》的記載，後來姚萇被苻堅冤魂作祟而死，臨死前還叩地求饒。不知是史書的附會，或者是姚萇良心不安的發狂行爲。

苻堅死後，前秦又歷經苻丕、苻登、苻崇繼位，到太元十九年（三九四）苻崇被西秦乞伏乾歸所殺，前秦滅亡，享國四十四年。

另外，在淝水戰後北方的動亂中，各民族紛紛再建國，除前述後燕、後秦、西秦之外，較重要的還有慕容泓在長安建立的西燕；受苻堅之命出征西域的氐族呂光，在姑臧（甘肅武威市）建立的後涼；以及鮮卑拓跋珪在牛川（內蒙古興和縣）復代國改稱魏（北魏）等等，其餘後續再建立者，不一一列舉。總之，華北再度呈現政權林立的景象，最終到北魏太延五年（四三九），才由後起之秀的鮮卑拓跋魏再度統一。關於這一段混亂的歷史，留在本書第七章，談北魏興起時再論述。

## 四、五胡國家的特色與華北社會的變化

### 華北抗衡形勢的演變

五胡十六國時期的歷史，乍看之下好像雜亂無章，戰爭此起彼落，政權興亡更替頻

繁，確實讓人頭昏眼花。但是如果不過度注重細節，從大局著眼，歷史的發展也是有脈絡可尋的。

本書〈導言〉曾從均勢平衡的角度，論述整個魏晉南北朝時代的形勢演變，當時中國本部的四個財富區，是（一）關中地區、（二）關東河北地區、（三）江南地區、（四）益州地區。整個魏晉南北朝時代的發展，即這四個財富區的相互抗衡。依此原則，五胡十六國時期的形勢，可再加以修改，細分爲七個核心區，即前述四區之外，再加上（五）遼東地區、（六）河西涼州地區、（七）代北河套地區。畫成簡單的圖形，剛好像一個牛頭：中國本部的四區爲兩隻眼睛、兩個鼻孔，遼東、河西爲左右兩隻牛角，代北河套則是牛的額頭。這個時期南方的東晉，原本只有（三）江南地區，桓溫北伐之後再取得（四）益州地區。

華北形成關中與關東兩地區的對抗，可溯源到戰國時代的秦與東方六國的對抗，或者漢末董卓關中勢力與袁紹關東聯軍的對抗。這種東西對抗的形勢，延續到五胡十六國前期，即爲關中的前趙與關東的後趙對抗。再往下則發展爲關中的前秦與關東的前燕的對抗。而遼東、河西涼州、代北河套地區的重要性逐漸在提升，但大致是做爲核心對抗的附屬或牽制勢力。

五胡十六國的中期，由關中的前秦與關東的前燕對抗，發展到前秦滅前燕，苻堅統一華北時，則連帶併入遼東、河西涼州、代北河套等地區。然而，淝水之戰後，華北再度陷入混亂。

五胡十六國的後期，由混亂無序的局勢，逐漸發展爲關中的後秦與關東的後燕的對抗，再發展爲關中後秦、夏，與侵入關東滅後燕的北魏對抗。直到北魏太延五年（四三九）再度統一華北，結束了五胡十六國時期。然而，華北的東西對抗在北魏末年動亂之後，再度出現東魏與西魏的對抗，以及北齊與北周的對抗，都是這種對抗形勢的延續。

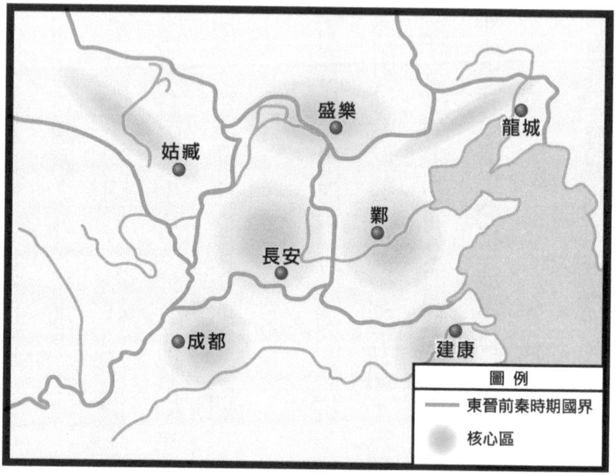

圖 5-8　東晉十六國時期七大核心區。

## 五胡國家的弱點

五胡十六國時代（三〇四－四三九）的一百三十六年間，華北地區同時或前後，共出現二十個左右的大小政權，興亡更替之頻繁，令人眼花繚亂。總結一個明顯的現象，可以說絕大部分的政權，國祚都不超過五十年，用一句話說就是「五胡政權都短命」。主要的政權中，前趙國祚二十六年（三〇四—三二九）、後趙三十一年（三一九—三五〇）、前燕三十三年（三三七—三七〇）、前秦四十四年（三五一—三九四）、後燕二十五年（三八四—四〇九）、成漢四十四年（三〇四—三四七）、後秦三十三年（三八四—四一七）等等。

五胡政權短命的現象，顯示五胡國家必有許多難以克服的弱點。首先讓人聯想到的，乃是民族矛盾的問題。五胡政權是在漢帝國以來民族矛盾不斷激化的時代背景下建立起來的，即使有像劉淵、石勒、苻堅這類君主，極力想要化解民族矛盾，但一般人民之間的報復心態是很難消除的。因此胡族統治者要面對人數眾多的漢人，以及族類複雜的其他民族，在統治上是很大的考驗。胡族君主為此常採用胡漢分治的二元體制，如前趙（漢）的劉聰與後趙的石勒，都設有二元體制的官制。但這只是暫時性的因地制宜，未能根本解決統治上的難題，結果民族矛盾日益加劇，到後來爆發冉閔的種族大屠殺。苻堅雖然在種族大屠殺之後實行德治主義，試圖消弭民族矛盾。然而從淝水戰敗後，前秦的土崩瓦解，可見苻堅的德治主義，也是徒勞無功。

五胡國家的弱點，並不僅只是民族矛盾問題，很多政權的混亂、衰敗都和君主的權力繼承有關。前趙（漢）劉聰起兵殺劉和奪位；劉粲繼位時的靳準政變；後趙石虎起兵殺石弘自立；石虎為繼承問題大殺諸子；石虎死後，石氏家族的爭位；成漢李雄死後，統治家族的骨肉相殘；前秦苻堅殺苻生自立等等，都是權力繼承引發的衝突，很多政權的滅亡都與此有關。

五胡各國都很難避免地以本族爲核心組成國軍，而由宗室諸王統領。這種軍事權力結構學者谷川道雄稱之爲「宗室軍事封建制」。事實上，西晉的宗王出鎮也頗有「宗室軍事封建制」的性格，西晉因而招致八王之亂，五胡各國權力繼承時的動亂，也是類似的情形。不過五胡國家的宗室軍事封建制，是源自游牧部族特有的軍事體制，在游牧社會中，部族的成年男子皆被編成軍隊，而由統治部族的宗室或貴族統領。五胡各國多繼承此種軍事體制，在建國階段常能發揮很強的戰鬥力；但到了權力繼承時，擁有軍隊的宗室間就很容易發生內訌，因而造成王朝短命的現象。

## 胡漢情結的變化

五胡起兵之前，胡人在漢人社會已被役使幾百年，漢族士人對胡族普遍存有文化、種族、門第的多重優越感，動不動就說戎狄「人面獸心」、「非我族類，其心必異」。連劉淵這種文武雙全的匈奴貴族，都不免懷才不遇；至於石勒這種部落酋帥之家出身者，已不免於被掠賣爲奴隸；一般胡族民眾境遇之悲慘，就不必多說了。當然，胡漢之間也並非是絕對的仇敵，像劉淵也有漢族士人如王渾、李熹之類的知心好友，熱心向晉武帝推薦任用；

石勒也受到漢人豪族郭敬、甯驅的相助施恩，還發生對郭敬感恩圖報的感人故事。

近代有些學者強調當時的階級矛盾比民族矛盾還嚴重。事實上，西晉門閥社會之下，受到壓迫者確實是不分胡漢的，漢族寒門不得志、一般人民淪落爲奴隸，也是司空見慣的事。不過，階級矛盾比較不容易被激發，民族矛盾卻是很敏感的神經。何況胡族人民常同時遭受到階級壓迫與民族壓迫，最後大多激化爲民族仇恨的形式表現出來。

胡族起兵之後，基於民族仇恨的報復心態，到處可見任意的殺戮。有作爲的胡族君主多極力想化解這種民族仇恨，如劉淵以「漢」爲國號，包容漢人，「以懷人望」；石勒也屢次下令禁止胡羯任意殺戮漢人，還特意從俘虜中挑出衣冠士人組成「君子營」，禮遇漢族士人。即使到了這種時局，漢人士族仍然保有優越感，西晉將領劉琨寫信向石勒請求援軍時還說：「自古以來誠無戎人而爲帝王者。」（《晉書．劉琨傳》）這應該是當時漢族士人普遍存在的歧視觀念。或許受此觀念所困擾，劉淵起兵時特別強調：「帝王豈有常哉，大禹出於西戎，文王生於東夷，顧惟德所授耳。」（《晉書．劉元海載》）劉淵超越胡漢的號召，並非完全沒有作用，投效他的將領除本族匈奴人之外，也有羯族的石勒，以及氐、羌酋豪，還有漢族的王彌。後來劉曜把國號從漢改爲趙，可能是西晉已滅亡，而胡族之間的矛盾更嚴重，當務之急是要團結匈奴人以對抗羯人。

再說，即使民族矛盾激烈的時代，也有漢族士人願意爲胡族君主效力。如張賓主動前往投效石勒，爲他出謀劃策；王猛也是竭盡心力，爲苻堅治理國家，都是最好的例子。或許張賓與王猛都是失意的漢族士人，在西晉與東晉的門閥社會下難以有所作爲，才去投效胡族。但更可能的是，他們都懷抱著超越胡漢、以蒼生爲念的政治理想。其次，也有漢人武將在胡族政權中受到重用，最有名是被石虎收爲養孫的石閔（冉閔），以及與乞活軍關係密切的李農。他們曾受到石虎的重用，但在未掌權之前，是否有強烈的漢族意識，並不太清楚。

永嘉之亂後，南渡的漢人士族，多爲聚集於東海王司馬越王府崇尚玄風的名士，至於以儒學傳家的舊族門戶，往往不肯輕易南行。最後被迫出仕於胡族者，如清河崔悅、潁川荀綽、河東裴憲、北地傅暢，「並淪陷非所，雖俱顯於石氏，恆以爲辱」。北方第一高門的盧諶，曾在西晉司空劉琨之下任從事中郎，後來在石虎底下官至侍中、中書監，他常對諸子說：「吾身沒之後，但稱晉司空從事中郎爾。」（《晉書·盧諶傳》）以上是漢族士人恥於出仕胡族的例子。盧諶的後人南渡江左，但被歧視爲「晚渡北人」，地位遠在早渡的僑姓士族之下，東晉末年參與天師道孫恩之亂的盧循，即爲其子孫。

另外，值得注意的是，此時期的民族矛盾不限於胡漢之間，胡族彼此之間的矛盾也很尖銳。苻堅「寵育鮮卑、羌、羯」，卻仍然招來淝水戰後鮮卑與羌人各族的叛離。當苻堅一再聽到鮮卑人叛變的消息時，召來身邊的前燕君主慕容暐，痛斥鮮卑人忘恩負義，「人面獸心」，但還是赦放了慕容暐。孰料慕容暐又密謀刺殺苻堅，事洩之後，苻堅不忍了，將慕容暐與留在長安城內的鮮卑數千人，一律誅殺。

臺灣有一句俗語說：「一種米飼百種人」，每一個時代、每一個國家、每一個民族都有堅貞者，也都有背叛者，更有數不完的模糊者。我們應該重視的，不是各式各樣的關係，而是時代的大氛圍以及其演變。五胡十六國時代，各民族的關係從彼此對抗、報復、仇殺、共存到合作，隨著時間而變化，而且也不是單一直線的演變。民族情結也不單只是個人的意識，也有集體的意識。譬如，淝水戰敗後，苻堅去投靠慕容垂，慕容垂是一個感恩圖報的人，他堅決拒絕兒子及族人殺害苻堅的要求，但在慕容氏復國的集體意識之下，最後仍然離開苻堅，興復燕國去也。

## 塢壁林立

五胡十六國時代，華北社會最重要的變化之一，是出現大量的塢壁組織，其情形延續到北朝時代。

西漢末年已有塢壁的出現，是豪民領導宗族自保的軍事設施。東漢中期政府爲防備羌族的侵寇，設置六百一十六所的「塢候」，應該是一種有軍事防衛性質的觀察站。東漢末的動亂中也有人營建各種「塢」，以求自保。然而，塢壁組織大量的出現，則是在晉末永嘉之亂以後。

自劉淵起兵，民族之間的仇殺非常嚴重，華北漢人不得不營建塢壁自衛，黃河流域可以說塢壁林立。劉曜在河南一帶攻陷塢壁百餘處，曹嶷在山東一帶降服塢壁四十餘所，石勒在河北一帶攻陷塢壁百餘處，其他未被攻陷的塢壁，不知凡幾。此時原有的地方行政組織已殘破不堪，散落各處的塢壁相互結盟、推舉盟主，形成一種鬆弛的統屬關係。胡族攻不破的塢壁，形同獨立組織，彼此維持對抗關係，或以某種形式的臣服，暫時相安無事，當時的「乞活軍」，也是類似的情形。

塢壁的構造與規模並沒有固定的型制，有的是人工建築的堡壁，更多是利用天然要塞構築而成。塢壁之內多以家爲單位，譬如西晉滅亡時，郗鑒被推爲塢壁主，率千餘家到嶧山（山東鄒城市東南）避難，三年之間發展到數萬家。魏浚與流民數百家，屯據於洛北石樑塢（河南偃師市西南）。塢壁對外是軍事組織，但內部則必須是自給自足的經濟組織。

爲了領導塢壁對外的防禦，以及維持塢壁內部的秩序，塢壁主通常都是由民眾推舉孚眾望的有德者擔任，如永嘉二年（三〇八）劉淵進犯平陽，百姓四處躲避，平日受到鄉人愛戴的李矩被推舉爲塢主，屯據於滎陽。西晉末年，早就有孝友之名的庾袞，與鄉人避難到禹山（河南鄧州市西南），被眾人推舉爲領袖，他向大家提出要求：「無恃險，無怙亂，無暴鄰，無抽屋，無樵採人所植，無謀非德，無犯非議，戮力一心，同恤危難。」

（《晉書．孝友傳》）祖逖在率領鄉人逃難時，散家財以救濟貧困，藥物、衣糧與眾人共享，被推舉爲領袖，後來在領導北伐時更得到各地乞活軍的聲援，而大有斬獲。郗鑒也是與難民共禍福，而被推舉爲領袖。有學者認爲，在這種動亂時代，人群結合的關係與過去血緣主義的原理不同，是一種人格主義的共同體原理。不論如何，在有德的領導者帶領之下，民眾才能度過這段黑暗的歲月。

愈是動亂的歲月，塢壁就愈多，和平歲月來臨時，有些塢壁被收編而減少。北魏時期，北方世家大族紛紛出仕，許多塢壁轉變爲世家大族的宗族督護組織。北魏孝文帝時期實行三長制，重整地方行政制度，塢壁組織才大量消失。

## 佛教的快速傳播

佛教自傳入中原以來，到魏晉時期信奉者還很少，大致上只流傳於少數外國商旅之間。據東魏楊衒之所撰《洛陽伽藍記》的序言，西晉永嘉年間（三〇七—三一二），洛陽有佛寺四十二所，較之前代已稍有發展。到了五胡十六國時期，佛教突然快速的發展，佛寺、佛塔林立，佛教活動成爲民眾生活的一部分。

促使佛教快速發展的靈魂人物，是來自西域的高僧佛圖澄，他在後趙君主石勒的支持下，在各州郡建立的佛寺就有八百九十三所，經常隨他受業者有數百人，前後門徒近萬人。從此，佛教發展成爲華北社會的主要信仰。

繼後趙石勒之後，前秦苻堅、後秦姚興、北涼沮渠蒙遜，也都是極力奉佛的君主。苻堅幼年就信奉佛教，即位之後，隨著國力的發展，四處迎請高僧，其中以迎請佛圖澄的弟子釋道安（三一二—三八五）到長安主持譯經最爲重要，佛教的發展也由宣揚時期，進入佛理的探討時期。

當時西域有高僧鳩摩羅什（？—四〇九），聲名遠播，道安請求苻堅迎接鳩摩羅什，因淝水戰後的混亂而未成。東晉隆安五年（四〇一）後秦君主姚興攻入涼州，迎請鳩摩羅什入長安，待之以國師之禮。在姚興與鳩摩羅什極力推動之下，佛教達到空前的盛況。《晉書．姚興載記》載：「沙門自遠而至者五千餘人」、「州郡化之，事佛者十室而九矣」，隨著僧侶人數的大增，後秦開始設立了管理全國僧尼的行政機構。姚興在長安闢「消遙園」爲譯場，請羅什爲譯主，八百餘名僧人襄助，譯經熱潮達到最高峰，大乘、小乘的主要經典，已近於完備。

其後，北涼君主沮渠蒙遜迎請西域高僧曇無讖入姑臧，譯出《大般涅盤經》等重要經典，其成就幾乎可以和鳩摩羅什相媲美。河西成爲翻譯佛經的重心，北魏滅北涼之後，涼州佛教成爲北魏平城佛教的基礎。

五胡十六國時期佛教之所以如此快速地傳播，與當時華北的戰亂不已，有很密切的關係。悲苦流離的人民，易於向宗教方面尋求解脫。西域來的高僧以方術濟民，贏得人民的崇拜，加上胡族君主以國家資源極力推動，廣建寺廟、舉辦盛大法會，或推動譯經事業，因此佛教大爲昌盛。至於胡族君主崇佛的原因，除了本身較少漢人的禮教束縛之外，由於親見戰亂慘殺與骨肉政變的血腥悲劇，因而容易被講求因果報應的佛教所感化。還有許多胡族君主冀望高僧的法術相助，或爲政權提供合理化的基礎，維繫社會民心，甚至以崇尚佛教爲國教，減低其面對漢族文化的自卑心態。換言之，崇佛也可以說是胡族政權的文化政策之一。（請再參見本書第十一章）

第六章

# 南朝政權與貴族社會

西元四二〇年劉裕以寒門武將取代司馬氏，建立劉宋政權；五十九年之後，同樣是寒門武將的蕭道成篡劉宋，建立蕭齊政權；再二十三年，蕭齊遠房宗室雍州刺史蕭衍，起兵推翻蕭齊，建立蕭梁政權；再過五十五年，寒門武將出身的陳霸先取代蕭梁，建立陳政權，陳朝只維持三十二年，被隋文帝楊堅所滅（五八九）。宋、齊、梁、陳，四個朝代合稱南朝，與北方的北朝相對立。南朝延續東晉以來的門閥社會，貴族文化更為成熟，但卻都是由寒門武將所建立的政權，而且也都是短命的王朝。這段歷史是如何演進的，又有何種歷史意義？這是本章要探討的主題。

## 一、宋齊骨肉相殘與恩倖政治

### 劉裕的州鎮政策

東晉的門閥貴族，往往手握重要州鎮的兵權，如王敦、庾亮、桓溫家族、王恭、桓玄等，常握京口北府兵或荊州的兵權，脅迫中央或彼此制衡，形成皇權下墜的門閥政治。劉裕憑藉北府兵崛起，建立不世功業而行禪代，他深知地方州鎮兵權的重要性，因此以皇子、宗室出任重要州鎮的刺史或都督，並把大的都督區析分成小的都督區，以降低威脅。劉裕在位只有二年多，臨終遺詔特別強調京口、荊州等鎮將，必須由皇子或宗室出任。

劉宋永初三年（四二二）劉裕死後，十七歲的太子劉義符繼位，但二年後就被輔政大臣徐羨之、傅亮等人以居喪無禮、遊樂無度爲由廢黜。另迎立劉裕第三子、出鎮荊州的劉義隆爲帝，史稱劉宋文帝。另一位輔政大臣謝晦出鎮荊州，擁兵在外，宛如要重現東晉的門閥政治。文帝劉義隆穩固帝位之後，開始剷除擅權的輔政大臣，其中也包括出鎮荊州的謝晦。此後文帝謹守劉裕遺詔，重要州鎮兵權都交由兄弟子侄掌握。這一州鎮政策影響深遠，從此之後，門閥貴族不再掌握兵權。兵權是雙面刃，既可參與奪權，也可能招來滿門禍害，因此南朝門閥貴族最後寧可保全家族，而放棄兵權，這點是南朝門閥不同於東晉之處。

## 門閥貴族與元嘉之治

寒門出身的武帝劉裕在門閥社會之下，憑軍功建立王朝，只要皇室穩固掌握軍權，並不特意排斥門閥貴族的輔佐；相反的，如果能得到門閥貴族的擁護，更可增強政權的正當性，文帝一朝也秉持這樣的施政理念。

文帝在位三十年（四二四－四五三），早年勵精圖治，重用門閥貴族，如琅琊王氏的王弘、王華、王曇首，以及陳郡殷景仁等人。在君臣合作之下，政治安定、鼓勵農桑、減輕賦役、民生富庶，一改東晉末年以來人民流離失所的景象。《宋書・良吏傳序》載：

「三十年間，氓庶蕃息，奉上供徭，止於歲賦」、「民有所係，吏無苟得。家給人足，即事雖難，轉死溝渠，於時可免。凡百戶之鄉，有市之邑，歌謠舞蹈，觸處成群，蓋宋世之極盛也」。這是南朝歷史上的太平盛世，當時的年號爲元嘉，後世稱之爲「元嘉之治」。

有學者強調，南朝的歷史已由東晉的「門閥政治」回歸到「皇權政治」。然而，「元嘉之治」可以說是皇帝與門閥合作達成的。東晉皇權下墜，皇帝主要作爲正統性的權威象徵，而由握有權力的門閥貴族專政，形成帝室與貴族「共天下」的「門閥政治」。南朝雖然皇帝擁有權力，但寒門起家的帝室權威性不足，須由有社會聲望的門閥貴族來擁戴與輔佐，以提高王朝的權威，形成另一種主客易位的「共天下」。劉裕禪代時，琅琊王弘（王導曾孫）爲佐命元勳，陳郡謝澹（謝安孫）授璽，以及「元嘉之治」多由門閥貴族輔佐而成，就是這種模式的代表性例子。

文帝在位的後期，南北局勢出現了大逆轉。劉裕北伐曾收復黃河以南之地，但劉裕死後，北魏趁機奪取了黃河以南，文帝幾次北伐試圖恢復失地，不但徒勞無功，反而招致北魏的南侵。尤其元嘉二十七年（四五〇）七月的北伐兵敗，招來北魏太武帝拓跋燾號稱百萬大軍的還擊，南侵到瓜步（南京市六合區），一度威脅京師建康。最後北魏雖然退兵，但是已對劉宋造成慘重的損傷，北魏軍隊燒殺擄掠，「殺傷不可勝計，丁壯者即加斬截，嬰兒貫於槊上，盤舞以爲戲。所過郡縣，赤地無餘」，「自是邑里蕭條，元嘉之政衰矣」

（《資治通鑑》卷一二六）。

## 陶淵明與謝靈運

元嘉年間正是門閥盛行的時代，兩位著名的詩人陶淵明與謝靈運，有完全不同的遭遇。陶淵明（三六五—四二七），是東晉開國功臣陶侃的曾孫，陶侃曾被當時掌權的外戚庾亮譏稱為「溪狗」，據研究應該是出身於「五溪蠻」。陶侃以軍功官至三公的司空，但畢竟是寒門出身，而且是非漢族的五溪蠻。因此，到了東晉末年時的陶淵明，雖然幾乎已完全融入漢人社會，而且有卓越的文學表現，但也只能當個縣令小官。眼見詭譎的政局，前景漆黑的陶淵明，不甘忍受官場的屈辱，「不為五斗米折腰」，最終吟詠〈歸去來兮〉罷官而去，回歸質樸的田園生活，寫出流傳千古的詩篇，被後世尊為「田園詩人」。陶淵明死在元嘉四年（四二七），代表在門閥盛行的時代，隱退的寒人孤獨地追求自我實現的例子。

謝靈運（三八五—四三三），出身陳郡高門謝氏，北府名將謝玄的孫子，自幼聰穎，被稱頌為江南第一才子，深受文帝劉義隆的賞譽。但自以為未受眞正的重用而不滿足，加上他豪放不羈的個性而屢遭免官處分。恃才傲物的他，懷著失意的心情遊歷名勝美景，寫出開創性的山水詩，被後世尊為「山水詩人」。但最後孤傲的謝靈運，因對宦途失意的不滿而起兵謀反，遭到被誅殺的下場，這是元嘉十年（四三三）的事情。

### 骨肉相殘

文帝的施政，除了重用門閥貴族之外，也重用胞弟彭城王劉義康，元嘉九年（四三二）王弘去世之後，更以劉義康專總朝政，兩人兄弟情深，親密合作，也是創造元嘉之治的重要因素。然而，文帝後期，情深的兄弟卻禁不起權力的考驗。體弱多病的文帝開始猜忌劉義康，加上臣下的挑撥，元嘉十七年（四四〇）劉義康被排出朝廷，元嘉二十八年（四五一）又將劉義康殺害，從此開啓南朝骨肉相殘的序幕。

元嘉六年（四二九）文帝立長子劉劭爲太子，元嘉二十七年（四五〇）太子因北伐問題與文帝意見不和，又與大臣江湛結怨，遂暗中利用女巫做「巫蠱」法術詛咒文帝。元嘉三十年（四五三）東窗事發，文帝與大臣江湛遂密謀另立太子。太子劉劭得知消息後先發

圖 6-1　南朝梁張僧繇畫謝靈運詩意。臺北國立故宮博物院提供。

制人，率東宮兵入宮殺文帝及大臣江湛等人，並殺皇城內諸多宗室子弟。時任江州刺史的文帝第三子、武陵王劉駿起兵討伐，殺劉劭及附從他的宗室子弟，自立爲帝，史稱孝武帝。當時民間流傳著一首歌謠：「遙望建康城，小江逆流縈，前見子殺父，後見弟殺兄。」（《魏書．島夷劉裕傳》）把這種骨肉相殘的悲劇表露無遺。

劉裕的州鎮政策是從門閥貴族手中奪回軍權，交由劉氏宗室把持，其思考脈絡正如西晉武帝的「宗王出鎮」，都是冀望以血緣親情鞏固政權。然而，西晉的八王之亂已證實其失敗，兄弟情深如宋文帝與劉義康，還是禁不起權力的考驗，甚至連文帝與太子的父子之情也是禁不起考驗，其他就更不用說了。

孝武帝劉駿在這種骨肉相殘的背景下即位，對於宗室諸王十分猜忌，在位十二年間（四五三—四六四）陸續誅殺可能危及帝位的宗室兄弟，包括起兵相抗的荊州刺史南譙王劉義宣、竟陵王劉誕、海陵王劉休茂，以及南平王劉鑠、武昌王劉暉等等。這種皇室內部骨肉相殘的風習，直

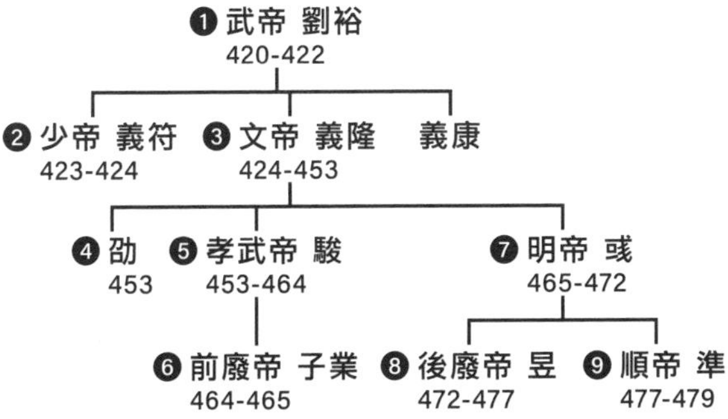


圖 6-2　劉宋帝系圖。

到劉宋末年仍未平息。

孝武帝除了誅殺之外，也在制度上削弱宗室的軍權，其辦法之一，是以典籤監控出鎮的宗王。劉宋武帝、文帝時期，出鎮的宗王如果年紀小，中央多以州鎮的幕僚長史、司馬輔佐。然而長史、司馬多出身世族，不容易控制，於是孝武帝另以寒人任職的典籤，監視、挾制諸王，典籤在軍府中代替諸王批閱公文，並向皇帝報告軍府的動向，此一制度延續到後來的蕭齊時期。另一辦法，是削減宗室諸王出鎮的比例，甚至又起用異姓武人出鎮，最終導致蕭道成的崛起。

## 門閥社會與恩倖政治

孝武帝在與宗室諸王鬥爭時期，除重用江東寒人沈慶之、「晚渡北人」柳元景爲武將之外，又以寒人戴法興、巢尚之、戴明寶、徐爰等倖臣充作耳目，以達到「主威獨運」，開啓了所謂的「恩倖政治」。清代學者趙翼在其著作《廿二史劄記》裡有一條〈南朝多以寒人掌機要〉，認爲當時高門大族門戶已成，不屑於爲皇帝竭智盡心，以邀恩寵；反之，寒人卻「希榮切而宣力勤，便於驅策」，因而指出南朝皇帝有以精幹的寒人架空門閥貴族的現象。趙翼的論述幾乎成爲學界的定論。然而如前所述，「元嘉之治」是皇帝與門閥貴族合作達成的，南朝的皇帝並非特意要架空門閥貴族。此時孝武帝任用寒人倖臣，其鬥爭的主要目標並非門閥貴族，而是對皇帝更有威脅性的宗室諸王。

南朝皇帝與宗室諸王的骨肉相殘，因素非常複雜，並不單只是宗王出鎮的州鎮政策而已。正如皇帝任用寒人對付宗王，出鎮在外的宗王同樣有寒人在背後策動，以尋求翻身的機會。換言之，骨肉相殘的背後，都有寒人的角色在起作用，為政者的需求與寒人階層的興起，形成互相幫助、各取所需的狀況。可以說，門閥社會對寒人的壓抑，促成了恩倖政治的興起，貴族政治與恩倖政治，正是當時歷史現象同時並存的兩個側面。

附帶一說，今日「恩倖」一詞會讓人馬上聯想到「小人」，這是因為當時史書都從門閥貴族的觀點立論，認為門閥貴族獲取高官厚爵乃是理所當然。反之，寒人卻只因皇帝寵信而高昇，於是斥之為恩倖小人。事實上，史書所列舉的恩倖人物，不乏幹練多才之人，不能一概加以否定。

## 蕭道成的崛起與建國

大明八年（四六四）宋孝武帝劉駿去世，十六歲的太子劉子業（四四九－四六五）繼位，史稱前廢帝。即位之初，朝政由孝武帝的倖臣戴法興所掌握，引起劉子業不滿。翌年（四六五），劉子業令宦官誅殺戴法興，之後又任意誅殺多位輔政大臣、宗室諸王，搞得「舉朝惶惶，人懷危怖」，其弟江州刺史晉安王劉子勛被迫在外起兵。同年十一月，湘東王劉彧的親信阮佃夫聯合宮中宿衛叛變，殺了劉子業、擁立劉彧，是為明帝。明帝劉彧即位之後，起兵的晉安王劉子勛仍然擁兵十多萬稱帝，雙方交戰到年底，劉子勛兵敗被斬，孝武帝子孫全部遭到誅殺，劉宋宗室的骨肉相殘不已，邊防重鎮又開始任用異姓的武人，蕭道成就是因此鎮守淮陰而坐大，進而取得政權。

蕭道成（四二七—四八二），先世蘭陵（山東臨沂市）人，南渡後為寒門武人。蕭道成年輕時曾參與北伐與征討蠻族的戰役，屢建軍功。明帝劉彧時北方防務吃緊，蕭道成出鎮前線淮陰，多年之間召集許多較晚南渡的地方豪族，當時被稱之為「晚渡北人」，形成一股不容忽視的勢力。

泰豫元年（四七二）明帝劉彧病逝，九歲的太子劉昱繼位，蕭道成被任命為右衛將軍，參與輔政。元徽二年（四七四）江州刺史桂陽王劉休範叛變，直逼建康，舉朝惶懼，幸賴蕭道成指揮若定而平亂，蕭道成聲名大振，遂專掌軍政。元徽五年（四七七）蕭道成殺劉昱，另立劉昱弟劉準，尚書令袁粲及荊州刺史沈攸之，分別起兵討伐蕭道成，但很快就被平定了。昇明三年（四七九）蕭道成進行禪代，國號為齊，史稱齊高帝，劉宋王朝國祚五十九年。

蕭道成禪代之後，仿效宋武帝劉裕殺禪位的司馬德文，也把禪位給他的劉準殺了。不僅如此，劉宋的宗室子孫不分少長也都遇害，顯示蕭道成對自己建立的政權能否穩固缺乏信心。

## 永明之治

蕭道成從專掌軍政到進行禪代，只花了不到五年的時間，與劉裕花了十五年相比，相當短促，其個人的功業與聲望也同樣無法與劉裕相比。不過，劉宋國祚不到六十年，其王朝根基不深、權威不足，因此也容易被篡奪。無論如何，寒門出身的蕭道成憑武力建立政權，威望不足，同樣必須仰賴門閥貴族的擁戴與輔佐才能提高王朝的權威。禪代之時，琅琊王儉（王導五世孫）爲佐命元勳，王儉叔父王僧虔與河南褚淵授璽，蕭道成即位之後，仍由這些門閥貴族所輔佐。

齊高帝蕭道成在位四年後去世，太子蕭賾（四四〇—四九三）繼位，史稱南齊武帝，年號永明。武帝在位十一年，當時與北魏通好，邊境無事，他致力於內政，政治清明，社會安定，帶動經濟文化的發展。《南齊書．良政傳》載：「永明之世，十許年中，百姓無雞鳴犬吠之警，都邑之盛，士女富逸，歌聲舞節，袨服華粧，桃花綠水之間，秋月春風之下，蓋以百數。」後世稱之爲「永明之治」。

正如宋文帝劉義隆的「元嘉之治」，齊武帝蕭賾的「永明之治」也是由皇帝與門閥貴族合作達成的。此時代表性的門閥貴族王儉，是蕭道成的佐命元勳，齊初的典章制度都由他所制定，蕭道成死後，齊武帝蕭賾對他又更加倚重。王儉三十八歲就病死，齊武帝哀慟至極。《南齊書．王儉傳》載：「（王）儉寡嗜慾，唯以經國爲務，車服塵素，家無遺財，手筆典裁，爲當時所重。」另一代表性人物褚淵也和王儉一樣，都爲「永明之治」做出重大的貢獻，《南齊書．褚淵傳》贊曰：「從容佐世，貽議匪躬，文憲濟濟，輔相之體。」

## 骨肉相殘與蕭齊滅亡

齊高帝蕭道成曾告誡蕭賾說：「宋氏若不骨肉相圖，他族豈得乘其衰弊，汝深戒之。」蕭賾受此教誨，在位期間宗室尚得保全。永明十一年（四九三）正月，太子蕭長懋病死；同年八月，武帝蕭賾駕崩，由皇太孫蕭昭業繼位，竟陵王蕭子良與西昌侯蕭鸞輔政。蕭昭業忌恨叔父蕭子良的聲望太高，不久蕭子良因受猜忌憂憤而死，朝中大權落入蕭鸞手裡。蕭鸞（四五二－四九八）是蕭道成的侄兒，早有爭奪帝位的野心，他殺了蕭昭業的近臣，引起蕭昭業不滿，另引用一批倖臣意圖誅除蕭鸞。隆昌元年（四九四）蕭鸞發動政變，殺蕭昭業、改立蕭昭業弟蕭昭文，不久又廢蕭昭文，自立爲帝，史稱齊明帝。從此又開始一波的骨肉相殘。

齊明帝蕭鸞，以帝室旁系政變奪位，因此即位後壓制宗室力量，以典籤監視諸王，並且大開殺戒，高帝十九子、武帝二十三子都被誅殺殆盡。永泰元年（四九八）齊明帝病死，十九歲的太子蕭寶卷繼位。蕭寶卷是一位荒淫殘暴的皇帝，史稱東昏侯。蕭寶卷即位之後，引用一批寒人茹法珍、梅蟲兒等所謂「八要」，誅殺六位被稱爲「六貴」的顧命大臣以及宗室人物，引發邊地武將裴叔業與陳顯達起兵，陳顯達兵敗被殺，裴叔業則投降北魏去了。

永元二年（五〇〇）蕭寶卷命平西將軍崔慧景率軍討伐裴叔業，崔慧景卻倒戈擁立江夏王蕭寶玄，兵向建康。豫州刺史蕭懿舉兵護衛中央，殺蕭寶玄、崔慧景，蕭懿以功進位尚書令。中興元年（五〇一）蕭寶卷又猜忌蕭懿，茹法珍等人誣告蕭懿謀反。十月，蕭懿被誅，其弟雍州刺史蕭衍聞訊後起兵，擁立荊州刺史南康王蕭寶融於江陵稱帝，史稱和帝。十二月，蕭衍攻進建康城，殺蕭寶卷，迎和帝蕭寶融回朝。中興二年（五〇二）蕭衍進行禪代，改國號爲梁，史稱梁武

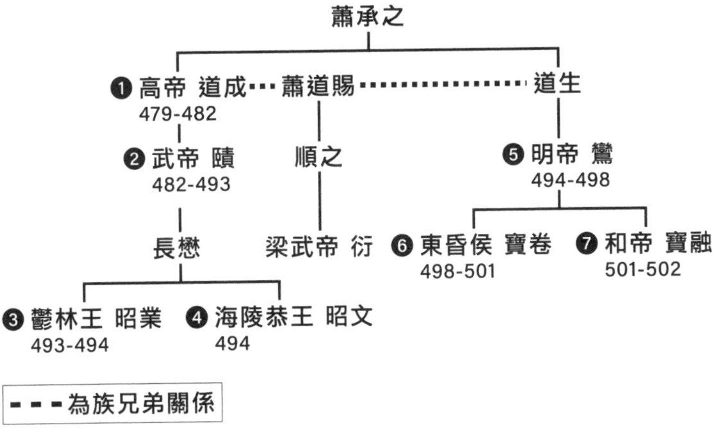


圖 6-3　蕭齊帝系圖。

帝。南齊滅亡，享國二十三年，蕭寶融禪代不久後被殺。

## 二、門閥的鞏固與寒人的興起

### 門閥的鞏固與「士庶天隔」

東晉的門閥貴族手握軍權，與權威象徵的皇帝「共天下」，但到南朝以後，門閥貴族失去軍權，卻仍然以其崇高的社會聲望，展現民意的權威，與手握軍權的寒門皇帝形成另類的「共天下」。前述劉宋的「元嘉之治」、蕭齊的「永明之治」，以及後來蕭梁的「天監之治」，都是這種另類共天下的成果。

然而，失去軍權的門閥貴族，在政局中逐漸失去主導權，如果能得到皇帝信任，固然可盡心輔佐；但如果得不到信任，甚至受到猜忌，那最好是明哲保身。因此在南朝骨肉相殘的腥風血雨中，門閥貴族多半採取旁觀的態度，避免涉入政爭，以免妨害家族的利益。當時史家對此評論說：「殉國之感無因，保家之念宜切，市朝亟革，寵貴方來，陵闕雖殊，顧眄如一。」（《南齊書・褚淵傳・論》）

時局如此，門閥貴族便以諸多方式來鞏固其政治社會地位，其中最重要的是在法制上確立士族的身分，以確保其在社會經濟上的特權。西晉以來九品官人法的運作，已出現

「上品無寒門，下品無勢族」的現象，世家大族在仕途上已有相當的保障，然後再透過「戶調式」以官品大小獲取占田、蔭客免除稅役的特權。東晉門閥貴族把持政權，無論僑姓或吳姓高門，其子弟都得鄉品二品，以六品的秘書郎、著作郎、奉朝請等「清官」起家，儼然形成「門地二品」的階層。從此，中正品第只取決於門第，不再考量士人的才德，中正官的功能日漸衰微，選用的權力集中於吏部，吏部選用多依據譜籍。吏部職官必須精於譜籍，熟悉士人的鄉里地望、父祖名位。這種情形沿襲到南朝，更興起譜牒之學，出現許多《百家譜》的著作，擔任吏部尚書、吏部郎的首要條件，就是要能夠熟悉譜學，精於辨識姓族。

宋文帝元嘉二十七年（四五〇），北魏大軍威脅到京師建康，爲全面徵兵備戰，朝廷頒布了「七條準則」，凡任七條規定的官職，就得以「名掛士流」免除傜役，等於是爲士族的標準劃一道底線，也爲門閥貴族的大量子孫保住士族的身分。從此「士庶之別」有了標準，但也開啓寒人爲躋身士族而賄賂主管人員，假冒士籍以避傜役的情況。爲防止此種弊端，又加強查核士籍，各種正當化士族特權的言論公然傳頌，如「士庶區別，國之章也。」、「士庶之際，實自天隔」等等。

南朝門閥貴族爲標榜身分，門第不相當者就不相往來。路瓊之是宋孝武帝母親路太后的外甥孫，與琅琊王僧達比鄰而居，有一天路瓊之特地盛裝去拜訪王僧達，受到王僧達冷

漠相識，他還叫左右的人把路瓊之坐過的床拿去燒掉，讓路瓊之下不了臺。（《南史・王僧達傳》）

南朝寒人庶族即使富貴之後，也無法輕易改變身分。齊武帝時，中書舍人紀僧眞請求武帝把他列入士族，武帝叫他去找都官尚書江斅。紀僧眞挾著帝命前往拜訪江斅，登榻坐下，江斅就命左右說：「移吾床讓客」，紀僧眞垂頭喪氣的退出，對武帝說：「士大夫故非天子所命。」（《南史・江斅傳》）

門第不相當者，更不可以通婚。南齊時，高門東海王源將女兒嫁給寒門富陽滿氏，因門第不相當，受到御史中丞沈約上表彈劾說：「王滿連姻，寔駭物聽。」奏請革除王源的官職，終身不可錄用。（沈約，〈奏彈王源〉）。

西晉時尚書左僕射劉毅針對九品官人法的弊端，上書指責「上品無寒門，下品無勢族」的不當，認爲選舉用人不該只看門第，而不辨才學。但到了南朝，強調士庶的區別是天經地義的事，用人必須辨別士庶，這可以說是門閥貴族要鞏固地位，發展出來的奇特價值觀。

## 從軍與濁官：寒人興起之路

相對於門閥貴族諸般地鞏固自己的地位，寒人階層卻也從多方面突破門閥貴族的壓抑。首先是投身軍旅，以軍功竄升。由於門閥貴族有選舉制的保障，可以「平流進取，坐至公卿」，多不肯屈身戎旅，而是崇尚文雅。況且擁有武力，反而容易招來猜忌，因此多「不樂武位」，武職成為「濁官」。然而，寒人既然晉身無門，只好投身軍旅，最後反而憑藉軍功而起，南朝的開國皇帝劉裕、蕭道成、陳霸先都是如此。其他許多開國名將或輔佐新君得位的名將，也多是出身寒人階層，如劉宋時期的到彥之、沈慶之、沈攸之，蕭齊的王敬則、陳顯達，蕭梁的呂僧珍、陳慶之等等。此外，也有一類被稱為「晚渡北人」者，原本是北方高門之後，只因南渡的時期較晚，不被門閥貴族所重視而淪為寒門，投身軍旅也是他們翻身的途徑之一。有名的如東晉後期的楊佺期，劉宋的王玄謨、柳元景、杜驥、薛安都，蕭齊的柳世隆、張敬兒、裴叔業、崔慧景，蕭梁的柳慶遠、周鐵虎等等。南朝政權之所以不斷更替，一方面是舊王朝骨肉相殘導致政權的崩潰，另一方面，則是寒門武將藉由舊王朝的動亂，推動創建新王朝。

其次，出任微職濁官，但以幹練或寵倖獲得皇帝信任而掌權，形成前述所謂的恩倖政治。這類官職主要是任職中央的中書舍人、制局監，以及任職地方的典籤等。中書舍人是中書省的七品小吏，多以寒人擔任，其長官中書監、令及中書侍郎多由門閥貴族出任，負責草擬詔命文書，即所謂的機要，但當庶務繁重時，實際任事的是中書舍人。體制上中書舍人有四名員額，平時大部分的中書舍人只能依職掌守本分，不能濫權。但是當政局險惡之時，君主直接交辦給寵信的某些中書舍人，就可能有掌權或擅權的情形。因此像宋孝武帝要「主威獨運」，中書舍人戴法興、戴明寶等人得以掌權；或如宋前廢帝前期、後廢帝前期，中書舍人巢尚之、阮佃夫等更可達到「專制朝權」的程度；而像東昏侯不理政務，又寵信中書舍人茹法珍等人，中書舍人則達到了「竊權」的情形。總之，寒人出任微職的中書舍人，可憑皇帝寵信而興起。不過，中書舍人擅權或專制朝權的情形，只存在於骨肉相殘、政局險惡的特別狀態，並非南朝政治史的常態，不應被過度地誇大。

兩晉劉宋時期，以領軍將軍、護軍將軍總管內外軍，典選武官。蕭齊之後，制局監受到皇帝的寵信，逾越領軍將軍、護軍將軍，舉凡兵器出納、武官人事、軍功賞罰都取決於制局監，其後的梁、陳也都有制局監濫權的情形。

典籤爲地方督府的七品小吏，掌管文書。宋孝武帝爲監視出鎭宗王，多派側近寒人出任典籤，隨時向皇帝報告軍府的動向，典籤因而常掌握地方軍府的大權，這種情形延續到蕭齊時期。

### 財婚與檢籍之亂

南朝時期由於經濟的發達，社會上有大量的地方豪強與經商致富的庶民階層，他們在政治上難以發展，卻能以其財富在社會上發揮影響力。如以高額聘金或嫁妝與沒落的門閥貴族聯婚，提高其社會地位，當時被稱之爲「財婚」。前述沈約的〈奏彈王源〉即是針對這種社會現象，王源是被彈劾了，但仍有更多未被彈劾的事例存在。

其次，社會上有勢力或富有的庶民階層，利用前述元嘉二十七年頒布的士庶區分準則，賄賂地方主管戶籍的人員，假冒士籍以避徭役或取得任官資格。朝廷爲防止此種弊端，屢次下令加強查核戶籍。建元二年（四八〇）齊高帝蕭道成實施大規模的「檢籍」，設立檢籍官，對假籍者加以改正，稱爲「卻籍」，嚴重者則可能被發配邊地充軍。但檢籍官貪污，造成「應卻而不卻，不須卻而卻」的亂象，受害者四處逃亡。永明三年（四八五）受到鄉里愛戴的富春人唐寓之，以「抗檢籍，反蕭齊」爲號召起兵，聲勢發展到有士卒三萬人。唐寓之在錢塘（浙江杭州市）稱帝，國號爲吳，不久被政府軍鎮壓。唐寓之被殺，但各地仍然有反抗者。五年後，齊武帝被迫廢止檢籍政策，准許被發配充軍者返鄉，才平息動亂。

## 三、梁武帝的改革與崇佛

### 蕭衍的建國

蕭衍（五〇二—五四九在位），父親蕭順之，是南齊開國皇帝蕭道成的族弟，也是開國功臣，官至領軍將軍、丹陽尹，蕭家由寒門武將轉變爲皇族。蕭衍從小就受到很好的儒學教育，學識涵養豐富，對老莊思想及佛學也有極深造詣，又善於騎射，可以說是文武雙全。曾入竟陵王蕭子良的幕府，當時蕭子良召集文學之士，蕭衍與沈約、謝眺、王融、蕭琛、范雲、任昉、陸倕等交遊，稱爲「竟陵八友」，他們在文學史上最大的貢獻是創立了「永明體」的詩體。

南齊末年政局詭譎，蕭衍曾助齊明帝蕭鸞政變奪位，受到明帝重用。永泰元年（四九八）蕭衍出任雍州刺史（州治在襄陽），負責對北魏的防務。他眼見政局混亂，乃暗中儲備戰力，廣結襄陽地區的豪族，密謀起兵。不久，齊明帝去世，繼任的東昏侯蕭寶卷暴虐無道，激起武將們的叛變。蕭衍兄蕭懿平亂有功，卻反而因功高震主被東昏侯毒害，於是蕭衍起兵爲兄長報仇，最後攻入建康，建立梁朝，史稱梁武帝。

梁武帝的功臣集團，包括元從舊屬與雍州府僚，以及來投附的文武官員，大多爲寒門階層出身，尤其是在前線衝鋒陷陣的武將，多爲襄陽的地方豪族「晚渡北人」，亦屬寒門階層。由此可見，當時積極爲蕭衍建國者，多爲想要尋求翻身的寒門階層人物。

## 梁武帝的治國理念

梁武帝蕭衍與劉裕、蕭道成不同，並非單純的寒門武將，而是已擁有豐富學識涵養的貴族，他對於劉宋、蕭齊兩代的骨肉相殘極為痛心，對寒人弄權的恩倖政治更是反感，同時對於許多高門士族的懦弱無能也不以為然。

因此，梁武帝的治國理念採取包容寬大、兼容並蓄、任用賢才的方針。對皇室內部，他想用骨肉恩愛化解骨肉相殘，仍然重用宗室出任中樞要職以及地方州鎮，這與南朝各代鞏固皇權的作法並無不同，但武帝對宗室極為寬容，並不任意猜忌，因此在位時期未見骨肉相殘的情形。對於門閥貴族的象徵性人物仍然極盡拉攏，如琅琊王亮、王志，陳郡謝朏等都任以高官，但武帝對高門並非只是虛予尊寵，其中若有才能而盡心效命者則特別重用。如廬江何敬容，「久處臺閣，詳悉舊事，且聰明識治，勤於簿領，詰朝理事，日旰不休。自晉、宋以來，宰相皆文義自逸，敬容獨勤庶務，為世所嗤鄙」（《梁書・何敬容傳》），儘管何敬容勤於庶務而被鄙笑，但武帝卻對他非常親重，長期用他為宰相。

梁武帝的功臣集團大多為寒門階層出身，梁朝建立後都得到論功行賞，但若只憑武勇而缺乏才學者則難以被親重，如王茂、曹景宗都是粗鄙武人，梁初都任官到最高軍職的領軍將軍，但因武帝「方信仗文雅」未被親重而「心頗怏怏」。武帝所特別親重的是沈約與范雲，他們是寒門出身的讀書人，早年與武帝同為「竟陵八友」，又是為武帝禪代效命的得力功臣，更重要的是，他們確實具備才學。沈約「才智縱横」，范雲任吏部尚書，「任守隆重，書牘盈案，賓客滿門，雲應對如流，無所壅滯，官曹文墨，發擿若神，時人咸服其明贍」(《梁書．范雲傳》),對武帝的政治革新有重大的貢獻。

由上可見,武帝的用人並不排斥高門,反而是重用高門之中有才學的人。對於寒門,只要有眞才實學也會加以重用。簡單地說,武帝的用人理念是門第與才學並重,這與只重門閥而不重才學,或只用寵信寒人的恩倖政治有很大的不同。

## 梁武帝的改革與「天監之治」

基於上述的治國理念,武帝即位之後就展開諸多的改革,其中最受注目的是學校教育考試制度與官制的改革。

首先,關於學校教育考試制度的改革。自西晉創立「國子學」,專收五品以上貴族子弟,六品以下官員子弟則入「太學」,形成中央官學清(國子學)、濁(太學)分別的「二學」體系,南北朝也沿用這套體系,然而,宋齊時期中央太學時設時廢。天監四年(五〇五)武帝詔令開設「五館」給寒人子弟就讀,又恢復國子學給貴族子弟就學。五館設立五經博士,國子學設立國子博士,講授五經。五館學生考試成績優良者,即使是寒賤出身也可入仕;國子學生考試成績優良者,則可以提早入仕。這樣讓寒賤者有出仕機會,高門者也會以展現才學、提早入仕爲榮,可以說是隋唐科舉考試制度的先驅。

其次,關於官制的改革。天監七年(五〇八)在吏部尚書徐勉的主持下,改革選舉官制，把原本九品官制中的一至六品改成流內十八班，七品以下改爲流外七班，班數多者爲貴。這是把東晉宋齊以來的實際官階加以徹底整理，形成新的制度。大體言之，原本選官、任官以門第爲主，門閥貴族獲得鄉品二品，從六品官起家，擔任六品以上的「清官」；寒門士人鄉品多爲四品以下，多任九至六品的「濁官」。「清官」身分高而工作輕鬆，「濁官」則身分低且職務繁忙，貴族對清官趨之若鶩，對濁官則避之唯恐不及。清、濁官之分常阻礙官僚體制升遷的運作，現在把原本的官階分得更細，且倒轉數字的尊卑概念，徹底打破傳統的觀念，讓官僚體制的運作更加順暢，並讓一些重要的濁官，如彈劾官吏的御史中丞，提升其官階，擺脫以往濁官的標籤，藉此增強皇帝對官吏的支配。此一官制改革，也讓原本寒門中的次等士族得以加入高門士族的行列，擴大高門的範圍，讓有才能的寒門人士得以任職高官，也讓重要的官職可以選到更適當的人才。無疑的，這一官制改革是武帝門第與才學並重理念的法制化。

武帝勵精圖治，他懷抱經世濟民的理想，每天勤奮的工作，即使寒冬也會在凌晨起床處理政務。他採取包容寬大、兼容並蓄、任用賢才的方針，重視農桑，推廣學術文化。他本身精通儒學、老莊思想及佛學，是當代一流的學者，生活非常儉樸，五十歲以後就不近女色，過著僧侶般的修行生活。晚年崇佛，發表〈斷酒肉文〉，提倡素食，影響後世中國佛教僧侶嚴守素食的戒律。他不但以儒家聖君爲楷模，更以佛教菩薩普渡眾生爲目標。如果和劉宋、蕭齊那些昏暴之君相比起來，梁武帝簡直是人間聖王、菩薩。

武帝在位長達四十八年，江南政治社會安定、經濟繁榮，南朝的貴族文化達於極盛。天監十五年（五一六）武帝在皇室庭園華林園召集學者編撰《華林遍略》，費時八年完成六百二十卷，內容搜羅萬象，是當時學術知識的體系化，書成之後流傳甚廣，對後世類書的編纂有深遠的影響；武帝為振興儒學，命皇侃編纂《論語義疏》，集漢代以來對《論語》注釋之大成；史學方面有蕭子顯編纂《齊書》（北宋改名《南齊書》），得到武帝讚賞，下詔付祕閣收藏；武帝又命人編纂《通史》六百卷，貫通自三皇五帝到南朝蕭齊的歷史；此外，當時的太子蕭統（昭明太子）召集文學之士，編纂完成《文選》，精選古今詩文，為後世留下珍貴詩文，影響擴及日本、朝鮮的文學發展；劉勰撰《文心雕龍》、鍾榮撰《詩品》，為集文學理論與詩文批評之大成，都是這個時代燦爛文化的表現。

《梁書．武帝紀下》讚揚武帝時期的成就說：「治定功成，遠安邇肅。加以天祥地瑞，無絕歲時。征賦所及之鄉，文軌傍通之地，南超萬里，西拓五千。其中瓌財重寶，千夫百族，莫不充牣王府，蹶角闕庭。三四十年，斯為盛矣。自魏、晉以降，未或有焉。」武帝的第一個年號是天監（五〇二─五一九），後世把梁武帝時代的盛世，稱之為「天監之治」。

不過，梁武帝也是人，他在位長久之後也犯了許多過失，其中過度崇佛廢弛政務，與縱容宗室大臣違法亂紀，讓這位開國皇帝竟同時成為亡國之君。

## 不做皇帝做和尚

梁武帝的建國，幾乎是只憑一次起兵，一年之間就篡位登基，其威望遠不如劉裕與蕭道成。如何營造政權的正當性，加強統治的基礎，成為當務之急。梁武帝早年受儒學教育，二十歲以後信奉道教，即位之後和在茅山修行的道士陶弘景往來密切，遇國家大事常派人到茅山去向陶弘景請教，陶弘景因而有「山中宰相」之稱。天監三年（五〇四）以後，武帝卻宣布「捨道歸佛」，崇奉佛教。

當時佛教已在北方的胡族國家快速傳播，佛寺、佛塔林立，到處都有盛大的禮佛法會，華北人民幾乎都已是佛教徒了，胡族君主藉由崇佛發揮安定民心的作用。北魏首都平城與洛陽都先後成為佛教的中心，雲岡與龍門的石窟，以北魏皇帝面貌刻畫佛像，「帝王即如來」的思想已傳遍開來。這些華北的景象，不斷地衝擊著梁武帝。

江南的佛教從東晉後期釋慧遠（三三四—四一六）在廬山東林寺傳教以來，迅速而廣泛的發展（參見本書第十一章）。當時有和尚該不該禮敬皇帝的爭議，慧遠提出有名的〈沙門不敬王者論〉，認為佛門的世界與世俗的世界不同，世俗信徒須敬拜皇帝，但出家和尚則不須向君王敬拜，對當時有很大的影響。梁武帝當然不希望他的統治只限於世俗，因此他「捨道歸佛」，領導「建康教團」，進行弘佛、護法、譯經、編纂、注經等工作。天監十八年（五一九）更親受菩薩戒，宣揚「皇帝菩薩」的理念，也就是說皇帝就是人間的菩薩，如此梁朝的權威更加提升，同時皇帝也可統治包括世俗與佛門兩個世界。

武帝為了要實踐此一理念，甚至四次「捨身」同泰寺，脫下皇帝龍袍，穿上僧衣在寺中做奴僕。其過程大致是：武帝前往同泰寺，召集僧俗眾人舉行大型法會。接著，武帝脫去皇袍、穿上法衣，拋棄世俗身分，在佛寺服雜役並講解佛經，然後群臣帶著一億萬錢贖回捨身的武帝。武帝拒絕兩次，第三次才答應還俗。接著，武帝再度召集大型法會實施大赦、改元，象徵著皇帝重獲新生，世界萬象更新，藉此增加人民百姓對國家的向心力。事實上，當時的北朝也常採取利用佛教來鎮護國家的政策，武帝對佛教的癡迷，也有南北競爭的戰略意義。

## 梁武帝的失政

然而，皇帝「捨身」亙古所未有，真是駭人聽聞，崇佛成為全民運動，南朝佛教至此達於鼎盛。據載東晉時全國佛寺有一千七百六十八所，梁時則增至兩千八百四十六所，僅京師建康就有佛寺五百餘所、僧尼十餘萬人。全國僧尼道士以及他們所收養隱匿的徒眾，幾占戶口的一半，都不負擔賦役，不但國家財政蒙受巨大的損失，也會加重一般百姓的負擔。而從佛寺把武帝贖回的「贖金」，又是一筆巨額的開銷，國庫因而日益拮据。不僅如此，武帝沉溺佛事後，荒於政事，寵倖之風又起。中書舍人朱異當權，報喜不報憂，國家社會已深埋許多隱患。

武帝另一項重大的失政，是對宗室大臣過度地放縱。武帝仍然以宗室子弟出鎮各州，但不像宋齊諸帝的猜忌與處處壓制，反而縱容他們貪污犯法。武帝早年無子，收其六弟蕭宏子蕭正德爲養子，後來長子蕭統出生，武帝即位後立爲太子（昭明太子），引發蕭正德的怨憤，常常違法犯紀、公然殺人劫財，武帝也不加處分。蕭正德甚至一度投奔北魏，未受重用才又回來，武帝也未加嚴懲。臨川王蕭宏貪污斂財，積滿倉庫百餘間，被告發可能暗藏兵器。武帝前去抽查，發現倉庫都堆滿著錢財寶物，沒有兵器，大爲放心，只笑著說：「阿六，你生活還眞不錯喔！」武帝對宗室公卿雖然放縱，但對平民百姓卻極嚴苛。武帝修訂法律，使刑律較爲完備，但卻「急於黎庶，緩於權貴」、「百姓有罪，皆案之以法。其緣坐則老幼不免，一人亡逃，則舉家質作」（《隋書·刑法

圖 6-4　昭明太子像。臺北國立故宮博物院提供。

志》）。這種法律必然加深相對剝奪感，民怨積深，社會更有大量人民流亡的現象。有一次，散騎常侍賀琛上諫，指出許多政治社會的弊端，武帝卻很不服氣地一一加以駁斥，意思是：像我這麼好的皇帝，去哪裡找啊？依然自我感覺良好。

## 四、侯景之亂與江陵之變

### 「侯景之亂」與武帝之死

太清二年（五四八）八月，來自東魏的降將侯景在壽陽舉兵叛梁，釀成梁末的「侯景之亂」，連鎖反應造成梁朝的滅亡、陳朝的建立。

北朝自北魏末年的六鎮之亂（五二四）後陷入動盪，至梁中大通六年（五三四）分裂成高歡掌權的東魏與宇文泰掌權的西魏。侯景（五〇三—五五二）是高歡的重要武將，出身於懷朔鎮下級官吏的鮮卑化羯人，輕微跛腳，騎射非其所長，但學兵書、好謀略，雖不如匈奴貴族劉淵的文武全才，但也已不像羯胡石勒是文盲奴隸，他在北魏末年的動亂中崛起，高歡讓他領兵十萬駐守河南十四年。太清元年（五四七）高歡死，子高澄繼承掌權，欲調回侯景，收奪他的兵權，侯景於是叛東魏，以河南十三州之地投附梁國。梁武帝得知後大喜，派侄兒貞陽侯蕭淵明督軍接應，不料後來侯景與梁軍都兵敗，蕭淵明還被東魏俘虜，侯景只率步騎八百人突圍來奔，武帝眞是偷雞不著蝕把米，只好以侯景爲南豫州刺史，鎮守壽陽。

不久，東魏高澄向梁提和親以恢復和好關係，侯景擔心被出賣，乃僞造東魏的書信提條件試探武帝：以貞陽侯蕭淵明交換侯景。武帝誤以爲眞，回信說：「貞陽旦至，侯景夕反。」侯景看到回書後，向左右說：「我知吳兒老公（武帝）薄心腸。」侯景又向武帝請求做媒於王、謝，武帝說：「王、謝門高非偶，可於朱、張以下訪之。」侯景感覺被羞辱又被出賣，遂決定叛梁。侯景探知臨賀王蕭正德向來對武帝不滿，於是以擁戴蕭正德爲帝做條件，取得蕭正德做內應，率領一千名士兵起事，以「清君側」剷除奸佞朱異爲名，快速直攻建康。武帝聞訊後不以爲意，以第六子蕭綸統率諸軍北討，而以蕭正德都督京師諸軍，護衛建康城。孰料侯景軍隊來到長江北岸時，蕭正德用大船接濟侯景渡江，又引導侯景進入建康城，包圍皇宮所在的臺城。這一突如其來的攻擊，讓近五十年未受到戰火波及的京師，立刻陷入一團混亂。

當時十八歲的顏之推，在湘東王蕭繹底下任參軍，後來在他的著作《顏氏家訓．涉務篇》裡記載：「梁世士大夫，皆尙褒衣博帶，大冠高履，出則車輿，入則扶侍，郊郭之內，無乘馬者」，「及侯景之亂，膚脆骨柔，不堪行步，體羸氣弱，不耐寒暑，坐死倉猝者，往往而然。建康令王復，性既儒雅，未嘗乘騎，見馬嘶歕陸梁，莫不震懾，乃謂人曰：『正是虎，何故名為馬乎？』」可見梁代在長久和平歲月下的文弱風習。

侯景的兵力本來很單薄，但他以剷除奸佞朱異為號召，又批評王公貴族對平民的剝削，儼然以改革者的形象出現，引發民眾的共鳴，因此對梁朝國政不滿的民眾，並不排斥他是來自北方胡族的身分，反而紛紛加入他的陣容。此時的武帝已八十六歲了，臺城內的防務主要由太子蕭綱（武帝第三子，中大通三年（三五一））昭明太子蕭統死後繼立），以及名將羊侃指揮負

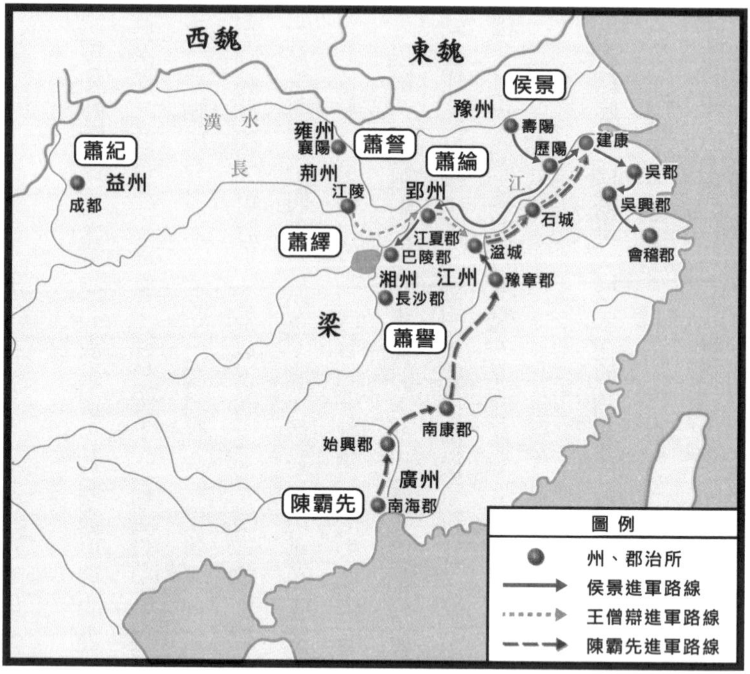


圖 6-5　侯景之亂示意圖。

責，但不久羊侃就病逝了。《資治通鑑》載：「初，閉城之日，男女十餘萬，擐甲者二萬餘人；被圍既久，人多身腫氣急，死者什八九，乘城者不滿四千人，率皆羸喘。橫尸滿路，不可瘞埋，爛汁滿溝。」城外景象一樣悲慘，侯景爲了攻城，驅迫士人及百姓修築土山，「不限貴賤，晝夜不息，亂加毆棰，疲羸者因殺以填山，號哭之聲動天地」，又縱容士兵掠奪糧食，民間缺糧，餓死一半以上。

臺城之圍從十月二十四日，到翌年三月十二日，共一百三十餘日。城破之時，城內只剩二、三千人。《梁書．侯景傳》載：「初，城中積屍不暇埋瘞，又有已死而未斂，或將死而未絕，景悉聚而燒之，臭氣聞十餘里。尚書外兵郎鮑正疾篤，賊曳出焚之，宛轉火中，久而方絕。」

當侯景包圍臺城時，各路來勤王的軍隊有十餘萬人，都聚集在建康城外圍，但各路援軍「互相猜阻，莫有戰心」，被推舉爲大都督的柳仲禮，「唯聚妓妾，置酒作樂」，意存觀望，不願出戰。等到臺城被攻陷之後，侯景假詔解散各路援軍，各路援軍竟接受假詔而散去。

起初侯景如約擁蕭正德爲帝，但攻破臺城之後就將他縊殺。梁武帝遭侯景軟禁，二個多月後被活活餓死，臨死前口內苦澀，懇求喝一口蜜水，卻沒有獲得同意。太清三年（五四九）五月蕭綱繼位，史稱簡文帝，實際上只是侯景的傀儡。侯景強娶了簡文帝的十四歲女兒溧陽公主，又矯詔自命爲相國，加封自創的「宇宙大將軍、都督六合諸軍事」。簡文帝看到詔文，嚇了一跳說：「將軍乃有宇宙之號乎！」。「宇宙」一辭來自《淮南子》，宇指空間，宙指時間，「六合」即天下，也就是「時空大將軍、都督天下諸軍事」，可說狂妄至極。

## 侯景敗亡與梁元帝即位江陵

梁武帝沿襲宋、齊政策，重要的州鎮都由宗室諸王出鎮，不同的是，武帝未猜忌宗室諸王，而且諸王長期久任，形成龐大的勢力。可是，臺城被圍之時，出鎮的諸王宣稱來救援，實際上都觀望不前，已各自在圖謀帝位。武帝逝世的消息傳開之後，宗室諸王的軍隊就展開皇位爭奪戰。

荊州刺史湘東王蕭繹，以湘州刺史河東王蕭譽未配合軍糧做藉口，派兵殺蕭譽。蕭譽弟雍州刺史岳陽王蕭詧，救蕭譽失利，遂向西魏求援，於是西魏派軍進入襄陽。蕭繹又派大將王僧辯率水軍東下，打敗討伐侯景的盟主蕭綸，蕭綸逃到江北，被西魏將領普六茹忠（楊忠）所殺，蕭繹取代蕭綸爲盟主。

侯景挾制簡文帝之後，派兵攻占吳郡、吳興、會稽等郡，江南最富庶的三吳地區慘遭蹂躪。不久，江南又出現前所未有的大饑荒，「旱蝗相係，年穀不登。百姓流亡，死者塗地」、「於是千里絕煙，人跡罕見，白骨成聚如丘隴焉」，南朝的繁華，一去不回。

大寶二年（五五一）八月簡文帝被廢，不久被殺，侯景另立蕭棟（蕭統之孫）爲帝。十一月侯景篡立，國號漢。侯景的軍師王偉請立七廟，侯景問什麼是七廟？王偉答是天子七代祖先的廟，侯景說只知道父親的名字叫侯標，再上一代就不知道了，還說父親已遠葬在朔州（內蒙古和林格爾），不會來到這裡享食，惹得眾人大笑。有侯景的同鄉說，侯景的祖父名叫乙羽周，於是王偉只好替侯景瞎編了一系列的祖先。

大寶三年（五五二）二月，蕭繹派王僧辯率荊州軍討伐侯景，陳霸先從廣州率軍北上會合，進軍建康。三月，盟軍攻克建康城，侯景在逃亡途中被部下所殺。侯景的遺體被鹽醃運回建康後，頭被砍下來送到江陵，身體則曝屍於市，市民爭相分食其肉，其妻溧陽公主也分食了一塊肉。

王僧辯在攻建康城之前，曾向蕭繹請示，要如何對待蕭棟等皇室，蕭繹回覆說：「六門之內，自極兵威。」意思是說可以放手殺戮。但王僧辯不

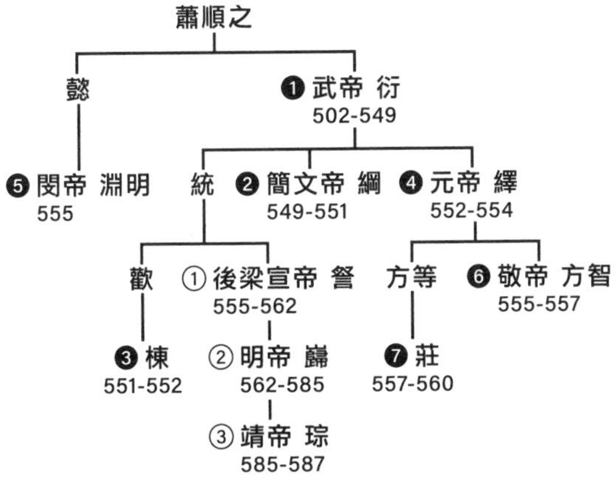


圖 6-6 蕭梁帝系圖。

願背負弒君罪名，結果蕭繹另密諭朱買臣弒殺蕭棟。建康人民期待「王師」已久，聽說王僧辯的軍隊來到，「老小相扶競出」迎接，沒想到王僧辯竟「縱兵蹂掠」，「號叫之聲，震響京邑，於是百姓失望」。當時的人都認爲：「王師之酷，甚於侯景」，可說荒唐、諷刺至極。荊州軍進入宮內以後，財物洗劫一空，還放火把宮殿燒了，這次浩劫造成「都下戶口百遺一二」的荒涼景象。（《南史．侯景傳》）

四月，雄據益州十六年的武陵王蕭紀在成都稱帝，率水軍沿江而下攻江陵，荊州刺史蕭繹派使者向西魏請求救兵。西魏宇文泰趁機南下，攻占益州，據有關中的西魏更爲強大了。蕭紀失去了後方根據地後，將士已無心應戰，後來兵敗被蕭繹的軍隊殺害。

十一月，蕭繹稱帝，由於建康及三吳之地早已殘破不堪，而且荊州軍入建康時的蹂掠惡行，招致人民的反感，蕭繹左右親信又都是荊州人，因此蕭繹未到建康，而是在江陵即帝位，史稱梁元帝。然而，此時梁國已是一片殘破，江北諸郡多已被北齊侵占，梁、益、雍三州又被西魏所掠奪，嶺南也被蕭勃所割據，史書說：「文軌所同，千里而近，人戶著籍，不盈三萬。」（《南史．梁元帝紀》）

## 「江陵之變」與梁的滅亡

梁元帝蕭繹未即位前，爲討好西魏曾向西魏稱臣求和，甚至請西魏進軍益州，夾擊蕭紀。蕭繹稱帝之後對西魏不再卑屈，還向西魏要求歸還梁、益、雍三州之地，引起西魏宇文泰的不滿，在襄陽已爲西魏附庸的岳陽王蕭詧，又向西魏請兵進逼江陵。

承聖三年（五五四）九月，宇文泰派万紐于謹（于謹）率領五萬大軍南侵江陵，此時元帝的主力軍，由王僧辯率領駐守建康，鎮撫長江下游，陳霸先的軍隊則駐守京口防北齊，因此來不及西上救援。西魏大軍快速推進，十一月就攻陷了江陵。城破之時，梁元帝蕭繹命人放火焚燒宮內收藏的十四萬卷圖書，其中包括蕭繹個人的珍藏，還有從建康爲避兵災而搬移到江陵的八萬卷書。蕭繹看著大火，瘋狂地叫喊「文武之道，今夜盡矣」，然後投降。

梁武帝蕭衍與諸子都很有文采，他和長子蕭統、三子蕭綱、七子蕭繹，在文學史上被稱爲「四蕭」，可媲美於曹操父子的「三曹」。「四蕭」之中又以蕭繹文學成就最高。蕭繹從小體弱多病，十四歲時患眼疾，久治無效，竟至一目失明，因而有強烈的自卑。侯景平後，原本蕭繹要赦免侯景的謀主王偉，有人拿王偉的檄文譏笑蕭繹一目給他看，蕭繹大怒，「釘其舌於柱，剜腹、臠肉而殺之」。蕭

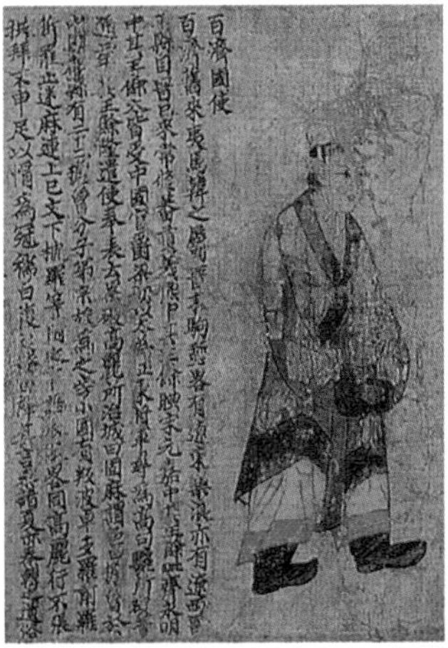


圖 6-7　〈梁職貢圖〉（局部）。
Public domain, via Wikimedia Commons.

繹天資極高，博總群書，下筆成章，又擅長繪畫。他畫的〈梁職貢圖〉，描繪當時域外各國來朝的景象，爲傳世最早的「職貢圖」，今有北宋摹本的殘卷。此外，他在書法、音樂、醫學、天文、曆法等方面，也都有很深的造詣，學問博大精深，可謂曠世天才。後來有人問他爲什麼要焚書？蕭繹回答說：「讀書萬卷，猶有今日，故焚之。」這次的文化大浩劫，歷史上稱之爲「江陵焚書」。不久，梁元帝被殺，史稱「江陵之變」，梁朝已實質滅亡。

梁武帝想用骨肉恩愛來化解骨肉相殘，在他生前確實沒有發生骨肉相殘，可是他一死，立刻重現骨肉相殘，而且成爲梁朝滅亡的主要原因之一，難道骨肉相殘眞是南朝歷史無法克服的宿命嗎？

西魏挑選江陵百姓男女十餘萬人，分賞將士作奴婢，驅歸關中。小弱者都被屠殺，留下江陵空城給傀儡蕭詧作梁國的都城，史稱後梁，這一附庸國直到隋文帝滅陳之前才被廢除（五八七）。另一方面，王僧辯與陳霸先在建康立梁元帝子蕭方智爲帝。不久，王僧辯迫於北齊的壓力，改立北齊送還的蕭淵明。陳霸先反對無效，遂襲殺王僧辯，又領兵擊退南侵的北齊軍隊，最後受禪建立陳朝，梁朝正式滅亡，國祚五十五年。

侯景攻占建康之時，吳姓士族多向東避逃三吳鄉野，僑姓士族則多向西投奔江陵的蕭繹。江陵淪陷之後，這批僑姓士族大多被西魏俘虜到關中，因此江陵之變是導致南朝僑姓士族沒落的關鍵性事件，殘留的僑姓士族在陳朝的勢力已大不如前。被俘入關中的僑姓士族有著名的大文學家王褒，還有《顏氏家訓》的作者顏之推等人，另外有先前出使西魏而被扣留的大文學家庾信。

當時正是天寒地凍的十二月，江陵的十幾萬俘虜被扣上腳鏈，翻山越嶺徒步走向關中，天空白雪紛飛，地上屍體遍野。北宋李昉等人編纂的類書《太平廣記》，摘錄了顏之推所撰《還冤記》裡的一段悲慘故事：

> 江陵陷時，有關內人梁元暉，俘獲一士大夫，姓劉。此人先遭侯景喪亂，失其家口，唯餘小男，始數歲。躬自擔負，又值雪泥，不能前進。梁元暉監領入關，逼令棄兒。劉甚愛惜，以死為請，遂彊奪取，擲之雪中，杖棰交下，驅蹙使去。劉乃步步迴顧，號叫斷絕。辛苦頓斃，加以悲傷，數日而死。（卷一二〇〈江陵士大夫〉）

這只是數不完的慘劇之一。這些俘虜只有十分之二、三能倖存，到關中之後，大多在西魏、北周的王公底下當奴隸，直到晚年都還難以恢復自由之身。

顏之推和家人倖存到了關中，聽聞北齊與梁的新朝廷講和，將放回俘虜。於是趁機偷跑到黃河岸邊，利用河水暴漲時，賭命帶著妻小乘坐小船順流而下，一夜之間由陝縣（河南三門峽市靈寶市）直達約兩百公里外的河陰（河南孟津縣），竟然成功逃亡到了北齊。可是此時南方已建立陳朝，陳與北齊交惡，顏之推未能如願地回到江南，只好留在北齊。

北齊被北周滅亡後，顏之推又被遷入關中，後來隋文帝楊堅又篡北周。顏之推一生經歷四個王朝，寫了〈觀我生賦〉描寫一生所見的苦難；又寫了《顏氏家訓》，其中說被掠到關中的俘虜，「雖百世小人，知讀論語、孝經者，尚為人師；雖千載冠冕，不曉書記者，莫不耕田養馬」（《顏氏家訓．勉學篇》），以此告誡家人，學問在苦難歲月中的重要性。

## 五、「開山撫蠻」與陳霸先的興起

代梁而起的陳朝，其開國君主陳霸先崛起於遙遠的嶺南，這是前所未有的大事。要了解這一歷史現象，必須再回顧漢族與南方土著關係的演變。

### 百越與南蠻

春秋時代，江南有越國，強大之後曾北上爭霸，後來滅於楚國。戰國以來，北方華夏人群泛稱東南沿海地區的人民為越，由於越的族類太過於複雜，於是又有「百越」一詞；秦漢以後又有東越、南越、駱越等與越人有關的國名或族名；到東漢末年，出現「山越」一詞，泛指江南地區的非漢土著民族。孫吳在江東立國，即面臨到山越的反抗，因而有大規模的征討山越，搜捕山越人民，「彊者為兵，羸者補戶」，這在本書第二章孫吳部分已有論述，不再贅言。西晉以後幾乎沒有山越的記載，這並不是「山越」全部被殺光或全部被漢化了，而是漢人改以其他名稱稱呼江南的非漢土著。

先秦時期史籍所見的蠻，大多與夷、戎、狄同是四方異族的一種通稱，戰國以後才漸與方位配合，有所謂東夷、西戎、南蠻、北狄之稱。但西漢司馬遷的《史記．匈奴列傳》稱匈奴為「北蠻」，可見到漢代「蠻」仍然未專指南方民族。不過，隨著年代推移，蠻被用來泛稱中國南方異族的概念逐漸普遍，《後漢書．南蠻傳》主要記載盤瓠蠻、廩君蠻、板楯蠻等長江中、上游的異族。

總之，越與蠻都不是一個民族。兩漢以前，長江以南廣大地域的人群，有時泛稱之為南蠻，有時泛稱之為百越，有時混稱為「蠻越」。三國時期，與孫吳衝突最嚴重的是江南核心地域的山越；東晉南朝時期，與漢族政府衝突最嚴重的是長江中游地域的各種蠻。正如孫吳大規模的討伐山越，南朝政府也都大規模的討伐長江中游的各種蠻。這些衝突的背後，代表著漢族勢力對南方土著民族的侵奪。

## 南朝的「開山撫蠻」

今日中國人對非漢族，都稱之為少數民族，但以南朝時期而言，當時被稱之為蠻的非漢族土著，其總人口數是遠多於漢族的。《魏書．蠻傳》記載江淮之間的蠻：「江淮之間，依託險阻，部落滋蔓，布於數州，東連壽春，西通上洛，北接汝潁，往往有焉。」自劉淵石勒起兵後，「諸蠻無所忌憚，故其族類，漸得北遷，陸渾以南，滿於山谷，宛洛蕭條，略爲丘墟矣」，沈約在《宋書．夷蠻傳》記載劉宋在漢水流域搜捕蠻民達數百萬人，或許有所誇張，但可以想像其總人口數必相當可觀。

不過，「蠻」的族類非常複雜，當時人已很難清楚分辨其差異，因此史籍對蠻族的記載，最常用的稱呼是在蠻字之上加州郡地名或山川水名，如「武陵蠻」指武陵郡的蠻，「五溪蠻」指洞庭湖以南五條溪水地域的蠻。由於蠻所處地域多山川沼澤，部落鬆散，缺乏強而有力的政治組織，小部落的種族意識難以發展成跨部族意識，面對漢族優勢的武力，形同烏合之眾，結果多難以擺脫被漢族統治的命運。南朝政府對各地蠻族土著的統治，大致延續秦漢以來的羈縻政策，冊封蠻族君長、優遇稅賦、鼓勵通婚、徙民、興建學校、改風俗等等。爲了更有效進行穩固統治以及經濟開發，採取設置專門的軍事征討機構與職官，如蠻府與諸蠻校尉，以及左郡、左縣等特別行政區。

正如孫吳對山越的征討是爲掠奪人口與土地，南朝時期也是透過不斷的征討蠻族，以掠奪人口、土地與各種礦產資源。宋齊時期的征蠻戰役，主要集中於長江中游地區，沈約在《宋書．夷蠻傳》記載：「自江漢以北，廬江以南，搜山盪谷，窮兵罄武，繫頸囚俘，蓋以數百萬計。至於孩年耋齒，執訊所遺，將卒申好殺之憤，干戈窮酸慘之用，雖云積怨，爲報亦甚。」宋文帝元嘉年間的征蠻慘況可見一斑。

## 陳霸先從嶺南的崛起

宋齊時期，華中地區的統治已經穩固了，梁朝時期逐漸將征蠻事業，加強擴展到華南的嶺南地區，這就是陳霸先從嶺南興起的背景。

陳霸先（五〇三—五五九），出生於吳興（浙江湖州市），是江南核心的所謂三吳地區，吳人的聚集地。史書說他的先世是潁川人，東晉咸和年間（三二六—三三四）土斷後成爲吳興人，但史書未見任何與咸和土斷有關的記載，因此有學者認爲可能是陳霸先興起之後杜撰的。不論如何，陳霸先出身於吳人核心地域，與劉裕、蕭道成、蕭衍等出身於京口、晉陵等僑人聚集地區，有很大的不同。

陳霸先幼年家境貧寒，卻好讀兵書，年輕時在鄉里當小吏，受到吳興太守新喻侯蕭映的賞愛。蕭映出任廣州都督後，陳霸先追隨到嶺南，任中直兵參軍，負責鎮壓土著叛變，以軍功被提升爲西江督護、高要太守。當時嶺南的土著被稱爲「俚」或「俚獠」，西江督護則是劉宋末年爲加強控制嶺南而設的軍官，因此，陳霸先就是位居征討嶺南土著俚獠的最前線。後來助陳霸先開國的重要武將，如沈恪、胡穎、杜僧明、周文育、杜稜、徐度等人，也都和陳霸先類似，是出身於三吳地域的貧寒之家，而到遙遠的嶺南參與征討土著俚獠而建功立業的。

梁武帝大同七年（五四一），嶺南交廣地區爆發大規模的動亂，交趾郡豪族李賁因不滿交州刺史武林侯蕭諮刻暴百姓，鼓動數州豪族舉兵叛變。這一動亂因梁的討伐軍內訌而不斷擴大，直到太清二年（五四八）三月，才由陳霸先領兵加以平定。梁武帝為了獎賞陳霸先，特地派畫師去為他畫了肖像，並擢升他為振遠將軍，加督七郡諸軍事，成為嶺南地區最有實力的將領。

## 陳朝的建立

就在陳霸先平定李賁之亂的這年八月，侯景在壽陽舉兵叛梁，廣州刺史元景仲與侯景勾結，陳霸先殺元景仲，迎定州刺史蕭勃鎮廣州。大寶元年（五五〇）正月，陳霸先率領大軍北上討伐侯景，沿途打擊阻擾的土豪蔡路養、高州刺史李遷仕，但也招收許多非漢族的勢力，如歐陽頠、侯安都、冼夫人等嶺南及灨江流域的土豪酋帥。大寶二年（五五一）八月，陳霸先的軍隊來到巴丘（江西峽江縣），準備再北上與荊州軍將王僧辯會師，當時擁有甲士五萬、強弩五千張、舟船二千乘、軍糧五十萬石。荊州軍缺糧，陳霸先還以三十萬石米資助，顯示他的軍團實力雄厚。

大寶三年（五五二）正月，陳霸先從豫章（江西南昌）出發，二月與王僧辯在白茅灣（江西九江市東北）登壇約盟，誓討侯景。兩軍會合後勢如破竹，快速地進攻建康，三月攻克建康，四月侯景兵敗被殺。陳霸先軍功卓著，成為與王僧辯並列最有實力的將領。梁元帝在江陵即位，命王僧辯鎮守建康、陳霸先鎮守京口。

江陵淪陷之後（五五四），陳霸先與王僧辯共迎梁元帝子、晉安王蕭方智爲帝。北齊則派遣軍隊護送貞陽侯蕭淵明南返，利誘王僧辯擁戴蕭淵明，陳霸先極力反對，但無效。紹泰元年（五五五）九月，陳霸先率領十萬大軍，對王僧辯發動奇襲，殺王僧辯，復立晉安王蕭方智爲帝，陳霸先遂掌握朝廷實權。此舉引發北齊大軍南下，進犯建康，江南人民大恐慌，熱烈支持陳霸先抗敵，紛紛用荷葉包飯夾鴨肉犒軍，終於擊潰北齊大軍，陳霸先的聲望因而達到最高點。太平二年（五五七）十月，陳霸先受禪稱帝，國號陳，史稱陳武

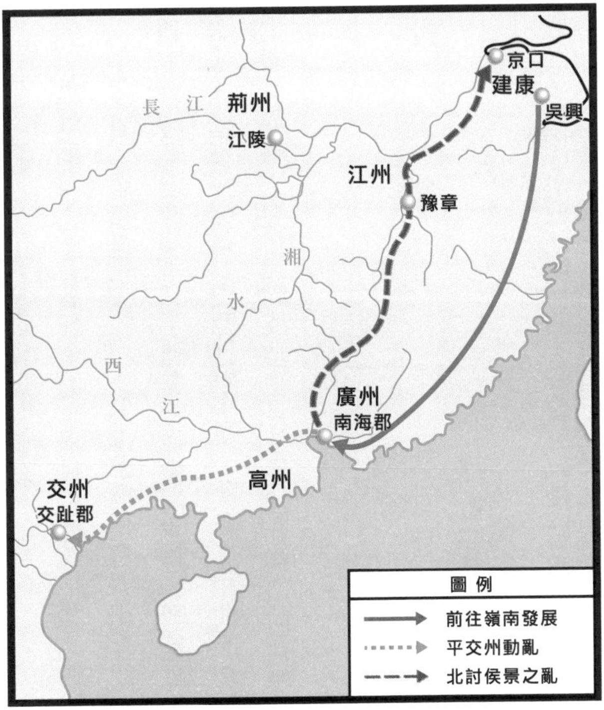


圖 6-8　陳霸先興起示意圖。

帝（五五七－五五九在位）。翌年四月，陳霸先派人殺害禪位的蕭方智。

陳霸先從貧寒之家到建立陳朝，歷經艱難、結合各種勢力，但最主要的根基，無疑地是來自嶺南所培植的實力。東晉以來，長江上游荊州勢力，與下游揚州勢力相互制衡，宋、齊憑下游的武力立國，梁則賴上游的武力興起。到了陳霸先從嶺南竄起，則是政治格局的一大改變，而這一改變的源頭，乃是梁代對嶺南的征蠻事業。陳霸先和他的功臣武將，都是前往嶺南參與征討俚獠土著而崛起，陳霸先的成功也是依靠他在嶺南所蓄積的雄厚實力。

# 六、陳朝的政權性格與弱點

## 陳朝的政權性格

由於陳霸先從嶺南興起，吸收許多嶺南及灨江流域的土豪酋帥，後來又有一些土豪酋帥支持陳政權，這些土豪酋帥可視爲是廣義的蠻族，因此有學者認爲陳朝是南方蠻族所建立的政權。不過，這種說法實際上有很多是誤解。

東晉南朝雖然不斷地推展征蠻事業，但對江南土著社會的統治仍然難於達到基層，尤其是遠離都會交通要地的偏遠地帶，多由蠻族的土豪酋帥擔任郡太守、縣令，實施羈縻統治。梁末的大動亂，中央政府崩潰，各地的土豪酋帥紛紛興起，史書記載當時的情況是：「梁末之災沴，群凶競起，郡邑巖穴之長，村屯鄔壁之豪，資剽掠以致彊，恣陵侮而為大。」因此，平定侯景之後，江南實際上是由各地的土豪酋帥所割據。

這些乘亂興起的土豪酋帥，確實有一部分支持陳霸先創建陳朝，如前述陳霸先在嶺南、灨江流域吸收的歐陽頠可能為俚族或溪族酋帥，侯安都、冼夫人都是俚族酋帥。然而還有更多新興起的土豪酋帥，如浙江的留異、福建的陳寶應、江西的周迪、熊曇朗等人都是與陳霸先爭雄的割據勢力，陳霸先對他們也只能安撫與拉攏，直到陳霸先侄兒陳文帝陳蒨在位時（五六〇—五六六）才一一加以剷除。以往認為陳朝是南方蠻族所建立的政權，是把這些敵對割據者誤以為是支持者所致。

眞正創建陳朝政權的核心力量，應該是和陳霸先有類似背景，從三吳地域出身，卻遠赴嶺南參與征討俚獠土著的吳人武將，如吳興出身的錢道戢是陳霸先的從妹婿，陳擬是陳霸先的疏屬，沈恪是陳霸先的老同事，這些人都是與陳霸先一同赴嶺南建功立業；吳興胡穎、廣陵杜僧明、新安周文育、吳郡杜稜等人，則是比陳霸先更早赴嶺南，「出番禺，征討俚洞」、「頻征俚獠有功」的武將。以上這些吳人武將在嶺南鎮壓俚獠土著，身經百戰，他們以親族或同鄉關係，與陳霸先結成緊密的夥伴，在前線衝鋒陷陣，他們才是為陳霸先創建政權的核心力量，在陳朝建立後，也都以開國功臣，身居權力核心要職。

不僅陳霸先的開國功臣多爲吳人，就陳霸先本人也應該是吳人。前述史書說陳霸先先世爲潁川人，後來土斷爲吳興人，可能是附會之說。不論如何，吳興是吳人聚集的核心地域，陳霸先早已與吳人無別，因此一般都把他的社會身分歸爲吳人。唐代許嵩的《建康實錄》記載隋軍攻破建康宮城時，陳後主與張貴妃、孔貴嬪等宮人走避古井中，隋軍搜尋到井邊，要投石入井，井中傳出「如聞吳人叫聲」，於是用繩索把他們拉上來。所謂「吳人叫聲」，應該就是用「吳語」，可見陳朝皇室平時應該是講「吳語」。當時吳人多講吳語，由此推定陳朝皇室很可能是吳人。

總之，陳朝是由吳人寒門武將所建立的政權，這和東晉、宋、齊、梁等政權都是由僑人所主導有很大的不同。僑姓士族在侯景之亂與江陵之變中已遭受重創，吳人勢力則順勢代起成爲政權的核心。只是在東晉南朝數百年的門閥社會風氣之下，殘存的僑姓高門人物也被引爲公卿大臣，尤其是陳霸先駐守京口時期所引用的僑人謀士，在陳初也多擅權勢。至於蠻族的土豪酋帥，雖然在梁末紛紛躍上歷史舞臺，有些甚至爲陳霸先建立不少汗馬功勞，但他們在陳初政壇還處於次要的地位。不過，比起之前的東晉南朝各政權，陳朝具有較濃厚的南方土著色彩，這點也是不可否認的。

## 文帝與宣帝的奮發圖強

陳霸先即位之初（五五七），江北之地多已被北齊占領，西邊四川、漢中地區又已被北周侵奪，江南內部又有許多割據的土豪酋帥，湘州、郢州還有梁元帝的舊屬王琳擁立永嘉王蕭莊，因此陳國的領地非常狹小，陳霸先只能致力於安撫拉攏割據的土豪酋帥。永定三年（五五九）陳霸先逝世，而當時唯一在世的兒子陳昌以及侄兒陳頊，早在陳霸先駐京口時，赴江陵入侍梁元帝，後來都被俘入關中。因此陳霸先死後，另一位侄兒陳蒨被侯安都等大臣擁立繼位，史稱陳文帝。

陳文帝即位後，北周想要給陳國製造內亂，立刻把陳霸先的兒子陳昌放回。天嘉元年（五六〇）二月，陳昌從安陸出發，途中寫信給文帝，「辭甚不遜」，引起文帝的不悅。心腹大臣侯安都說：「自古豈有被代天子？」遂自請前往迎接。結果陳昌在渡漢水時淹死，一般認爲是侯安都下的毒手。

陳文帝在位期間，勵精圖治，剷除各地割據的土豪酋帥，獎勵農桑，興修水利，政治清明，百姓富裕，國力逐漸恢復，當時年號是天嘉，因此有「天嘉小康」之稱。天嘉三年（五六二）陳與北周修好，陳頊順利返國。陳頊是文帝陳蒨的胞弟，相對於陳昌還國不受歡迎而被溺殺，陳頊還國則是受到重用，被授予侍中、中書監等要職。這是因爲陳朝皇室勢力單薄，文帝陳蒨幾個兒子都幼小，只有胞弟陳頊可以幫助皇室鞏固政權。

天嘉七年（五六六）文帝死後，太子陳伯宗（廢帝）繼位，陳頊輔政。次年文帝的親信劉師知等人，謀奪陳頊大權失敗，陸續被誅，陳頊完全掌握實權。太建元年（五六九）正月陳頊篡奪帝位，史稱陳宣帝（五六八—五八二在位）。

宣帝在位十四年，奮發圖強，政權日益穩固。太建五年（五七三）宣帝利用北齊逐漸下衰的時機，聯合北周夾擊北齊，以吳明徹率領十萬大軍北伐，勢如破竹，收復淮南二十七州之地，一時國力達於鼎盛。宣帝北伐的主要目的，只是想收復在侯景之亂以後所失去的淮南地區，並非是要收復中原，因此並未再積極出兵淮北。可是，北周卻乘北齊更加下衰之勢，於太建九年（五七七）一舉攻滅北齊。宣帝見狀再命吳明徹爭淮北，結果在呂梁（江蘇徐州市）大敗，喪師三萬餘人，「陳之銳卒，於是殲焉」。太建十一年（五七九）十月北周再以宇文孝寬（韋孝寬）爲行軍元帥南侵，到十二月，吳明徹北伐所得江北淮南之地，又全部失去了。

陳宣帝舉全國之力北伐，最後結果是損兵折將、消耗國力，民心士氣遭受到嚴重地打擊。所幸太建十二年（五八〇）五月北周天元皇帝駕崩，左丞相普六茹堅（楊堅）忙於奪權、篡位，陳朝暫時得到喘息的機會。

## 陳朝的弱點與滅亡

太建十四年（五八二）陳宣帝抑鬱而終，太子陳叔寶繼位，史稱陳後主（五八二—五八九在位）。陳後主即位之時，整體形勢對陳已非常不利。隋文帝楊堅繼承北周滅北齊後的疆域，對陳已形成包圍之勢，甚至比當年西晉對孫吳的包圍更加險惡。當年孫吳的防線還在長江以北，而今陳已據江而守。因此論者多認爲，陳朝的滅亡只是時日問題。

隋文帝楊堅即位之後，先穩固內部的統治，再處理北方突厥威脅的問題，隨後就處心積慮密謀伐陳。他先以使節交聘爲掩護，鬆懈陳國的防備，然後再用各種騷擾的手段消耗陳的國力。如在秋收之際遣兵擾亂，破壞農收季節，久之習以爲常，使陳國疲於奔命；又派人入陳境縱火焚燒穀倉，等陳人修繕之後又來燒之。這種策略兼具心理戰與消耗戰，陳國不堪其擾，而漸趨困乏。然後隋又在長江上游大造船隻虛張聲勢，以掩護下游的精兵祕密渡江。

相對於隋文帝的密謀伐陳，陳後主則未有警覺。一般史書多著墨於陳後主愛好女色，任用小人，視之爲荒淫昏暴之君。陳後主確實可稱之爲昏君，但如果和劉宋的前廢帝劉子業、蕭齊的東昏侯蕭寶卷等昏暴之君比起來，還只是小巫見

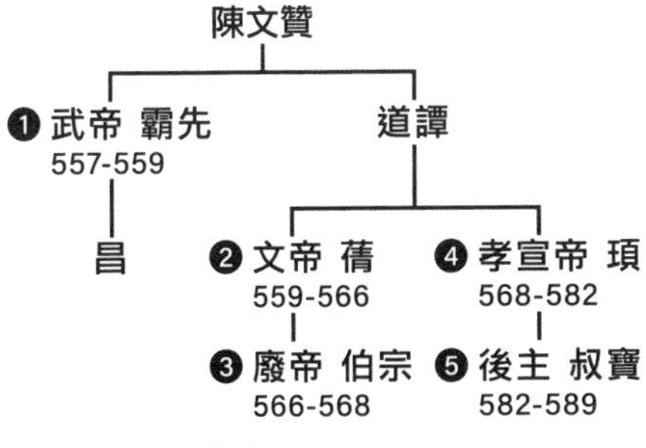


圖 6-9　陳帝系圖。

大巫而已。事實上，陳後主也有許多善政，如屢屢下詔勸農業、求賢才、求直言、減免租稅、恤獄政、禁奢侈繁費等，雖然未必能徹底執行，但也並非一無是處。不過，面對外在的凶險形勢以及內部的弱點，終究成為亡國之君。關於外在形勢的凶險，已如上述，以下再從陳朝滅亡的過程，探討它內部的弱點。

禎明二年（五八八）十月隋文帝以晉王楊廣統率大軍伐陳，號稱五十一萬，實則不超過三十萬。陳國護衛京城的兵力有甲士十萬人，若再加上沿江駐防的兵力，合計約略有二十五萬人，可見雙方兵力相差並不是很懸殊。禎明三年（五八九）正月初一新年之際，大霧四塞，隋軍從廣陵（江蘇揚州市）引兵渡江，除夕夜狂歡未醒的陳人未察覺。渡江之後，隋軍匯聚於蔣山（江蘇南京鐘山）的兵力不滿三萬，陳的十萬守軍本來有絕對的優勢，應可加以殲滅，但陳後主聽信都官尚書孔範的讒言，不採納大將蕭摩訶與任忠的意見，而在蔣山決戰中大敗。大將任忠索性向隋軍投降，隋軍入城，後主被捕，沿江守軍也紛紛投降，短短不到一個月之間，陳國就滅亡了。

陳國滅亡的關鍵，並非由於隋軍有絕對懸殊的優勢，而是陳國君臣自亂陣腳，以致兵敗如山倒，尤其大將任忠迎降隋軍，成為壓倒駱駝的最後一根稻草。任忠是蠻族出身，在後主時代原本長期擔任最高軍職的領軍將軍，位高權重，卻在最後一年無故被貶官，駐守吳興。隋軍渡江後，任忠急速入援京師，向後主建議固守臺城，自己派軍斷敵軍後援。後主要出戰，任忠叩頭苦請勿戰，孔範卻向後主批評任忠：「任蠻奴淮南傖士，語並不可信。」最後卻又因孔範軍隊潰散的拖累，全軍覆沒，難怪兵敗之後的任忠會對朝廷徹底的絕望，負氣轉向迎降隋軍。孔範對任忠的詆毀並非單一事件，而只是陳國文官與武將長期矛盾，同時又歧視土豪酋帥的一個事例。

如前所述，陳朝以吳人武將爲核心，部分非漢族的土豪酋帥也嶄露頭角。到文帝、宣帝時期，開國將領逐漸凋零，土豪酋帥卻以宣帝北伐爲契機逐步竄升，使得朝廷不得不依賴土豪酋帥，擔任中央及邊防的軍事要職。如曾任最高將領的領軍將軍任忠與護軍將軍樊毅，都是蠻族出身的土豪酋帥。但另一方面，朝廷又對這些土豪酋帥不信任，士族文官更百般歧視、排擠他們，以致統治集團之間的矛盾日益擴大。陳朝後期的政局正陷入這種困境，待隋軍南侵，這種內部的弱點充分暴露出來，文武傾軋，文官掩飾軍情，武將處處受到掣肘，終於造成軍事失利，武將憤而降敵。因此史書說陳朝的滅亡是「文武解體，至於覆滅。」（《南史．恩倖司馬申傳》）

相對於宋、齊、梁各朝滅亡多與骨肉相殘有關，陳朝骨肉相殘的問題反而較不嚴重。但是卻由於門閥社會傳統對武將的歧視，以及漢族與土豪酋帥的矛盾，導致隋朝大軍來襲時，土豪酋帥出身的將領無奈地帶頭向隋軍投降，幾百年的江南貴族王朝就這樣滅亡了。

## 南朝政權更替的意義

南朝從劉裕建國（四二〇），到陳後主投降（五八九），一百七十年間歷經了宋、齊、梁、陳四個短命王朝。然而四個王朝的交替，除了梁末侯景之亂有比較大的動盪之外，宋、齊交替與齊、梁交替並沒有太大的動亂，毋寧只是一次比較大的政變而已。換而言之，南朝也可以看做是一個朝代內部四個執政家族的更替。那麼，這四個執政家族的更替有什麼歷史意義呢？

暫且不論權力篡奪過程的殺戮，宋、齊、梁、陳的開國君主都是勤政儉約的好皇帝。劉裕篡位之前，已推行「土斷」等有益國計民生的社會經濟改革，減輕平民百姓的痛苦。即位之後革新政治，選才用人也不限門第，自己生活儉約，「清簡寡欲，嚴整有法度，未嘗視珠玉輿馬之飾，後庭無紈綺絲竹之音」（《宋書·武帝本紀》）；蕭道成「寬嚴清儉」、「從諫察謀」，「即位後，身不御精細之物」、「後宮器物欄檻以銅爲飾者，皆改用鐵」（《南齊書·高帝本紀》）；蕭衍「勤於政務，孜孜無怠。每至冬月，四更竟，即敕把燭看事，執筆觸寒，手爲皴裂。糾姦擿伏，洞盡物情，常哀矜涕泣，然後可奏。日止一食，膳無鮮腴，惟豆羹糲食而已」（《梁書·武帝本紀》）；陳霸先「恒崇寬政，愛育爲本」，「儉素自率，常膳不過數品，私饗曲宴，皆瓦器蚌盤，肴核庶羞，裁令充足而已，不爲虛費」（《陳書·武帝本紀》）。不僅如此，新王朝在政治革新之後，也都開創了一段承平之治，譬如宋文帝的「元嘉之治」、齊武帝的「永明之治」、梁武帝的「天監之治」、陳文帝的「天嘉小康」。

相對的，被推翻的前朝君主不是昏庸無能，就是暴虐無道的皇帝。東晉末年的安帝司馬德宗是一個弱智的白痴皇帝，宗室司馬道子、司馬元顯父子專權，朝政腐敗，激起孫恩之亂；劉宋末年的後廢帝劉昱，「天性好殺」，每次出遊，「民間擾懼，晝日不敢開門，道上行人殆絕」，「或有忤意，輒加以虐刑」，「內外百司，人不自保，殿省憂遑，夕不及旦」（《宋書．後廢帝本紀》）；蕭齊末年的東昏侯蕭寶卷，更是有名的荒唐君主，從小就不愛讀書，「嘗夜捕鼠達旦，以爲笑樂」。即位之後，「委任群小，誅諸宰臣」，「日夜於後堂戲馬，與親近閹人倡伎鼓叫」。每次出遊，「所經道路，屏逐居民」，「數十百里，皆空家盡室」（《南齊書．東昏侯本紀》）。又因任意誅殺大臣，激起大將叛投北魏或起兵造反，最後被蕭衍起兵推翻。

如果以上史書的記載沒有太大的歪曲，就整體的歷史演變來看，南朝政權的更替，是現有的王朝皇室與門閥貴族腐敗到極點之後，新興的實權者得到寒門階層的支持而改朝換代，同時也帶動了政治革新，社會、經濟、文化又得到發展的活力。南朝的歷史就是門閥社會日漸腐敗又不斷革新，促使貴族文化一再開花結果，但終究還是無法避免腐敗。最後經過侯景之亂的摧殘，再遭遇隋朝大軍的進逼，內部矛盾總爆發，江南王朝的命運因而走到了盡頭。

江南從孫吳到南朝，歷經數百年的發展，從秦漢帝國的邊陲，一躍而成爲華夏文化的中心。學者川勝義雄認爲，要不是後來被北方的武力征服，江南財富被隋唐帝國以大運河長期的掠奪，說不定江南的經濟由「中古」邁入「近世」，會比北宋更早幾百年出現。

第七章

# 北魏入主中原與體制變革

華北經過五胡十六國時期的動盪，最後由鮮卑拓跋氏所建立的北魏再度統一（四三九），與南朝形成南北對峙。北魏擺脫五胡國家短命的現象，立國近一個半世紀，尤其在孝文帝親政時期，將都城由山西大同的平城遷到河南洛陽，並全面地推行漢化改革，創造一個超越西晉武帝與前秦苻堅時期的繁榮景象。然而，孝文帝死後二十多年，北邊的軍鎮叛變（五二四），華北再度陷入動亂，北魏已實質滅亡。這段驚濤駭浪的歷史演進，是本章要探討的主題。

## 一、鮮卑「石室」的發現與拓跋氏的興起

### 鮮卑「石室」的發現

拓跋氏在鮮卑部族中，被稱爲北部鮮卑，是東胡民族的北邊部落。約在東漢以後先南下再西遷到內蒙古草原，在淝水戰後的混亂中崛起建立北魏，到太武帝拓跋燾統一華北，是一段長期又艱辛的歷程。

《魏書・禮志》與《魏書・烏洛侯國傳》，記載北魏太平眞君四年（四四三）有一烏洛侯國遣使朝貢，說該國西北方有一個巨大的「石室」，是拓跋氏祖先的宗廟，太武帝拓跋燾於是派遣中書侍郎李敞帶人前往訪查，後來刻石祭告天地及祖先而返。後代學者對此

一烏洛侯國的所在地，有各種不同的說法，是否眞有此「石室」更引起廣大的討論。西元一九八〇年，中國考古人員在嫩江西岸支流甘河的上源，即大興安嶺北部頂巓的東麓，發現一個被稱爲嘎仙洞的天然石洞。經過清理後，赫然發現岩壁上有北魏使者所刻的祭拜文遺跡，內容與《魏書．禮志》所載的大致相同，證實《魏書》關於此事的記載。

很多學者根據鮮卑石室的發現，認爲該石室所在地即爲鮮卑拓跋氏的發源地。不過，也有學者持保留的看法，認爲鮮卑石室的發現只是證實《魏書》的記載，也解決烏洛侯國的所在地問題，但未必能確證嘎仙洞爲鮮卑拓跋氏的發源地。一來中書侍郎李敞等人到達嘎仙洞後，憑什麼相信該處曾是拓跋氏祖先的宗廟，並沒有說明；其次，一個部落乃至部族的形成，有其複雜的歷史過程，嘎仙洞可能只是某支拓跋家族曾停留之地，未必可推論爲該部族最早的發源地。

不論如何，早期鮮卑拓跋氏的祖先被稱爲北部鮮卑，其中有一支系來自大興安嶺地區，這一點應該是大家都可以接受的事實。

## 拓跋部落聯盟與「代國」

鮮卑族在匈奴帝國強盛時受匈奴所控制，匈奴下衰之後，鮮卑塡補草原的空地，到東漢中期已徙據整個蒙古草原。但各部族組織極爲鬆散，部族領袖稱爲「大人」，並非世

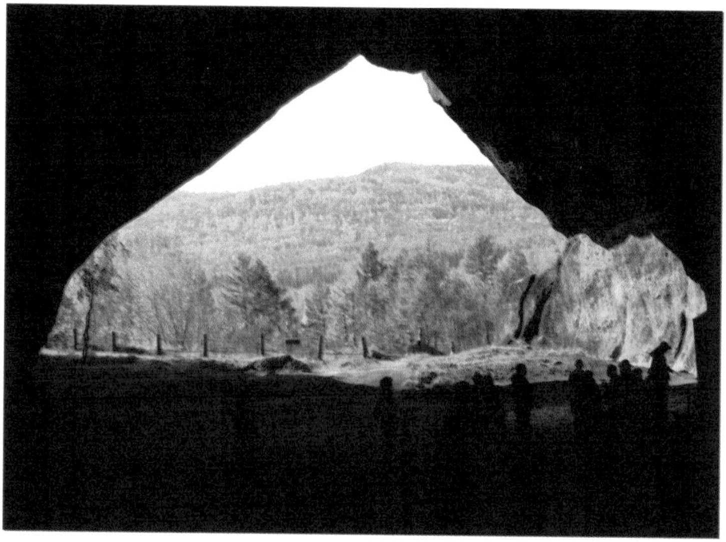

圖 7-1　嘎仙洞外景。壹夜輸拍攝提供。

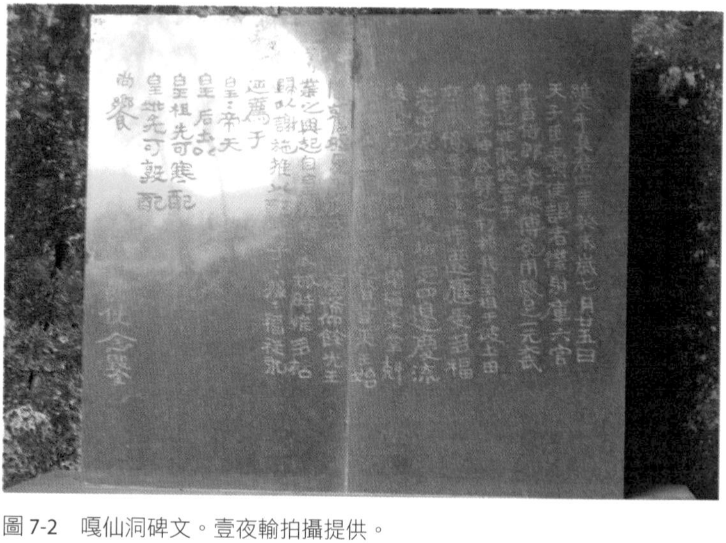

圖 7-2　嘎仙洞碑文。壹夜輸拍攝提供。

襲，而是由部民推舉勇健者任之，「氏姓無常，以大人健者名字爲姓」（《後漢書·烏桓鮮卑列傳》），也就是以大人的名字做爲該部族成員的姓。

東漢末年有一位叫檀石槐的領袖，建立一統的鮮卑部落聯盟，但不久又分裂爲幾個比較大的部族：東邊有慕容部、宇文部、段部；西邊有禿髮部、乞伏部、吐谷渾部，中間則有拓跋部。各部族的首領「大人」，由推舉開始轉變爲世襲，如慕容氏成爲慕容部的領導家族，拓跋氏成爲拓跋部的領導家族。

西元二二〇年，也正是曹丕篡漢這一年，拓跋力微（二二〇—二七七在位）成爲拓跋部的首領。在他領導的時期，拓跋部進入所謂的「匈奴故地」，即漢代的五原郡（內蒙古包頭市西），勢力發展到有兵二十多萬。曹魏甘露三年（二五八）力微將根據地遷徙到盛樂（內蒙古和林格爾），並在西郊舉行祭天典禮，「諸部君長皆來助祭」，成立拓跋部落聯盟。拓跋部成爲各聯盟部族的領袖，控有南到平城，北到陰山的領域，開始在歷史上嶄露頭角。景元二年（二六一）力微派兒子拓跋沙漠汗到曹魏做人質，各部族長深忌沙漠汗受漢人影響，殺沙漠汗（二七七），各部離散，力微憂憤而死，局勢陷入一段混亂時期。

西晉末年，匈奴族劉淵起兵後，并州刺史劉琨曾尋求拓跋部的協助，牽制劉淵的發展，爲表酬謝，西晉封授拓跋部的首領拓跋猗盧爲大單于、代公。建興三年（三一五）猗盧再受晉封爲代王，此後史籍稱拓跋部落聯盟爲「代國」。

拓跋猗盧因重用漢人，招致各部族的不滿。建興四年（三一六）猗盧被其子所殺，拓跋部又陷入紛爭不斷。後來由後趙扶持的拓跋翳槐、拓跋什翼犍（三三八—三七六在位）相繼爲代王，代國才又強盛起來。什翼犍在位長達近四十年，他設置百官、制定法律，國家規模更加完備；再修築盛樂新城，東晉咸康六年（三四〇）定都於盛樂。由於中原有勢力強大的前燕與前秦，什翼犍轉而向草原發展，征討高車（又稱丁零、敕勒、鐵勒）部落。東晉太和二年（三六七）又大敗匈奴鐵弗部的劉衛辰，稱霸草原。東晉太元元年（三七六）劉衛辰向前秦求援，此時正是前秦苻堅實力最強大的時候，乃派三十萬大軍征討什翼犍，年邁的什翼犍無力抵抗，節節敗退，拓跋部落聯盟瓦解，什翼犍在內亂中被庶子拓跋寔君所殺，前秦趁機滅代國。

## 二、北魏的建國與部落解散

### 北魏的建國與壯大

淝水戰後，前秦帝國瓦解，拓跋部的殘餘勢力擁立什翼犍的孫子拓跋珪（三七一—四〇九）復國。北魏登國元年（三八六）正月，十六歲的拓跋珪在牛川（內蒙古興和縣）大會諸部，即位爲代王，二月再移都到盛樂，四月改稱魏王，國號爲魏，史稱北魏。

北魏建立之初，四周強敵環伺：北有賀蘭部，南有獨孤部，東有庫莫奚部，西邊河套一帶有鐵弗部，陰山以北有柔然和高車，太行山以東有後燕、以西有西燕。後來在拓跋珪的勵精圖治下，國勢逐漸復興，又運用縱橫捭闔的手段，逐次翦除強敵。尤其登國十年（三九五）北魏軍隊在參合陂（內蒙古涼城縣）斬殺後燕軍隊數萬人，逐漸取代後燕成爲華北最強大的國家。

皇始三年（三九八）北魏攻克後燕都城中山（河北定縣），又攻占鄴城（河北臨漳縣），取得山西南部及河北地區，與東晉隔河對峙。在分派親信鎮守中山及鄴等要地之後，拓跋珪率師北返。同年七月，遷都平城。十二月，拓跋珪即皇帝位，史稱北魏道武帝。

## 推行「離散諸部」的措施

拓跋氏的發展，從拓跋力微組成的部落聯盟以來，基本上都是一種部族聯合的國家，各部族都保有相當的自主性。只是隨著情勢的變化，各部族有時集結、有時離散，經過反覆的進行，王權逐步提升。在這演變過程中，君主引用漢人貴族做爲政治顧問，成爲重要的推手。什翼犍在位時期，致力於謀求各部族與君主的調和，讓部族大人的子弟多半擔任君主的「左右近侍之職」。

可是到了道武帝拓跋珪的時代，斷然實行「離散諸部」的措施，習稱「解散部落」政策。《魏書．賀訥傳》載賀訥隨從拓跋珪平中原，「其後離散諸部，分土定居，不聽遷徙，其君長大人皆同編戶。訥以元舅，甚見尊重，然無統領。」也就是在拓跋珪進入中原之後，利用其權力達到顛峰之際，推行「離散諸部」的措施。被離散的部族安置在首都平城及其周邊一帶，不准任意移動。以往統領部族的「君長大人」，其統領權被剝奪，與其部族成員一樣，被當成國家的一般人民。即使像拓跋珪的元舅賀訥，也沒有統領部族民了。這一改革措施，讓以往透過「君長大人」而接受間接統治的部族成員，變成直接由皇帝支配。這是由部族聯合國家，邁向統一帝國關鍵性的一步。其重要性有如春秋、戰國以來，廢除封建采邑、改設郡縣，君主直接統治郡縣民。

圖 7-3　北魏武士陶俑。滙圖網提供。

一般認爲，拓跋珪的「離散諸部」措施，讓北魏政權和五胡國家有很大的不同。五胡國家都還保留相當程度的部族國家性質，君主仍然多透過部族長或貴族間接統治部落民。而部族長或貴族掌握相當的部落民，透過軍事分封形成所謂「宗室軍事封建制」，成爲內部動亂的根源。結果造成本書第五章所述「五胡政權多短命」的現象。而北魏能擺脫五胡國家的宿命，正與「離散諸部」措施有密切的關係。

「離散諸部」的改革必然會引起「君長大人」的反彈，爲了化解反對聲浪，北魏設置八國（亦稱八部）作爲特別行政機關，以掌握解散後的部族成員。八國各任命一位八部大夫，從事獎勵農耕、徵發軍需品等工作。又授與二千多人爵位，以安撫不滿者。八國之內設置大師與小師，令其負責調查才能與德行，宛如九品官人法的州大中正與郡中正，把以往部族的領袖轉變爲政府的官員。如此，即把部族制改變爲官僚制了。

八國制後來被縮小爲六部，進而再改爲四部，顯示爲舊部族成員所設的特別行政措施有逐步廢除的趨向，但這也並非表示完全與郡縣無異。舊的部落民除少部分可能轉化爲農民之外，大部分轉變爲享有國軍名譽的戰士，成爲北魏征服戰爭的主力，駐守於各地新設立的軍鎮，或徵調到中央護衛京師。總之，舊部族成員轉變爲北魏的國軍，顯示北魏仍然保有胡族國家的性格。

不過，「離散諸部」也有特例，如高車部落，「以類粗獷，不任使役」爲理由，得以保留部落組織。還有北魏末活躍的爾朱氏，也仍然保有部落組織，顯示在控制力尚有不及或不構成威脅者，可能成爲「離散諸部」的例外。北魏的「離散諸部」雖然還有許多不清楚的地方，近來學者紛紛提出各種解釋，不過該政策對北魏的發展影響深遠，則是學界公認的事實。

### 徙民與計口受田

與「離散諸部」約略同時，道武帝拓跋珪還實行徙民與計口受田的措施。在皇始三年（三九八）滅後燕的回師途中，「徙山東六州民吏及徒何、高麗雜夷三十六萬，百工伎巧十萬餘口，以充京師。」二月，又下詔給予內徙的新民耕牛，「計口受田」，依口數分配田地，七月遷都平城。

道武帝徙民的主要對象是漢族、徒何、高麗雜夷等農耕民，以及各類工匠人員，目的是充實新的京師平城，同時也可瓦解敵對的勢力。這在秦滅六國，以及前秦苻堅的統一華北過程中，也經常看到。北魏後來的征服戰爭中一再地實行，最著名的是獻文帝拓跋弘時代（四六五—四七一），侵奪南朝宋國山東到淮北之地，遷徙當地人民到桑乾河畔，並在那裡設置「平齊郡」。而「計口受田」的經驗，可能影響後來文明太后執政時推行的均田制（詳後）。

## 三、統一華北與國史之獄

### 道武帝拓跋珪之死

滅後燕之後，北魏雖躍居北方最強盛的國家，但華北仍有北燕、南燕、後秦、夏、北涼等強國，尤其新興於塞北草原的柔然，也對北魏構成很大的威脅。稱帝之後的拓跋珪，對外要面對林立的強國，對內又要面對被「離散諸部」的部族君長的反彈，因此飽受巨大的壓力。

拓跋珪有服用「寒食散」的習慣，這是魏晉以來貴族常服用的藥散，又名「五石散」，內含石鐘乳、紫石英、白石英、石硫磺、赤石脂等五種礦石，據說服用之後會有「神明開朗」的幻覺，又會促使血液循環加快，因此也被當作春藥使用。但這些礦石多含有重金屬，長期服用會有嚴重的副作用。因此，拓跋珪晚年性情變得煩燥不安，喜怒異常，宛若瘋狂，任意誅戮朝臣，導致「朝野人情各懷危懼」，政局陷入脫序的亂象。不過，這可能也和他承受巨大的壓力有關。

拓跋珪是在戰勝賀蘭部、獨孤部、慕容部等強大的外家部族，才得以奠定帝業的，他從過去拓跋氏的發展傳統中，一再看到強大的外家部族對君主繼承的干預，因此拓跋珪晚年選擇繼承人時備受煎熬。爲了徹底杜絕外家部族的干預，拓跋珪從漢族士人方面得到歷史的啓示，決定仿效漢武帝立太子（劉弗陵、昭帝）而處死其生母趙婕妤（鉤弋夫人）的故事。

天賜六年（四〇九）十月，拓跋珪告訴長子拓跋嗣（三九二—四二三），爲了避免將來母后與外戚的干政，已仿效漢武帝的故事，賜死其生母劉貴人。拓跋嗣侍母至孝，得知後非常震驚，日夜哀泣。拓跋珪得悉加以怒斥，拓跋嗣遂避逃在外。不久，拓跋珪次子拓跋紹的生母賀氏，因故被幽禁於宮中，將殺之。賀氏向兒子拓跋紹求救，拓跋紹遂與宮中守兵及宦官勾結，深夜翻牆入宮，刺殺了拓跋珪。避逃在外的拓跋嗣聞訊後回宮，在衛士擁戴下殺拓跋紹即位，史稱明元帝（四〇九—四二三在位）。

拓跋珪之死，實在太過於戲劇化，故事的背後必不單純。拓跋珪長子拓跋嗣生母劉貴人，出身於獨孤部；次子拓跋紹的生母賀氏，出身於賀蘭部，都是與拓跋部關係密切的強大部族，此時都在解散部落之列，想必有很大的反彈力道。拓跋珪面對繼承人的選擇，內心承受很大的煎熬，最後要仿效漢武帝的做法，以排除未來皇后部族的干政。因此有可能是在賜死劉貴人，而造成長子拓跋嗣出逃後，考慮改立次子拓跋紹，而想再殺其生母賀氏，沒想到最後的結果卻是自己也因而喪命。

## 「子貴母死制」的確立

道武帝拓跋珪立繼承人的做法，成爲北魏「子貴母死制」的來源。不過，拓跋珪並沒有明確頒布這種詔令，反而是剛剛試行，自己就喪命了。後來此一做法會變成北魏的祖訓，繼立的明元帝拓跋嗣是否沿襲，才是關鍵。《魏書．明元帝本紀》載，拓跋珪告訴拓跋嗣已賜死其母時，拓跋嗣「還宮，哀不自止，日夜號泣」，可見拓跋嗣對於母親被賜死，非常傷心。對此種做法有極深的切膚之痛，那麼他會再沿用嗎？

道武帝拓跋珪的死訊傳開後，國內立刻發生動盪，「朝野兇兇，人懷異志」，過去被解散的部族成員又集結於舊部落大人之下，政局出現不穩的情勢。明元帝拓跋嗣繼位之後，不得不耗費巨大的心力於內部的矛盾問題。

泰常七年（四二二）明元帝拓跋嗣因身體不適，以長子拓跋燾為監國代理朝政。泰常八年（四二三）明元帝死後，拓跋燾繼位，史稱太武帝（四二三—四五一在位）。史籍並沒有明確記載明元帝是否沿用子貴母死的做法，不過一般認為，泰常七年拓跋燾任監國，已形同太子，而其生母杜氏死於泰常五年（四二〇），很可能是明元帝已決定拓跋燾為繼承人後，也是依照他父親拓跋珪的做法，賜死杜氏，從此「子貴母死制」成為北魏的祖訓。

明元帝雖然親歷母親被賜死的切膚之痛，但最後自己竟也沿用這一殘忍的做法，他應該也和父親拓跋珪一樣，經歷一段選擇繼承人的煎熬。尤其在他即位之初，面對舊部族勢力的反彈，讓他耗費頗多心力以緩和內部矛盾，這段經歷可能讓他終於體會了早年父親的苦心，更堅決要擺脫部族的掣肘。《魏書》對拓跋燾生母杜氏的相關記載極為隱誨，南朝的《宋書》、《南齊書》則說她長年失寵。或許明元帝對杜氏的情感淡薄，也讓他比較容易狠下決心。不論如何，明元帝沿用子貴母死的做法，讓此一殘忍的惡例成為北魏的祖訓，但也成為後來宮廷鬥爭的工具，可謂影響深遠。後來太武帝及文成帝時期，曾出現封

乳母為「保太后」的特殊現象，以及文明太后的掌權，都與此有關。（詳後）

外的征服戰爭。

## 太武帝拓跋燾統一華北

太武帝拓跋燾十六歲即位，此時北魏內部已較為穩定，年輕氣盛的拓跋燾積極展開對

當時北魏主要的強敵除了南朝的宋國之外，還有塞北草原新興起的柔然。柔然在南朝稱之為「芮芮」，北魏稱之為「蠕蠕」，降北魏的柔然人自稱「茹茹」。該族原本服屬於拓跋部與高車之間，四世紀後半自立，到五世紀初成為草原的霸者，對北魏構成嚴重的威脅。另外，華北西邊的赫連夏、西秦、北涼和華北東邊的北燕也有一定的實力，北魏可以說是處在中心的位置。而南朝宋國與塞北的柔然，又經常南北夾擊北魏。面對此種形勢，拓跋燾以漢族士人崔浩（三八一－四五〇）為首席謀臣，採用速戰速決的大戰略，先擊潰塞北強敵柔然，再併滅華北各國，最後再南侵宋國。

始光元年（四二四）柔然趁明元帝去世，派六萬騎兵南侵北魏，攻至北魏舊都盛樂，拓跋燾親自率軍應戰，擊退柔然軍。始光二年（四二五）、神䴥二年（四二九），拓跋燾又親率大軍出擊柔然，大敗柔然主力軍，部眾四散。柔然底下的高車部落，有幾十萬落降附北魏，北魏將之安置於漠南，形成一條防護帶。另外，拓跋燾又在北邊設置許多軍鎮，

以精兵駐守，基本上解除北邊的威脅了。

有名的北朝民歌〈木蘭詩〉，描寫一位傳奇女子花木蘭女扮男裝「代父從軍」的故事。一般推測，花木蘭很有可能是參與拓跋燾時期討伐柔然的戰役，只是還沒有定論。至於〈木蘭詩〉的創作年代，可能是在北朝後期，再經過流傳修改，現今所見的定本則是完成於唐代。

始光三年（四二六）九月，拓跋燾利用夏主赫連勃勃死後的內亂，派軍進攻關中。十月拓跋燾親自率輕騎掩襲夏都統萬城（陝西榆林市靖邊縣），至神䴥元年（四二八）春攻取統萬城及長安，俘夏主赫連昌。赫連昌弟赫連定繼位，並奪回長安。神䴥三年（四三〇）九月，拓跋燾再次親征關中，赫連定西撤時滅了西秦。但神䴥四年（四三一）六月，赫連定再敗於北魏，被俘，夏亡。太延二年（四三六）北魏遣將攻滅了北燕，太延五年（四三九）又派軍攻滅北涼，華北再度統一，結束了五胡十六國時期。

## 太武帝的滅佛

北魏建國以來，君主大多入境隨俗，皆對佛教僧侶寺廟施以禮敬。不過，道武帝、明元帝同時也「好黃老」，他們並沒有堅定的信仰，宗教只是做爲輔助教化的工具。拓跋燾本來也是遵行前代的佛教政策，但隨著征服地域不斷地擴大，統治範圍之內的沙門眾多，都不納稅服役，已引起拓跋燾的側目。

太武帝拓跋燾雖然併滅各國，統一華北，但各地仍然常有暴亂事件。其中尤其以太平眞君六年（四四五）盧水胡蓋吳在關中杏城（陝西黃陵縣西南）的起兵，有眾十餘萬人，聲勢最爲浩大，拓跋燾調動強大的兵力才平定下來。在這次征討行動中，拓跋燾意外地在長安的一所寺廟中發現私藏許多弓矢兵器，懷疑其與蓋吳有通謀。再細查之後，又發現許多釀酒器具，以及祕室之中有和尚與女子的淫亂行爲，完全違背寺廟修行戒律。拓跋燾大爲震怒，謀臣崔浩又從旁煽動，於是下詔：「諸有佛圖形像及胡經，盡皆擊破焚燒，沙門無少長悉坑之。」這就是佛教史上有名的北魏太武帝滅佛，與北周武帝、唐武宗的滅佛，合稱「三武法難」。

圖 7-4　木蘭從軍軸。臺北國立故宮博物院提供。

長安佛寺的不法行為，只是太武帝滅佛的導火線。北魏在征服華北過程大量引用漢族士人，其中許多為儒學世家兼天師道徒，崔浩家族就是典型的代表。太武帝即位之初，有天師道寇謙之獻書傳其道，崔浩向太武帝極力推薦寇謙之的教義，太武帝於是建天師道場供養道士，並接受寇謙之獻上的「太平眞君」稱號，改年號為太平眞君（四四〇）。太武帝見僧侶人數太多，影響國家稅收，已有逐步壓制佛教的行為。此時見到長安佛寺的不法行為，遂爆發為全面性的滅佛事件。另外，盧水胡曾建立北涼政權，其勢力分布從關中到河西，控制通往西域的道路，而佛教是團結他們的重要因素，太武帝剛滅北涼不久，此時大舉滅佛也有徹底瓦解北涼殘剩勢力的政治考量。

後趙君主石虎也曾因僧侶太多影響稅收，想加以節制，漢族官員趁機建議滅佛，卻引來石虎回答：「佛是戎神，正所應奉。」羯族石虎與佛教的這種親近感，並不見於拓跋燾。拓跋燾自認是東方的「鮮卑」，與西方的佛並無關聯，而且拓跋燾接受寇謙之獻上的「太平眞君」稱號，有意以道教的教義重建理想的太平世界，因此能夠接受崔浩滅佛的建議。

太武帝滅佛詔令公告之前，信佛的太子拓跋晃曾極力苦諫無效，不過，許多僧侶已經獲得消息，事先逃匿，佛像和佛經也都藏起來了。因此這次的「法難」對佛教的打擊有限，受到破壞的主要是各地的佛寺。太平眞君十一年（四五〇）崔浩因「國史事件」遭受滅門之禍，佛教禁令也稍微鬆弛。正平二年（四五二）太武帝死後，繼位的文成帝拓跋濬，立即下詔復興佛教。

## 崔浩「國史之獄」

如本書第五章所述，永嘉之亂以後，留在北方未南渡的漢族士人，大多逃避近郊築塢壁以自守。但時日既久，胡族政權統治日益穩固之後，迫不得已出仕胡族者也不少。不過他們的內心世界非常複雜，有像張賓爲石勒出謀劃策；王猛爲苻堅治理國家，抱持經世濟民之心，而以蒼生爲念。但也不排除許多只顧私利，毫無是非氣節者，這就是百態人生。

史書上也有看到漢族士人恥於出仕胡族的例子，如北方高門盧諶仕於後趙，臨終交待諸子，不要把他在後趙的官銜刻在墓碑上。不過時間將改變一切，到五胡十六國後期，漢族士人出仕胡族政權早已是習以爲常了。淝水戰後復興的後燕，內部就聚集許多河北的漢族士人，待北魏滅後燕，這批漢族士人就被北魏接收了，其中包括北方高門清河崔氏。

清河崔氏早已出仕於後趙、前燕等胡族政權，前述拓跋燾謀臣崔浩的父親崔宏，也曾在前秦和後燕朝中做官。拓跋珪攻打後燕時，崔宏本來已逃走，拓跋珪聽聞其名聲，派騎兵去追他，請回軍中相談之後，一拍即合，此後一路重用。北魏早期的典章制度，幾乎都是出於崔宏的規劃。道武帝拓跋珪死後，明元帝拓跋嗣依然重用崔宏，形同實質的宰相。

崔宏死於明元帝拓跋嗣時期，其長子崔浩也從道武帝時期就出仕，又歷仕明元帝、太武帝，官至司徒，是太武帝拓跋燾的首席謀臣，爲統一華北做出重大的貢獻。

神䴥四年（四三一）太武帝拓跋燾接受崔浩的建議，以禮招聘擁有社會勢力的華北漢族名士數百人爲官。此時南方的劉裕已篡東晉，司馬氏的正統招牌都被拆了，華北漢族士人對於出身寒微的劉裕所建的宋王朝已很少有認同感，反而樂於接受北魏王朝的禮聘，懷抱「經世濟民」的理想，重建殘破的家園。在這次蒙受招聘之一的渤海高允（三九〇－四八七），後來寫了一篇〈徵士頌〉，追憶當年的盛事。當時的情形讓人感覺到，北魏似欲轉化爲漢人式的貴族國家。

崔浩恐怕就是懷有這種錯覺，他致力於「齊整人倫，分明姓族」，也就是試圖將全天下的門第，排列出明確的尊卑順序。但他的好友也是姻親的范陽盧玄，向他忠告時機尚未成熟，未被接受。崔浩或許想要透過門第重整融和胡漢，以門第秩序打破民族隔閡，然而大部分的鮮卑貴族，則深恐在門第新秩序下，失去征服者的優越感與特權，甚至淪居漢人之下。就以當時情勢而言，大批漢族士人出仕北魏朝廷，早已引起鮮卑貴族們的側目，而做爲漢族官僚的領袖，又是皇帝拓跋燾親信重臣的崔浩，則更是鮮卑貴族們的眼中釘。

太延五年（四三九）崔浩受命編修北魏的國史，拓跋燾指示他「務從實錄」，崔浩掛名召集高允等文臣從事編纂。國史修畢之後，參與編修的著作令史閔湛、郄標諂媚崔浩，建議把國史刊刻在碑石上，以彰顯其直筆，被崔浩採納。太平眞君十一年（四五〇）石碑刻成之後樹立於平城西郊的通衢大路旁，由於內容暴露許多北魏早期不光彩的史實，引起鮮卑貴族們的不滿，紛紛向皇帝拓跋燾告狀。所謂「國事備而不典」、「北人咸悉忿毒，相與構浩於帝」，拓跋燾大怒。結果不僅崔浩以及參與編纂的一百二十餘名官員被誅殺，甚至「清河崔氏無遠近，范陽盧氏、太原郭氏、河東柳氏，皆浩之姻親，盡夷其族」（《魏書．崔浩傳》）。此事件被誅連者達數百人，史稱崔浩「國史之獄」。

國史之獄會演變成如此慘烈，當然不會只是因爲國史的內容問題。前述崔浩大量引進漢族文官，又要「齊整人倫，分明姓族」，引起鮮卑貴族們的不安才是最主要的原因，國史問題只不過是事件爆發的導火線。另外，崔浩促成拓跋燾滅佛，早已讓佛教徒對他記恨在心；崔浩得意之時可能也得罪很多人，因此無人肯營救他；最後，國史內容可能也有批評時政，加上崔浩也有功高震主的問題，他雖然被拓跋燾重用，但伴君如伴虎，何況此時皇帝拓跋燾的精神狀況也不穩定。（詳後）

無論如何，崔宏、崔浩父子爲北魏三代君主奉獻一生，建立無數的功業，卻落得如此悲慘的下場，令人不勝唏噓。國史之獄後，漢族文官在朝廷內噤若寒蟬，他們再次刻骨銘心地體驗到，北魏畢竟還是異族鮮卑人的政權。

## 四、文明太后的務實改革

### 太武帝拓跋燾之死與宗愛之亂

太平眞君十一年（四五〇）六月，拓跋燾誅殺崔浩，但不久就後悔了。當年九月拓跋燾大舉南侵宋國，十二月就抵達長江邊的瓜步山，但因缺乏崔浩的謀略，雖然對宋國破壞至鉅，但自己也傷亡慘重、軍民疲憊。拓跋燾原本計劃渡過長江直攻建康，宋國內部大爲恐慌。不料翌年正月，拓跋燾卻突然撤軍北歸，建康危急因而解除，連宋國君臣也大感意外。

太平眞君十二年（四五一）三月，拓跋燾回到平城，六月太子拓跋晃突然暴斃，到底發生了什麼事呢？根據《魏書．宗愛傳》的記載，太子身邊官員犯法，被宦官宗愛舉發，拓跋燾震怒之下將該官員處死，太子因此抑鬱而終。南朝史書《宋書．索虜傳》卻說拓跋燾南征之後，太子在平城叛變，拓跋燾因而撤軍，並傳了「皇帝在南征途中駕崩」的假消息給太子，引誘太子出城迎喪而加以逮捕殺害。兩種說法讓人撲朔迷離，今已難以考證。不過，拓跋燾突然撤軍確實很不單純，南朝方面會有太子叛變的記錄，顯示太子拓跋晃與皇帝拓跋燾之間，必定早有不合的傳聞。在此之前的滅佛事件，信佛的拓跋晃就不贊成，太他任監國多年，已經有自己的官僚班底，可能預謀暗殺拓跋燾失敗，導致被殺。總之，太子與皇帝之間確實存在許多難以化解的矛盾，拓跋燾可能為此承受內外巨大的壓力，多年煎熬，精神狀態很不穩定。

太子死後，拓跋燾日夜思念太子，宗愛懼怕拓跋燾怪罪自己，遂起謀逆之心，正平二年（四五二）春弒殺了拓跋燾。宗愛進一步假傳皇后命令，扶立皇子拓跋余為帝，並受任大司馬、大將軍、太師、都督中外諸軍事，兼領中秘書事，權傾一時，「兼總戎禁，坐召公卿，權恣日甚，內外憚之」。後來拓跋余想削奪宗愛的權力，反而被宗愛殺害。同年十月，禁軍與大臣合作，擁立拓跋晃的長子、十三歲的拓跋濬（四五二—四六五在位）為帝，史稱文成帝。文成帝即位後，誅殺宗愛及其黨羽，這一事件史稱宗愛之亂。

自東漢末袁紹誅殺宦官以後，宦官勢力已受到相當的約束，鮮少能夠再干預朝政，沒想到北魏卻又出現宦官干政的宗愛之亂。宗愛並沒有顯赫的家世，因罪入宮為宦官，在宮中受寵愛，晉升到宦官最高職位的中常侍，最後竟至兩度弒殺君主、假傳詔令、擅殺大臣、另立新君。北魏宮廷會發生這種事，可能是君權過度強化之後，宮廷與外朝隔絕，連鮮卑權貴都被排除在外，內廷宦官才能夠為所欲為，但這種說法與當時的情勢，好像也有很多不相符合的地方。

北魏在孝文帝改革官制之前，皇帝左右近侍官員如中散官之類，都是由鮮卑貴族子弟擔任，勢力龐大。崔浩被殺後，朝廷中的鮮卑貴族勢力更是高漲，一個宦官此時能排除鮮卑貴族勢力，爲所欲爲，頗不合情理。因此，有另一種臆測，認爲太子拓跋晃是受鮮卑貴族擁戴的，拓跋晃之死，應非鮮卑貴族所樂見。因此拓跋燾之死，也可能是鮮卑貴族的反撲所致。而最後拓跋晃之子拓跋濬被鮮卑貴族所擁立，因其符合鮮卑貴族的利益，宗愛可能只是鮮卑貴族奪權的代罪羔羊。不過，由於國史事件後，史書多隱晦，這種臆測可能性

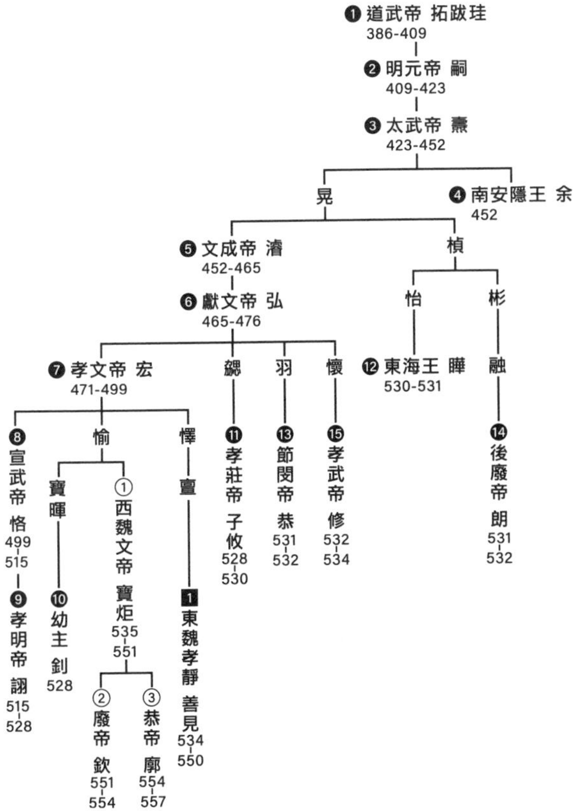

圖 7-5　北魏帝系圖。

很大，但也很難考察了。

## 文成帝拓跋濬的休養生息

興安元年（四五二）文成帝拓跋濬即位之後，與南朝宋國達成停戰協議。他的施政方針改變爲與民休息，使得太武帝以來因經略四方、政局不安而受到擾動的社會，得到了調息的機會。太安四年（四五八）拓跋濬親率十萬大軍、十五萬輛戰車遠征柔然，柔然可汗遠逃，之後北邊也得到一段安寧的歲月。

文成帝拓跋濬在位十三年，最著名的壯舉應爲雲岡石窟的開鑿。太平眞君七年（四四六）北魏太武帝滅佛，各地寺廟及佛像遭到重大的破壞。太平眞君十一年（四五〇）崔浩國史事件後，佛教禁令已

圖 7-6　雲岡石窟佛像。By Cm3838, via Wikimedia Commons, CC BY-SA 3.0.

稍微鬆弛。拓跋濬即位後，下詔復興佛教。興安二年（四五三）拓跋濬受高僧曇曜的影響，下詔在京師平城近郊的雲岡（山西大同市西）開鑿石窟、雕刻佛像。曇曜主持開鑿的五個大型石窟，都仿北魏帝王相貌刻像，以彰顯「皇帝即如來」的精神，被後世稱爲「曇曜五窟」。此後數十萬匠師繼續雕鑿，掀起崇佛與佛教藝術的高潮。

附帶一說，西元一九九七年山西省靈丘縣發現題名「皇帝南巡之頌」的石碑，這是和平二年（四六一）北魏文成帝南巡河北平原時在途中舉行射箭儀式的紀念刻石，碑陰刻有二百八十多名隨行官員的職稱與姓名，成爲研究北魏早期鮮卑職官的重要史料。

## 文明太后的執政

和平六年（四六五）五月，二十六歲的文成帝拓跋濬逝世，十二歲的太子拓跋弘繼位，史稱獻文帝（四五六—四七一在位）。權臣乙渾把持朝政，自升丞相，朝廷事無大小都由他決斷。天安元年（四六六）二月，在文成帝的皇后馮氏祕密籌劃下誅除乙渾，馮氏以太后臨朝聽政。

馮氏（四四一—四九〇），史書沒有記載她的名字。她的父親馮朗是北燕開國君主馮跋的侄兒。據載馮跋是漢族長樂信都人，但也有學者認爲可能是鮮卑人。馮朗在北燕被滅之前就投降北魏了，曾任州刺史及散騎常侍等高官，因罪被誅後，馮氏沒入後宮。此時她的姑媽是拓跋燾的左昭儀，在後宮的地位僅次於皇后，不但照顧她，還幫她成爲拓跋燾嫡孫拓跋濬的正妻。拓跋濬即帝位後，馮氏成爲皇后。興光元年（四五四），李貴人生下拓跋濬長子拓跋弘，太安二年（四五六）拓跋弘被立爲太子，李貴人按照「子貴母死制」被賜死，三歲的拓跋弘遂由馮皇后撫養長大。和平六年（四六五）拓跋弘即帝位，馮皇后被尊爲皇太后。翌年誅殺乙渾後，馮太后遂臨朝聽政，此時她才二十六歲。

皇興元年（四六七）八月，獻文帝拓跋弘的長子拓跋宏出生，馮太后以撫養拓跋宏爲理由退隱宮中，由十四歲的獻文帝拓跋弘親理朝政。馮太后是個權力慾望極強的人，會爲了撫養孫輩的拓跋宏而退居後宮，實在令人不可思議。因此學界臆測，拓跋宏可能是馮太后的私生子，此事容後再補述。

獻文帝拓跋弘雖然已親政，但馮太后仍然在暗中干預，兩人關係遂出現緊張。尤其馮太后有情人李奕，讓獻文帝很厭惡。皇興四年（四七〇）獻文帝製造罪名誅殺了李奕及其族人，與馮太后的關係因而破裂。皇興五年（四七一），十八歲的獻文帝意圖禪位給叔父京兆王拓跋子推，以制衡馮太后。然而這種突兀的舉動，受到大臣們的反對，獻文帝只好改禪位給五歲的兒子拓跋宏，自稱「太上皇帝」。漢高祖劉邦曾尊稱其父爲「太上皇」，並沒有實權，此時獻文帝自稱「太上皇帝」，但仍然總掌「萬機大政」，這是中國歷史上很少看到的。此後數年，獻文帝頻頻出巡，校閱軍隊，親征柔然，顯然是要加強對地方及軍隊的控制。然而，延興六年（四七六），二十三歲的獻文帝卻暴薨，傳言是被馮太后所毒殺。馮太后再度臨朝稱制，直到太和十四年（四九〇）十月逝世，享年四十九歲。

以上這些宮廷鬥爭讓人看得眼花繚亂、一頭霧水。最大的疑惑是，馮氏以一個亡國的弱小女子，竟然能在鮮卑貴族勢力強大的北魏朝廷，長期以太后、太皇太后的身分臨朝稱制。基本上，從天安元年二月誅殺乙渾後，到太和十四年十月馮太后逝世，二十四年間北魏的朝政大部分時期是由馮太后所執掌。馮太后死後，謚號為文明太皇太后，一般習慣稱之為文明太后。

北魏道武帝拓跋珪實行「子貴母死」的做法，本來是要杜絕擁有強大部族勢力為奧援的母后及外戚干政，可是文明太后沒有強大的部族勢力為奧援，卻仍然能夠執掌朝政，若暫不考慮馮氏個人的能力問題，則這應該是依循皇帝體制的力量而出現的。換而言之，北魏的帝國體制已發展到相對地穩固，文明太后才能憑藉此體制的運作而得以長期掌權。

史書描寫文明太后「多智略、猜忍，能行大事，生殺賞罰，決之俄頃」，她利用宦官與近侍之臣監視百官，形同特務政治，連孝文帝拓跋宏「雅性孝謹」，也只能自保而已，在她長期掌權期間，宦官組織大為膨脹。另一方面，她個性嚴明，頗知御下之術，對寵信者也不會加以放縱，有錯即罰，但也不記恨，事過便待之如初，因此臣下也都為她賣力。在她執政期間，北魏面臨到許多迫切改革的問題，她採取務實的原則逐步解決。其中較為重大的改革，有發給官員薪俸、推行均田制、設立三長制等等，以下逐次說明。

## 初行俸祿制

北魏的官員原本都沒有薪俸，因爲部落社會的領導階層，本來就是比較富裕的人，即使後來任用漢族士人，通常也是擁有產業的地主階層，薪俸的有無並非出仕最重要的考量。不過，要建立穩定而有效率的官僚組織，發給官員薪俸是最基本的條件。在沒有薪俸的時期，北魏官員大多透過戰爭掠奪戰利品，或利用權勢向平民百姓橫徵暴斂，或運用各種非法的手段謀取私利、貪贓枉法，不一而足，結果是政府與庶民都蒙受其害。因此，文明太后接受雍州刺史張白澤的建議，在太和八年（四八四）頒下詔令，對中央官員實行俸祿制。太和十年（四八六）再推行到地方官員也實行俸祿制，同時嚴格規定不得再貪污：「祿行之後，贓滿一匹者死」，北魏的體制邁向更加健全的發展。

## 推行均田制

華北從西晉八王之亂以後，生產秩序大混亂，長期的戰亂導致人口流離、土地荒蕪；豪族收藏流民，無節制的擴張土地，編戶齊民減少，國家稅收也減少。如今恢復承平已久，長治久安之計應該徹底恢復生產秩序。太和九年（四八五），文明太后接受給事中李安世的建議，推行土地改革。《魏書．食貨志》載：「均給天下民田」，此處的「均」是指「全面、普遍」的意思，也就是普遍授給人民土地，但後世簡稱「均田制」，容易被誤解爲「平均」土地。實際上「均田制」並不是要平均土地，「均田制」最主要的目的是要「力業相稱」，也就是勞動力與土地適切的結合，創造出最大的生產，因此最高的目標是提高社會的生產力，而不是追求「公平」。

不過，國家制度化的授田，本身就包含某種公平性。十五歲以上的男子發給「露田」四十畝（約二點三公頃）及「桑田」二十畝，露田種植穀物，年老或死亡後必需歸還給國家；桑田種植桑、棗、榆等樹，死後不必歸還。此外對於婦人、奴婢和耕牛，也授與規定數額的露田。原則上是保障一般人民擁有基本的耕種土地，而豪族因掌握更多有耕種能力的奴婢及耕牛而能獲得更多的土地，但也不能無限制的擴展，如耕牛只限計四頭，可見這是與豪族的妥協方案，因此實行之後沒有遭到特別的反彈。如此，農民依其個別勞動力的多寡，擁有恰可耕作的土地，達到了所謂「力業相稱」的目的，而依據上述的授田情形向人民課稅，國家也能夠得到最多的稅收。

曹操在漢末推行「屯田」，把土地租給無田產的農民，國家當大地主徵收高達五成以上的地租。但屯田只是在局部地區推行的權宜措施，因地租過高，在曹魏後期就逐漸廢除了。北魏在道武帝拓跋珪時期，已有徙民到平城周邊「計口受田」的經驗。現在再推行的均田制，則是全面實行的正式制度，其稅額比屯田制輕很多，因此能夠推行久遠，並且成效卓著，讓華北全面恢復生產、百姓富足。這是北朝國力超越南朝很重要的因素之一，後來的北齊、北周、隋、唐也都繼續推行均田制。

## 設立三長制

要實施土地的還授，前提是必須正確掌握人口資料，於是又推行三長制。太和十年（四八六），文明太后採用情人內秘書令李沖的建議，重整基層的行政秩序，以五家為一鄰、五鄰為一里、五里為一黨，層層堆積上去。在鄰、里、黨各置一長，三長具有與各家連保、謄造戶籍、徵收稅役等功能，使得土地的還授以及徵稅等作業能夠順利的執行。

在此之前的華北，有所謂的「宗主督護制」，也就是以「宗主」為地方的領導人，對內為親戚、鄰居的保護者和領袖，對外則為此一社會團體的代表，成為各級政府的官員。在此制度下，為逃避稅役，經常是以五十或三十家為一戶，政府因而無法掌握正確的戶口，均田制也無法推行。因此，三長制的改革，應是均田制推行的前提。可是，均田制卻是比三長制早一年實施，有可能是在均田制頒下之後，發現沒有正確的戶口資料無法執行，於是才再推行三長制的改革。

三長制施行之初，百姓很不習慣，豪富兼併之家尤其不願意，朝臣反對的聲浪很大。

但在文明太后力排眾議實施一段時間後，那些依附於豪族的逃稅戶，重新回歸為國家的編戶，稅賦則較豪族剝削者為輕，於是人民與國家都得到好處，反彈聲浪才逐漸平息下來。

均田制與三長制的改革思想都來自《周禮》，是傳說中周代的理想制度。不過，文明太后似乎並非因為要追求此理想而推行的，而是因為它契合現實社會的迫切需求。換而言之，文明太后是以務實的態度推行合乎實際的改革，因此反對的聲浪容易平息，北魏國家的基礎因而益發穩固。這一特色和下一階段孝文帝親政之後的漢化改革，是有所不同的。

# 五、孝文帝的漢化改革

## 孝文帝與文明太后的關係

孝文帝拓跋宏（四七一－四九九在位），在延興元年（四七一）受父親獻文帝拓跋弘禪位時，只有五歲。延興六年（四七六）獻文帝暴薨，孝文帝也只有十歲，文明太后（馮太后）再度臨朝稱制，直到太和十四年（四九〇）文明太后去世，孝文帝才親理朝政，此時已二十四歲。孝文帝是由文明太后撫養長大，他對太后很孝順，但隨著年紀增長，彼此之間如何維持權力關係，頗受注目。

文明太后馮氏，即使眞如史書所載是漢族出身，但一般認為她的家族曾長期出仕鮮卑人，也與鮮卑人通婚，已經相當鮮卑化了。她入後宮以後，姑媽左昭儀教導她書記，因此應有基本的漢學素養，爲教導孝文帝拓跋宏，曾親自編寫教材。她撫養獻文帝拓跋弘長大，但後來竟彼此爭權反目。因此她對逐漸長大的孝文帝也曾存有戒心，甚至一度想要廢孝文帝，由於大臣們極力的反對而作罷。

前面說過，權力慾望極強的馮太后，會爲了撫養孫輩的孝文帝而退居後宮，實在令人不可思議，因此學界多臆測，孝文帝可能是馮太后的私生子。《魏書．文明太后傳》記載，直到太后逝世，孝文帝「不知所生」，顯然孝文帝並不相信生母李貴人依祖訓被賜死的說法。而太后死後，孝文帝哀傷逾恆，堅持爲太后守三年之喪，有可能是太后臨終前才向孝文帝透露眞相之故。《魏書．楊椿傳》記載楊椿兄弟在太后與孝文帝左右服侍，絕不挑撥是非，後來孝文帝還向眾多大臣說：「和朕母子者唯楊椿兄弟。」無意間透露彼此的母子關係。種種跡象都傾向證實，孝文帝可能是馮太后所生。若果眞如此，李貴人便只是馮太后的替死鬼。那麼，孝文帝的生父又是誰？如果是馮太后的情人，則北魏皇統落入他人，政情還能平靜，難道拓跋宗室貴族無人知曉？無人敢有異議？這也是難以置信的。因此也有人認爲，孝文帝的生父仍然是獻文帝拓跋弘，也就是說文成帝拓跋濬死後，繼位的獻文帝拓跋弘與撫養他的繼母馮太后「私通」，而生下孝文帝。北方游牧民族有「收繼婚」的習俗，父親死後兒子可娶非親生的繼母，或哥哥死後，弟弟可娶嫂嫂，這在漢族看來是亂倫的行爲，但在北方游牧民族卻是習以爲常。當時是胡漢雜揉的社會，漢人眼中的亂倫行爲，鮮卑族當然不好張揚。那麼，孝文帝是獻文帝拓跋弘「私通」（或收繼）馮太后所生的推測，確實也是很有可能的。如果眞的是這樣的話，後來獻文帝殺害太后的情人李奕，並不是厭惡太后對父親的不貞，而是爭風吃醋，厭惡太后的移情別戀。

《魏書．高祖紀》記載：「文明太后以帝聰聖，後或不利於馮氏，將謀廢帝。乃於寒月，單衣閉室，絕食三朝，召咸陽王禧，將立之，元丕、穆泰、李沖固諫，乃止。」據此，文明太后曾一度猜忌孝文帝，想要廢他，改立拓跋禧，但拓跋禧是獻文帝拓跋弘的次子，生母是封昭儀。文明太后想要廢掉親生的孝文帝，而改立非親生的拓跋禧，也是讓人匪夷所思。先前馮太后可以爲「親情」捨去權力，退居後宮撫養孝文帝，後來卻又爲了權力，可以不顧「親情」要廢掉孝文帝，難道這眞是權力的滋味使然嗎？

《魏書．高祖紀》又載：「自太和十年（四八六）已後詔冊，皆帝之文也。」此時文明太后還健在，但孝文帝已二十歲，要他完全都不參與朝政，好像也不合情理。因此最可能的是，孝文帝已經參與許多政務，只是最終的決定權還是在文明太后手裡。

北魏從崔浩國史之獄（四五〇）後，漢族文官噤若寒蟬，鮮卑勢力則高漲，不過在文明太后二十幾年的執政期間，又逐漸引進漢族士大夫，漢族官員在制定政策上又逐漸發揮主導力量，譬如建議推行俸祿制、均田制、三長制等重大改革的張白澤、李安世、李沖，都是漢族文官。文明太后又在中央、地方推行漢人的文化教育，漢族文化的影響力大幅提升，尤其太和九年（四八五）在平城設置「皇宗學」，教育包括孝文帝在內的拓跋皇室與鮮卑貴族。孝文帝及其同輩青年因而對漢文化有濃厚的興趣，間接促成孝文帝親政之後，推行更進一步的漢化改革。不過，從後來孝文帝排除萬難堅決推行全面漢化來看，其內心世界應該有相當強烈的動機，這可能和他在文明太后死後知道許多真相，而做深刻的反省有密切的關係。以下大致依照時間順序，略述孝文帝親政之後的重大改革。

## 宗廟禮儀的改革

太和十五年（四九一），也就是孝文帝親政的第二年，孝文帝對宗廟的牌位做了重大的改變。歷代皇帝駕崩後會得到兩個名號，一是在宗廟內使用的廟號，另一個是被議定的謚號，如拓跋珪廟號爲太祖、謚號爲道武帝。「太祖」一般使用在王朝的創始者。在孝文帝改革之前，北魏是以平文帝拓跋鬱律爲太祖，而拓跋珪爲烈祖。但太和十五年孝文帝將拓跋珪的廟號改爲太祖，以彰顯拓跋珪爲北魏君臨中原的第一個帝王。

太和十六年（四九二），孝文帝又將象徵王朝天命屬性的「德」，由土德改爲水德。中國歷代王朝基於「五德終始說」的理論，按照木、火、土、金、水的順序，即「五行行次」決定自己王朝受天命所屬的「德」，以顯示自己是正統的王朝。例如漢爲火德，受漢禪讓的曹魏爲土德。然而，北魏建國並非經由禪讓，天興元年（三九八）拓跋珪稱帝時，宣稱是土德，近一百年來並沒有異議。但太和十四年（四九〇）八月，即文明太后死前一個月，孝文帝指示大臣重議「五行行次」。於是有一種見解認爲：曹魏土德↓西晉金德↓後趙水德↓前燕木德↓前秦火德↓代（魏）土德，如此仍與建國之初宣稱的土德一致。但另有一種見解，認爲代國曾與西晉和好，又曾受西晉冊封，西晉亡後，代國快速強大，所以北魏應繼承西晉，西晉爲金德，北魏應爲水德。結果孝文帝決定採用後一種見解，即北魏屬水德，是繼承西晉的正統王朝，如此相對於東晉、劉宋、蕭齊，更有正統代表性。這一見解的另一個目的是，否定五胡政權的正統性，明確表示北魏王朝與五胡國家的不同。

以上太祖廟號與五行行次的改變，都清楚表示孝文帝追求華夏正統地位的施政方針，而最堅決展現這一施政方針的改革，乃是遷都洛陽。

## 遷都洛陽

登國元年（三八六）拓跋珪建國之初，都城在盛樂。天興元年（三九八）滅後燕，遷都平城，到孝文帝親政之時已將近一百年了。事實上，從統一華北（四三九）之後，平城偏處北方，早已顯示不適宜做京師了。

平城緯度高，氣候寒冷多風，乾燥少雨，土地貧瘠，不利於農業生產。而隨著帝國發展，京師官員、軍隊、工匠等非農業生產人口眾多，平城附近糧產日益不敷供應，要從糧產豐富的河南、河北地區用牛車轉運，耗損甚大。明元帝時期因爲饑荒，曾商議過遷都鄴城，但考量國防，顧忌赫連夏與柔然乘虛攻掠雲中（山西原平市）、平城而作罷。孝文帝親政之後，北方的威脅已經減弱，此時有意對南方齊國用兵，而往南遷都也有利於運用中原的人力物力。不過，起初孝文帝還沒有積極南遷的意念，曾在平城大興土木，試圖把平城轉變爲一座中國式的都城。但後來他發現，平城的守舊勢力實在太過於強大，若要推動大幅度的改革，一定要遷都，以擺脫平城守舊勢力的束縛。

然而，若再從經濟上考量，往南遷都的理想地點應該是富庶的鄴城，可是孝文帝卻選擇了殘破不堪的洛陽。自從西晉永嘉之亂以來，洛陽久經兵禍，早已形同廢墟，但在孝文帝的眼裡，洛陽才是帝王之都。孝文帝曾對主要的支持者任城王拓跋澄說：「此間（平城）用武之地，非可文治，移風易俗，信爲甚難。崤函帝宅，河洛王里，因茲大舉，光宅中原。」（《魏書・任城王澄傳》），換言之，從政治與文化上考量，洛陽才是華夏正統王朝的理想都城。

孝文帝深知，遷都洛陽是何等重大的變革，必然會引起守舊的鮮卑重臣們巨大的反對聲浪。因此，太和十七年（四九三）九月，他假借南伐齊國之名，率領大軍離開平城，適逢連綿大雨，到達洛陽時已道路難行，臣下紛紛勸阻停止南進。孝文帝乃用半脅迫的方式以遷都洛陽替代南進，在沒有人敢反對的情況下，確定遷都。由於此時的洛陽殘破，必須重新營建宮室，孝文帝因而暫居鄴城，而派遣任城王拓跋澄返回平城勸服眾人。經過拓跋澄極力勸說後，反對聲浪稍獲減緩，孝文帝再返回平城與群臣商議，可是反對意見還是很多。爲了安撫群情，孝文帝同意讓不樂遷徙的元老重臣留守平城，其他「在位舊貴」也被准許在春夏酷熱季節返回北方居住，秋冬涼爽時再到洛陽，有如候鳥般的遷徙，稱之爲「雁臣」。又對戍守北方邊鎮而貧困的人給予救濟，多方齊下才勉強安撫下來。

太和十八年（四九四）十月，孝文帝親自祭告太廟，隨同歷代祖先牌位從平城出發，十一月到達洛陽。翌年八月洛陽的金墉宮落成，九月六宮及文武百官全部到達洛陽，遷都之舉到此才算完成。但洛陽的主要宮殿大都還沒有完工，要到下一位皇帝宣武帝元恪時代才落成。

## 廢除鮮卑舊俗的「西郊祭天」

早期游牧民族匈奴的君主稱「單于」，匈奴降服漢朝之後單于號的地位低於皇帝號，大約三至四世紀「可汗」取代「單于」，成爲游牧民族君主最高的稱號。登國元年（三八六）拓跋珪復國即代王位的同時，可能已對游牧民族稱可汗，拓跋珪稱帝之後也一直以皇帝和可汗並稱。太平眞君四年（四四三）在「石室」嘎仙洞所刻的祝文裡，就有「皇祖先可寒（可汗）」之語。總之北魏帝國從草原興起而君臨中原，面對草原與農耕兩個世界，北魏君主做爲兩個世界的領袖，同時擁有「可汗」與「皇帝」兩張面孔。相較於北魏，四世紀末從草原興起的柔然，其君主稱號始終只用「可汗」而未用「皇帝」，保持其草原帝國的性格。

北魏帝國面對草原與農耕兩個世界而保有的兩面性格，具體表現於最重要的國家祭典，一是「西郊祭天」，另一是「南郊祭天」，其中西郊祭天的重要性又遠超過南郊祭天。北魏每年四月，都會在首都平城的西郊祭天，這種儀式往前可追溯到匈奴的龍會，往後可延伸到蒙古族的忽里勒臺大會，是北亞草原游牧民族選拔部族聯盟領袖，或舉行即位儀式，或討論國策方針最重要的集會。因此西郊祭天時，通常都要由拓跋君主親自主祭。南郊祭天則是採自漢族中原王朝的國家祭典，早期只是作爲統治中原漢族的點綴裝飾，通常都由官員代祭即可。

太和十二年（四八八），孝文帝到平城南郊視察修築祭壇的工程。次年正月更親自到南郊主持祭天，展現他對中原國家祭典的重視。相反的，孝文帝逐步廢除與北亞有關的禮俗。太和十六年（四九二）三月，孝文帝曾試圖罷省西郊祭天，但遭到鮮卑舊勢力的反對而失敗，這也是促使他要毅然遷都洛陽的動機之一。因此，在決定遷都洛陽後不久的太和十八年（四九四）三月，孝文帝下詔廢除北亞傳統祭典中最重要的西郊祭天，以及一切與北亞相關的祭典，此後國家最重要的祭典，是中原傳統的南郊祭天。

以鮮卑族為核心的部落社會，自道武帝拓跋珪解散部落以來，藉由血緣關係而凝聚的向心力與情感已逐步消散，西郊祭天等宗教儀式，乃成為維繫鮮卑族對北魏政權認同的最重要方式。孝文帝為追求華夏國家的正統性，堅決廢除非中原系統的北亞祭典，對鮮卑族社會的衝擊可說非同小可。

## 風俗習慣的改革

遷都洛陽之後的孝文帝，擺脫平城舊勢力的束縛，大步邁開改革的步伐，繼廢除北亞色彩的西郊祭天之後，又進行了一系列「變易舊風」的改革。

太和十八年十二月，孝文帝下令禁穿胡服，改穿漢服，後來又頒賜漢式冠服給群臣，漢服樣式與南朝流行的樣式大致相同，此令並推行到民間。太和十九年（四九五）六月，詔「不得以北俗之語言於朝廷」，一般稱為「禁胡語」，以洛陽話為官方語言。不過，考慮到年長者更改語言不易，主要是以三十歲以下的官員為對象，違者「降爵黜官」。同月又下詔，從北方遷居洛陽的官民，死後就葬在河南，不得歸葬，「於是代人南遷者，悉為河南洛陽人」，也就是籍貫由「代人」改為「河南洛陽人」。不久又下詔度量衡改以《周禮》為標準。

太和二十年（四九六）正月，孝文帝下詔將帝室的姓「拓跋」改爲「元」氏，其他胡族的複姓也改爲單姓，如賀賴氏改爲賀氏、獨孤氏改爲劉氏、步六孤氏改爲陸氏、丘穆氏改爲穆氏、素和氏改爲和氏等等。據《魏書·官氏志》所載，改姓氏者有一百一十八個，近人姚薇元《北朝胡姓考》一書更加搜列《魏書·官氏志》未記載的七十五個，可見範圍之廣泛。

經過這些改革，南遷的胡人與中原的漢人在各方面都難以區別了。不過，留在代北的胡族則仍然多保留舊習，如北魏末年六鎮變亂時，所見代北人物仍然多保留胡姓胡俗。

不論如何，以上這些「變易舊風」的改革，看在鮮卑等胡族民眾眼裡，皇上簡直是發瘋了，征服者主動拋棄自己的風俗與習慣，還就被征服者的服裝、語言等措施，確實是古今罕見，讓人匪夷所思。儘管在當時胡漢雜揉的複合社會，彼此文化交融已很普遍，但這種單方面禁絕胡俗的做法，難免會激起廣泛的反對聲浪。

## 詳定姓族

不僅如此，太和二十年正月孝文帝又下詔「詳定姓族」，也就是要將全天下貴族的門第排列出明確的尊卑順序。這是五十年前崔浩「齊整人倫，分明姓族」的構想，崔浩還沒有推行就遭受到鮮卑貴族的反撲，招來殺身之禍，現在孝文帝卻要加以落實了。

漢族社會已有貴族制的傳統，但胡族社會的貴族制尚未發展成熟，詳定姓族就是要將貴族制帶入胡族社會。因此，將開國元勳之家的穆、陸、賀、劉、樓、于、嵇、尉等胡族「八姓」，認定爲有資格與皇室通婚的名門，其門第相當於漢族的四姓，不得隨意任命爲濁官。接著，對此八姓之外的胡族，依其是否爲部落大人的後代，以及其父祖官爵的高下，而將出身經歷佳者定爲「姓」、次者定爲「族」，皆爲胡族中的貴族。又將漢族士人的門第，依家族三世曾任官職之高低，依次分爲膏粱、華腴，以及甲、乙、丙、丁四姓，並獎勵胡漢貴族之間的通婚。姓族詳定之後，依門第高低仿九品官人法的運作原則任命百官。

孝文帝曾詢問群臣，是否應該以門第高低做爲任用官員的準則，侍中李沖、秘書令李彪、中書侍郎韓顯宗等漢人官僚，認爲擇官應以賢才爲主，不應拘泥於門第高低，但未被孝文帝所接受。孝文帝認爲若是有特殊才能者，可以破格任用，但做爲恆常的制度，門閥子弟至少都具備一定的德行與教養，符合任官的最低標準，這就是孝文帝堅持採行門閥主義的道理。

孝文帝的詳定姓族，簡單的說，是要以門第秩序打破胡漢之間的隔閡，在新體制之下，看重的是門第高低而不區別胡漢。若再配合全面採行漢族式的官制，則是將胡漢的統治階層，一元化爲漢族式的貴族，受影響最大的是那些未能躋身貴族的胡族中下層民眾，爲後世埋下不安定的因素。

## 恆代叛亂

孝文帝的激進改革，終於引爆保守勢力的反撲。太和十九年（四九五）三月，身爲文明太后胞兄、孝文帝岳父的太師馮熙，死於代京平城。全權負責代京軍政事務的鮮卑保守貴族陸叡，向孝文帝上表請求親臨馮熙之喪，欲借機要挾或劫持孝文帝。孝文帝識破其陰謀而不揭穿，只派太子元恂前往代祭。但元恂在平城時卻被陸叡等游說利誘，成爲反對遷都和改革者暗中擁護的對象。事實上元恂因不好學而漸失寵，孝文帝漸寵愛好學的次子元恪，讓元恂對自己的地位深感不安。

《魏書．廢太子恂傳》記載：「（元恂）不好書學，體貌肥大，深忌河洛暑熱，意每追樂北方。中庶子高道悅數苦言致諫，恂甚銜之。」太和二十年（四九六）八月，元恂利用孝文帝出巡令他留守洛陽之際，殺害太子中庶子高道悅，準備奔回平城。孝文帝得知後大驚，立刻返回洛陽，拘禁元恂。不久廢元恂爲庶人，後來又鴆殺之。

恆州刺史穆泰、定州刺史陸叡，以及元隆、賀頭等鮮卑宗室勳貴，得知元恂被廢後，圖謀推舉朔州刺史陽平王元頤以取代孝文帝，但元頤「不從，僞許以安之，密表其事」，結果迅速被朝廷平定。由叛變迅速被弭平，可見保守勢力僅限於平城附近，孝文帝尚能掌控大局，反對者難以成事。不過，這些鮮卑宗室勳貴的反叛，對孝文帝的心理應該也有不小的打擊。經此事件之後，反對改革的聲浪已大爲減少，孝文帝更加堅定的繼續改革。

## 官制的改革

《魏書．官氏志》記載，北魏初期的職官名號，「多不依周漢舊名，或取諸身，或取諸物，或以民事，皆擬遠古雲鳥之義。諸曹走使謂之鳧鴨，取飛之迅疾；以伺察者爲侯官，謂之白鷺，取其延頸遠望。自餘之官，義皆類此，咸有比況」，有學者稱這種胡族官制爲「草昧的官僚制」。但隨著政權日益擴大，任用漢族官僚愈多，乃逐漸採用中原王朝的官制，但胡漢雜揉，有些官職外表似是漢制，但實質爲胡制。例如侍御中散等中散官，表面爲文官名，實質爲胡族功臣子弟在皇帝左右的近侍武官；又如殿中尚書，是皇帝近身士兵的指揮官，雖名爲「尚書」，但實際職掌與一般王朝的尚書相差甚遠。這種胡漢雜揉的官制延續近百年，其中有大量的胡族近侍官被近代學者稱爲「內朝官」。漢代的官制也有內朝官，但多爲文官，北魏的內朝官則多主護衛，並兼出使及服侍之職，這是北魏早期官制的一大特色。

孝文帝親政之後，決定仿效南朝的官制，進行全面的官制改革，分別在太和十七年（四九三）、太和十九年（四九五）及太和二十三年（四九九）頒行三次的職員令。最終的官制不但取消胡族色彩的內朝官，也導入清官、濁官的官制，更出現濃厚的門閥制特色，這是受到來自南朝降附的劉昶及王肅的影響，使得北魏官制幾乎與兩晉、南朝沒有兩樣了，甚至反過來影響後來梁武帝的「天監改革」（五〇八）。不過，太和二十三年頒行第三次職員令不久之後，孝文帝就死了，其施行是在繼任的宣武帝時代了。

表7-1　北魏孝文帝時期施政簡表。

| | 政策名稱 | 實行時間 | 政策內容 |
|---|---|---|---|
| 文明太后攝政時期 | 俸祿制 | 太和八年（四八四） | 為遏止北魏官僚橫徵暴斂及貪污的風氣，文明太后接受張白澤之建議，行俸祿制。 |
| | 均田制 | 太和九年（四八五） | 文明太后納李安世的建議制訂均田之法。 |
| | 三長制 | 太和十年（四八六） | 為解決人民蔭附之問題，文明太后依李沖之建議設立三長制。 |
| 孝文帝親政時期 | 廟號改革 | 太和十五年（四九一） | 將道武帝拓跋珪之廟號從烈祖改為太祖，象徵北魏統治中原的開始。 |
| | 五行行次改革 | 太和十六年（四九二） | 依「五德終始說」，將北魏原先之土德改為水德，強調北魏承續西晉金德之正統性。 |
| | 遷都洛陽 | 太和十七－十九年（四九三－四九五） | (1) 四九三年九月，「定遷都之計」。<br>(2) 四九四年十月，遷祖先牌位至洛陽。<br>(3) 四九五年九月，「六宮及文武盡遷洛陽」。 |

| | | |
|---|---|---|
| 廢除西郊祭天 | 太和十八年（四九四） | 四九四年三月，廢除游牧民族傳統之西郊祭天，以中原民族之南郊祭天為國家之主要祭典。 |
| 變易舊風 | 太和十八—二十年（四九四—四九六） | (1) 四九四年十二月，禁胡服，改穿漢服。<br>(2) 四九五年六月，禁胡語，以洛陽語為官方語言。<br>(3) 四九五年六月，改代人南遷者籍貫為洛陽人。<br>(4) 四九五年六月，改度量衡以《周禮》為標準。<br>(5) 四九六年正月，改胡族複姓為單姓。 |
| 詳定姓族 | 太和二十年（四九六） | 四九六年正月，定胡族八姓與漢人四姓地位相同，以門第秩序打破胡漢隔閡。 |
| 官制改革 | 太和十七年（四九三）、太和十九年（四九五）、太和二十三年（四九九） | 分別在四九三年、四九五年及四九九年頒行三次的職員令。廢除胡制，仿效南朝的官制，進行全面的改革。 |

## 南征與駕崩

孝文帝雖以南征之名掩護其遷都洛陽的大計，不過孝文帝念茲在茲的，確實是要南征完成統一大業。遷都之後的太和十八年（四九四）十二月，孝文帝親率三十萬大軍南征，但無功而返。其後，孝文帝又在太和二十一年（四九七）、二十三年（四九九）親率大軍南征，雖略有所獲，但戰果並不豐碩。

孝文帝爲了他的政治事業，付出了家破人亡的慘重代價。前述太子元恂因反對遷都已被廢殺，其後皇后被幽殺也與孝文帝的南征有關。文明太后馮氏在世時，爲了馮家的富貴，替孝文帝納其胞兄馮熙的兩個女兒爲妃，以親上加親，但一個早死，另一個因病還家爲尼。太和十七年（四九三），孝文帝爲文明太后守喪結束後，再立馮熙另一少女爲皇后。遷都洛陽之後，皇后率領六宮遷洛陽，孝文帝對皇后「恩遇甚厚」。後來后姊病癒，孝文帝再迎入宮拜爲左昭儀，寵愛日盛，皇后則「禮愛漸衰」。后姊趁機百般構陷，結果皇后被廢爲庶人（史稱廢皇后），到瑤光寺爲尼，孝文帝改立左昭儀爲皇后。然而，孝文帝長年在外征戰，新立的皇后難耐寂寞，竟與假宦官私通，甚至暗中做法術詛咒孝文帝，圖謀效法姑媽文明太后臨朝聽政。太和二十三年二月，事情敗露，孝文帝盛怒，將皇后幽禁（史稱幽皇后）。此事對孝文帝的心靈造成莫大的創傷。同年三月，孝文帝再南征，出發之前孝文帝已染病，四月死於南征途中，享年三十三歲，臨終前賜死幽皇后。

孝文帝雖懷抱大一統的雄心壯志，屢次親自南征，但終於未能如願。當時南齊已是明帝蕭鸞末年及東昏侯蕭寶卷暴政的時代，內部早已動盪不安，孝文帝舉國南侵卻並未有重大斬獲，可見統兵作戰非其所長。

總之，北魏從一個仍舊保留濃厚胡族色彩的鮮卑王朝，轉變爲漢族色彩十足的貴族制國家，並且得到北方漢族士人的認同，確實是要歸功於孝文帝的全面漢化改革。這由北魏末年動亂時，漢人士族豪強多爭相勤王，可見一斑。後世對孝文帝上述的漢化改革，有兩種截然不同的評價。漢人對孝文帝能主動擺脫夷狄之風，多持肯定的態度；但同樣是北方民族入主中原的清朝乾隆皇帝，則批評孝文帝背祖忘宗，得不償失。姑且不論孝文帝的理想，鮮卑族雖憑藉武力入主中原，但面對壓倒性人口優勢而且文化高度發達的漢族社會，征服者把自己轉化成體制保障下的貴族，或許不失爲永遠保持統治特權的聰明策略。然而，孝文帝的改革最後造成鮮卑胡族社會的分裂，也爲北魏末年的動亂埋下禍根，這恐怕是孝文帝始料所未及的。此點容後再述。

## 六、洛陽的繁榮與腐敗

### 改革路線的繼承

太和二十三年（四九九）四月孝文帝死後，代元恂而立的皇太子元恪繼位，史稱宣武帝。宣武帝元恪是孝文帝的次子，即位時十七歲，孝文帝臨終前爲他安排了六位輔政大臣，分別是元詳、王肅、元嘉、宋弁、元禧、元澄，其中兩位是漢人大臣、四位是元氏宗室親王。可見孝文帝儘管在政策上全面漢化，但權力核心還是要倚重鮮卑宗室親王，他的內心世界，不能說完全沒有胡漢界線。

然而，輔政大臣之間很快就勾心鬥角，宣武帝趁機排除輔政大臣的掣肘，景明二年

（五〇一）宣布親政，以左右佞倖之臣茹皓、趙脩及外戚母舅高肇掌權。趙脩恃寵驕縱、凌侮王公，高肇邀結朋黨，最後大權漸入高肇之手。宣武帝則篤信佛教，對大臣的驕縱不法，多寬容放任，政治因而日益衰敗。不過，孝文帝以來的漢化路線，基本上延續不變，孝文帝生前未完成的洛陽營造工程，則接續完工。

## 洛陽城的規劃與繁榮

從太和十七年（四九三）孝文帝遷都洛陽，到西元五三四年權臣高歡再遷都於鄴城，四十多年間洛陽做爲北魏的都城，出現空前繁榮的景象。

東漢的首都洛陽曾盛極一時，漢末卻被董卓的一把火化爲灰燼。曹魏明帝再大興土木，洛陽稍稍恢復規模。西晉永嘉戰火，洛陽再度淪爲廢墟。北魏孝文帝遷都洛陽，才再重建。但洛陽的營建工程大部分完成於宣武帝時期。景明三年（五〇二）冬天，也就是孝文帝死後第三年，洛陽宮殿才大致完成，此後仍持續擴建各項工程。

北魏的洛陽城是在漢魏的洛陽城舊址再擴大而成。漢魏的洛陽城呈坐北朝南的縱向長方形，大致成爲北魏洛陽城的皇城。皇城之內建有宮城，宮城的中心有太極殿。皇城設有十三個城門，城內有八條主要大街，寬度都超過四十公尺，非常規整壯觀。其中最寬大的是南半部南北向的銅駝街，由宮城向南直達皇城南邊的宣陽門，路寬達四十一公尺多，是皇城內最熱鬧的地區。政府官廳、太廟等重要機構，以及著名的永寧寺（詳後）都分布在銅駝街的兩旁。

皇城向外的周圍再築外郭，南北十五里（約七點五公里），東西二十里（約十公里），呈坐北朝南的橫向長方形，外郭的南邊建有祭天場地的圜丘。由宮城的太極殿連結外郭的圜丘，成爲南北直通的中軸線（御道）。這種都城中軸線的規劃，早見於南朝劉宋孝武帝時的

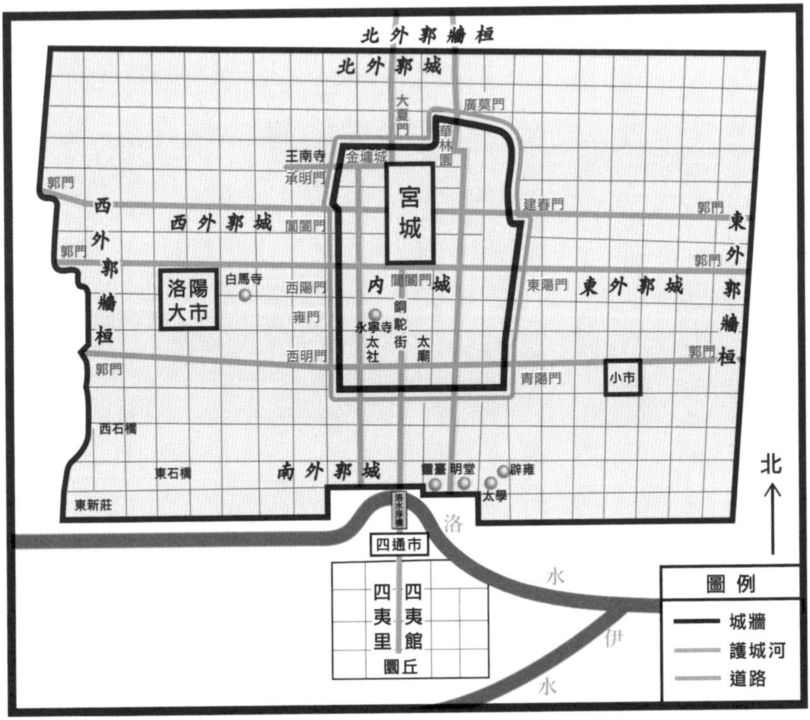


圖 7-7　北魏洛陽城圖。

建康城，含有皇帝與上天直線連結以強化權威的意圖。孝文帝遷都洛陽之前已在平城仿效，宣武帝繼承這種意識而落實於洛陽。皇城內有四方約五百公尺切割爲一居住區的「坊」，共三百坊。若涵蓋皇城外的坊，總數約三百二十坊，住有十萬七千餘戶，超過五十萬人。

都城之內規劃封閉式居住區的坊（城坊制），最早見於北魏早期的平城，源自游牧民族的徙民政策，是爲控制和管理徙入京師的俘虜人口而設計，此時新建的洛陽城仍然加以承襲。城坊制與中軸線的都城規劃後來也由隋、唐的長安城所繼承，更進而影響到日本的平城京與平安京的建築規劃。

北魏自孝文帝以來，中原王朝的正統意識特別強烈，把包括南朝在內的四方歸降者都視爲「夷狄」，因此在洛陽城南特別設置「四夷里」以安置歸降者。譬如其中有「歸正里」，民間又叫做「吳人坊」，住著從南朝來投附的人，「吳人」本來指（孫）吳國之人，此時已成爲南朝人的代名詞。「四夷里」所住的人，最盛時期超過一萬戶。

東魏武定五年（五四七）楊衒之著的《洛陽伽藍記．宣陽門》，對當時洛陽的繁榮有如下的記載：「商胡販客，日奔塞下，所謂盡天地之區已。樂中國土風，因而宅者，不可勝數。是以附化之民，萬有餘家。門巷修整，閶闔填列，青槐蔭陌，綠柳垂庭。天下難得之貨，咸悉在焉。」從蔥嶺以西直到東羅馬帝國的沿途各國商人，紛紛前來洛陽經商，洛陽儼然成爲當時繁華的國際大都市。

## 《洛陽伽藍記》與洛陽的佛寺

上述《洛陽伽藍記》的作者楊衒之，年輕的時候曾經在洛陽當官，對當時洛陽的繁華有深刻的體驗。後來北魏末年的動亂，權臣高歡遷都鄴城，洛陽屢經戰禍，已經殘破不堪了。東魏時期，楊衒之因公出差路過洛陽，看到曾經繁華無比的洛陽變成荒野的廢墟，於是感傷地寫下了這本巨著，追憶往昔的繁華。書名雖爲「伽藍記」，但並不僅僅是記錄佛寺（伽藍），同時也涉及當時政治、社會的各個層面，成爲後世研究北魏末年洛陽最重要的史料。

洛陽的城市建設，進展特別快的是佛寺及其附屬的寶塔，《洛陽伽藍記．原序》記載：「至晉永嘉，唯有寺四十二所。逮皇魏受圖，光宅嵩洛，篤信彌繁，法教愈盛。王侯貴臣，棄象馬如脫屣，庶士豪家，捨資財若遺跡。於是招提櫛比，寶塔駢羅」，到極盛時，洛陽的寺院竟多達一千三百六十七所。

北魏洛陽佛寺的大盛，與胡太后的好佛有很大的關係。延昌四年（五一五）宣武帝死後，六歲的太子元詡繼位，是爲孝明帝。元詡的生母胡氏升格爲皇太后，並臨朝聽政（詳後）。《資治通鑑》卷一四九記載：「太后好佛，營建諸寺，無復窮已，令諸州各建五級浮圖，民力疲弊。諸王、貴人、宦官、羽林各建寺於洛陽，相高以壯麗。太后數設齋會，施僧物動以萬計」。

熙平元年（五一六）胡太后營建的永寧寺，位於最大街道銅駝街的西側，不但是當時洛陽城內最大的寺院，可能也是中國歷史上最大和最華麗的佛寺。寺院平面作長方形，南北長兩百九十八公尺，東西寬兩百一十公尺，四周有夯築圍牆。《洛陽伽藍記》的作者楊衒之曾在寺院南邊的護軍府任職，對寺院格局知道得很清楚，因此在其書中有詳細的描述：「中有九層浮圖（塔）一所，架木為之，舉高九十丈，有剎復高十丈，合去地一千尺。去京師百里，已遙見之」、「浮圖北有佛殿一所，形如太極殿，中有丈八金像一軀，中長金像十軀，繡珠像三軀，金織成像五軀，玉像二軀。作功奇巧，冠於當世。僧房樓觀一千餘間，雕梁粉壁，青繅綺疏，難得而言」。壯麗無比的永寧寺，正象徵著當時洛陽的繁榮。附帶說明，永寧寺又做為貴重佛典與佛像的保管所，附近有做為佛教教團的統治官廳昭玄曹。此外，諸如景明寺、瑤光寺、建中寺、龍華寺等等，都極壯觀，各具特點。當時洛陽佛教的盛況遠播，吸引來自西域的外國僧侶三千餘人，宣武帝特別建永明寺千餘間以接待之。

除了佛寺之外，洛陽的另一壯觀是龍門佛教石窟。北魏文成帝拓跋濬時期曾在平城近郊的雲岡開鑿石窟，仿北魏帝王相貌雕刻佛像，掀起崇佛與佛教藝術的高潮。孝文帝遷都

圖 7-8　龍門石窟大佛像。陳胤慧拍攝提供。

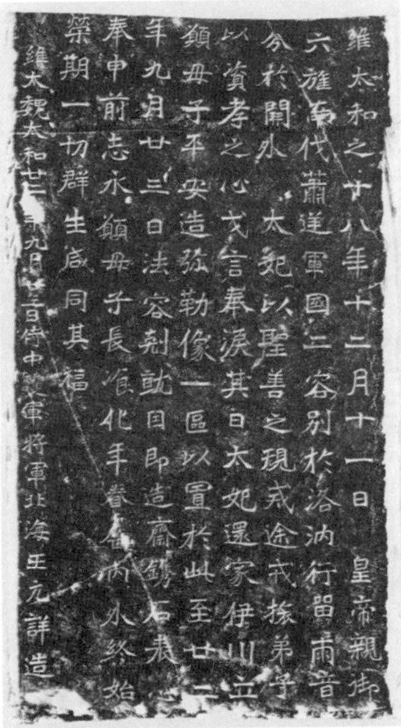

圖 7-9　「龍門二十品」之一，〈北海王祥造像記〉。中央研究院歷史語言研究所藏品。

洛陽之後，仍繼續在洛陽城南十三公里伊水西岸的龍門開鑿石窟，其中最有名的是宣武帝下令爲孝文帝及亡母高氏所造的賓陽中洞。比起雲岡石窟，龍門石窟在堅石上精細雕琢更具有中國式的風格，對後世的佛教雕刻藝術有很大的影響。龍門石窟在北魏滅亡之後仍繼續營造，到唐代達到最盛，營造擴及到伊水的東側。龍門石窟大多會在壁面刻有造像銘，說明佛像建立的緣由及目的，其中有被後世拓本做爲書法範本的「龍門二十品」，相對於南朝書法繼承王羲之以來的流麗風格，北魏的書法殘留隸書的痕跡，字體強勁有力爲其特徵。當時華北各地從官員到庶民、婦女，個人或居家信眾，都盛行造石佛或佛教石窟，現今被確認爲北朝時代的造像銘有二千件左右，造像銘多載有對親人追念供養之願望，同時也都有崇拜皇帝、鎮護國家的文字。這是佛教教團派遣的教化僧在推廣造像之際，也同時推廣皇帝崇拜，由此可見當時佛教教團的特色。

## 胡太后的當政與統治階層的腐化

北魏遷都洛陽之後，國勢日益強盛，但王公貴族卻日益奢靡腐敗。宣武帝不但沒有加以遏制，反而放任寬縱，營造太平的景象。《資治通鑑》卷一四五記載：「魏太傅、領司徒、錄尚書北海王詳，驕奢好聲色，貪冒無厭，廣營第舍，奪人居室，嬖昵左右，所在請託，中外嗟怨。魏主（宣武帝）以其尊親，恩禮無替，軍國大事皆與參決，所奏請無不開允。」其他宗室貴族如京兆王元愉、咸陽王元禧也都有類似的奢靡腐敗。

舒適繁榮的都城生活，使得鮮卑征服者喪失了強悍質樸的性格，成爲盡情享受物慾的王公貴族。原先反對遷都的鮮卑貴族，在洛陽過慣安逸的生活後，再也不想回去北方了。宣武帝時曾經謠傳國家要返都平城，一度造成王公大臣們的驚慌。

延昌四年（五一五）宣武帝去世，長期專權的外戚高肇領軍在外攻打蕭梁的益州，中書監崔光與領軍將軍（禁衛軍統領）于忠，奉六歲的太子元詡即位，是爲孝明帝，另召孝文帝之弟高陽王元雍總領庶政。

高肇返朝臨喪時被元雍、于忠的伏兵殺害，孝明帝的生母胡氏被尊爲皇太妃，高太后被廢爲尼，幽居於瑤光寺。于忠以擁立之功又兼禁衛軍統領，遂專朝政，權傾一時。但不久胡太妃被尊爲皇太后，又臨朝聽政，于忠被免去領軍將軍之職，派赴外地任冀州刺史。

胡氏（？—五二八）是安定郡臨涇縣（甘肅鎮原縣東南）人，她的姑媽是尼姑，經常出入宮內，看到胡氏的美豔，引薦她入宮。當時因爲有「子貴母死制」，嬪妃懷孕時都祈願生女，不願生下皇子，唯獨胡氏卻許願生皇子，說豈能怕死而讓皇統斷絕？後來果然生下皇子元詡。宣武帝可能受到胡氏的感動，又考慮到嬪妃們都「不願生太子」的消極反抗，反而不利於皇統血脈，因而立太子後並沒有賜死胡氏，「子貴母死制」等同於被廢除。宣武帝死後的宮廷鬥爭，胡氏成爲太后並臨朝聽政，是最大的贏家。她的掌權有點類似西晉的賈后，也有點像北魏前期的馮太后，都善於利用宮廷鬥爭，但結局卻大異其趣，沒有演變成西晉的八王之亂，也沒有馮太后的亮眼政績，因為實際的歷史條件已完全改觀。

胡太后天資聰慧，主持朝政之初親理萬機，頗有佳評。但她崇尚佛法，大事興建佛寺，又施捨各地寺廟財物，花費大量的資財，助長奢靡腐敗的風氣。

《資治通鑑》卷一四九有如下的記載：「魏累世強盛，東夷、西域貢獻不絕，又立互市以致南貨，至是（五一九）府庫盈溢。胡太后嘗幸絹藏，命王公嬪主從行者百餘人各自負絹，稱力取之，少者不減百餘匹。尚書令儀同三司李崇、章武王融，負絹過重，顛仆於地，崇傷腰，融損足，太后奪其絹，使空出，時人笑之。」堂堂的尚書令李崇，竟然貪心負絹過重而跌倒傷腰，眞是斯文掃地。

《資治通鑑》接著又記載當時王公貴族的奢靡腐敗：「時魏宗室權倖之臣，競為豪侈，高陽王雍，富貴冠一國，宮室園圃，侔於禁苑，僮僕六千，伎女五百，出則儀衛塞道路，歸則歌吹連日夜，一食直錢數萬」，「河間王琛，每欲與雍爭富，駿馬十餘匹，皆以銀為槽，窗戶之上，玉鳳銜鈴，金龍吐旆，嘗會諸王宴飲，酒器有水精鋒，馬腦椀，赤玉巵，制作精巧，皆中國所無。」如此奢靡爭富的風氣，宛如西晉時期的再現，北魏統治階層的腐化，最終只有迎向王朝的末日了。

## 七、六鎮之亂與河陰之變

### 禁軍暴動的「羽林之變」

孝文帝漢化改革之後，官吏的選拔任用重視家世門第，漢族舊貴族與鮮卑族漢化的新權貴把持政府高層官職。出身門第較低者愈來愈難以躋身政界，尤其是以鮮卑族爲主體的中下級軍人集團，他們長年在軍隊服役，唯一的希望是等待退役之後能轉任地方長官或中央文官。但是在門閥體制下，他們出人頭地的門路不斷窄化，因此長久鬱積了無處宣洩的不滿情緒。

此外，主管人事的尚書省官員認爲軍人缺乏行政能力，本來就不適合轉任中央文官，而轉任地方長官又多貪贓枉法，讓百姓怨聲載道，橫生政治亂象。

神龜二年（五一九）正月，漢族文官張仲瑀上書，要求推行更嚴格的官吏任用制度，「排抑武人，不使預在清品」，杜絕武人轉任文官之路。消息傳開，軍人們怒不可遏，號召抗議。二月，以鮮卑族爲主體的天子禁軍羽林營、虎賁營的軍人近千人，在都城洛陽的大道上集結，前往尚書省遊行抗議，吼叫謾罵，扔擲瓦石，無人敢擋。又蜂擁到張仲瑀的家中縱火，張仲瑀的父親征西將軍張彝被拖出毆打，身負重傷，兩天後死去；張仲瑀的哥哥張始均被投入火中活活燒死，張仲瑀也負重傷逃走，勉強保住了性命。當時張彝還是現役的將領，竟然就這樣慘遭毆打致死。

禁軍暴動之後，胡太后處死了首謀者八人，由於從犯人數太多，只好頒布大赦令不予問罪。同時對軍人採取安撫措施，讓資歷高、功勞大的將校可依次轉任文官。這個事件造成巨大的轟動，朝廷姑息的處置讓人看到綱紀廢弛，感到國家早晚要動亂了。

後來東魏政權的實權者高歡，此時正做為一位信差，經常往返於北邊的軍鎮與洛陽之間，剛好看到這一幕，知道天下即將動亂。回去之後，散盡家財交結豪傑，為即將到來的亂世培植自保的實力。

## 元叉政變幽禁太后

年輕的胡太后難耐寂寞，看上清河文獻王元懌美風儀，「逼而幸之」，並以元懌輔政。元懌「素有才能，輔政多所匡益，好文學，禮敬士人，時望甚重」。胡太后的妹夫元叉，任侍中、領軍將軍，兼總禁兵，恃寵驕恣，但卻常受到元懌的阻撓，因此生怨；宦官劉騰曾助太后奪權，權傾內外，但同樣受到元懌的壓制，也因而生怨。

神龜三年（五二〇）七月，元叉與劉騰聯合發動政變，誣告元懌謀反，加以殺害。再假造太后詔，自稱有病而還政於孝明帝，幽禁太后於北宮宣光殿，內外斷絕。十一歲的孝明帝完全被蒙蔽與監控。元叉引太師高陽王元雍一同輔政，但實際上大小政務都由元叉與劉騰二人把持。直到正光四年（五二三）三月劉騰死後，元叉對太后及明帝的監控才稍微放鬆。不久，北邊的六鎮發生變亂，各地響應。正光六年（五二五）四月，高陽王元雍不滿元叉的專權，擁護太后再臨朝攝政，清算元叉黨羽，元叉被賜死，被幽禁將近五年之久的胡太后再度掌權。

## 六鎮之亂

自從鮮卑拓跋氏南侵進入中原之後，柔然在漠北草原迅速擴張，成爲北魏的強敵。爲了防禦北方邊境，北魏設置沃野、懷朔、武川、撫冥、柔玄、懷荒等六個軍鎮，部署以鮮卑族爲首的精兵駐守，拱衛京師平城。軍鎮將校多由鮮卑貴族或漢人豪族擔任，鎮民不但有免役的特權，而且經常能以戰功而飛黃騰達，享有至高榮譽，受世人羨慕。

然而，後來柔然逐漸下衰六鎮的重要性隨著下降，尤其在孝文帝遷都洛陽之後，六鎮軍民從拱衛京師的精銳部隊，淪落爲留守邊地的駐紮部隊。不但失去往昔的光環，待遇地位更每況愈下，不斷累積對朝廷的不滿。

柔然下衰之後，向北魏稱藩。孝明帝時期柔然更多次派遣使臣向北魏示好。正光元年（五二〇）十月，柔然可汗阿那瓌親自率臣屬來朝，受封爲朔方公、蠕蠕王。正光四年（五二三）二月，柔然發生了大饑荒，阿那瓌可汗竟一反常態，放棄與北魏友好的態度，親自率領三十萬大軍進犯邊境，所過之地都受到剽掠，直抵平城。朝廷以尚書令李崇率騎兵十萬阻擊，柔然退兵，但驅趕良民兩千、公私馬牛羊數十萬一起北遁，李崇的軍隊追擊三千餘里，無功而返。柔然大饑荒應與天候寒冷有關，相鄰的六鎮地區也同樣有災害，而且又飽受柔然的劫掠，他們看到救援的政府軍無功而返，對朝廷的無能更加徹底地絕望。

隨李崇率兵出擊的長史魏蘭根，對六鎮地區有深入的觀察，回來之後上奏：

> 昔緣邊初置諸鎮，地廣人稀，或徵發中原強宗子弟，或

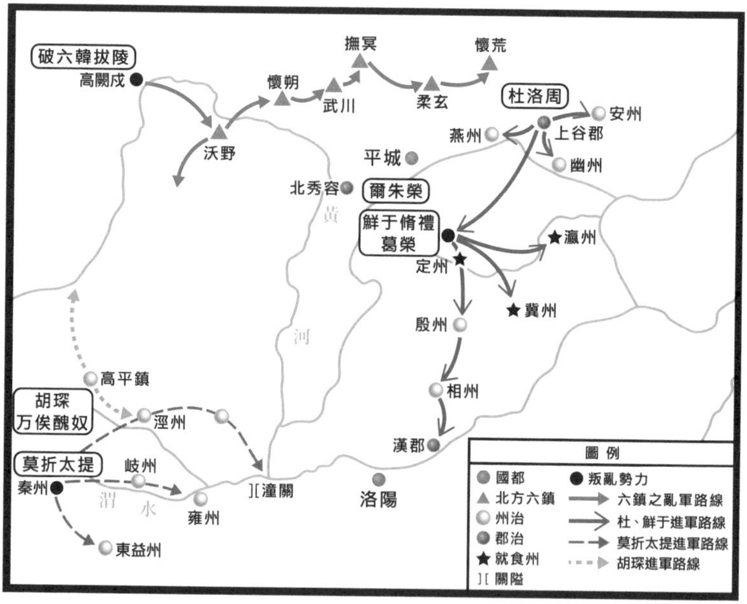


圖 7-10　六鎮之亂示意圖。

國之肺腑，寄以爪牙。中年以來，有司號為「府戶」，役同廝養，官婚班齒，致失清流，而本來族類，各居榮顯，顧瞻彼此，理當憤怨。宜改鎮立州，分置郡縣，凡是府戶，悉免為民，入仕次敘，一準其舊，文武兼用，威恩並施，此計若行，國家庶無北顧之慮矣。（《資治通鑑》卷一四九）

大意是說，遷都洛陽之後，留在六鎮的鎮民世代爲兵，被稱爲「府戶」，地位低下如同奴隸。六鎮的將校也不能轉任中央清官，與他們原本同族的親戚，入洛陽爲官，各個榮顯，讓他們憤恨不平，建議改鎮爲州，也就是廢除軍政、改行民政，與一般郡縣民平等對待。不過朝廷並沒有採納，不久，變亂就發生了。

正光五年（五二四）三月，沃野鎮的鎮民匈奴人破六韓拔陵，率眾殺戍主造反，不久就攻占了沃野鎮。戰火迅速擴及到六鎮以及西北諸鎮，再蔓延到華北各地域，這一連串的反亂，被總稱爲「六鎮之亂」。

面對六鎮的叛變，北魏朝廷派出的鎮壓軍隊一再敗北。朝廷雖然答應改鎮爲州，並解除鎮民的軍籍，但爲時已晚，戰亂仍不斷擴大，無奈之下，朝廷竟反過來請求柔然派軍協助平亂。正光六年（五二五）春，柔然阿那瓌可汗率領十萬大軍南下，與北魏再派出的廣陽王元淵的軍隊兩面夾擊，破六韓拔陵兵敗後下落不明，六鎮兵民二十餘萬向北魏政府軍投降。由於六鎮地區已殘破不堪，朝廷將這些六鎮降戶分散到河北的定州、冀州、瀛州就食，狹義的「六鎮之亂」暫時告一段落。

## 爾朱榮的崛起與「河陰之變」

然而戰事並未就此平息，關隴地區在破六韓拔陵起兵的次月，就有敕勒族的酋長胡琛攻占高平鎮響應，接著秦州有氐羌族系的莫折太提、莫折念生父子領導的叛變，直到孝昌三年（五二七）關隴地區的叛亂仍未平息。

另一方面，被分散到河北就食的六鎮降戶，沿途忍饑挨餓，異常悲慘。到達河北之後，也因為河北正逢天災，連年饑荒，居民四處逃散，降戶幾乎無處就食，因此不久又起叛變。孝昌元年（五二五）八月，柔玄鎮人杜洛周率眾反於上谷（北京市延慶區）。孝昌二年（五二六）正月，五原降戶鮮于脩禮反於定州，聲勢浩大，達十多萬人。後來鮮于脩禮被殺，其勢力由部將葛榮繼承，屢敗政府軍。葛榮自稱天子，國號齊。武泰元年（五二八）葛榮再殺杜洛周，收編其部眾，聲勢達數十萬，號稱百萬，兵鋒直指京師洛陽。而北魏派赴關隴地區征討的將領蕭寶寅久戰無功，卻又在關中造反。

正當各地叛變如火如荼地展開之際，北魏朝廷內的鬥爭也進入了白熱化階段。如前所述，自正光元年（五二〇）七月，元叉政變幽禁胡太后之後，直到正光六年（五二五）四月，高陽王元雍擁護胡太后再度臨朝攝政，近五年之間元叉專權，六鎮之亂即發生在此期間。而胡太后再度掌權不久，柔然就助平六鎮之亂了。然而，六鎮降戶在河北地區又起叛變，北魏政府軍一再敗退，胡太后完全無能爲力，史書說太后「再臨朝以來，嬖倖用事，政事縱弛，恩威不立，盜賊蠭起，封疆日蹙」。此時孝明帝日漸長大，胡太后深怕自己的惡行被孝明帝知悉，屢次誅除孝明帝的親信，因此母子之間嫌隙日深。武泰元年（五二八）二月，孝明帝密詔在山西的討虜大將軍爾朱榮，引兵南下以脅制太后，太后得知後先下手爲強，毒殺了當時只有十九歲的親生兒子孝明帝。太后立三歲的幼主元釗（孝文帝之曾孫），以便於再專政。

爾朱榮（四九三—五三〇）是契胡出身，可能是分布在太行山山區，曾在匈奴統治之下的雜胡之一。當時鮮卑拓跋氏的北魏王朝已統治一百多年了，其治下的各類胡人大部分都已鮮卑化了，因此爾朱氏也已鮮卑化了。爾朱榮先世助道武帝拓跋珪創業有功，被封在山西朔州市北的北秀容川地區，保留了部落組織，世代爲「領民酋長」，畜有滿山滿谷的牛羊駝馬。六鎮亂起，爾朱榮散其畜牧資財，結納豪傑，平定其周遭的亂事，勢力愈來愈大，許多優秀人才都前往投靠，孝明帝也納爾朱榮的女兒爲妃。因此孝明帝寄望爾朱榮的力量可以抗衡太后，不料卻先被太后所毒殺。

武泰元年三月，爾朱榮得知孝明帝死訊後大怒，他認定是遭太后毒殺，因此進軍洛陽，聲稱要查明眞相、追究責任。太后大驚，派兵阻擊。四月，爾朱榮到河陽擁立二十二歲的元子攸（獻文帝之孫）爲帝，史稱孝莊帝（五二八—五三一在位）。爾朱榮攻進洛陽，要求百官出來迎接孝莊帝，並把胡太后及幼主捉到河陰（河南孟津縣）投入黃河而死。此時爾朱榮考慮到自己的實力還有限，遂想用誅殺立威，乃令百官都到行宮西北，假稱要祭天，等到百官集合完畢，他厲聲斥責百官貪虐，不能匡輔朝政，因而縱兵屠殺，死者二千多人，史稱「河陰之變」。這次的大屠殺慘劇，雖起於爾朱榮要立威的動機，但胡族士兵瘋狂的屠殺行爲，似乎也有發洩對漢化政策不滿的情緒。

## 「天柱大將軍」爾朱榮之死

爾朱榮的騎兵濫殺朝士太多，不敢入洛陽。洛陽城內謠言滿天飛，大家深怕爾朱榮會屠城，紛紛逃竄。爾朱榮原本有意遷都到自己的大本營晉陽（山西太原市），見洛陽宮闕壯麗而作罷。孝莊帝爲討好安撫爾朱榮，納爾朱榮的女兒（原孝明帝妃）爲后。武泰元年（五二八）五月，爾朱榮乃以心腹出任朝廷要官，自己回到晉陽（稱之爲霸府，爲權臣用以掌握國家軍政權力的中心）遙控朝廷。同年九月，葛榮引兵圍鄴城，號稱百萬之眾，爾朱榮親率七千精騎在滏口（河北磁縣西北）大破葛榮，擒獲葛榮，送洛陽斬首，收降葛榮餘眾數十萬。河北地區的叛亂大致被討平，爾朱榮的功業更上一層。

「河陰之變」後，許多北魏宗室貴族投奔南朝的梁，梁武帝想要趁北魏內亂北伐，遂立魏北海王元顥爲魏王，以名將陳慶之護送他北還。由於北魏有人擁戴元顥，只率七千兵馬的陳慶之竟一路北上，凡四十七戰取三十二城，所向皆捷。魏孝莊帝避走河內郡（河南沁陽市）。永安二年（五二九）五月，陳慶之護送元顥進入洛陽，黃河以南州郡多來附從，洛陽官員迎元顥入宮。然而元顥入洛陽後，日夜縱酒，不恤軍國之事，梁國的軍隊又侵暴百姓，朝野失望，元顥也與陳慶之失和。六月，爾朱榮率大軍南下奪回洛陽，元顥在逃亡途中被殺，陳慶之則變裝爲和尚，逃回梁國。

陳慶之在洛陽停留了一個月期間，見識到洛陽的繁盛，回梁國之後特別看重北人。梁武帝的倖臣朱異怪而問之，陳慶之回答說：「吾始以爲大江以北皆戎狄之鄉，比至洛陽，乃知衣冠人物盡在中原，非江東所及也，奈何輕之？」事實上，陳慶之所看到的洛陽已是經過河陰之變的大屠殺，人物傷亡殆盡，可是還是讓陳慶之讚嘆不已。

奪回洛陽之後，爾朱榮以功績被加封爲「天柱大將軍」，這是前所未有的將軍號。永安三年（五三〇）爾朱榮再派遣族子爾朱天光，率軍入關中平定關隴地區的叛亂，至此各地的變亂大致都被爾朱榮平定了。

孝莊帝勤於朝政，經常親覽辭訟，卻因而引起爾朱榮的不滿。爾朱榮在晉陽遙控朝政，爾朱皇后也仗父親權勢對孝莊帝頤指氣使。孝莊帝內外交逼，慶幸外面還有亂事可以牽制爾朱榮。等到各地亂事皆被平定後，反而悶悶不樂，於是暗中引用漢人官僚，圖謀對付爾朱榮。永安三年九月，孝莊帝趁爾朱榮入洛陽，以爾朱皇后生男兒爲理由請爾朱榮入宮慶賀。爾朱榮不疑有詐，入宮後被孝莊帝親手刺殺，隨行的爾朱榮兒子以及心腹三十餘人一起被誅殺。爾朱榮死的時候，年僅三十八歲。

爾朱榮的死訊傳開後，洛陽滿城欣喜若狂，百官入朝慶賀，但不久爾朱氏族人在各地起兵叛變，爾朱榮的侄兒爾朱兆率軍攻入洛陽，孝莊帝被俘到晉陽，不久在佛寺被絞殺，年二十四歲。此後爾朱兆控制朝政，而各地紛紛起兵反爾朱氏，北魏已名存實亡。

第八章

# 北朝後期的東西對抗

北魏「六鎭之亂」後，華北再度陷入動亂，最後分裂爲高歡掌權的東魏與宇文泰掌權的西魏（五三四），北魏已實質滅亡。其後東魏禪讓爲北齊（五五〇），西魏禪讓爲北周（五五七），北周再滅北齊（五七七）。不久楊堅篡周建隋（五八一），再併滅南朝陳（五八九），結束了魏晉南北朝時代。基本上，六鎭之亂可視爲北魏孝文帝漢化改革的後遺症，那麼六鎭之亂後的這段歷史，要如何來理解？北齊與北周各有何種發展？北周滅北齊有何歷史意義？楊堅又爲何能竄起代周滅陳？這些是本章要探討的主題。

## 一、東西魏對抗局面的形成

### 鄴差高歡的崛起

如前章所述，北魏「六鎭之亂」最後由爾朱榮所平定。爾朱榮掌控朝廷大權，孝莊帝不甘心當傀儡，刺殺了爾朱榮，隨後爾朱榮的侄兒爾朱兆復仇，絞殺了孝莊帝。普泰元年（五三一）二月，爾朱兆在洛陽立獻文帝之孫元恭（五三一—五三二在位，史稱節閔帝），自己留在晉陽掌握實權。由於「河陰之變」爾朱榮殘殺許多漢人貴族，爾朱氏家族在各地殘虐百姓，眼看爾朱兆又絞殺孝莊帝，忠於魏室的河北漢人貴族渤海高氏、趙郡李氏等，紛紛舉兵反爾朱氏。原本是爾朱榮部下的高歡，也藉機率領六鎭降戶脫離爾朱兆，到河北地區結合漢人貴族勢力，起兵號召打倒爾朱兆。

高歡（四九六－五四七），字賀六渾，出身於六鎮之一懷朔鎮（內蒙古固陽縣西南）的貧困人家。《北齊書》、《北史》都說他的先世是渤海名門高氏，「累世北邊，故習其俗，遂同鮮卑」。然而根據近代學者的考證，上述記載很可能是假造的，高歡應該是鮮卑人。高歡家貧，但長得一表人才，曾在城牆上服役，有鮮卑豪族女婁昭君從城門下經過，看到高歡的英姿，驚曰：「此眞吾夫也。」遂叫人送錢到高歡家，好藉此聘娶她，在此可看到鮮卑女性豪放的一面。高歡因娶婁氏，才有了馬匹，被拔擢爲「隊主」，是軍中基層的幹部。不久改任「函使」，也就是公家郵差，往來於懷朔鎮與洛陽之間傳送公文。他任「函使」達六年之久，曾親見禁衛軍暴動的「羽林之變」（五一九），感受到公權力不彰、動亂即將來臨，乃散盡家財交結豪傑。

六鎮亂起（五二四），高歡被捲入動亂中。他和友人曾輾轉投附杜洛周、葛榮，最後與六鎮降戶都歸附到爾朱榮底下。爾朱榮見識到高歡的才華，任命他爲晉州刺史，高歡趁此機會培養自己的勢力。爾朱榮被刺殺後，高歡以六鎮降戶屢起變亂爲理由，請求率領他們到山東「就食」，得到了爾朱兆的同意。普泰元年（五三一）高歡到達河北之後，就聯合漢人貴族在信都（河北冀州）起兵占領鄴城，爾朱兆率領號稱二十萬的大軍來攻。次年閏三月，高歡率領三萬士兵在鄴城郊外的韓陵大敗爾朱兆，並追擊到洛陽。爾朱兆逃回晉陽，高歡入洛陽掌權。這一年高歡三十七歲。

## 東魏政權的成立

高歡入洛陽後，為得到漢人貴族的支持，立孝文帝之孫元脩（五三二—五三五在位，史稱孝武帝），表示對孝文帝的尊崇。高歡自為大丞相，掌握朝政。不久，高歡再追擊爾朱兆到晉陽，爾朱兆逃回老巢秀容，最後兵敗自縊身亡。高歡在晉陽建大丞相府（被稱為霸府），遷六鎮兵民於晉陽周圍，把晉陽建設成為高歡霸業的政治、軍事中心，並長期居於晉陽，另派親信在洛陽監控朝政。二十四歲的孝武帝元脩，不甘心當高歡的傀儡，意圖以擁兵關隴的賀拔岳為外援，高歡乃勾結賀拔岳的部下暗殺賀拔岳。賀拔岳的另一部下宇文泰接掌關隴的部隊，為賀拔岳復仇，於是孝武帝又冀望以宇文泰對抗高歡。

永熙三年（五三四）五月，孝武帝下詔發河南諸州兵，聲稱要討伐南朝的梁國，事實上是企圖襲擊晉陽。高歡得知後調集二十萬大軍從晉陽南下，孝武帝見大勢已去，匆促率領少部分的禁衛軍逃入關中投靠宇文泰。高歡親自率領大軍去追，還連寫了四十幾封信，請求孝武帝回來，但孝武帝都不回覆。最後高歡下通牒說：「若返正無日，則七廟不可無主，萬國須有所歸，臣寧負陛下，不負社稷。」孝武帝還是不回覆，無奈之下，高歡只好另立孝文帝的曾孫十一歲的元善見（五三四—五五〇在位，史稱孝靜帝），表示承續孝文帝以來的正統。十月，高歡認爲洛陽太靠近南邊的梁與西邊的關中（宇文泰勢力），遂將首都東遷到經濟富庶的鄴城，遷都鄴城之後的魏朝，歷史上稱爲東魏。

## 永寧寺的燒毀與洛陽城的衰落

象徵洛陽繁榮的永寧寺，曾是爾朱榮及北海王元顥入洛陽聚兵之處，也曾是爾朱兆囚禁孝莊帝之所。永熙三年二月，也就是遷都鄴城的八個月之前，永寧寺發生了火災，孝武帝派了一千多名禁軍前往撲救無效，「莫不悲惜，垂淚而去。火初從第八級中，平旦大發。當時雷雨晦冥，雜下霰雪，百姓道俗，咸來觀火，悲哀之聲，振動京邑。時有三比丘赴火而死。火經三月不滅」（《洛陽伽藍記．永寧寺》），歷史上壯麗無比的永寧寺只存在十八年（五一六—五三四），就這樣燒毀了。

至於洛陽城，在此之前雖然曾遭受到劫掠，但宮殿本身還沒有受到太大的破壞。高歡遷都鄴城的時候，洛陽住民被迫

圖 8-1　永寧寺復原圖。北京清華大學建築學院教授王貴祥授權提供。

跟隨著東遷，「四十萬戶狼狽就道」。隔年（五三五），高歡更下令派十萬人拆毀洛陽的宮殿，運送建材去興建鄴城的宮殿，不久洛陽又遭受到東西魏多次交戰的摧殘，曾經繁華無比的洛陽，也就荒廢不堪了。

## 宇文泰的崛起與西魏政權的成立

宇文泰（五〇五—五五六），字黑獺，出身於六鎮之一武川鎮（內蒙古武川縣）的「豪傑」，家世比貧困的高歡好很多。宇文氏可能是鮮卑族或鮮卑化的匈奴族，祖先曾仕於慕容燕，降北魏後，被遷徙到武川鎮。六鎮之亂時，宇文泰的父親和三位兄長先後在動亂中戰死或遇害，宇文泰自己則投靠在爾朱榮麾下。

永安三年（五三〇）爾朱榮派族子爾朱天光率三千士兵入關中平亂，武川鎮出身的賀拔岳做爲副將隨行。同爲武川鎮出身的宇文泰，則以別將身分追隨賀拔岳進入關中，因屢建軍功，成爲賀拔岳的親信將領。當爾朱兆與高歡對立時，爾朱天光率領部分軍隊東出赴援，兵敗被殺，留守在關中的軍隊轉由賀拔岳所統領。永熙三年二月賀拔岳被殺害後，宇文泰接受賀拔岳餘部的擁立，掌握關中的霸權。此時宇文泰三十歲。

當孝武帝被高歡逼迫，率領近萬名的近衛軍逃入關中時，宇文泰派軍前往迎接，奉孝武帝以長安爲都，史稱西魏，軍國大權都由宇文泰所掌握。拒絕當高歡傀儡的孝武帝，逃入關中之後還是做了宇文泰的傀儡，心有不甘的孝武帝，又和宇文泰對立起來。孝武帝好色，與三位堂姊妹姘居，並都封為公主，尤其寵愛堂姊平原公主元明月，帶她一起逃入關中。宇文泰對於孝武帝的淫亂無禮相當反感，命人殺害平原公主元明月。孝武帝懷恨不已，宇文泰於是再毒殺了孝武帝，另立孝文帝之孫元寶炬（五三五—五五一在位），史稱西魏文帝。

## 東西魏的生死戰

東西魏分立之後，雙方展開數次的生死戰。西元五三七年（東魏天平四年、西魏大統三）正月，高歡利用關中大饑荒，兵分三路進攻關中，結果失敗而還，史稱「小關之戰」。同年八月，高歡親自率領二十萬大軍來攻，卻在渭水北岸的沙苑（陝西大荔縣南洛、渭兩河之間）遭受大敗而遁逃，西魏軍乘勝追擊，占領河東、洛陽，史稱「沙苑之戰」。這是西魏生死存

圖 8-2　東魏、西魏、梁形勢圖。

亡的關鍵性戰役，確立了南北朝再形成三分天下的格局。西元五三八年（東魏元象元年、西魏大統四）東魏大將侯景奪回洛陽，「悉燒洛陽內外官寺民居，存者什二三」，西魏援軍到河橋（河南孟津縣東）大敗東魏軍，史稱「河橋之戰」。此役西魏軍雖然勝利，但也損傷不小，同時關中發生東魏俘虜的動亂。宇文泰還師討亂，關中復定。此後數年之間，雙方暫時休兵，無重大戰役。

西元五四三年（東魏武定元年、西魏大統九）二月，東魏統治洛陽附近的將領高慎，因妻李氏被高歡子高澄污辱憤而叛降西魏，宇文泰前往接應，在洛陽北郊的邙山與高歡激戰。西魏軍慘敗，被俘斬三萬餘人，宇文泰放棄洛陽，返回關中，史稱「邙山之戰」。

西元五四六年（東魏武定四年、西魏大統十二）十月，高歡親率十萬大軍想要拔除西魏在汾水下游的據點玉壁城（山西稷山縣西南），西魏守將韋孝寬艱苦守城。東魏苦攻五十多天，士兵戰死、病死者達七萬多人，合葬爲一塚。高歡也病倒了，最後解圍而去。西魏放謠言說，高歡已被韋孝寬的「定功弩」射死。高歡爲穩固軍心，抱病宴請諸將，宴會中令敕勒族的斛律金作〈敕勒歌〉。原歌應是鮮卑語或敕勒語，《古樂府》譯其歌辭云：「敕勒川，陰山下，天似穹廬，籠罩四野，天蒼蒼，野茫茫，風吹草低見牛羊。」高歡跟著唱和，百感交集，哀傷流涕，或許是感傷來日不多了。

不久，高歡就病死了（五四七），長子高澄繼掌東魏大權。長期與高澄不和的大將侯景遂叛降西魏，但是西魏要侯景入朝長安，以示誠意。侯景又感到不安，深怕被架空，乃改向南投靠梁國，後續引發梁國的「侯景之亂」（詳見本書第六章）。

西元五四八年（東魏武定六年、西魏大統十四）東魏發動十餘萬大軍，圍攻西魏的潁川，西魏守軍只有八千人，卻英勇守城達一年之久，最後東魏攻陷了潁川，至此東西魏的戰事告一段落。不久，南方侯景亂梁，東西魏都掉轉兵鋒，向梁國攻城略地去了。

東西魏雙方的實力本來很懸殊，東魏繼承了北魏大部分的版圖與人口，據有黃河中下游的富庶地帶，以及接收大部分的六鎮降戶與北魏政府的軍隊，還有各地漢人豪族的武裝部隊；西魏則只轄有關隴一隅之地，領有少部分的六鎮部眾，以及隨孝武帝逃入關中不滿萬人的禁衛軍。因此雙方交戰時，東魏大軍動輒一、二十萬，西魏則只有數萬人；東魏常主動出擊，大有一舉併滅關隴之勢，西魏則隨時被迫迎戰，打的是生死保衛戰。後來東魏還運用外交戰，聯合塞北草原的柔然、南方的梁國以及青海一帶的吐谷渾，形成對西魏四面包圍的形勢，西魏幾乎陷入孤立無援的絕境。西魏如何度過困境，下節再述。

## 二、正統之爭與胡漢體制之爭

### 東西魏的正統之爭

「東魏」、「西魏」是後人的稱呼，當時雙方都自稱爲「魏」，都以北魏的正統繼承者自居。孝武帝是高歡所立，孝武帝逃奔關中，正統似應在西魏，因此北宋司馬光的《資治通鑑》以「魏」稱呼西魏，而以「東魏」稱呼東魏，即認定西魏是北魏的正統繼承者。可是，北齊魏收寫的《魏書》，稱呼孝武帝爲「出帝」，意思是逃亡的皇帝，已不配當皇帝了。北齊的魏收以東魏爲正統，目的是要宣稱受東魏禪讓的北齊也擁有正統。

孝武帝出逃之後，高歡另立孝文帝的曾孫元善見（東魏孝靜帝），宇文泰毒弒孝武帝之後，也立孝文帝之孫元寶炬（西魏文帝）。雙方都擁立孝文帝的後裔，表明是承續孝文帝以來的正統，顯示當時孝文帝的盛名還有很大的影響力，也顯示高歡與宇文泰雖然都出自胡族文化濃厚的六鎮地區，但都接受身邊漢族文官的獻策，利用孝文帝的名號彰顯政權統治的合法性。

正是這種「正統」的觀念，驅使東西魏彼此不共戴天，必欲消滅對方以確立自己的正統地位，彰顯自己政權統治的正當性。即便後來東魏禪讓給北齊，西魏禪讓給北周，彼此仍宣稱自己才是正統的王朝。

## 鮮卑色彩濃厚的年代

儘管東西魏雙方都宣稱自己是北魏的正統繼承者，均擁立孝文帝的後裔爲號召，但經歷六鎮之亂後的東西魏，時代氛圍很明顯與孝文帝時代大異其趣。孝文帝的漢化改革，從革除鮮卑舊俗的「西郊祭天」，到禁絕胡服、胡語，改胡族的複姓爲單姓，這些在東西魏時代都發生了反轉。

六鎮之亂可說是孝文帝漢化改革的後遺症，六鎮鮮卑勢力得勢之後，時代氛圍當然會大翻轉。爾朱榮殘殺百官的「河陰之變」，帶有胡族對孝文帝漢化改革的不滿情緒；爾朱榮掌權時常與孝莊帝及王公、后妃在宮中西林園歡宴，大唱胡歌、大跳胡舞；高歡打倒爾朱兆之後，立孝武帝的即位儀式是：「用代都舊制，以黑氈蒙七人，（高）歡居其一，帝於氈上西向拜天畢，入御太極殿」（《資治通鑑》卷一五五）。這是已被孝文帝革除的鮮卑「西郊祭天」的舊俗；高歡「每申令三軍，常鮮卑語」；直到北齊時代，漢族文官顏之推慨嘆，當時士大夫常教導兒子鮮卑語及彈琵琶，「以此伏事公卿，無不寵愛」（《顏氏家訓．教子篇》），可見鮮卑語在官場的盛行；西魏的鮮卑傾向則更爲鮮明，不但胡人恢復胡姓，甚至還賜胡姓給漢人貴族。由此可見，整個時代的氛圍很明顯的與孝文帝時代不同。因此，有學者認爲這是一個鮮卑色彩濃厚的年代，甚至稱之爲大鮮卑化時代。

不過，也不能太過於誇大其詞，所謂凡走過必留下痕跡，經歷文明太后與孝文帝的改革之後，要再完全回到過去的年代也是不可能的。譬如均田制仍然實行於東、西魏、北齊、北周，直到隋唐時代；孝文帝改革之後的官僚體制，仍然由東魏、北齊所沿用，也是後來隋唐制度的主要淵源。總之，東西魏的時代氛圍，確實是與孝文帝時代有很大的不同，但也不是完全恢復到鮮卑化的時代。

## 「胡化漢人」與「漢化胡人」的再思考

有人說高歡是「胡化漢人」，宇文泰是「漢化胡人」，並因而認為高歡走胡化路線，宇文泰走漢化路線。事實上，在這個民族雜處已歷經幾百年的時代，胡漢文化早已彼此交融，幾乎每個胡人都少不了一點「漢化」，每個漢人也多少有一點「胡化」。

如果以「施政」來說，高歡掌權之後，沿用孝文帝漢化改革後的政府體制，遵循北魏孝文帝漢化的路線，如何能說是「胡化」？反而是宇文泰一反孝文帝漢化的路線，另行假託《周禮》，實行非驢非馬的「六官制」；又一反孝文帝改胡姓為漢姓的措施，恢復胡姓，甚至反過來賜給漢人胡姓（詳後），這如何能說是「漢化」？

話說回來，高歡是不是「胡化漢人」，必須建立在高歡是漢人的前提上。但根據現代學者的研究，高歡很可能根本就是鮮卑人。無論如何，在這個民族雜處已幾百年的時代，說高歡是「胡化漢人」、宇文泰是「漢化胡人」，只不過是一種排偶對句的文字遊戲，而且還容易讓人對東西魏的政治走向產生誤解。

## 東魏體制與現實的乖離

高歡起兵靠的是六鎮鮮卑與漢人豪族的武裝力量，因此要儘量協調這兩種勢力。高歡立孝文帝之孫元脩，顯示繼承孝文帝的正統以拉攏漢人貴族，但元脩的即位儀式卻是「用代都舊制」，顯然是爲了安撫六鎮鮮卑部眾。此時高歡像是走鋼索般，嘗試平衡胡漢勢力。

早在信都舉兵之前，高歡看到以鮮卑人爲主的六鎮兵民常欺壓漢人，就要求他們「不得欺漢兒」，可是胡漢之間的衝突仍然不斷地發生。鮮卑化胡族武將劉貴與漢族將領高昂同坐，外面來報說，整修河道的漢族工人多溺死，劉貴說：「一錢漢，隨之死。」意思是人命僅值一文錢的漢人死不足惜，高昂聽後大怒，拔刀追砍劉貴，逼得劉貴走避。高歡對於當時鮮卑與漢人的衝突傷透腦筋，常對鮮卑士兵說：「漢民是汝奴，夫爲汝耕，婦爲汝織，輸汝粟帛，令汝溫飽，汝何爲陵之？」又對漢族人民說：「鮮卑是汝作客，得汝一斛粟、一匹絹，爲汝擊賊，令汝安寧，汝何爲疾之？」（《資治通鑑》卷一五七）

東魏所處的黃河中、下游地域乃是漢人貴族勢力的核心區，爲了爭取漢人貴族的支持以及宣稱東魏政權的正當性，高歡維持北魏孝文帝漢化改革後的官僚體制，也任用大量的漢人貴族。然而高歡最核心的軍隊與將領，都是來自六鎮的鮮卑部眾，當時被稱為「勳貴」者大多為鮮卑人或鮮卑化的權貴。換言之，東魏是掌權的鮮卑「勳貴」，在漢人貴族勢力的核心區實行漢化的門閥體制，形成現實與體制乖離的現象。這種乖離現象一直糾纏著東魏，乃至北齊，是東魏、北齊內部衝突的根源之一。

## 西魏的「命運共同體」

僻處關隴一隅之地的西魏，情況則有很大的不同。西魏政權大致可析分為三股勢力：以宇文泰統領的六鎮鮮卑部眾為核心；吸收追隨孝武帝逃入關中的部分禁衛軍及官員；再擴大拉攏關隴地區的胡漢豪族勢力。總合這些力量，西魏仍然遠遠弱小於東魏，面對東魏一波又一波的大軍入侵，彼此只有緊密團結在一起，才能死裡求生。因此這三股勢力彼此雖然也有衝突，但不得不先擱置爭議，形成一個「命運共同體」。

宇文泰所統領的六鎮鮮卑部眾，多為追隨賀拔岳的武川鎮人，賀拔岳被高歡所害，他們與高歡有不共戴天之仇。追隨孝武帝逃入關中的禁衛軍及官員，因忠於魏室而反對高歡。關隴地區除漢人之外，多為氐、羌之人，他們都把高歡所率領的鮮卑大軍視為外來的入侵者，因此基於保衛鄉里的理念也反對高歡。由此可見，這三股勢力都有反對高歡的共同理念，這也是促使他們團結的因素。

六鎮鮮卑部眾是西魏政權的核心武力，其上層多為能征善戰的武將，發揮率領軍隊抵抗敵人的功能；西魏帝室做為正統的號召，追隨入關的文官發揮治理的能力；關隴胡漢豪族則提供軍糧與士卒的補給。可見這三股勢力的團結能夠發揮各自的長處，形成一個互補的戰鬥團體。所謂的「命運共同體」，對西魏而言確有如此實質的內涵，並不是一句空話。

學者陳寅恪先生，把宇文泰所團結的胡漢集團稱之為「關隴集團」，並且認為此一集團及其後裔，成為西魏、北周、隋、唐前期約一百五十年間的統治核心集團。那麼，宇文泰基於「命運共同體」所凝聚的「關隴集團」，將實行怎樣的體制？容後再述。

## 三、東魏的政局與權力傳承

### 高歡時代的政局

東魏天平元年（五三四）十月，高歡將首都遷往鄴城後，留心腹在鄴城監視東魏孝靜帝（五二四—五五二），自己則回到晉陽霸府掌握軍政大權。直到其後的北齊時代，都維持著鄴城與晉陽兩個核心的體制，有學者稱之為王都與霸府的雙都制。

高歡掌權時代（五三四—五四六），一方面屢次出兵征討西魏，另一方面則進行內部權力結構的調整，安排長子高澄的權力接班。前者已述，以下再述後者。

由於有孝武帝不甘心被擺布而出奔的教訓，高歡立年幼的孝靜帝以方便控制，包括左僕射司馬子如、右僕射高隆之、侍中高岳、孫騰，這四人都是高歡的心腹，當時被稱為「鄴中四貴」。魏室元氏人物在政府中只做為點綴性的陪襯角色，終高歡之世，未見魏帝及元氏人物有激烈的反抗行動。元氏子孫大多只謀求現實的榮祿，只有少數做消極的反抗。如高澄問元氏宗室重臣元暉業，最近讀什麼書？元暉業回答說：「數尋伊、霍之傳，不讀曹、馬之書。」期許高氏要做伊尹、霍光的輔佐，暗諷不要像曹丕、司馬炎的篡奪。

除了控制元氏之外，高歡另一個重要的措施，是削弱漢族武裝豪族的勢力，以減少對自己的威脅。當時幫助高歡起兵的漢人武裝豪族，以渤海郡的高乾、高慎、高昂兄弟與封隆之、封子繪父子，及趙郡李元忠等人最為重要。高乾曾被派在孝武帝身邊，夾在高歡與孝武帝鬥爭中冤死；高慎叛逃西魏，其餘人物曾短暫任中央高官，但不久就被冷落了。李元忠晚年「不以物務干懷，唯以聲酒自娛」，這是漢人豪族見六鎮鮮卑勳貴霸占朝廷之後，採取消極逃避的態度。

東魏初年，六鎮鮮卑勳貴恃寵而驕，「聚斂無厭，淫虐不已」，吏治敗壞。高歡身邊的漢族文官杜弼諫請高歡整飭，高歡告訴他說：

> 天下濁亂，習俗已久，今督將家屬多在關西，黑獺（宇文泰）常相招誘，人情去留

未定。江東復有一吳兒老翁蕭衍者，專事衣冠禮樂，中原士大夫望之以為正朔所在。我若急作法網，不相饒借，恐督將盡投黑獺，士子悉奔蕭衍，則人物流散，何以為國？爾宜少待，吾不忘之。（《北齊書．杜弼傳》）

後來杜弼又屢次進諫肅貪，高歡先不回答，然後「令軍人皆張弓挾矢，舉刀按矟以夾道」，叫杜弼從中間走過去。杜弼「戰慄汗流」，高歡才說：刀箭未發，你都嚇成這樣了，而他們都是經歷百死一生，給他們貪一點沒有關係，杜弼拜謝不已。高歡對杜弼說的「爾宜少待，吾不忘之」，並不是敷衍的話，其實他正等待適當的時機，準備派他的兒子高澄去整飭吏治。

## 高澄的整飭吏治

高澄（五二一—五四九）是高歡和婁昭君生的長子，天生聰明英俊，深得父親喜愛。高歡入洛陽掌權時，十二歲的高澄便參與軍國大事。不過，高澄好女色，十五歲時竟趁高歡出征，私通高歡妾鄭氏。高歡得知後，氣得棒打他一百杖再幽禁起來，連婁昭君都不得見，幸賴司馬子如向高歡勸說才化解。此後又一路出任要職，十九歲便入輔朝政，加領京畿大都督、掌鄴都的禁衛軍權，朝臣們都對他刮目相看。高歡又讓他兼吏部尚書選用人才，高澄則用漢族文官依門第選人，有如孝文帝的門閥主義，「才名之士」多引致門下，形同他的班底。高歡這些安排很明顯是在爲自己死後，培植高澄爲接班人。

武定元年（五四三），高澄戲弄漢族武將高愼妻李氏，造成高愼憤而叛逃西魏，但高歡已決意培植高澄接班，並未追究高澄。不久邙山大戰，西魏軍大敗，雙方暫且休兵，高歡遂放手讓高澄整飭吏治。當時「鄴中四貴」權勢高漲，專恣驕貪，高歡想削弱這些勳貴的權勢，遂讓高澄大力整肅貪污來建立威望，贏得民心，以利於接班。高歡向勳貴們說：「兒子浸長，公宜避之。」於是公卿以下見到高澄無不聳懼。

高澄任用漢族文官崔暹爲御史中尉、宋遊道爲尚書左丞，「糾劾權豪，無所縱捨」，又給長史崔昂密旨，將放縱不軌的勳貴繩之以法。在全面肅貪之下，許多勳貴都受到彈劾，輕者降官，重者處死，因此得罪了不少勳貴武將，包括專制河南十四年的大將侯景。侯景向來瞧不起高澄，曾說：「王（高歡）在，吾不敢有異，王無，吾不能與鮮卑小兒（高澄）共事。」（《北齊書．神武紀下》）

## 侯景叛離與高澄被刺

武定四年（五四六）十一月，高歡久攻西魏玉壁城不下，病重還師，高澄急赴晉陽侍衛。隔年正月高歡病死，高澄祕不發喪，假造高歡書信要召回大將侯景。但侯景和高歡曾私下約定，書信往返都要在信的背後用黑點做記號以防造假。當侯景收到信，卻發現沒有黑點記號，因此生疑，推辭不回朝，又聽說高歡病重，於是擁兵自固。高歡死後不久，侯景就叛離，最後投靠梁國。高澄派大將慕容紹宗大敗侯景與梁國的援軍，在穩固大局之後就著手策劃禪代大事。

高歡以大丞相、柱國大將軍掌權，始終敬重孝靜帝，或許高歡是效法曹操，自己不篡位，但培植兒子繼續掌權。高歡死後，高澄以大丞相、大將軍掌權，但卻對孝靜帝倨慢無禮。孝靜帝此時已二十四歲了，相貌堂堂、孔武有力、文武雙全，當時人認爲有孝文帝的風采。高澄對他很不放心，因此令黃門侍郎崔季舒監視魏帝，大小事都要密報。有一次孝靜帝與高澄一起去打獵，孝靜帝在前快馬如飛，侍衛在後面大喊：皇上不要跑太快，大將軍會不高興；又有一次高澄陪孝靜帝喝酒，高澄舉著大酒杯說：「臣澄勸陛下酒。」已厭煩傀儡生活的孝靜帝不高興地說：「自古無不亡之國，朕亦何用如此生！」高澄聽後大怒，罵說：「朕！朕！狗腳朕。」竟叫崔季舒痛毆魏帝三拳，拂袖而去。隔天，高澄又叫崔季舒去慰問魏帝，魏帝也只能拜謝。

武定五年（五四七）八月，孝靜帝不堪受辱，與元氏宗室人物及近臣暗中在宮中挖地道，意圖誅除高澄。事情敗露，高澄率兵入宮，質問：「陛下何意反？」帝正色曰：「自古唯聞臣反君，不聞君反臣。王自欲反，何乃責我！」高澄乃叩頭謝罪，還與孝靜帝整夜暢飲。不過，三天之後，就把孝靜帝軟禁起來，把參與者殺了。

武定七年（五四九）七月，正當高澄與散騎常侍陳元康、吏部尚書楊愔、崔季舒等人籌劃受禪、署擬百官之時，竟遭送餐的「膳奴」（廚師）蘭京刺殺身亡，年僅二十九歲。蘭京的父親蘭欽，原本是出自胡族的北魏中下級軍人，投降梁國後，出任梁的徐州刺史，在東魏利用梁國侯景之亂向淮南擴地時，蘭京被俘虜。高澄用他為「膳奴」，蘭欽請求贖他，被高澄拒絕，蘭京懷恨因而結黨刺殺高澄。高澄被刺後，弟高洋正好在鄴都任京畿大都督，祕不發喪，迅速平亂，之後再急赴晉陽，得到勳貴們的支持，接續執掌大權。

高洋（五二六—五五九），是高歡次子、高澄同母弟。高家多出美男子，高歡一表人才，擄獲婁昭君的芳心；高澄也是聰明英俊；高澄的兒子蘭陵王高長恭更是歷史上有名的美男子。可是高洋卻長得相貌醜惡，經常被兄弟們嘲笑戲弄。高澄曾譏說：「這個人如果能富貴，那相書就無解了。」高洋表面木訥寡言，內心卻多權術，其才能曾得到父親高歡的欣賞。由於高澄之死太過於戲劇化，因此有學者臆測，不排除凶手蘭京背後有人指使，說不定指使者正是高洋，因為他是事件最後的受益者。換言之，這個事件說不定是高洋利用勳貴們對高澄及漢族文官的不滿，聯合發動刺殺高澄的奪權政變。不過，由於缺乏直接證據，這些臆測很難證實。以下再把目光轉到西邊的西魏，看看宇文泰有何做為。

## 四、西魏的政局與變革

### 宇文泰的「托古改制」

宇文泰毒弒孝武帝之後，雖然立孝文帝之孫元寶炬（西魏文帝），表明是承續孝文帝以來的正統，但卻恢復了被孝文帝革除的鮮卑「西郊祭天」舊俗，讓元寶炬在長安城西即位，顯示宇文泰要安撫六鎮鮮卑部眾。西魏大統二年（五三六）正月，西魏以神元皇帝拓跋力微配祀南郊，先前孝文帝已改爲道武帝拓跋珪配祀南郊，現在又改回來了，這也是同樣的思考。

西魏初年的政府體制，一開始是沿用孝文帝漢化之後的制度，但不久（五三五年三月），宇文泰就命官員「斟酌今古，參考變通，可以益國利民便時適治者，爲二十四條新制」，顯示宇文泰並不拘泥於北魏的體制，而是想依現實處境做爲改革的最高原則。

當時爲宇文泰竭盡心力推行改革者，是武功郡出身的漢人世族蘇綽（四九八—五四六）。蘇綽的改革內容包括：裁減官員、改地方基層組織三長制爲二長制、設置屯田、制定計帳法及戶籍法等。又奏請頒行有名的「六條詔書」，其綱目包括：先治心、敦教化、盡地利、擢賢良、卹獄訟、均賦役等。這些綱目都是早期儒家的基本主張，可見蘇綽素樸的精神。尤其「擢賢良」，重視賢才的理念，和孝文帝奉行的門閥主義有很大的不同。宇文泰很認眞地執行蘇綽的改革，不但自己抄錄「六條詔書」做爲座右銘，而且命百官背誦，「其牧守令長，非通六條及計帳者，不得居官」（《周書・蘇綽傳》）。

關中地區自魏晉以來就是「戎狄居半」的民族雜處之地，漢人貴族勢力不如山東、河北之盛。《周書・蘇綽傳》載蘇綽「少好學，博覽群書，尤善算術」，後來宇文泰向他詢問治國大計時，蘇綽的回答多「指陳帝王之道，兼述申韓之要」，可見蘇綽也有法家的精神，與山東、河北的漢人貴族很不相同。蘇綽又嚮往周代典雅質樸的政治體制，他曾試圖模仿《書經》的文體來撰寫公文書，以改革魏晉以來拘泥於對句修辭的駢體文書。

孝文帝仿魏晉以來的貴族體制，進行全面的漢化改革，招致北魏末年的六鎭之亂。宇文泰以六鎭鮮卑部眾爲核心，當然對這套貴族體制不滿意，但又不能再回到粗鄙無文的鮮卑舊體制。蘇綽適時地爲宇文泰提出一套更古典的周代制度，標榜更符合古聖王的體制。他仿效《周禮》所記述的周代官制，把政府機構分爲天、地、春、夏、秋、冬等六官府，各置長官分掌職權，而直轄於天子。不過，蘇綽尚未草擬好就去世了，另一位漢人世族盧辯接續完成，而在西魏後期及北周時期付之實行。

《周禮》又稱《周官》，相傳是周公所作，記載周代的官制，但實際上是戰國時代儒家人物所推想出來的烏托邦體制。漢代的王莽曾依據《周禮》改革，被稱爲「托古改制」。儘管王莽的改革失敗，但是《周禮》的精神及制度仍然被後世所推崇。北魏文明太后時代推行的均田制、三長制，都受到《周禮》的影響。不過，《周禮》所載的官制，未必能符合魏晉以來的貴族社會，因此北魏孝文帝漢化改革所仿效的是魏晉以來的貴族官制。然而宇文泰卻接受蘇綽、盧辯仿《周禮》而草擬的六官制，標榜這是眞正的古聖王體制，或許當時的關中地區胡漢文化雜處，採行相對較爲素樸的《周禮》體制，比起門閥貴族體制較容易被鮮卑及其他胡族所接受。另一方面，西魏所在的關中是古代周文化的發源地，仿《周禮》托古改制可以和東魏及梁在文化意識上互別苗頭，有利於正統的號召。

## 府兵制的建立

西魏初年宇文泰統領的軍團，以六鎮鮮卑化將帥爲骨幹，吸收關隴地區的變亂軍及孝武帝帶來的禁衛軍，總數不過數萬人。這些軍隊在歷次與東魏的交戰中折損極大，大統九年（五四三）「邙山之戰」大敗後，不得不「廣募關、隴豪右以增軍旅」。任命各地的望族豪右爲「鄉帥」，令其集結「鄉兵」，此後數年又屢次

皇帝

| | | | | | | |
|---|---|---|---|---|---|---|
| （六官） | **天官** | **地官** | **春官** | **夏官** | **秋官** | **冬官** |
| （所轄） | 行政 | 土地戶籍 | 儀禮 | 軍事 | 司法 | 技術 |
| （長官） | 大冢宰 | 大司徒 | 大宗伯 | 大司馬 | 大司寇 | 大司空 |
| （次官） | 小冢宰 | 小司徒 | 小宗伯 | 小司馬 | 小司寇 | 小司空 |

圖 8-3　西魏六官府組織表。

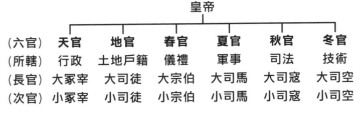

收編、點閱豪族的鄉兵，大約到大統十六年（五五〇），把胡漢各族的部隊混合編成二十四軍。

這套軍事組織剛編成時，設有八個柱國大將軍，其中西魏宗室拓跋欣（元欣）只作爲象徵，不實際領兵，宇文泰自己爲柱國大將軍之首，並統率其他六個柱國大將軍。六個柱國大將軍底下各統二個大將軍（合計十二名），每個大將軍又各統二個開府儀同（合計二十四名），每個開府儀同統領一軍，合計二十四軍。每軍之下又有各級組織，最基層是九十六個「儀同府」，其下還有更小的指揮官，一直貫徹到底端的胡漢士兵。平時由各地的「儀同府」負責簡選、訓練士兵，士兵自備部分武器，免除其徭役租稅，有事出征，無事耕田。簡單地說，這是由「儀同府」簡選的部分徵兵制，而不是全面的徵兵制。

關於西魏二十四軍是誰構想創建的，並不是很清楚。有人認爲是蘇綽仿《周禮》天子六軍的思想擴建的，也有人認爲是宇文泰仿鮮卑舊有的部落兵制。不論如何，這套軍事組織把當時的胡漢軍事集團融爲一體，發揮極大的戰鬥力，也有助於胡漢人民的團結，完全符合宇文泰「斟酌古今，參考變通」的務實精神。廢帝二年（五五三）宇文泰利用梁國的侯景之亂，派外甥尉遲迥攻占四川，隔年更派親信万紐于謹（于謹）攻滅江陵，都是府兵展現戰鬥力的成果。

值得注意的是，西魏的府兵體系配合六官制度實行之後，最高層的府兵將領同時兼任六府的長官，形成一種軍政合一的體制。譬如宇文泰是柱國大將軍，同時是天官府長官大冢宰；柱國大將軍徒何弼（李弼），同時是地官府長官大司徒；柱國大將軍乙弗貴（趙貴），同時是春官府長官大宗伯等等。用今天的制度比喻，好比是參謀總長兼任行政院長，陸軍總司令兼任立法院長，是一種完全的軍國體制。

二十四軍主要分布在關中地區，起初是宇文泰丞相府的直轄軍，但北周時轉變爲皇帝的禁軍，到了隋朝發展爲十二衛制，而這就是唐朝府兵制的前身。附帶一說，二十四軍的

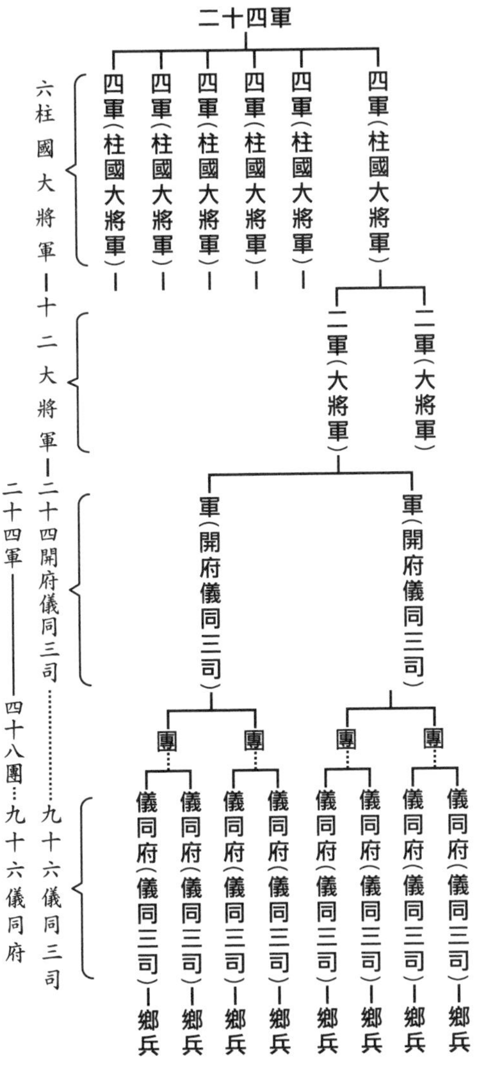


圖 8-4　西魏府兵二十四軍組織圖。

高層統帥柱國大將軍及大將軍，在北周以後人數不斷膨脹，逐漸成爲榮譽頭銜（散官），府兵的統帥將領並不固定，常隨時機動派遣。

## 恢復胡姓與賜胡姓

北魏孝文帝的漢化改革之一，是把鮮卑等胡族的複姓改爲漢人式的單姓，但遠離中央的邊地並未能貫徹，因此北魏末年六鎮出身者仍多保有胡姓。西魏時期的氛圍與孝文帝時期大爲不同，西魏初年已可看到許多賜與胡姓的事例，譬如蘇椿被賜賀蘭氏。大統十五年（五四九）更直接下詔書，把孝文帝時期改姓者再改回來，譬如元氏再改回拓跋氏、于謹改叫万紐于謹。同時又大規模賜與胡姓，受賜姓者不但有胡人，更多的是漢人，譬如趙貴被賜乙弗氏、李弼被賜徒何氏、隋文帝楊堅的父親楊忠被賜普六茹氏、唐高祖李淵的祖父李虎被賜大野氏、令狐整被賜宇文氏等等，這完全是與孝文帝的漢化改革背道而馳。

西魏的恢復胡姓與賜胡姓，有的學者認爲是要混合胡漢以形成關隴集團；有認爲是要混淆門閥與寒門；也有認爲是要提高宇文泰六鎮直系臣僚的地位，莫衷一是，或許都兼而有之。不過，從賜姓的事例大多集中在西魏中後期，而且多賜予「宇文氏」來看，譬如漢族名門出身的薛善、崔猷、鄭孝穆、柳敏、韋孝寬、裴鴻等等都賜姓宇文氏，這應該是與宇文泰利用擬血緣關係，進一步鞏固權位以圖謀禪代有密切的關係。

## 宇文泰死後的權力繼承

宇文泰以大丞相（後改爲大冢宰）掌權，憑藉他的威望能夠壓服同輩的元勳武將，但若宇文泰死後，西魏大權能否傳給宇文氏家人，還有待考驗。

宇文泰二十六歲時進入關中，當時父親和兄弟都已死了，家族人物進入關中者只有侄兒宇文導與宇文護。宇文泰爲穩固自身的權力以及死後傳承權力給家人，積極拉拔自己嫡系的勢力。西魏後期大量賜姓宇文氏，擴大擬血緣關係，即由於此。

西魏恭帝三年（五五六）九月，宇文泰在出巡途中病重。此時宇文泰的兒子都還年幼資淺，最得力的親信侄兒宇文導也已亡故（五五四），只有另一侄兒宇文護（五一三－五七二）稍有歷練，因此緊急召來宇文護託付後事。十月，宇文泰病死，當時的情況是「嗣子沖弱，彊寇在近，人情不安」，宇文護「綱紀內外，撫循文武，於是眾心乃定」。然而當時的宇文護只官拜大將軍、小司空，在諸多柱國大將軍、六府長官的元勳武將面前，只是「名位素下」的後輩，因此實際上的情勢是「群公各圖執政，莫相率服」。所幸柱國大將軍、大司寇万紐于謹在群公面前力爭，才爲宇文護爭得執政的地位，宇文護也升爲柱國大將軍。宇文護在暫時穩定局面後，迅速部署禪代，以確立宇文氏的統治地位。

翌年（五五七）正月，宇文護擁立宇文泰的嫡長子宇文覺，依《周禮》體制，不稱皇帝而稱天王（史稱北周孝閔帝），改國號爲周，史稱北周，仍然奉行六官體制，並進行人事調整。其中最重要的是架空元勳武將乙弗貴（趙貴）與獨孤信的權力，宇文護自己任都督中外諸軍事、夏官府大司馬，以掌握兵權。這些安排立即引起乙弗貴與獨孤信的不滿，於是密謀政變，可是由於獨孤信的遲疑而失敗。事後乙弗貴被誅，獨孤信被賜死，元勳武將們噤若寒蟬，宇文護升爲天官府大冢宰，「威權日盛，謀臣宿將，爭往附之，大小政事，皆決於護」（《周書．晉蕩公護傳》）。此後北周的政局發展，容後再述。以下再把目光轉向東邊，看看篡東魏之後的北齊將如何發展。

## 五、北齊的政治衝突與衰亡

### 高洋篡東魏建北齊

前面說過，高洋在平定刺殺高澄的亂事後，急赴晉陽爭取勳貴們的支持。晉陽的勳貴們原本不把高洋看在眼裡，但高洋卻展現其才華，「大會文武，神彩英暢，言辭敏洽，眾皆大驚」。高洋廢除高澄打壓勳貴的措施，並把幫助高澄打壓勳貴的崔暹、崔季舒鞭打二百，流放到北邊充軍，才得到勳貴們的支持。

高洋爲了確立其統治地位，積極引用一批漢族文官部署禪代。然而勳貴們並不贊同高洋的禪代，高洋的母親婁昭君對情勢沒有信心，也反對說：「汝父如龍，兄如虎，猶以天位不可妄據，終身北面，汝獨何人，欲行舜、禹之事乎？」此時漢族文官徐之才代替回答說：「正為不及父兄，故宜早升尊位耳」（《資治通鑑》卷一六二）。武定八年（五五〇）五月，高洋還是強行完成了禪代，史稱北齊文宣帝（五五〇—五五九在位）。

## 北齊的全盛與高洋的瘋狂

高洋即位之後勵精圖治，《北齊書・文宣帝紀》載：「初踐大位，留心政術，以法馭下，公道為先，或違犯憲章，雖密戚舊勳，必無容舍，內外清靖，莫不祗肅。至於軍國幾策，獨決懷抱，規模宏遠，有人君大略」。

高洋的重大政績包括重定律法、訓練特種部隊「百保鮮卑」及「華人勇士」、改革賦稅、鑄造五銖錢、修築長城防備新興的強敵突厥、趁梁國侯景之亂擴地到長江北岸等等。北齊的國力在此時達到了鼎盛。

高洋在位十年，但在執政第五年之後卻經常發酒瘋，出現性情狂暴、任意誅殺的精神異常現象。有一次無故殺害寵愛的妃子，砍下頭顱藏在懷中，宴會中突然丟到桌上，嚇壞了眾人。然後又支解屍體，用髀骨做成琵琶，一邊彈琵琶一邊流涕說：「佳人難再得」，載出屍體，「被髮步哭而隨之」。常常「嗜酒淫泆，肆行狂暴；或身自歌舞，盡日通宵；或散髮胡服，雜衣錦綵；或袒露形體，塗傅粉黛」、「高氏婦女，不問親疏，多與之亂，或以賜左右，又多方苦辱之」，不從者則親手殺害；又在宮中「作大鑊、長鋸、剉、碓之屬，陳之於庭，每醉，輒手殺人，以爲戲樂。所殺者多令支解，或焚之於火，或投之於水」。尚書令楊愔爲了配合他，只好選死囚備用，叫做「供御囚」，當皇帝要殺人時，就送上一個應命，三個月之內沒有被殺的就得以赦免。前述的崔暹被流放充軍後又被高洋重用，官到尚書右僕射。天保十年（五五九）崔暹去世，高洋前去弔唁，撫靈柩而哭，問崔暹的妻子李氏：「你思念亡夫嗎？」李氏回答：「當然思念」，高洋說：「既然思念就去探望吧」，然後揮刀砍下李氏的頭顱，拋出牆外。

高洋這些暴行超乎想像，只能以精神異常來理解。曾經被史家譽爲有「人君大略」的高洋，怎麼會變成這樣？是中邪了嗎？高洋的殺人除了有些任意不可理解之外，歸納其誅殺的對象，包括東魏元氏子孫、鮮卑勳貴、宗室兄弟，還有出言譏諷鮮卑的漢族文官。他因長相醜陋，自幼受到兄弟嘲弄，又忌憚高澄猜忌而深自壓抑。初掌大權時，爲了要爭取鮮卑勳貴的支持而壓抑漢族文官，但當他要篡位及進一步提高君權時，又要重用漢族文官以打壓鮮卑勳貴。他一直恐懼著鮮卑勳貴或宗室兄弟的奪權，又忌諱漢人譏諷鮮卑，內心充滿著猜忌與矛盾。或許是無法長期承受這些壓力，又有酒精成癮中毒，因而在發酒瘋時出現性情狂暴、任意誅殺的精神異常現象。

## 高演奪位的「乾明之變」

天保十年十月，三十四歲的高洋嗜酒成疾，自知來日無多，擔心年幼的太子高殷無法繼位，向同母弟常山王高演（五三五—五六一）說：「奪則任汝，愼勿殺也。」不久高洋就死了，十五歲的太子高殷繼位，尙書令楊愔、領軍大將軍高歸彥、侍中燕子獻、黃門侍郎鄭頤四人受遺詔輔政。其中除高歸彥爲鮮卑武將外，其餘皆爲漢族文官。尤其楊愔出身於弘農望族，娶高歡與婁太后的女兒，歷受高歡、高澄、高洋的重用，儼然是漢族士大夫的領袖。高洋晚年狂暴，但因有楊愔的輔佐，政治仍然清明，世稱：「主昏於上，政清於下」。

高洋的皇后李祖娥，出身於漢族趙郡名門，鮮卑勳貴們屢次以「漢婦人不可爲天下母」爲理由，請求高洋廢后，都因爲楊愔的力爭而沒有成功。太子高殷是李后所生，自幼習讀儒書，高洋常說：「太子得漢家性質，不似我。」意圖廢之而未行。高洋曾經命令太子親手砍殺死囚，太子惻然有難色，砍了三刀還砍不下人頭，高洋氣得用馬鞭鞭打太子三下，受到過度驚嚇的太子，從此患上了口吃，而且常常精神恍惚。

高洋在位時引用漢族文官，排斥鮮卑勳貴，猜忌宗室兄弟，因此鮮卑勳貴們的不滿已經壓抑很久了。高洋死後，鮮卑武將們暗中投向常山王高演，楊愔忌之，意圖排除高演干預朝政，燕子獻又密謀要幽禁婁太皇太后於北宮，讓李太后臨朝聽政，情勢迫使高演不得不先發制人了。

乾明元年（五六〇）二月，高演聯合鮮卑武將們發動政變，楊愔被打出一顆眼珠，捉捕到婁太皇太后面前，太皇太后對李太后怒罵說：「豈可使我母子受漢老嫗斟酌。」遂誅殺楊愔、燕子獻、鄭頤等漢族文官。楊愔下葬前，太皇太后爲這位女婿補上了一顆金製的眼珠。同年八月，婁太皇太后廢高殷，由高演繼位（孝昭帝），並戒高演勿殺高殷。不過，後來高演還是把高殷殺了（五六一）。高殷在位的年號爲乾明，後世乃稱這次事件爲「乾明之變」。

高演即位之後，重用參與政變的鮮卑動貴武將，漢族文官勢力大爲消退。高演早年的好友漢人望族王晞，雖然也被重用，但高演怕武將們會不高興，白天不與王晞交談，只在夜間祕密用車載入宮中議事，可見政壇上鮮卑武將們氣焰之高漲。儘管如此，王晞還是幫助高演推動了禮樂制度、職官朝儀、政風教化、田市稅收等等的改革，更重要的是爲高演鞏固君權，包括立嫡子高百年爲皇太子。

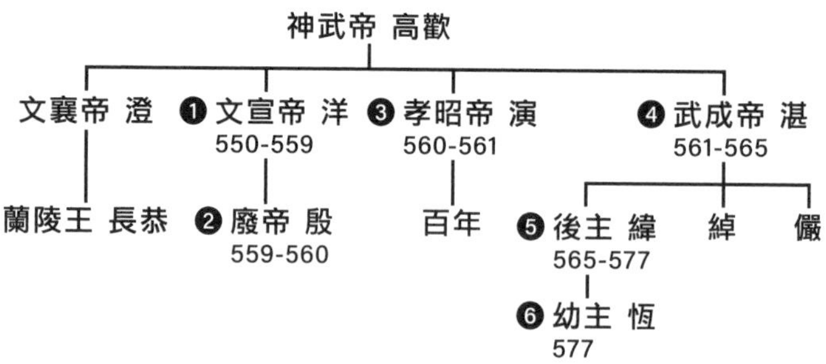


圖 8-5　北齊帝系圖。

## 北齊後期的恩倖政治

高演的奪位政變，指揮實際行動的是他的同母弟長廣王高湛（五三七—五六九）。高演事前曾和高湛相約：「事成以爾爲皇太弟」，但高演即位後卻採納王晞的建言，立五歲的兒子高百年（五五六—五六四）爲太子，引起高湛的不滿，高演與高湛之間的關係遂趨於緊張。高演對遜位的侄子高殷也不放心，不顧婁太后的叮嚀，殺了高殷。可能在殺了高殷之後，內心感受到不安，高演經常精神恍惚，在一次狩獵中墜馬，摔斷了肋骨。婁太后前往探視，問孫子高殷何在？問了三次，高演都沒回答，氣得婁太后說：一定是被你殺了對不對？你活該去死吧！遂拂袖而去。傷勢惡化的高演臨終前，知道高百年年幼必無法順利繼承，只好下遺詔由高湛繼位，並懇求高湛：「百年無罪，汝可以樂處置之，勿效前人也。」皇建二年（五六一）十一月，在位僅一年多的高演逝世，弟高湛繼位（五六一—五六五在位，史稱武成帝）。後來高湛還是把高百年殺了（五六四）。

高湛即位後任用高氏宗室及勳貴武將們，但不久許多宗室及勳貴武將，又因「位地親逼」或功高震主而被誅殺或放逐。高湛所重用的是一些史書稱爲恩倖的人物，如高元海、和士開、祖珽等人，北齊的吏治也在此後出現腐敗不堪的現象，國勢日漸衰退下來。

北齊與北周之間有一段沿著黃河的邊界，高洋在位時國力達到鼎盛，周人懼怕齊兵利用河面結冰時西渡來攻，冬天都要沿著邊界鑿破結冰層。但是到了高湛即位之後，國力下衰，攻守易位，反而是齊人要鑿破結冰層以防備周兵東侵。

北齊後期的恩倖政治導致吏治的腐敗，有人認爲這是商業發達後商人勢力向政界滲入的現象。然而更值得留意的是，這些恩倖人物的興起與君主要鞏固地位有關。如高元海、和士開、祖珽等人，都是以宗室兄弟或勳貴武將功高震主會危及帝位等理由進讒言，藉機進行鬥爭，進而得到寵信。這說明高湛也感到帝位有受威脅之虞。

河清四年（五六五），正值壯年的武成帝高湛（二十九歲），禪位於十歲的太子高緯（五六五—五七七在位），史稱北齊後主。高湛改稱太上皇帝，仍然掌權。這一戲劇性的做法是因爲祖珽與和士開的進言，鑑於高洋、高演都未能傳位給兒子的教訓，應事先傳位給太子，早定君臣關係以利將來的傳承，可見君位的鞏固與傳承，是北齊君主最關切的問題。

圖 8-6　北齊、北周、陳形勢圖。

## 北齊的敗亡

天統四年（五六八）十二月，太上皇帝高湛駕崩，後主高緯才十三歲。高湛臨終前託付後事於寵臣和士開，握著他的手說：「勿負我也」，顯然年幼的高緯能否順利親政尚未可知。

果然，後主高緯親政之後，北齊統治階層之間的衝突進入白熱化的階段。首先是趙郡王高叡等武將集團要排擠和士開，失敗被殺。接著又發生後主弟琅琊王高儼，以殺和士開爲由的起兵事件，和士開被殺，但高儼也兵敗伏誅。其後又陸續發生數起誅殺胡族武將事件，尤其是名將斛律光與蘭陵王高長恭被誅殺，無異是自毀長城。斛律光（敕勒族）是高歡愛將斛律金之子、北齊後期抗北周的名將，聲名遠播關中，因功高震主，漢人倖臣祖珽向後主進讒言以謀反罪盡滅其族，北周武帝得知後大喜，赦其境內。蘭陵王高長恭是高澄的第三子，是歷史上有名的美男子，生母不詳，可能是低賤出身。高長恭作戰時常帶魔鬼面具衝鋒陷陣，曾率領五百名騎兵解洛陽金墉城之圍，以其英勇殺敵的事跡被武士譜成歌謠〈蘭陵王入陣曲〉流傳後世。高長恭出任過領軍將軍、尚書令、太尉、大司馬等軍政要職，屢次建立軍功，反而遭受後主高緯的猜忌，後來被賜毒酒而死。

最後，北齊又爆發了大規模的屠殺漢族文官事件。自從高演奪位政變後，漢族文官勢力大爲消退，但在高湛時代的恩倖政治中，漢族文官祖珽以諂媚而顯貴，與和士開共執朝政。和士開被殺後，祖珽更大量引進漢族士人，設立「文林館」，專在培植漢人勢力，終於招致胡族人物的反感。尤其後主寵倖的韓長鸞（鮮卑化匈奴人）最嫉視漢族士人，常說：「漢狗大不可耐，唯須殺卻。」武平四年（五七三），南朝陳宣帝北伐，後主要避往晉陽，侍中崔季舒帶頭和多位漢族文官諫阻，韓長鸞趁機誣告崔季舒等人謀反，結果大批漢族文官被斬於殿廷，棄屍於漳水，家屬都被徙北邊，婦女沒入宮中服雜役，幼男閹爲太監，並沒收資產。如此慘烈的屠殺，讓漢族士人對北齊政權徹底失望。

北齊末年統治階層之間圍繞著鞏固君權與胡漢衝突問題，展開激烈的血腥鬥爭，結果胡族宗室名將與漢族文官都遭誅滅，政局動盪不安，吏治腐敗，人心惶惶，北齊王朝已走到了盡頭。先是敗於陳宣帝的北伐（五七三），喪失淮南二十七州之地，最後被北周武帝所滅（五七七）。

## 北齊的歷史困境

南北朝後期的三國鼎立之中，地處黃河中下游平原的北齊原本最爲富強，但後來卻最先被北周滅亡。北齊國力漸被北周所超越，部分與當時外在情勢的變化有關。六世紀中葉，塞北突厥興起取代柔然稱霸草原，並與北周聯合侵擾北齊，造成北齊國力重大的耗損；南朝侯景之亂連帶促使蕭梁宗室骨肉相殘，西魏宇文泰趁機向南攻取漢中、益州、江陵之地，奠定其後北周富強的基礎。不過，北齊滅亡的原因，追根究柢還是與內部統治集團不斷的血腥鬥爭有密切的關係。

關於北齊衰亡的原因，傳統的觀點多著墨於北齊君主的荒淫殘暴、誅殺賢良、橫徵暴斂等等，這些說法都是有依據的。北齊君主的荒淫殘暴，除前述文宣帝高洋晚年任意誅殺的精神異常現象之外，後主高緯更是集暴虐之大成。限於篇幅，茲舉一例。高緯兄南陽王高綽為人殘虐，他當冀州刺史時，「好裸人，使踞為獸狀，縱犬噬而食之」；轉任定州刺史，「有婦人抱兒在路，走避入草，綽奪其兒飼波斯狗。婦人號哭，綽怒，又縱狗使食，狗不食，塗以兒血，乃食焉」。後主高緯得知後把他抓來，卻放免了他，還詢問他有沒有更好玩的？高綽說把猴子丟入毒蠍桶中最好玩。後主竟然一夜之間叫人去抓毒蠍三升，放入大浴盆，再把人脫光衣服丟入盆中，聽到宛轉的哀號之聲喜樂不已。還責怪高綽說：「如此樂事，何不早馳驛奏聞？」高綽還因此得寵，拜為大將軍（《北齊書．高綽傳》）。總之，北齊君主的荒淫殘暴可以說是罄竹難書，因此有人稱北齊為「禽獸王朝」。像這樣的王朝，不滅亡也是沒有天理的。

不過，近代學者對於北齊衰亡的原因，希望再探索君主殘暴之外的因素，因此又特別強調北齊的胡漢衝突問題，認為北齊是因為胡漢衝突而滅亡的。看到北齊一再地爆發胡漢衝突，這種說法也並不是沒有道理。可是，也有人別出心裁，強調被認為是胡漢衝突的事例都不是胡漢衝突，而只是一般的政治鬥爭或是文官與武將的鬥爭。然而要完全否定史料明確記載的胡漢衝突，也是太過於牽強，而且政治鬥爭乃是古今中外普遍的現象，重點是北齊的政治鬥爭有什麼特色呢？

事實上，北齊存在著嚴重的胡漢矛盾，這是無法否認的，只是政局上所看到的重大衝突事件，卻並不單純只是胡漢衝突。北齊政局演變的核心，是君權的鞏固與傳承的問題，胡漢衝突則是隨著君權的鞏固與傳承而爆發的。以下再做具體的回顧說明。

高歡與六鎮鮮卑勳貴共同創業，高歡要培植兒子高澄繼承，讓高澄以整飭吏治爲手段打擊鮮卑勳貴，而漢族文官正扮演著協助的角色，無意之間激化了六鎮之亂以來的胡漢矛盾；高洋掌權之初，爲贏得鮮卑勳貴的支持，不得不罷黜協助高澄的漢族文官，等到要篡位以及鞏固君權時，則仍然要借助於楊愔等漢族文官，並誅除可能危及君權的宗室與動貴，因而又激化胡漢矛盾；高洋死後終於爆發了高演聯合鮮卑勳貴的奪位政變，楊愔等漢族文官被屠殺，官場中漢人勢力快速消退。

然而高演即位之後，仍需要漢族文官協助他鞏固帝位，並讓兒子高百年繼承，結果又引發高演與高湛關係的緊張；高演墜馬而死，高湛繼位，又殺了高百年；高湛即位後的恩倖政治，多與高湛要鞏固帝位、誅殺宗室勳貴有關。最後高湛還採納倖臣和士開與祖珽的建議，以提早禪位給後主，自己任太上皇帝，來確保帝位能夠順利傳承給自己的兒子高緯。即便如此，後主高緯親政之後，仍然一再爆發因宗室名將功高震主的誅殺事件及屠殺漢族文官事件。總之，北齊重大的政治衝突都因君權的鞏固與傳承問題而起，而漢族文官多扮演協助君主打壓宗室勳貴的角色，因此又使得政治衝突帶有濃厚的胡漢衝突色彩。

如果再往更深一層探索的話，以上北齊政治層出不窮的衝突，或許是源自於東魏創建之初即存在的體制與現實乖離的現象。東魏、北齊標榜繼承北魏孝文帝的漢化體制，但掌握軍政大權的多是鮮卑與鮮卑化的勳貴，漢族文官以這一體制協助君主鞏固帝位與傳承，如此必然要打擊勳貴。結果不但爆發爭奪君權的衝突，也激化了胡漢衝突，如此一再循環。可以說北齊統治階層無法跳脫這一政治漩渦，而爆發層出不窮的政治衝突，以致於亡，這大概就是北齊的歷史困境吧。那麼，同時代的北周又是如何？下節再述。

## 六、北周的政局與擴張

### 北周前期宇文護的專權

如前所述，西魏宇文泰死後，侄兒宇文護接續掌權，並利用宇文泰的影響力迅速安排宇文泰的嫡長子宇文覺篡西魏，改國號為周，宇文覺稱天王。宇文護以大司馬掌軍權，乙弗貴與獨孤信密謀政變失敗被誅。元勳武將們噤若寒蟬，宇文護升為天官府大冢宰，「威權日盛，謀臣宿將，爭往附之，大小政事，皆決於護」。

宇文護的專權不久就引發北周天王宇文覺的不滿。宇文覺（五五七在位），字陀羅尼，即位時已十六歲，他個性剛毅果決，看到堂兄宇文護專權跋扈，不甘心當傀儡，在身邊人物的搧風點火之下，經常在後宮與武士練習武藝，意圖誅除宇文護。宇文護得知後，屢次勸諫無效，遂逼宇文覺遜位（五五七），迎立宇文泰的庶長子宇文毓，仍然稱天王（史稱北周明帝）。不久，宇文護殺害宇文覺，此時距宇文泰之死還不到一年，宇文泰原本寄望侄兒宇文護輔佐自己的兒子宇文覺，沒想到宇文覺卻被宇文護所殺，眞是造化弄人。

宇文毓（五五七—五六〇在位），小字統萬突，較宇文覺年長，即位時已二十四歲。他見識較廣，行事較爲謹愼，看到胞弟宇文覺被殺的教訓，不正面與宇文護衝突，但卻在暗中伺機行事，改天王稱號爲皇帝，慢慢地鞏固自己的權力。逼得宇文護束手無策，只好採取暗中下毒的手段，叫膳部中大夫李安做了一個摻毒的糖餅給宇文毓吃。宇文毓知道被下毒後，不動聲色，臨終前口述遺詔，立親弟宇文邕繼位（史稱北周武帝），並且說：「朕子年幼，未堪當國。魯公（宇文邕），朕之介弟，寬仁大度，海內共聞，能弘我周家，必此子也。」呼籲群臣秉持著對宇文泰的忠心，輔佐宇文邕。宇文毓的苦心是要維繫本家的政權，不揭穿宇文護弒君之罪，維持表面的和諧，以免宇文護翻臉篡奪。

宇文邕（五六〇—五七八在位），字禰羅突，個性深沉有遠識，即位時十八歲。鑑於兩位兄長都被弒殺，他既不正面與宇文護衝突，也不暗中爭權，整天談論儒學與玄學，不過問政事，在宇文護面前百依百順，極力避免被猜疑。宇文護見宇文邕恭順，逐漸放下戒備之心。然而，宇文邕一直小心翼翼地等待機會。天和七年（五七二）三月，宇文邕利用宇文護回朝入宮拜見太后的機會，以太后經常酗酒爲理由，請宇文護在太后面前朗讀《尚書．酒誥》勸諫太后。正當宇文護坐在太后面前朗讀〈酒誥〉的時候，站立在身後的宇文邕高舉玉笏襲殺了宇文護，並一舉誅滅宇文護的黨羽。隱忍十二年之久的宇文邕，終於爲兩位兄長報仇。

宇文護在宇文泰死後臨危受命，守住了宇文氏的政權，然而自己過於專權，導致與宇文泰諸子之間的恩怨情仇，終究無法避免宇文氏家族骨肉相殘的悲劇。不過，宇文氏家族之間的鬥爭多是默默地進行，並沒有引發大規模的動盪，對政權的穩定影響不大。宇文家族人物比較正常，沒有看到像北齊高氏家族那樣的荒淫殘暴，也沒有看到激烈的胡漢衝突。政局雖然也有暗潮洶湧，但政權還是

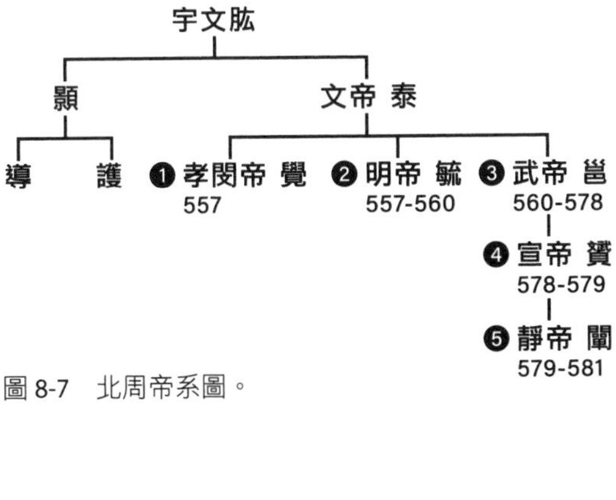


圖 8-7　北周帝系圖。

維持在穩定的軌道上，或許西魏「命運共同體」的殘影還沒有完全褪除吧。

## 北周武帝的富國強兵與罷廢佛道

武帝宇文邕親政之後，以往溫文儒雅的形象完全改觀，立刻展現他非凡的毅力與決心，積極推動一系列富國強兵的政策。

首先，降低天官大冢宰的地位，樹立皇帝對六府的領導。宇文護以天官大冢宰統領六官而專權，今降低天官大冢宰的地位使與其他五府同級，而強化皇帝側近的內史使統括六府，從而樹立皇帝對六府官員的直轄領導。

其次，廢除宇文護掌權的「都督中外諸軍事府」。西魏時代宇文泰在華州（後改稱同州，今陝西大荔縣）開設大丞相府做爲霸府掌權，與首都長安的魏帝形成二重權力體制，或稱爲雙都制。北周篡立後，宇文護久居同州，以都督中外諸軍事掌軍權，仍然維持著二重權力體制。武帝廢除都督中

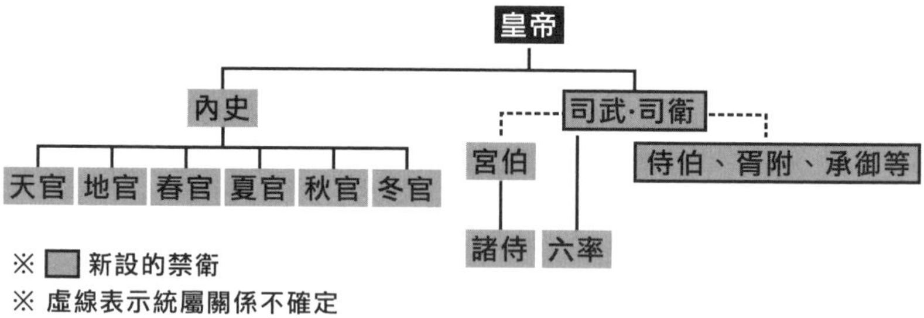


圖 8-8　北周武帝親政期的官制結構圖。

外諸軍事府，從此樹立軍政一元化的權力體制。

再其次，武帝積極整頓軍隊，包括加強軍隊的操練；加強軍隊將領及士兵對皇帝的效忠；改稱府兵軍士爲侍官，提高其榮譽感；進一步擴軍，「募百姓充之，除其縣籍」，也就是使府兵擴大化、平民化，免除其稅役，軍民分籍。在實行這些措施之後，北周的軍隊不僅數量大爲擴充，戰鬥力也大爲提升。

最後，武帝又推行一系列厚植國力的措施，包括節約民財、救災害、勸農桑、釋放官奴婢，以及他個人生活上的儉樸耐勞等等。而與厚植國力有關的最重大事件，是罷廢佛、道二教的措施。

宇文泰、宇文護時代，基本上沿襲北魏奉佛的傳統，佛教依然盛行。天和二年（五六七）武帝受到來自蜀地的還俗僧衛元嵩的影響，對現行僧侶與寺院人口不納稅服役已很不滿，但當時崇佛的宇文護掌權，武帝只能隱忍。天和四年（五六九）之後，武帝開始召集儒、釋、道人士，多次辯論三教優劣，佛教飽受抨擊。建德三年（五七四），即武帝已誅殺宇文護兩年後，第八次三教辯論結束，武帝下定決心罷廢佛、道二教。

武帝的措施雖然是佛、道都罷廢，但佛教受到的打擊最大，被佛教徒視爲中土佛教的第二次「法難」，也是歷史上「三武一宗法難」之一。武帝的廢佛措施主要是燒毀佛經、破壞寺廟、沒收寺院財產等等，但是並沒有殺害僧侶，只是要他們還俗。武帝最大的目的

是要增加兵源、增加稅收，所謂「求兵於僧眾之間，取地於塔廟之下」，以達到富國強兵的目的。（參見本書第十一章）

## 武帝併滅北齊與討伐突厥

經過以上一系列富國強兵的措施之後，北周軍隊愈來愈強大，武帝決定向宿敵北齊進軍了。建德四年（五七五）七月，武帝親率大軍伐北齊，但因武帝中途生病而班師。翌年十月，武帝全國總動員，再親率大軍東伐，直攻北齊軍事核心晉陽，北齊後主高緯兵敗逃回鄴城。隔年（五七七）正月，周軍攻入鄴城、擒高緯，在短短三、四個月之內併滅了勁敵北齊。

北周武帝伐北齊時，南朝陳宣帝欲趁機掠取淮北之地，命名將吳明徹督軍北伐。武帝遣上大將軍烏丸軌（王軌）領兵大破陳軍，擒吳明徹、俘斬三萬人。周軍乘勢攻取江北之地，陳宣帝先前從北齊所得到的土地全吐出來了。

北齊被併滅之後，范陽王高紹義逃奔北方的突厥。突厥原本是附屬於柔然底下，爲柔然打鐵的部族。當西魏外交孤絕無援的時期，宇文泰曾派人去拉攏突厥。六世紀中葉突厥興起滅柔然，成爲北亞草原的新霸主，對北齊構成嚴重的威脅。北齊高洋修築長城以防備突厥，是繼秦始皇之後最大規模的修築長城工程。突厥曾兩次與北周聯合入侵北齊失利，後來突厥他鉢可汗（五七二—五八一在位）看到北齊與北周爭相餽贈財物以討好突厥，於是採取和雙方都保持等距的外交策略，常對屬下說：「但使我在南兩箇兒孝順，何憂無物邪。」（《周書・突厥傳》）他鉢可汗把北齊、北周比喻成兩個兒子，可見此時突厥氣勢之盛。

北齊滅亡之後，突厥不能再兩面得利了，於是扶持來投靠的北齊范陽王高紹義組成流亡政府，並入寇幽州殺掠吏民。宣政元年（五七八）五月，北周武帝親率大軍討伐突厥，六月因病重班師，死於還京途中，時年三十六歲。二十歲的皇太子宇文贇繼位，史稱北周宣帝。突厥入侵不順，再向北周請和親，把高紹義交給北周。高紹義被流放到四川，後來死於四川。

## 七、北周的弱點與楊堅的興起

### 北周的質樸軍國體制

東魏、北齊與西魏、北周對抗了四十餘年，最後北周滅了北齊。一般論史者多推崇西魏、北周的優越性，尤其是府兵體制沿續到隋唐，爲隋唐武功鼎盛奠定基礎等等。其實如果不以成敗論英雄的話，北齊的經濟、文化是比較進步的，隋唐大部分的制度都是繼承北齊。相對的，北周的經濟、文化是比較落後的，只是這種落後反而顯得質樸，而這種質樸配合六官體制與府兵制，卻發揮了有如軍國主義般的戰鬥力，最終滅了內部充滿矛盾與腐敗的北齊。歷史上落後的戰鬥民族併滅經濟、文化較為進步的民族，屢見不鮮，西周滅殷商是如此，北周滅北齊也是如此。

西魏、北周據處的關隴地區，自東漢遷都洛陽以後，社會、經濟、文化各方面都落後於黃河中、下游的山東（崤山、函谷關以東）地區。東漢中後期爆發的「羌亂」使關隴地區遭受到很大的破壞。東漢末董卓及其部下據有關中，也造成相當程度的破壞。到魏晉之時，江統的〈徙戎論〉指出「關中之人百餘萬口，率其少多，戎狄居半」，這裡的戎狄指的是氐、羌等部族，漢族在關隴地區雖然仍然有一定的勢力，但遠不如山東地區。前、後趙對立，以及後趙滅前趙，應與整體國力較富強有關係。前秦苻堅時期，關中有較多的發展，但淝水之戰後，關中又陷入混亂。直到北魏太武帝平定關中的盧水胡蓋吳變亂（四四五），仍然可清楚看到關中較為落後的景象。唐代所編撰的《隋書．地理志》記載關隴的景象多是「人物混淆，華戎雜錯」、「地接邊荒，多尚武節」，與山東的漢人貴族社會文化截然不同。

西魏宇文泰據有關隴之後，推行仿效《周禮》的托古改制，看在山東漢人貴族眼中，不免有點古怪的色彩，不過或許反而易於被「戎狄居半」的關隴社會所接受。而「府兵制」重編各族豪傑的私人武裝，成爲強大的戰鬥體，配合「六官制」的中央政府，形成軍政一體的軍國體制。這種軍國體制或許易於發揮戰鬥力，但是卻較不重視經濟、文化上的發展。

西魏恭帝元年（五五四）十一月，宇文泰利用南朝侯景之亂、蕭梁宗室骨肉相殘之際，命柱國大將軍万紐于謹（于謹）攻滅江陵，殺梁元帝蕭繹，並俘虜江陵周遭十幾萬官員、百姓驅趕到關中，其悲慘景象已在本書第六章陳述。這十幾萬人只有少數能倖存到關中，他們之中的上層士大夫，被放免者只有二百餘家，其餘絕大部分都被沒入爲官私奴婢，終生養馬種田。直到十八年後的建德元年（五七二），官奴婢才被整批的放免爲民，而私奴婢則要到建德六年（五七七）才被放免。五胡十六國、北魏時期雖然常見有強迫遷徙人口的情形，但多半仍然當成平民戶口對待，很少見直接沒入爲奴隸的。西魏、北周這種對待俘虜的措施，正顯示其施政上的簡單粗暴。

建德三年（五七四）北周武帝罷廢佛、道的措施，雖然說只是燒毀佛經、破壞寺廟、沒收寺院財產，並沒有殺害僧侶而是逼令還俗。但是只爲「富國強兵」，可以如此的蠻幹，完全不在乎人民的感受，也是一種簡單粗暴的作爲。滅北齊之後，武帝又要在北齊推行同樣的毀佛措施，北齊僧人慧遠當面質問武帝：難道不怕死後入阿鼻地獄嗎？武帝回答說：「但令百姓得樂，朕亦不辭地獄諸苦。」武帝自信毀教措施會「百姓得樂」，因而敢恣意橫行，實際上如此粗暴的毀教措施，對社會、經濟、文化都造成莫大的傷害，民怨四起。武帝一心只在意「富國強兵」，不顧任何代價，也顯示北周軍國主義的特性。這種質樸的軍國主義在武帝時代尚未顯露危機，但武帝死後的宣帝時代，危機就暴露出來了。

## 暴虐的「天元皇帝」

北周宣帝宇文贇（五五九－五八〇），自幼受到父親異常嚴格的管教，「有過，輒加捶撻」，武帝派東宮官員「錄太子言語動作，每月奏聞」，宇文贇畏懼，只好「矯情修飾」。武帝一死，宇文贇猶如得到解脫，「即逞奢欲。大行在殯，曾無戚容，捫其杖痕，大罵曰：『死晚矣！』閱視高祖（武帝）宮人，逼為淫欲」（《資治通鑑》卷一七三）。

宇文贇即位後，立刻拔擢東宮昵臣宇文譯（鄭譯）為內史中大夫，委以朝政。不久，殺了叔父齊王宇文憲。宇文憲（五四五－五七八），字毗賀突，是宇文泰第七子、武帝的異母弟，受武帝重用，是滅北齊的主要武將。宇文憲滅齊之後，怕功高受忌，常稱病在家。武帝死後，宇文憲是宗室中德望最高的，宇文贇對他非常忌憚，遂以謀反罪加以殺害。隨後宇文贇又殺害武帝多位親信大臣與宗室。

大成元年（五七九）二月，即位不到一年的宇文贇，竟然傳位給七歲的皇太子宇文衍（五七九－五八一在位，史稱靜帝），自稱「天元皇帝」，仍然自己掌權。他把居住的宮殿稱爲「天臺」，自己的命令稱爲「天制」，還破天荒的選立五位皇后。一切作爲「唯自尊崇，無所顧忌」，朝廷典章制度「隨意變革」，「朝出夕改，莫能詳錄」（《周書．盧辯傳》）。他又縱慾無度，「采擇天下子女，以充後宮」；遊戲無度，「陪侍之官，皆不堪命」；而且猜忌群臣，「自公卿已下，皆被楚撻」，「誅戮黜免者，不可勝言」，「后妃嬪御，雖被寵嬖，亦多被杖背」，結果造成「內外恐懼，人不自安，皆求苟免，莫有固志」（《周書．宣帝紀》）。

大象二年（五八〇）五月，這位暴虐的「天元皇帝」可能是縱欲過度而暴崩了，年僅二十二歲。外戚隨國公普六茹堅（楊堅）在宇文譯（鄭譯）等人矯詔擁護下掌握朝政，經過九個月，普六茹堅在弭平內外的反對勢力後篡周建隋（五八一），北周滅亡。北周從武帝去世到靜帝禪位，只有兩年又八個月。

北周滅亡的關鍵，無疑是「天元皇帝」的暴虐政治。宇文贇即位之後的種種暴虐作爲，應該與幼年受到嚴厲的體罰有密切的關係。爲逃避體罰而長期「矯情脩飾」的宇文贇，成長過程就發生了人格扭曲，一旦解脫之後，遂出現種種報復性的作爲。

不過，歷史解釋總希望再探索一些個人之外的因素。譬如「天元皇帝」宇文贇所面臨的內外情勢，以及北周政權潛藏的危機與楊堅竄起的關係等等。以下就由此再做分析。

## 普六茹堅的興起

楊堅（五四一—六〇四），小字那羅延，史書記載先世是弘農華陰（陝西華陰市）名門、漢太尉楊震之後，近代學者多認為不可信。可確定的是楊堅先世已久居武川鎮，他的父親楊忠在北魏末隨獨孤信四處征討，再進入關中，成為西魏府兵十二大將軍之一。西魏恭帝元年（五五四）楊忠被賜姓普六茹氏，因此楊堅從十四歲以後叫普六茹堅。普六茹堅娶獨孤信的女兒獨孤伽羅，獨孤信的長女嫁給北周明帝宇文毓，因此普六茹堅與宇文毓有連襟關係。由於這些家世背景，一般都會認為普六茹堅的竄起，與他的家族權勢有密切的關係。

事實上，北周初年宇文護專權、獨孤信被賜死、明帝宇文毓被毒弒，普六茹忠與普六茹堅父子都被宇文護排斥，並沒有多大的權勢。武帝親政以後，聘娶普六茹堅長女普六茹麗華（楊麗華）為皇太子妃，普六茹堅才受到重用，參與滅齊之戰。不過這時候普六茹堅的地位，正如一般的功臣子弟，並沒有特別的突出。武帝死後，普六茹麗華成為宣帝宇文贇的皇后，普六茹堅才成為宣帝朝的新貴之一。然而，宇文贇喜怒無常，政局充滿不安，普六茹堅和許多大臣一樣遭受猜疑，朝不保夕。宇文贇稱「天元皇帝」後，立了五位皇后，普六茹麗華幾乎被逼死，她的母親獨孤伽羅向宇文贇苦苦哀求，叩頭到流血，才得以倖免。

大象二年五月，天元皇帝暴崩，近臣宇文譯與劉昉見靜帝年幼，未能親理朝政，遂矯詔外戚普六茹堅輔政。普六茹堅祕不發喪，迅速組成親信班底，召回在外的宇文宗室諸王就近控制，再對外發喪。自己以左大丞相總攬朝政，並修改苛刑法條，又復行佛、道二教，廣收民心。

普六茹堅掌握中樞朝政，立刻引發在外鎮將的反叛。六月，鎮守舊齊鄴城的相州總管尉遲迥以匡復周室爲號召起兵，聲勢浩大，有眾數十萬；七月，鄖州總管司馬消難舉兵響應；八月，益州總管王謙也舉兵反叛。這些舉兵地區都是西魏、北周新征服的地區，其中聲勢最浩大的是據有北齊舊境的相州總管尉遲迥。

普六茹堅命老將上柱國、鄖國公宇文孝寬（韋孝寬），統率關中兵馬討伐尉遲迥。尉遲迥統率的部眾，大部分是北齊滅亡後被招降的軍隊，因此有學者認爲這是山東人士利用尉遲迥舉兵的一次復國行動，猶如西周初年管叔、蔡叔聯合商紂王子武庚的反周公輔政（管蔡之亂）。

不論如何，到了十月，這些舉兵事件都被討平了。宇文氏宗室諸王也都被誅殺了，普六茹堅完全掌控朝政。十二月，下詔把西魏以來改胡姓以及賜胡姓者，都恢復爲漢姓，普六茹堅再改稱爲楊堅。再二個月，楊堅受禪，改國號爲隋，史稱隋文帝（五八一－六〇四在位）。楊堅即位後立刻廢除西魏、北周的「六官制」，「依漢魏之舊」，也就是回到幾百年來漢人社會的主流官制，其內容主要是北齊承襲自北魏孝文帝漢化改革後的官制。

楊堅從矯詔輔政到正式稱帝，只歷時九個月。清代學者趙翼在《廿二史箚記》裡不可思議地說：「古來得天下之易，未有如隋文帝者。」那麼，楊堅爲什麼能輕易篡周？底下再進一步分析。

## 楊堅利用北周的弱點輕易篡奪

楊堅輕易篡奪政權，當時的人也是始料所未及。矯詔助楊堅輔政的宇文譯、劉昉，本來只是想要與楊堅共攬朝權；助楊堅平亂的將領也只認爲是助周室平亂，沒想到情勢卻發展成楊堅的篡奪；甚至連楊堅的女兒楊麗華也感到很意外。天元皇帝剛死，普六茹麗華惶恐不安，「恐權在他族，不利於己」，後來聽到父親掌朝政，「心甚悅之」，但是當她得知父親「有意圖」後，「意頗不平」，「及行禪代，憤惋逾甚」（《周書．宣帝楊皇后傳》）。楊堅對女兒也感到很愧疚，嫁出去的女兒心已在夫家，同時普六茹麗華的身分從北周的太后一下子轉變爲隋的公主。

楊堅的篡奪可以說是形勢使然。當楊堅妻獨孤伽羅得知楊堅已掌朝政，派人告訴楊堅說：「大事已然，騎獸之勢，必不得下，勉之！」楊堅自己也說：「吾今譬猶騎獸，誠不得下矣！」爲什麼情勢轉變這麼快呢？

首先，北周自武帝親政後加強中央集權，宣帝即位又誅殺宗室諸王，使得楊堅在掌握中央大權後更容易支配文官武將，處於主動優勢的地位。

其次，西魏、北周對外擴張後未贏得新征服地的民心。尤其征服江陵驅使十幾萬人到關中當奴隸，十分野蠻。滅北齊之後也任意掠奪，加深山東人對北周的敵視。當時起兵反楊堅者，多在西魏、北周的新征服地區，可是他們以匡復周室為號召，對當地人民並沒有號召力，當地人民根本不在乎宇文氏政權的興亡。宇文孝寬與尉遲迥在鄴城之外對壘時，鄴城百姓數萬人在城上觀戰，好像在看熱鬧，或許有山東士人想藉機圖謀復國，但一般人民卻只是冷漠以對。

再其次，西魏、北周厲行軍國體制，只追求富國強兵，不在乎人民的感受。尤其武帝罷廢佛、道二教措施，經像悉毀、沙門道士逼令還俗，沒收寺廟教產，激起當時崇信佛、道的社會各界普遍不滿。武帝及宣帝又實行嚴苛法典，加深民怨。楊堅則充分利用這種情勢，他生長於佛寺，自幼篤信佛法，深刻了解人民對廢教措施的不滿。因此執政之後，立刻宣布復行佛、道二教，又修改苛刑法條，因而廣受人民的支持。

最後，有一批對現狀不滿的勢力，積極支持楊堅奪權，包括在西魏、北周政治鬥爭中的失意者，以及新征服地區受到冷遇的才能之士。西魏初年面臨東魏的威脅，內部各種勢力緊密結合成所謂的「關隴集團」，帶有「命運共同體」的性格。然而從西魏後期到北周，歷經多次的政治鬥爭，「命運共同體」的性格已逐漸喪失，許多勢力被排出權力核心。他們趁北周末年的變局，積極支持楊堅奪權，以改變他們被排斥的境遇，代表性的人物如蘇綽子蘇威。至於被北周新征服地區的才能之士，多受到亡國餘民的輕視，尤其是舊北齊山東地區的士人，以李德林為代表，積極支持楊堅以改善他們的地位。

以上楊堅掌權情勢快速形成的因素，也正是北周末年政權的弱點。西魏原本僻處於關隴地區，實行非驢非馬的六官制，結合府兵制，本質上不脫軍國體制。西魏末年向南擴張攻取漢中、益州、江陵地區，北周武帝又向東併滅北齊山東地區。這些新征服地區在社會、經濟、文化上都遠比北周進步，如何穩定統治這一快速擴張的帝國，成為北周末年政權的危機。宣帝即位時面臨的情勢，就是以質樸的軍國體制駕馭快速擴張的帝國。宣帝一方面「唯自尊崇」，另一方面又「隨意變革」，顯示他面對新的情勢既自滿又徬徨不知所措。

楊堅充分利用北周的弱點，結合各種不滿現狀的勢力，以掌握中央的優勢地位，推行包括復行佛、道二教等拉攏人心的措施；廢除改胡姓及賜胡姓，再恢復為漢姓；廢除「六官制」，回到北魏孝文帝改革後的主流官制。這些作為可以說是針對北周的弱點，回應各方的改革要求。因此，隋朝的建立，從大歷史來看，可說是關隴政權的改造運動，只有經過如此的改造，質樸的關隴政權才能穩固下來，也才能再向前邁向併滅江南之路。

開皇九年（五八九），楊堅即位後的第九年，對內已穩固統治又完成多項改革之後，發大軍併滅江南的陳國，結束了魏晉南北朝時代。相關過程與討論詳見本書第六章，不再贅述。

第九章

# 社會經濟生活的重大變化

歷史演變是一個漸進、延續的過程，可是在某些時期會有某些讓人特別醒目的現象，這些現象可視爲該時期的重大變化。魏晉南北朝的歷史包羅萬象，前面幾章的論述以政治演變爲主軸，以下幾章則以專題的方式論述這個時期的重大變化。由於篇幅的限制，本書不採取全面性的羅列方式，而是挑選部分特別值得關注的主題。本章先從社會、經濟、生活的角度出發，分別論述門第的形成與精神、城市與鄉村的轉變、自然經濟與貨幣的變動、飲食上「茗茶」與「酪漿」在南北地域的流行、婚姻與婦女地位的改變、紙張普及帶來的影響等等。其後再另章論述學術思想、宗教、國際秩序與文化交流等等。

## 一、門第的形成與精神

### 門第的形成

魏晉南北朝的門第，是當時在社會上擁有極高名望的知識官僚家族。門第的形成與穩固是魏晉南北朝社會的一大特色，它與兩漢社會階層的分化有密切的關係，但也不容忽視政治、文化上的因素。

如本書〈導言〉所述，兩漢社會經濟的發展導致土地兼併、貧富差距的擴大，社會上形成擁有大量土地的豪族，這些豪族再進一步的發展，就有可能形成魏晉南北朝的門第。

門第幾乎都是書香世家，因此豪族要發展成爲門第，不能只停留在「土豪」的角色，必須在文化上成爲儒學世家，在政治上成爲朝廷的官僚，而且要能讓家族的地位傳承下去，才能被稱之爲門第。

漢武帝「獨尊儒術」的政策，是讓豪族蛻變成爲門第的關鍵性因素之一。由於「獨尊儒術」政策，政府在中央太學設五經博士，太學生經過考試及格就可以當官，即所謂的「通經致仕」；在地方上，則由各地州郡長官向中央推薦有儒學素養的「秀才」與「孝廉」，到中央當官。地方上的豪族爲了向官界發展，自然就要修習儒學進而成爲儒學世家。到東漢時期，各地出現許多世家大族，他們世代把持地方政府的僚佐職位，同時又影響「秀才」、「孝廉」的推薦，勢力向中央官界延伸。其中有少數更大的家族，依靠學術的家族傳承（累世經學），培養家族人物世代達到公卿的地位（累世公卿），已經有門第的雛形。

曹魏時期創立的「九品官人法」，讓東漢以來的世家大族更穩固地發展成爲門第。「九品官人法」是以家世及才德定「鄉品」之高低，再依鄉品高低授予官職。不論是家世或才德，世家大族都擁有優勢，因此「九品官人法」讓世家大族子弟的入仕有制度上的保障，促使門第的地位更加地穩固。

門第的精神

門第基本上都是官僚家族，擁有政治、經濟上的特權，因此許多門第都是豪富人家，其中最極端的情形如西晉貴族的奢侈鬥富、北魏末年貴族的腐敗等等。然而，史書也可以看到不少門第貧困的例子，其中有很多是由於奢華浪費或不事經營造成的，但也有不少是因家道中衰、戰亂、喪父、清廉、散財救人等情形造成的。正史的列傳中有很多這類的記載，譬如東晉開國功臣瑯琊王導年少時「家世貧約，恬暢樂道」；譙國桓溫的父親桓彝「少孤貧，雖簞瓢，處之晏如」；太原王述「少孤，事母以孝聞，安貧守約，不求聞達」；沛國劉惔「與母任氏寓居京口，家貧，織芒屩以爲養」；吳郡名族陸瓊「四時祿俸，皆散之宗族，家無餘財」；顧憲之「雖累經宰郡，資無擔石，及歸，環堵，不免饑寒」；張稷「歷官無蓄聚，俸祿皆頒之親故，家無餘財」。

北朝最有名的例子是北魏的重臣渤海高允（三九〇—四八七）。有一次文成帝拓跋濬突然造訪高允，看到的是「惟草屋數間，布被縕袍，廚中鹽菜而已」。當時北魏官吏沒有薪俸，清廉自守的官員像高允一樣貧困的應不在少數。此外，博陵崔廓「少孤貧」；清河崔亮年少時「居家貧，傭書自業」；河東柳儉爲官清廉，「妻子衣食不贍，見者咸嘆伏焉」；河內司馬裔「所得俸祿，並散之親戚，身死之日，家無餘財，宅宇卑陋，喪庭無所」；河東柳謇之曾出使吐谷渾及突厥，「得二國所贈馬千餘匹，雜物稱是，皆散之宗族，家無餘財」。

以上許多門第散財救人以致「家無餘財」的例子，並不是單獨的事件，而是當時常見的普遍現象。早在兩漢時代，許多豪族之家就有依季節循環來從事賑恤、救濟的行爲，東漢博陵郡望族崔寔（？—一七〇）所寫的《四民月令》一書中已有明確的記載。到了戰亂、災害不斷的魏晉南北朝時代，門第家族更是扮演賑災、帶領民眾走避苦難的重要角色。本書第五章已論述帶領民眾逃難的塢壁領袖，多爲名望家族，以下再舉門第家族日常賑恤的例子說明。

東晉末年孫恩之亂後，江南發生嚴重的饑荒，以至於出現人吃人的慘狀。當時吳郡顧琛的母親孔氏，發放家糧救了很多人，他們生下的孩子都以孔字命名，可見民眾的感激心情；劉宋末年平原郡劉善明賑恤災民，被救活的人把劉家的田地叫做「續命田」；北魏末年范陽盧義僖，生性清儉、不營財利，雖然長久位居顯要官職，但平日只吃麥飯蔬菜。當故鄉幽州連年遭受水旱災害時，他把出借穀物幾萬石的借貸文書全數燒毀，免除了民眾的債務。

任何時代都不乏攀附權勢榮華富貴者，魏晉南北朝時代也不例外。然而，魏晉南北朝的門第中也有不少清廉儉約、散財濟人的例子。門第不僅只是官僚貴族，同時也有教養貴族的一面。他們多崇尚儒學或玄儒雙修，既重視輕利重義的精神，又追求超俗的生活境界。因此當災難來臨時，門第中人常奮身而起，帶領民眾逃離苦難，散財賑恤，幫助民眾度過艱苦的歲月。至於學問的追求與文化藝術的創作，也不因時代的動盪而停歇。以上這些門第精神，很多傳承到後世的鄉紳社會，其對歷史的貢獻不應該輕易抹滅。

# 二、城市與鄉村的轉變

## 傳統城郭的破壞與「村」的起源

中國古代文獻常見「萬邦」一詞，邦就是國、邑，所以我們可以把萬邦視為狀如滿天星斗的聚落（邑），其中較大的聚落會築城以保護。周代以後築城漸盛，到戰國時代則為應付兵火連連的情勢，更出現蓬勃的「築城運動」。秦漢以後，將較大的城作為郡的治所，中小的城作為縣的治所，此外還有為數眾多的小城作為更基層的鄉、亭據點。

隨著兩漢豪族社會的發展，豪族擴大土地經營，聚集佃農與奴客離開城郭到新闢地開墾，形成「塢」與「村」的新聚落。漢末以來的戰亂，使傳統的城郭遭受破壞，流民四散逃亡到鄉野偏遠之地，「塢」與「村」這種散村式聚落開始普遍化。三國時期的屯田，國家招集流民到無主之地從事開墾，也促使新聚落的形成。總之，魏晉以後出現了脫離傳統城郭的新聚落，成為後世「村」的起源。

## 新興的築城運動

戰火的波及，除了使傳統的城郭遭受到破壞，同時也促成新一波的「築城運動」，尤其在五胡十六國及北朝後期，由於戰爭頻繁且激烈，「築城運動」也特別興盛。這個時期的築城運動中，游牧民族扮演著重要的角色。游牧民族在草原上逐水草而居，本來沒有築城的經驗，但當他們進入中原以後，爲應對激烈的爭戰，多藉助漢人的技術擴大築城，以幫助守禦重要據點。

這時期所築的城，包括新建或重修的都城、州城、縣城，以及爲戰爭而修築的戍城、壘城。除此之外，民間爲自衛所築的塢、堡、壁也是城的一種。由於軍事防禦的需求，建築的城池都特別講究堅固，同時也出現爲加強防守的「馬面」、「甕城」、「鐘鼓樓」等設計，影響後世的築城技術。夏主赫連勃勃所建的統萬城（陝西榆林市）就是以堅

圖 9-1　統萬城圖片。統萬城國家考古遺址公園講解組負責人李少鵬授權使用。

固著稱，《晉書·赫連勃勃載記》記載築統萬城時徵調十萬民夫，「蒸土築城，錐入一寸，即殺作者而并築之」。歷經一千五百餘年，今日發現的統萬城部分遺址仍然保存得相當完好。除了堅固之外，這個時期城郭的另一大特色，是力求廣大以容納更多的軍民。其中最著名的是北魏所建的洛陽城，城內外「築坊三百二十，各周一千二百步」，被認爲是中國歷史上面積最大的都城。

## 「城坊制」的出現

秦漢以來，城內的住宅區稱爲「里」，里的周圍有障壁的小區稱爲「坊」，坊者防也，宮中和官署中也有坊。不過，在都城之內設置大規模的封

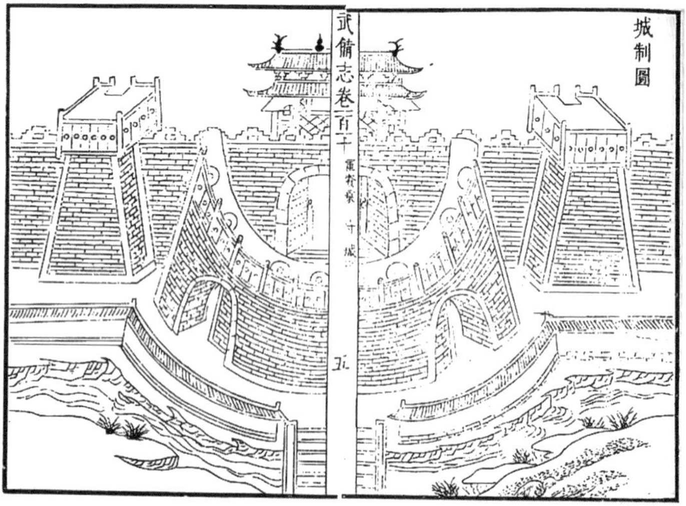


圖 9-2　「馬面」與「甕城」，茅元儀〈武備志城制圖〉。Public domain, via Wikimedia Commons.

閉住宅區，最早見於北魏的平城。

北魏早期規劃平城時，爲控制、管理四處征戰徙入的各族俘虜，在城郭內興築大規模封閉的區域（城坊），正式的場合稱爲里，民間則稱爲坊。在孝文帝遷都洛陽後，仍然承襲這種規劃。當時的城坊主要用於安置從平城遷入的禁衛軍（羽林、虎賁）、百官及其家屬，以及爲了充實京師而遷入的商賈、工匠和平民；另外還有用於安置大量來自四方的歸順降服者。其後東魏北齊的鄴城、隋唐的長安、洛陽，也都有大規模城坊的規劃。

後世把都市之內的最基層行政區稱爲里，鄉野地區最基層的行政區稱爲村，就是源於魏晉南北朝城市與鄉村的轉變。

## 華北城市與鄉村的關係

魏晉南北朝的社會，有爲數眾多勢力龐大的門第、豪族勢力。華北在五胡十六國及北朝時期，從中央的都城到地方的州城、郡城、縣城，都是做爲政府統治的政治、軍事中心。門第家族則領導宗族與鄉黨，據守在鄉野的塢壁或村落，形成城市和農村對立的格局，而胡族統治者多透過門第家族安撫漢族基層社會。

然而，當動盪的局勢逐漸緩和，漢族門第紛紛出仕胡族，扮演起聯繫城市與農村的角色。門第士人到中央政府或遠離家鄉的地方任官時，會移居到任職的地方，但在原鄉仍然保有自主性的宗族勢力，形成「雙家」的型態。當退休或局勢動盪時，往往會回到鄉里養老或自保。

隨著北朝政府對地方統治力的加強，以及佛教信仰在基層社會的普及，當地方上有公共事業需要興辦時，譬如鑿井、水利灌溉、佛教法會或造像祈福等活動，城市的官員與地方的門第豪族勢力往往通力合作，連結城鄉為一體，消弭城鄉的對立。

## 三、自然經濟與貨幣的變動

### 漢魏貨幣經濟的衰退

魏晉南北朝在經濟上最重大的變化，乃是貨幣經濟的衰退，也就是經濟史學家全漢昇所說的「自然經濟」。雖然細節上略有出入，但整體上確實是如此。

東漢中期以後已有通貨膨脹的現象，由於桓帝、靈帝揮霍無度，通貨膨脹更為嚴重。漢末董卓掌控朝廷，為掠奪錢財，有組織的派人大規模挖掘陵墓、到處搜集銅材，鑄造劣質小錢，結果造成物價飛漲，「穀一斛至錢數百萬」，經濟的崩潰加速漢帝國的滅亡。

曹操當權之後，罷廢董卓鑄造的劣質小錢，重新用漢的五銖錢。但五銖錢的流通量已大幅減少，又不鑄造新錢，結果錢幣不足，「穀賤無已」，造成物價持續下跌的通貨緊縮效應。魏文帝曹丕即位後，貨幣政策反覆不定，最後罷五銖錢，「使百姓以穀帛爲市」。到魏明帝時，「錢廢穀用既久，人間巧僞漸多，競溼穀以要利，作薄絹以爲市，雖處以嚴刑而不能禁也」，可見以穀帛交易很不理想，百姓用潮溼的穀物以增加重量，用輕薄的絹帛以增加匹數，結果弊端叢生。

曹魏的田賦很輕，商稅卻很重，其財政主要依賴大量荒地國有化、有濃厚統制經濟色彩的屯田。在這種政策環境中，市場交易的空間被壓縮了，貨幣的使用大減，以致未積極推動貨幣改革，穀物絹帛遂成爲主要的交易手段。但以穀物絹帛作交易，不但弊端叢生，而且交易不便，無法發揮活絡經濟的效益，華北因而邁入長期的貨幣經濟衰退。

## 兩晉不鑄錢幣政策

西晉承襲曹魏「以穀帛爲市」的政策，同時也恢復使用五銖錢。但西晉並不鑄造新錢，以致無法滿足經濟發展對貨幣的需求。舊錢再經耗損，更加短缺，結果錢貴物賤，繼續陷入長期通貨緊縮的情況。原本東吳與蜀漢曾鑄造各種虛價大錢，雖然造成貨幣混亂，但商業還比較發達。如今西晉不鑄造錢幣的政策，其負面影響不僅只限於華北，還擴及江南與四川，造成全面性的通貨緊縮。

西晉惠帝時，隱士魯褒寫了一篇〈錢神論〉，指出當時「金錢萬能」的現象，以諷刺、批判朝廷與官場的腐敗。〈錢神論〉常被誤解推論當時錢幣的盛行，事實上正是錢幣短缺，造成熱烈追求錢幣的潮流，才使錢幣「神物化」，反映的正是錢貴物賤的通貨緊縮現象。

東晉初年南方錢幣仍然極爲缺乏，曾用東吳的舊錢以及江南豪族沈充私鑄的小錢（沈郎錢），但這些錢數量都很少，品質也不好，民間依然使用穀帛交易爲主，錢貴物賤的局面依舊。東晉末年，錢幣的使用已經萎縮到極端的程度，桓玄（三六九－四〇四）掌權之時甚至一度想要完全廢除錢幣，只用穀帛交易，所幸孔琳之（三六九－四二三）倡言反對而作罷。不過東晉朝廷始終延續不鑄造錢幣的政策，使得錢貴物賤的通貨緊縮現象從曹魏延續到東晉末，時間長達了二百多年之久。

## 南朝貨幣的需求與混亂

魏晉長期不鑄造錢幣的政策，到南朝劉宋文帝時期終於改變了。當時正值「元嘉之治」，經濟發達、商業貿易量大增，造成對貨幣饑渴的需求已經無法再漠視了。元嘉七年（四三〇）宋文帝劉義隆設「錢署」開始鑄「四銖錢」。起初不偷工減料，民間盜鑄無利可圖，貨幣改革似乎將要走向正途了。可是實行不久就開始偷工減料，而且鑄造量太少，也不敷需求，於是民間開始翦鑿古錢以盜鑄輕薄的新錢（劣幣驅逐良幣）。同時政府規定一枚古錢等同二枚新錢，又造成交易混亂。其後，劉宋又再發行輕薄小錢，意圖充實財政，卻導致盜鑄更加盛行，物價全面上漲，百姓生活更爲痛苦。隨後政府又開放民間私鑄，結果出現極端劣質的「鵝眼錢」、「綖環錢」，使得通貨膨脹的情勢更爲嚴重。最後明帝劉彧乾脆廢除所有新錢，只用古錢，而且停止官鑄，錢幣嚴重短缺，再回到通貨緊縮的情況。

蕭齊承劉宋末年通貨緊縮之弊，錢貴物賤。齊高帝蕭道成時，奉朝請孔覬深知錢幣不足之害，曾上書〈鑄錢均貨議〉請求鑄造錢幣。朝廷原擬採行其議，可惜不久蕭道成亡故，其事竟不了了之。當時稅收以錢幣和實物各半的方式繳交，百姓苦於無錢，齊武帝蕭賾下詔減少繳納錢幣，改爲「三分二取見布，一分取錢」。永明七年（四八九）齊武帝採劉悛之議，在成都附近的蒙城（四川雅安市）鑄錢，卻因爲劉悛貪瀆以致成本花費太高，朝廷被迫停止鑄錢。終蕭齊一朝，始終處於通貨緊縮的情況，「州郡秩俸及雜供給，多隨土所出，無有定准」，不法官吏藉機上下其手、貪贓枉法，百姓苦不堪言。

梁武帝爲改革貨幣不足之害，建國之後就開始鑄錢（五〇二）。起初錢的品質良好，達到活絡經濟的效益，長江上往來的商船有載量達二萬斛者，可見商業之興盛。但好景不常，再鑄的錢幣因偷工減料而劣質化，民間仍習用各種古錢，貨幣十分混亂。到了普通五年（五二四），梁武帝乾脆廢除銅錢、改鑄鐵錢。鐵錢成爲主要貨幣，由於鐵錢充足，官員俸祿都發給鐵錢。然而，鐵容易取得，使得鐵錢盜鑄問題嚴重，《隋書・食貨志》載：「及大同已後（五三五），所在鐵錢，遂如丘山，物價騰貴。交易者以車載錢，不復計數，而唯論貫。商旅姦詐，因之以求利。」也就是嚴重的通貨膨脹。到梁武帝晚期（五四六），卻又因鐵錢輕薄化及朽壞等因素，急速翻轉為鐵錢短少、通貨緊縮，遂出現所謂「短陌（佰）」的現象，即以不足百錢充當百錢，而且各地不一，陷入貨幣極端混亂的情形。梁代的貨幣變動，由極端的通貨膨脹翻轉為極端的通貨緊縮，整個社會承受難以估計的傷害，不久又爆發侯景之亂（五四八），梁王朝由此走向滅亡。

陳代承梁末之弊，雖然曾試圖鑄造優質錢幣，但不久又因政策反覆不定，劣幣驅逐良幣，市場混亂，「私家多鎔錢，又間以錫鐵，兼以粟帛為貨」，貨幣改革最後以失敗告終。

## 北朝的自然經濟與貨幣的混亂

華北從五胡十六國到北朝時期，是遭受戰亂破壞最嚴重的地區，塢壁林立、自給自足，長期陷入商業幾近停滯的狀態，可說是典型的自然經濟。

五胡十六國時期，雖有幾位君主試圖鑄錢，但效用不彰。後趙石勒曾鑄「豐貨錢」，但政府對新錢規定的價格過高，不被市場接受，最後以失敗告終。此外前涼張軌、前秦苻堅、夏主赫連勃勃都曾鑄錢，但數量極其稀少，效用極小。前秦苻堅統一華北時期，商業貿易曾稍恢復，但時間短暫。基本上，華北從曹魏、西晉以來一直都處於錢幣不足的狀態，通貨緊縮的結構長期維持到北魏孝文帝遷都洛陽時期。《魏書．食貨志》載：「魏初至於太和，錢貨無所周流。」少量交易都以穀帛爲之。

太和十九年（四九五）北魏孝文帝鑄造「太和五銖」，下令全國用錢，百官俸祿也改發給現錢。但事實上錢幣發行的數量應該還是很少，因此三年之後國庫錢用不足，仍然多雜以穀帛支付，錢幣通行範圍也只有京師附近。永平三年（五一〇）宣武帝再鑄「永平五銖」，但新錢品質不佳，很多地方只用古錢，不用新錢，「致商貨不通，貿遷頗隔」，而且鑄造量還是很少，不能滿足交易所需。到了胡太后掌權時，「河北諸州，舊少錢貨，猶以他物交易，錢略不入市」，還是一幅實物經濟的景象。可是約略此時，官商勾結的盜鑄風氣大盛，到孝莊帝（五二八－五三〇在位）時，「人多私鑄，稍就薄小，乃至風飄水浮，米斗幾直一千」，又變成物價飛漲的通貨膨脹。不久孝莊帝鑄「永安五銖」，仍然不能解決貨幣的亂象，直到北魏滅亡皆未改善。

東魏時期的貨幣仍然非常混亂，各地私鑄盛行，高澄曾要改革而未行。北齊文宣帝高洋曾鑄「常平五銖」，稍有改善，但不久官商勾結的私鑄又起，形制雜亂的劣幣充斥，物價飛漲直到北齊滅亡。而西魏到北周初期，仍處於錢幣不足的通貨緊縮，其後北周武帝因財政之需，先後發行「布泉之錢」、「五行大布」，宣帝又鑄「永通萬國」錢，但都是價值灌水的膨脹性錢幣，最後導致通貨膨脹，而以失敗告終。

## 貨幣經濟倒退的原因

歸納魏晉南北朝貨幣經濟倒退的原因，大致上可以分爲以下幾點：一、因頻繁的戰亂，塢壁林立、自給自足，造成商業的萎縮，這是大時代的因素；二、鑄造錢幣的銅材不足也是重要的原因，而銅材不足與開採成本遞增有關，也與佛教盛行後許多銅材被用於鑄造佛像有關；三、輕忽貨幣對經濟的效益，消極不鑄造錢幣。如曹魏與兩晉長期不鑄造錢幣，造成錢貴物賤、商業不振；四、吏治腐敗與不當的貨幣政策，破壞了貨幣經濟的正常發展。如劉宋當政者偷工減料鑄造劣質錢幣、蕭梁錯誤的鑄造鐵錢政策，都破壞了南朝貨幣經濟的發展；五、當政者以貨幣爲斂財的工具，或放任官商勾結盜鑄劣質錢幣。如北魏後期與北齊北周時期，都因此造成貨幣的混亂，破壞貨幣經濟的發展。

總之，魏晉南北朝的經濟，絕大部分處於商業萎縮、錢幣不足、錢貴物賤、以穀帛交易的自然經濟時期，南朝曾有貨幣經濟復甦的大好時機，可惜因不當的貨幣政策破壞了經濟發展。可見，頻繁的戰亂固然是破壞經濟發展的元凶，但是當權者不當的貨幣政策對經濟的傷害，也是助長的推手。

## 四、飲食的重大變化：酪漿與茗茶

### 酪漿普及於華北

《史記．匈奴傳》載：「匈奴之俗，人食畜肉，飲其汁，衣其皮。」所謂「飲其汁」應該包括乳汁以及「酪漿」、「奶酪」等發酵品。酪漿、奶酪是游牧民族的常用飲食，漢代還不太流行於中原地區，魏晉以後逐漸進入漢族人民的飲食中，而且被視爲美味。《世說新語．言語篇》記載，陸機初到洛陽拜見晉武帝的女婿王濟時，王濟指著「數斛羊酪」問他說，你們江東有什麼好吃的東西可以和它媲比呢？或許王濟是山西太原人，與胡人雜處，較容易喜好胡人的飲食。不過，《世說新語．排調篇》又記載，西晉末年琅琊王導剛到江東時，宴請陸玩（陸機族人）吃奶酪，害得陸玩整個晚上肚子不舒服。可見西晉時華北漢人已習慣吃奶酪了，但江南人士則還不能接受。直到南朝蕭梁時期，王導的後人王肅（四六四—五〇一）因政爭流亡到北魏時，「不食羊肉及酪漿等物」，可見吃奶酪的習慣不但沒有隨著王導流傳到江南，連王導自己的後代子孫也不吃了。或許南方畜牧業較不發達，可能是因素之一。

五胡十六國及北朝時期，胡人統治中原，酪漿等胡人食物在華北更加普及，東魏時期賈思勰寫的《齊民要術》就有記載當時製作酥酪、乾酪的方法。前述王肅剛到北魏時

「不食羊肉及酪漿等物」，但幾年之後在殿會上卻「食羊肉酪粥甚多」，北魏孝文帝奇怪地詢問他，魚羹與羊肉及茶與酪漿的優劣時，王肅回答說：「羊者是陸產之最，魚者乃水族之長。所好不同，並各稱珍。」又說「唯茗不中，與酪作奴」（《洛陽伽藍記．報德寺》），魚羹與羊肉各有喜好，都很珍美，但茗茶就遠不如酪漿了，只能爲酪漿作奴，於是北方鄙視飲茶的人又將茶稱爲「酪奴」。

早在先秦時代，中原人民就與游牧民族有密切的接觸了，但是游牧民族的飲食文化卻要到五胡十六國以後才普及於華北，這應該與胡人躍居於統治地位有很大的關係。

## 茗茶盛行於江南

茶原產於雲貴高原，漢代已在巴蜀廣爲流傳，並爲中原的人所知曉。不過，最初是注重茶的藥用性。魏晉時期，茶的流傳範圍進一步擴大，並且由藥物而漸轉變爲人們的日常飲料。《三國志．吳書．韋曜傳》記載，東吳孫皓宴會時要求大臣都要喝酒七升，韋曜酒量不好只能喝兩升，孫皓特准他暗中以茶水代酒。不過這是南方宮中宴會的場合，民間流傳的情況因史料缺少，不太清楚。

西晉時民間飲茶風氣逐漸普遍。文學家左思（？—三〇五）的〈嬌女詩〉中，有描述他兩個女兒急著想喝茶的樣子，「心爲茶荈劇，吹噓對鼎鑩」；杜育曾寫一首〈荈賦〉，亦名〈香茗賦〉，這是史料所見最早的一首茶賦；西晉末年并州刺史劉琨在寫給侄兒劉演的信中說：「吾體中煩悶，恆假眞茶，汝可信致之。」（《全晉文．與兄子南兗州刺史演書》），要求他買一些好茶來。左思是臨淄（山東淄博市臨淄區）人、杜育是襄城（河南襄城縣）人、劉琨是中山（河北定縣）人，都曾經是權臣賈謐所交結的「二十四友」之一，有可能他們聚會時就已有品茗論茶的嗜好了，可見西晉時中原地區飲茶之風已逐漸普遍了。

東晉飲茶的風氣更爲盛行，民間宴會都必備茶水。《世說新語．輕詆篇》記載，陽翟褚裒（女兒後爲晉康帝后）初渡江時，吳中豪右宴集於建康以東的金昌亭，因不識褚裒，一直勸他喝茶，讓他無法享用美酒佳餚；東晉權臣桓溫生性節儉，「每讌惟下七奠柈茶果而已」；丞相謝安曾拜訪吏部尚書陸納（陸玩之子），陸納招待客人，「所設唯茶果而已」；《太平御覽》引《世說新語》佚文：清談名士王濛「好飲茶，人至輒命飲之，士大夫皆患之，每欲往候，必云今日有水厄」，後來「水厄」就成爲茶的代稱。南朝之後，飲茶風氣遍及社會各階層，佛、道寺廟道場多設茗茶款待施主，茶葉也常作爲餽贈之禮或作爲祭品等等。一般認爲，江南飲茶風氣的盛行與清談名士由愛好喝酒轉向品茶有關，喝酒容易醉而胡言亂語，品茶終日卻益加清醒，並且酒貴而茶便宜，因此後來茶就取代酒成爲清談的助興之物。此外，當時飲茶風氣的盛行也與佛、道追求清心寡慾的修行有關。

五胡十六國、北朝皆因戰火頻繁，商業貿易經常停滯，本來不產茶葉的華北更難獲得茶葉。加上在胡族統治之下，盛行食肉飲酪的飲食文化，漢族人民受其影響，飲茶風氣比起西晉時不增反減。北魏後期爲接待南朝來附的人士，宴席間也常設茗茶。前面說過，王肅初入北魏時不喝酪漿只喝茶，有些中原士人受到他的影響也喜歡喝茶，卻遭鮮卑貴族的嘲笑。如給事中劉縞「慕（王）肅之風，專習茗飲」，彭城王元勰嘲笑他說：「卿不慕王侯八珍，好蒼頭水厄，海上有逐臭之夫，里內有學顰之婦，以卿言之，即是也。」從此以後，「朝貴讌會，雖設茗飲，皆恥不復食，唯江表殘民遠來降者好之」；如前所述，後來因爲王肅也愛喝酪漿了，並且在孝文帝前面評論茗茶只能「與酪作奴」，茶在北方遂被鄙稱爲「酪奴」；北魏末年動亂，梁武帝派陳慶之護送北魏北海王元顥入洛陽稱帝，先前投依北魏的南人張景仁與陳慶之有舊誼，特邀宴招待。席間有中原士人楊元慎曾與陳慶之爭論南北正統，結果不歡而散。幾天後陳慶之生病，楊元慎藉醫治的機會數落他說：「吳人之鬼，住居建康」、「菰稗爲飯，茗飲作漿，呷啜蓴羹，唼嗍蟹黃」（《洛陽伽藍記．景寧寺》），可見「茗飲作漿」是南方人的特色之一，反證飲茶在華北並不流行。

總之，茶原產於雲貴高原，再傳入巴蜀，兩漢時期多作藥用，魏晉以後才逐漸做爲人們的日常飲料。東晉南朝飲茶風氣因清談與佛、道教傳播而更加普及，但華北則因戰亂頻繁與胡人統治，飲茶風氣大不如前，到隋唐時期飲茶風氣才全面盛行而影響後世。

## 五、婚姻與婦女地位的變化

### 早婚

早婚是魏晉南北朝時期的特色之一。東漢時期的結婚年齡男子約在二十歲左右，女子約在十七歲左右。魏晉以後的婚齡普遍下降，女子早婚更爲普遍。據研究，帝王結婚年齡平均十五歲，后妃平均十三歲。將相大臣以下至於庶民，男子結婚年齡平均十五至十六歲，女子十三至十四歲。雖然受到年代、地區、族屬及各種個別因素的影響，會有些微差異，但整體而言，婚齡下降確實是普遍存在的現象。

這個時期早婚的原因之一，可能與戰亂不斷，人口大量減少，政府強行推動婚配有關。如《晉書・武帝紀》記載，泰始九年（二七三）曾下令：「女年十七父母不嫁者，使長吏配之」，民間爲了避免由政府強行婚配，因此女子普遍早婚。類似的法令可能延續到南朝，劉宋時周朗爲增殖人口上書：「女子十五不嫁，家人坐之」，更把政府強行婚配的年齡下降爲十五歲，如此更促使民間普遍早婚。

### 門第婚的形成與演變

「門第婚」也是魏晉南北朝時期的另一項特色，指門第之間互爲婚姻，是一種「身分內婚制」。

三國時期，門第階層還在形成階段，門第婚還不太普遍。曹操的卞皇后「本倡家」，曹丕的甄皇后來自俘虜、郭皇后出身婢妾，明帝毛皇后出身工匠之女，諸如此類不勝枚舉。吳、蜀帝王將相的婚姻也不重門第，大多只是功臣勳將彼此聯姻，其中不乏出身卑微者。

西晉時期，門第階層已經穩固，門第婚已十分普遍。據《晉書．后妃傳》所載，西晉皇室后族幾乎都出身於士族門第。不過這個時期還不特意排斥士庶通婚，仍然有不少士庶通婚的例子。《世說新語．賢媛篇》載，太原王濟曾想把妹妹嫁給一個有才幹的「兵家子」，他的母親本來不反對，但「觀其形骨，必不壽，不可與婚」，「兵家子」果然在幾年後死了。從這個事例，可見當時高門還不排斥與庶民通婚。

不過到了東晉時期，門第階層更加凝固，婚姻幾乎只限於門第之內，極力排斥與庶民通婚，甚至門第之間還要再分等級。桓溫曾爲兒子向幕僚王坦之提親，王坦之回去告訴父親，被父親責罵：「汝竟痴邪，詎可畏溫面而以女妻兵也」，結果桓溫也無可奈何。譙國桓氏本來也是高門士族，不過上升爲第一流高門的時間較晚，桓溫雖然正當顯貴，卻仍然被太原王氏輕蔑爲「兵」而拒絕聯姻。此外，東晉時期吳姓士族也不與僑姓通婚。王導剛到江南時，爲拉攏吳人曾向陸玩提議聯婚，陸玩拒絕他說：「培塿於松柏，薰蕕不同器，玩雖不才，義不能爲亂倫之始。」當時吳人對僑人頗有怨懟，陸玩竟以「亂倫」比擬與王導聯婚。另一方面，東晉政權統治穩固之後，僑姓士族以優越心態輕視吳姓，雙方更不通婚。

南朝時期，門閥貴族爲鞏固地位，更加強調「士庶不婚」。東晉的士庶不婚只是一種社會風氣，並沒有成爲法制。然而南朝的士庶不婚則有法可據，劉宋文帝寵愛中書舍人徐爰，指示琅琊王球和陳郡殷景仁同他交往。王球謝絕說：「士庶區別，國之章也。臣不敢奉詔。」顯示士庶區別是有法制規定的，士庶都不得交往了，何況通婚。南齊時，高門東海王源將女兒嫁給寒門富陽滿氏，御史中丞沈約上表彈劾說：「王、滿聯姻，實駭物聽」，結果王源被革除官職，終身不可錄用（沈約，〈奏彈王源〉）。然而，弔詭的是，當社會風俗需要用法律加以規範的時候，也就表示違反者已經很多了。南朝時已有不少沒落的貴族，貪圖鉅額的聘禮或嫁妝而與寒門通婚，被稱之爲「財婚」。沈約正是針對這種社會風氣而以王源開刀，王源是被彈劾了，但仍有更多未被彈劾的事例存在。此外，以往僑吳不婚的情形到南朝也有改變，時間逐漸化解了僑吳之間的嫌隙，僑吳通婚也很常見。

北方的五胡十六國時期，留在華北的漢人士族仍然維持著門第婚，除少數個別情形，基本上是胡漢不婚的，直到北魏前期仍然大致如此。北魏孝文帝漢化改革後，發生了重大的改變，孝文帝「分定姓族」，以門第打破胡漢界線，同時也強力推動胡漢士族之間的通婚。這種聯姻帶有政治婚姻與民族婚姻的色彩，但也可視爲是另一種形態的門第婚。東魏、北齊時期，鮮卑勳貴與漢人貴族關係緊張，漢人士族仍然維持著門第婚，但胡漢貴族之間的通婚已大量減少，而西魏、北周則以軍功家族的聯婚爲主，關隴漢人的門第婚也逐漸減少了。

## 婦女地位的變化

由於篇幅的限制，本小節主要從女性受禮法束縛的差異，略論魏晉南北朝時代婦女地位的變化。

西漢武帝「獨尊儒術」之後，儒家「男尊女卑」的倫常觀念影響愈來愈大。西漢劉向編校《列女傳》，東漢班固妹班昭（曹大家）著《女誡》，都加強要求女子應遵行與效法種種禮教規範，所謂「男女授受不親」的「男女之防」，成爲禮制的一部分。而東漢安帝以後，獎勵貞婦更成爲常例。

魏晉以後，清談名士刻意蔑視禮法，禮法的觀念有逐漸鬆動的現象。如《世說新語．任誕篇》載，阮籍的嫂子回娘家，他前往送別而被譏笑，阮籍說：「禮豈爲我輩設邪？」鄰家賣酒的少婦有美色，他常去光顧，「醉，便眠其婦側」。影響所及，西晉貴族子弟多有放浪形骸之舉，婦女也有許多跨越禮法的情形。東晉葛洪的《抱朴子．疾謬篇》記載當時婦女拋頭露面、社交活動頻繁，「或宿於他門，或冒夜而反；遊戲佛寺，觀視漁畋」等等，好像沒有禮法的束縛。

漢代女子有七種被休妻的禮制（七出），其中之一是被視為「惡德」的「妒忌」，但在魏晉以後女子妒忌之風卻很盛行。東晉開國名相王導的妻子曹氏個性好妒，管制很嚴，王導受不了，「乃密營別館，眾妾羅列，兒女成行」。曹氏知悉後盛怒，持刀駕牛車帶領手下二十人前去搜查，王導得知大驚，趕緊飆牛車去疏散眾妾，幸好快了一步才解除危急。（《世說新語．輕詆篇》注引《妒記》）東晉另一位名相謝安妻劉氏，不准謝安有別房，謝安「深好聲樂，後遂頗欲立妓妾」，侄兒、外甥揣摩心意，勸劉氏說《詩經》的〈關雎〉、〈螽斯〉有不忌之德，劉氏問：「誰撰此詩？」答云：「周公。」劉氏說：「周公是男子，相為爾，若使周姥撰詩，當無此也。」（《世說新語．賢媛篇》注引《妒記》）看起來，東晉的二位名相王導與謝安，都是既好色又怕老婆。

南朝婦女妒忌之風更甚，尤其是那些公主們，常常讓娶公主的駙馬爺苦不堪言。劉宋明帝對這種風氣很不滿，命令近臣虞通之撰寫《妒婦記》作為公主們的鑑戒。南朝許多公主不只是好妒而已，更有不少淫蕩的故事。《宋書．前廢帝紀》載：「山陰公主淫恣過度，謂帝曰：『妾與陛下，雖男女有殊，俱托體先帝。陛下六宮萬數，而妾惟駙馬一人，事不均平，一何至此！』帝乃為主置面首左右三十人。」這就是後世稱男寵為「面首」的來源；梁武帝長女永興公主蕭玉姚，和自己的親叔父臨川王蕭宏私通，還密謀殺害自己的父親，事跡敗露，梁武帝為了顏面不敢張揚，只責打而已，未加死罪。以上這些事跡從禮法觀念來看，都是不可思議的。

華北在胡人長期統治之下，受到胡人習俗的影響，婦女多參與家族的涉外事務。梁末被俘入關中又逃到北齊的顏之推，以親身的體驗在《顏氏家訓・治家篇》記載：「鄴下風俗，專以婦持門戶，爭訟曲直，造請逢迎，車乘塡街衢，綺羅盈府寺，代子求官，為夫訴屈。」

草原游牧民族也是男性社會，男性地位高於女性，但是沒有儒家禮法的束縛，北朝婦女顯得比較自由開放。如北魏曾有馮太后（文明太后）與胡太后（靈太后）臨朝聽政，她們與東漢臨朝聽政的太后有很大的不同。東漢太后為了「男女之防」而引進外戚，以致發展成為「外戚政府」（見本書第一章）。北魏太后雖然也用外戚，但「男女之防」並非她們的主要考量，太后與大臣直接論政，甚至太后還半公開地包養情人。如馮太后著名的情人有李奕、王叡、李沖等人，她甚至還把來自南齊的使臣劉纘勾引上了床，眞是古今所罕見；胡太后也有情人如清河文獻王元懌、李神軌等等，這些在漢代都是不可思議的。一般認為，唐代武則天的專權與放蕩事跡，乃是北朝以來的胡風。

佛教的傳播對婦女地位也有所影響。佛教「眾生平等」的觀念是不分男女的，在傳統社會受到壓迫的婦女，常常轉向佛教信仰中尋求心靈的救贖。許多婚姻受挫的女性，如夫君死亡或拒絕被指定婚事者，常選擇出家當尼姑。另一方面，「眾生平等」的觀念，多少沖淡了傳統「男尊女卑」的倫常觀念，而女性受到的歧視也稍微獲得了改善。

總而言之，相對於漢代婦女受禮法觀念的束縛，魏晉南北朝時代因受清談風氣、胡族文化與佛教信仰等因素的影響，婦女地位有相當的改善。不過，也不能誤解婦女地位已和男性平等，基本上「男尊女卑」的大格局仍然沒有改變，只是程度比較改善而已。

## 六、紙張普及帶來的變化

### 紙的發明及早期的使用情形

中國在紙張發明之前，曾以甲骨、金石、簡帛等做爲書寫材料，紙張發明並普及之後，逐漸取代簡帛的書寫地位，魏晉南北朝正是紙張全面替代簡帛的時期。

依據近代考古發現的實物，西漢武帝時代就有紙了。東漢應劭的《風俗通義》記載光武帝遷都洛陽時（二十五），「載素、簡、紙經凡二千輛」，這些紙書至少應是在王莽時就有了，不過當時用紙寫的書應該還是很少。《後漢書．蔡倫傳》記載宦官蔡倫造紙（一〇五），實際上是改良造紙技術，使得紙張好用又便宜，當時被叫做「蔡侯紙」。儘管東漢後期用紙書寫逐漸普遍，但直到東漢末年，皇家圖書館藏仍然以帛書爲主，朝廷官府正式文書也是通用簡牘。

早期的紙張表面粗糙，並不適合用來書寫，主要是用來做爲包裝物品，經蔡倫改良之後的紙才適合書寫。然而早期「蔡侯紙」爲宮廷專利用品，需再費時日才能普及到民間。而且紙張還被視爲非正式的書寫材料，它的便利性同時也意味著簡陋、低廉。貴重、正式的典籍文書仍然以素帛、簡牘爲主；相對的，紙張多用在非正式的文書，如符咒、書信、詩文，以及講求時效、輕便的軍令文書方面。

## 紙張的普及與取代簡帛

紙張全面替代簡帛，有一段漫長的過程。從長沙所發現三國時代的《吳簡》來看，正式的官方戶籍檔案仍然使用簡牘。西元一九〇一年被發現的樓蘭王國遺址文書，同時有魏晉時期留下來的簡牘及紙書，書信及書籍多用紙書寫，行政文書及檔案仍然多用簡牘。可見魏晉時期還是簡紙並用的時代，包括詔書都有紙和簡兩種詔書。

紙張在民間的流傳則更爲普遍，最有名的是「洛陽紙貴」的故事。西晉的文人左思作〈三都賦〉，描繪了三國時代魏、吳、蜀都城的繁榮，得到人們普遍的讚賞而爭相傳抄，一時之間洛陽的紙價騰貴不已。可見西晉時期紙張在民間已十分普及。

簡牘較難被紙取代的部分是官方戶籍檔案。如本書第四章所述，東晉戶籍有黃籍和白籍之分，黃籍是江南土著戶沿襲傳統用簡牘編成的戶籍，「黃」並非指色彩，而是含有正統、正式的意義；白籍則是給予僑人寫在白紙上的臨時性、非正式戶籍，得享免稅優惠。黃籍用簡牘利於長久保存，而且數量龐大更替不易；白籍則因爲是臨時性、非正式的，所以用紙張較方便。後來蘇峻之亂（三二八），京城建康被燒毀，版籍盡歸灰燼，亂後重新編制的戶籍改寫在黃紙上，仍然稱爲黃籍。其後推動的土斷政策廢除了白籍，僑民都納入黃籍，也是寫在黃紙上。到東晉末桓玄下詔徹底廢除公文用簡（四〇四），紙張全面替代簡帛才大致完成。

## 紙張普及的影響

紙張替代簡帛是文字書寫史上劃時代的革命。紙張比起簡牘有三大優點，一、體積輕便、易於攜帶；二、幅面寬闊、容字量大；三、表面平滑、書寫快捷。紙張比起素帛則有價格便宜的大優點。因此紙張普及之後，對後世造成多方面的影響。

首先，紙張書寫造成字體革命與書法藝術的發展。如本書〈導言〉所述，戰國以前的字體是篆書，漢代的通用字體是隸書，東漢末以後則發展出行書、楷書與新型的草書（今草），成爲此後的實用字體。至於篆書、隸書變成只用於印章刻字、石碑、匾額等場合，這種變化可稱之為「字體革命」。這是由於行書、楷書、草書的特徵為筆畫線條輕快優美，必須在光滑的紙張上快速運筆才能達成。換言之，紙張的普及促成了「字體革命」的完成。

同時也由於紙張書寫快捷優美，誕生了書法藝術。三國時代最有名的書法家是魏國的鍾繇及吳國的皇象，曹操也以擅長草書出名。當時書信往返多使用信紙，書信也用來作為情報戰的工具使用，鑑賞筆跡的技術也因辨別眞僞的需求而有所發展。鍾繇的兒子鍾會也是名書法家，而且還擅長模仿他人的筆跡，他曾僞作政敵鄧艾的筆跡誣陷鄧艾造反。名書法家的作品因臨摹風氣而成為學習的範本。書法藝術的持續發展，配合紙張品質的不斷改良，到了東晉出現被稱為書聖的王羲之，創作出被稱為「天下第一行書」的〈蘭亭集序〉，這絕不是偶然。

其次，紙張書寫造成書籍與資訊大量且快速的流通。東漢吳恢到交州擔任南海太守時，本來想要寫書，他的兒子勸他說如果以後要帶這些簡冊回家，需用好幾輛車裝載，很容易遭人懷疑貪污財寶，因而作罷，簡冊的笨重不便可見一斑。這和前述左思寫〈三都賦〉所造成「洛陽紙貴」的景象比較，可見書籍與資訊的流

圖 9-3　相傳是三國魏武帝曹操書法真跡，「衮雪」二字墨拓本。臺北國立故宮博物院提供。

通已完全是兩個世界。東漢末的戰亂使不少書籍在混亂中佚失，尤其董卓從洛陽遷都長安時，燒毀不少宮中收藏的帛書，但因紙張書寫而普及開來的書籍應遠多於佚失的數量。由於紙寫的書籍愈來愈多，曹丕曾將各式各樣的書籍分門別類，編纂出名為《皇覽》的百科全書，這是中國史上的第一本「類書」。左思寫〈三都賦〉後十多年，陳壽完成《三國志》，近代在新疆出土了《三國志》殘卷，是四世紀前後的紙抄本，據推測陳壽的《三國志》應該是一開始就寫在紙上的，這是正史中第一本直接寫在紙上的著作。不論如何，魏晉以後書籍與書信詩文藉由紙張大量且快速的流通，促進知識的普及，無異於一場資訊革命。而佛教經典的翻譯與迅速傳播，也多得力於這場資訊革命。

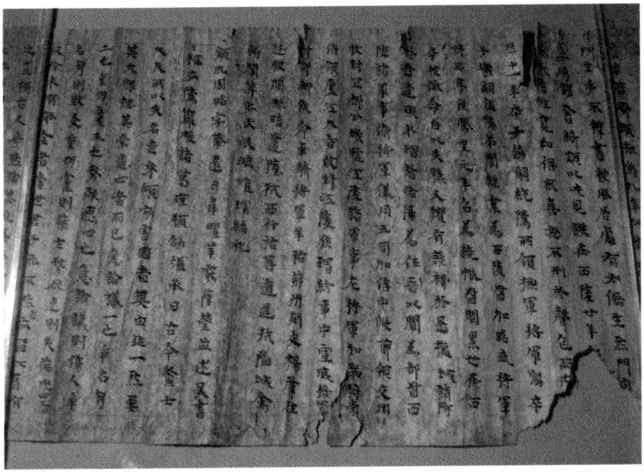

圖 9-4　西晉《三國志》紙抄本。By Cat's diary, via Wikimedia Commons, CC BY-SA 3.0.

再其次，紙張書寫造成寫作的自由與產生新的文學價值觀。在用紙張書寫之前，簡冊刮削不易，素帛成本昂貴，而且書寫空間有限、修改不便，因此必須經長時間構思腹稿才能下筆，往往篇制不長。以紙寫作則大爲不同，紙張簡便而且成本低，可以突破「慎重落筆」的心理障礙，自由捕捉靈感隨意書寫，完稿之後還能反覆修改。而且紙本舒展方便，可以展現全文，保持思維的連貫性，書寫空間寬廣，可以長篇大論。也因紙質輕便，文人間藉由書信詩文的快速傳播，盡情表現個人才華，激發寫作熱情，精彩的作品讓人瞬間名傳天下，因此產生新的文學價值觀。曹丕《典論．論文》說：「蓋文章，經國之大業，不朽之盛事。年壽有時而盡，榮樂止乎其身，二者必至之常期，未若文章之無窮。」這被後世視爲文學獨立宣言的名句，或許與他身處「建安文學」盛況的氛圍下，無意間產生文學不朽的價值觀不無關係。

最後，紙張用於公文行政，強化了中央政府對地方的統治。漢代朝廷對基層社會的統治原本就很鬆散，尤其依賴笨重的簡牘做爲公文行政及戶籍檔案，很難掌握地方確實的情形，往往受到地方官嚴重的造假蒙蔽。魏晉南北朝戰亂頻繁，各地域自主性相對提升，豪族、門第在地方上的影響力更爲強大。然而，紙張替代簡牘之後，不但大幅提高公文行政的效率，地方戶籍檔案資料也更容易掌握，這就讓中央對地方的統治，由原本愈來愈疏離的狀態再拉了回來。紙張對資訊的傳遞效率，穿透了原本趨於封閉的地域，有如暢通的血液流動全身，讓中央政府對地方的行政活絡起來。其情形有如今日電腦的運用大大提升了行政效率，也加強了中央對地方的控制。秦漢帝國以簡牘做爲行政管理，隋唐帝國則早已習慣用紙張傳遞公文、記錄戶籍。夾在中間的魏晉南北朝常被比喻爲「大分裂時代」，雖然影響歷史發展的因素錯綜複雜，然而如果沒有紙張替代簡牘的話，長期的地域疏離，是否會有隋唐帝國的出現，不妨抱著幾分懷疑。

第十章

# 清談玄學的興起與發展

春秋戰國時代學術思想上有所謂「百家爭鳴」的輝煌成果，然而秦併六國後「焚書坑儒」，學術思想受到嚴厲的控制。漢初黃老思想瀰漫，較少干涉學術思想。漢武帝「獨尊儒術」後，儒家思想成爲官方的意識型態，遂發展出兩漢經學。漢帝國瓦解之後，學術思想上最突出的是「玄學」的興起與發展。而「玄學」的探索又常藉由所謂「清談」的方式進行。那麼，什麼是清談？什麼是玄學？清談與玄學如何興起？又有何種演變發展？這是本章要探討的主題。

## 一、清談與玄學的興起

### 經學的僵化與名教統治的危機

漢武帝獨尊儒術之後，儒學成爲晉身的途徑。中央太學設置五經博士，太學生通過考試可以當官（通經致仕）。當時經書有西漢初年老學者憑記憶口授的今文經，與後來從孔子故宅發現的古文經兩種。今文經學多摻雜陰陽家、災異、圖讖思想，有許多迷信的成分；古文經學則較重義理，但不被官方重視。經學發達後講究章句，學問日趨繁瑣，以致有「說五字之文，至於二三萬言」，學子多迷於枝葉而難識大體。到東漢末，經學已索然無味，無法滿足年輕士人追求學問的好奇心。

另一方面，儒學的實踐特別重視以君臣、父子爲基礎的人倫秩序，當時常簡稱爲禮法或「名教」。東漢以名教治天下，譬如察舉制就是依據儒家的禮法標準，由中央大臣或地方首長察納鄉黨輿論（鄉論），推薦人才到中央或地方任官。曹操二十歲時被舉孝廉，成爲郎官；孫權也曾被舉孝廉，任校尉。然而，過度重視道德的情形下，衍生虛僞的風氣，選舉不實的情況非常嚴重，因此當時民間流傳諺語：「舉秀才，不知書；舉孝廉，父別居。寒素清白濁如泥，高第良將怯如雞。」（《抱朴子．審舉篇》）東漢末孔融（一五三—二〇八）對虛僞的禮法反感，曾發驚人之語：「父之於子，當有何親？論其本意，實爲情欲發耳。子之於母，亦復奚爲？譬如寄物瓶中，出則離矣。」（《後漢書．孔融傳》）。縱觀漢末以來史籍有許多「背叛禮教」、「不遵禮法」的記載，顯示名教的統治已發生了危機。

## 學風的轉變

東漢末年宦官當權，太學生與清流士大夫結合，激發批判時政的風潮，最後釀成兩次黨錮之禍，許多「氣節之士」被捕被殺，或者對政局失望而歸隱山林。隨後而來的黃巾之亂、群雄割據、董卓亂政，加上經學中心的洛陽與長安遭兵火摧殘，典籍焚蕩泯盡，經師們多奔於他方，「通經致仕」的途徑也中斷了。

曹操當權之後，對東漢以來競求虛名、交結朋黨、互相標榜的風氣深惡痛絕。他認爲依據虛僞道德的選舉，無法得到治亂世的人才，遂先後四次下達「求才令」，宣布重才能、輕德行的選舉標準，標舉「唯才是舉」的口號，只要有才能，即使是「盜嫂、受金」之徒也都加以重用。曹操輕蔑禮法的法家作風，破壞了兩漢數百年來人們的精神依託，卻也解脫掉數百年來思想上的鎖鍊和束縛。因此「唯才是舉」的「求才令」使儒家失去獨尊的地位，法家、名家、道家等思想再度興起，學術上又出現百家爭鳴的景象。

## 從清議到清談：人物品評風潮的興起

曹操標舉「唯才是舉」的口號，卻造成選舉標準的不確定性，讓那些求仕的士人惶恐不安。到底什麼樣的人有「才」？才與德有什麼關係呢？這一議題後來被稱之爲「才性論」，議論的焦點是操行與才能孰先孰後、孰重孰輕的問題。

東漢以徵辟察舉選拔人才，而鄉閭「清議」乃是徵辟察舉的根據。東漢末年朝政腐敗，清流士大夫批評時政也是一種「清議」。黨錮之禍後，士人不敢批評時政，清議轉而多做人物評論，也叫做「清談」。後來即使「清談」的內容擴大到一切玄理，但也還常看到清談與清議相通的例子。漢末最富盛名的人物評論家有郭泰和許劭，尤其是汝南（河南駐馬店市）的許劭，他和堂兄許靖在每月的初一（月旦）舉辦人物評論會，被稱爲「汝南月旦評」，曹操就曾經被他評爲「治世之能臣，亂世之奸雄」。到魏明帝時劉劭著《人物志》，建立品鑑人物的理論，不側重於分辨才能高低，而是指出人有各式各樣的個性與能力，各有不同的優缺點。這種人物評論風潮對「才性論」的議題有推波助瀾的作用。

## 荀粲掀起的新談風

魏文帝曹丕為穩固統治，與世家大族妥協，採行「九品官人法」，又立太學、祀孔子，獎勵儒學。但和兩漢相比，此時儒學已失去主流的地位，其本身繁瑣機械的解釋早已沒有吸引力，只不過是一種昇平的點綴而已。曹丕死後，魏明帝曹叡繼位的次年（二二七），曹操謀臣荀彧的兒子荀粲來到京師洛陽，立刻帶起另一股談論玄理的新風氣。

荀粲（約二〇九—二三七），潁川郡（河南禹州市）人，是荀彧的幼子。荀氏家族都以儒學著稱，荀粲卻獨好言道，「常以為子貢稱夫子之言性與天道不可得聞，然則六籍雖存，固聖人之糠秕」（《三國志．魏志》卷十注引《荀粲別傳》）。既然六經只是「聖人之糠秕」，也就不是真正的精華所在，那麼當然應該談論聖人的精華所在、「不可得聞」的「性與天道」，也就是一切人生與宇宙的哲理。

荀粲談論的主題不再拘泥於人物品評及才性問題，開始討論天之道、地之道、人之道，為後來談論宇宙萬物起源與運行原理的玄學奠立基礎。由於荀粲論題新穎，又特別重視修辭與談辯技巧，在京師洛陽吸引一大堆年輕的追隨者。

當時知名的談士除荀粲之外，還有傅嘏、裴徽、何晏、鄧颺、夏侯玄等人。但魏明帝曹叡不喜歡這種風氣，以「浮華」爲由，下詔罷黜一批好談論的官員，史稱「浮華案」（二三二），京師談論之風才暫時沉寂下來。

## 清談的辯論形式與主題

清談的一般形式，大致上是一個多人參加的學術社交活動，其中主角爲「主」、「客」兩人，其餘爲喜好清談或善於清談者，稱爲「談客」，這些人聚集在一起，構成一個「談坐」。開始時由主方首先發言，提出一個論點並加以簡明的論證，叫做「敘理」；然後由客方提出詰問或反駁，稱爲「作難」或簡稱「難」；客方作難後，主方當然要「辯答」。如此一難一答，稱「一番」，再難再答，便是二番，如此往反，可至數十番。最後必有一方詞窮，就叫「屈」，勝者所持之理即爲「勝理」，清談活動至此告一段落。此時如果有他人對剛才的勝理進行挑戰，就構成一組新的「客主」，於是又開始另一輪論辯。

以上清談的形式乃由漢代的講經發展而來，但有所不同。漢代講經常由一人主講，聽講者提問，叫「問難」或「詰難」，偶而也有多人說經「更相詰難」的情形，猶如今日的課堂上課或學術研討會。然而清談的形式則常有客主多番的「作難」與「辯答」，更像一場辯論會，而且清談主題也與經學講章句不同。

更重要的是，清談不只重視內容的精彩，還重視外表的展現。清談時，主客雙方經常手中各拿一支用麋鹿（麈，俗稱四不像）尾巴做的拂塵，當時叫做「麈尾」，邊搖邊談，可驅趕蚊蠅，又可引人注意。談話講求押韻（美音制）、辭藻華麗，隨時保持機智反應，讓對方張口結舌、無言以對。為展現不凡風度，還注重臨場容貌，如塗脂抹粉等等。

至於清談的主題，早期以人物品評的「才性論」為主，其後則以探討形上學的宇宙萬物起源的宇宙論、本體論為主，如有名的「貴無論」、「崇有論」、「獨化論」等。另外還有各種議題，如「養生論」、「聲無哀樂論」「言不盡意論」、「神滅論」等等。（詳後）

## 二、清談與玄學的發展

### 「正始之音」與「貴無論」

魏明帝死後，齊王曹芳繼位，由曹爽與司馬懿輔政。不久，曹爽架空司馬懿，掌握選舉用人的實權，起用「浮華案」遭罷黜的名士，於是沉寂十年左右的談論之風再起，不但很快地在名士間發展，而且逐漸形成魏晉玄學的基本理論體系。由於當時的年號是正始（二四〇—二四九），後世把這時期的清談玄學稱之為「正始之音」。當時最傑出的清談人物是何晏與王弼。

何晏（一九六—二四九），是東漢外戚何進的孫子，何氏被滅後，曹操納其母爲妾，何晏便隨母居於宮中，後來更娶曹操之女金鄉公主。曹爽秉政時，用何晏爲侍中、吏部尚書。何晏喜歡老莊思想，大談玄論，成爲當時清談的領袖，但他任吏部尚書時用人得宜，可見並不是只會空談

圖 10-1　麈尾。CC0, via Wikimedia Commons. 2023.07.29 存取。

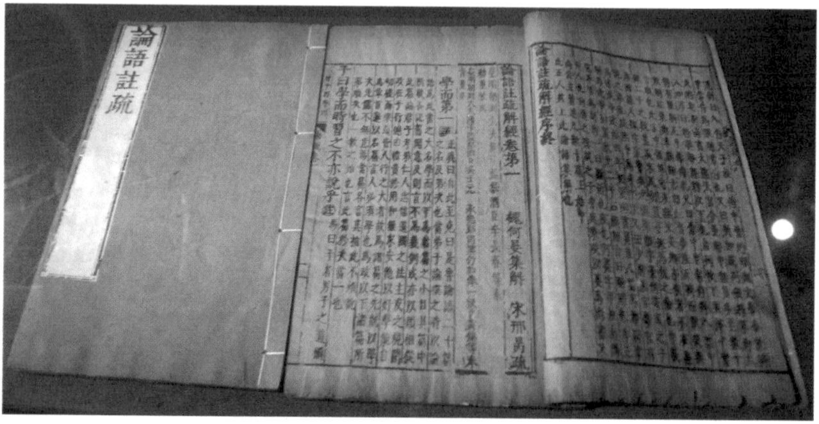

圖 10-2　何晏《論語集解》書影。By AlexHe34, via Wikimedia Commons, CC BY-SA 3.0.

玄虛的人。

何晏由研究名理學（名家）出發，逐漸發展到道家。他的主要論點是「以無爲本」的思想，從闡述老子「天地萬物生於有，有生於無」的學說，而提出「無」是萬物的本體，也就是宇宙的根本原理。何晏雖然崇尚道家（重自然），但要維持統治秩序又不能否定儒家（重名教），因此必須結合儒、道的思想。他著《論語集解》，用道家的觀點來解釋孔子的言論，試圖把孔子改造爲道家的聖人，也就是要融合道家和儒家，用當時的話就是「名教本於自然」。何晏這套思想，由他所栽培的王弼做進一步的發揮。

王弼（二二六—二四九），山陽高平（山東微山縣）人，是著名文學家王粲的族孫。正始年間任中書郎，何晏見其才華，歎曰：「若斯人，可與論天人之際矣！」著有《老子注》、《周易注》等書。

圖 10-3　王弼像。臺北國立故宮博物院提供。

王弼是對玄學發展影響最大的思想家，他在何晏的基礎上繼續融合道家和儒家。儒道雖有不同，一個言有，一個言無，但王弼認爲「名教出於自然，二者不相悖」，兩者在根本上是相同的，都是「以無爲本」。另外，王弼在政治上主張要崇尚自然、無爲而治。又何晏曾主張「聖人」無喜怒哀樂等感情，王弼卻不同意，認爲聖人也是有喜怒哀樂，只是能從中解脫出來而已。

以何晏、王弼爲核心的「正始之音」，多強調萬物「以無爲本」，簡稱之爲「貴無論」，把道家思想引入儒家，最後融合儒道而加以新的發展。漢代以來流行於士大夫的雅談風氣，從此變爲探討、切磋此種新學術的專門性清談。由於他們的議論經常引《老子》、《莊子》、《周易》的內容，這三本書被合稱爲「三玄」，他們的議論稱之爲「玄學」。這種宇宙根本原理的議論，道理玄遠、難以理解，一般人實在不容易懂，確實是很「玄」。

正始十年（二四九）春，司馬懿發動「高平陵政變」，殺曹爽及何晏等一批清談名士，王弼也被免官，同年秋天罹患癘疾而死，年僅二十四歲。隨著何晏、王弼兩大玄學領袖及眾多名士的凋零，清談的第一個高峰轉眼間成爲歷史陳跡。

## 「才性論」的政治意涵

大約在司馬懿奪權的前後，曹操「求才令」之後引起的才性議論也更爲激烈化，這和當時的政治背景有密切的關係。

鍾會總結才性問題著有《四本論》，今已失傳。《世說新語．文學篇》注引《魏志》：

「四本者：言才性同，才性異，才性合，才性離也。尚書傅嘏論同，中書令李豐論異，侍郎鍾會論合，屯騎校尉王廣論離。」簡單地說，才性同、才性合是東漢以來的舊觀點，也就是才能和德行不可分；才性異、才性離則是曹操求才令的新觀點，也就是取士只問才能不論德行。「合同派」的傅嘏、鍾會在政治上傾向司馬氏，由於同出身於世族儒門，其才性合同的主張較有利於依據中正定品任官；屬於「離異派」的李豐、王廣在政治上較傾向曹氏，或是說不附和司馬氏，其才性離異的主張與曹操求才令相符合。

由上可見，關係到用人理論的才性問題，本身就充滿政治性，尤其在政治鬥爭敏感的時刻，無可避免地成爲鬥爭的工具。因此，清談議題並非只是憑空高論，往往和當時的政治有密切的關係。

## 竹林七賢的批判思想

司馬懿發動政變奪權之後，清談名士遭到整肅，儘管京師大規模的談風已很少見，但各地仍有零星的交游談論。一群以中散大夫嵇康爲首，包括阮籍、山濤、劉伶、向秀、阮咸、王戎等文人，相聚林野之下，縱酒高歌，清談玄學，被後世稱之爲「竹林七賢」。

竹林七賢的政治態度並不一致，山濤投效司馬氏，嵇康、阮籍、劉伶則對司馬氏持不合作的態度，嵇康批判的言論最爲激烈。在玄學上則以嵇康、阮籍、向秀的表現最爲突出。

嵇康（二二三—二六二），譙郡人，曹魏宗室女婿。他本來也是奉行儒家的名教，而且認同當時名教本於自然的思潮。但是當他看到號稱恪守禮法的司馬氏，一邊提倡名教，一邊又翦除異己篡奪政權，乃對這種虛僞的名教深表輕蔑。遂以自然做爲他的思想中心，而把名教與自然對立起來，轉而要「越名教而任自然」。好友山濤從吏部郎遷升散騎常侍，推薦嵇康繼任，嵇康則寫〈與山巨源（濤）絕交書〉拒絕，文中倡言「非湯武而薄周孔」，嘲笑提倡名教的司馬氏。嵇康激烈的言行難容於司馬氏，最終於景元三年（二六二）被司馬昭加罪殺害。嵇康在給子女的遺書〈家誡〉一文中叮嚀兒子要謹愼處事，做一個大謙大讓、顧全大節的忠誠烈士，可見他反對的是虛僞的名教，內心深處仍是奉行儒家的倫理道德。受刑之前，嵇康把兒子嵇紹託交給山濤，後來嵇紹在西晉任官至侍中，在八王之亂中，嵇紹護衛惠帝遇害，血濺帝衣。宋朝忠臣文天祥的〈正氣歌〉有「爲嵇侍中血」一句，即歌詠此事。

圖 10-4　南朝出土〈竹林七賢與榮啟期〉磚印模畫拓片中的嵇康像。Public domain, via Wikimedia Commons.

阮籍（二一〇—二六三），陳留尉氏（河南開封市）人，父阮瑀是建安七子之一的文學家。阮氏本為經學世家，阮籍早年也是崇尚儒學，「有濟世之志」。當正始清談盛行時，他也推崇老莊之學，主張名教與自然結合。但司馬氏奪權之後，阮籍的思想開始轉變，史稱「屬魏晉之際，天下多故，名士少有全者，籍由是不與世事，遂酣飲為常。」（《晉書．阮籍傳》）他和嵇康友善，同為竹林之遊，雖不敢明言反對司馬氏，卻採取逃避的方式，著書諷刺禮法之士，可以說「言詞激烈，行為謹慎」。他在〈大人先生傳〉中竭力反對名教，嘲笑禮法之士猶如褌中之虱，大膽地反對君臣貴賤之別，已經有「無君論」的思想。並且他又在行動上詆毀禮教，譬如他在母親病故後不依禮法守孝，「飲酒二斗，舉聲一號，吐血數升。及將葬，食一蒸肫，飲二斗酒，然後臨訣，直言窮矣，舉聲一號，因又吐血數升。毀瘠骨立，殆致滅性」（《晉書．阮籍傳》）。「吐血數升」可能太誇張，不過顯示阮籍對母親的哀痛，不須依嚴格的禮教形式來表現。正如嵇康一樣，阮籍並不是真的反對名教，他反對的是虛偽的名教。嵇康被殺後，阮籍做消極的抵抗，整日以酒裝瘋，逃避與司馬氏聯婚，不久病死。

向秀（約二二七—二八〇），河內懷（河南武陟縣）人，好讀書，「雅好老莊之學」。曾與嵇康一起鍛鐵謀生，嵇康鎚鐵，向秀在旁邊幫忙拉風箱。嵇康著〈養生論〉，向秀著〈難養生論〉，兩人思想見解有所不同。嵇康被殺後，向秀到洛陽任官，官至散騎侍郎。

他的著作《莊子注》對後世影響很大，可惜相當殘缺。向秀的基本思想是要調和名教與自然，既然司馬氏的篡奪已是大勢所趨，只能順著潮流，再回到玄學調和儒道的基本主張。嵇康主張「調節嗜欲」、「抑壓性情」以求養生；向秀卻認爲生活中的欲望要求是合乎天理的，只要「節之以禮」就能達到順應自然而不造成社會混亂。向秀又認爲萬物是「自生」、「自化」的，反對何晏、王弼「以無爲本」、「有生於無」的思想，對後來裴頠的「崇有論」和郭象的「獨化論」有很大的影響。

竹林七賢除上述的嵇康、阮籍、向秀在思想上有較突出的表現之外，其他人則較少有創新思想。不過，劉伶著〈酒德頌〉，其行爲放蕩甚於阮籍，可能仿效阮籍借酒瘋以避世。《世說新語．任誕篇》載：「劉伶恒縱酒放達，或脫衣裸形在屋中，人見譏之。伶曰：『我以天地爲棟宇，屋室爲幝衣。諸君何爲入我幝中？』」

嵇康、阮籍等蔑視禮法的種種放誕言行，實際上是出於對現實政治的不滿，抗議虛僞的名教。然而，竹林七賢飲酒、避世、放達不守禮法的傳聞，卻在清談名士或貴族子弟中廣泛地受到讚揚與仿效，形成一種任情縱慾、消極享樂的風氣。另外，值得一提的是，此時期大規模的談風已不復見，而多是以著述表達思想。而且，《莊子》取代《老子》，特別受到重視。

## 從「貴無」到「崇有」的轉向

自從嵇康被殺之後，名士們噤若寒蟬，朝不保夕，話都不敢講了，遑論聚在一起清談。至於親司馬氏的名士則忙於伐蜀、篡魏、平吳，也沒有閒工夫顧得上清談。直到平吳之後的太康初年（二八〇），政局呈現昇平景象，沉寂近三十年的清談才又逐漸復活了，這時再掀清談之風的人物是樂廣。

樂廣（約二四一—三〇三），南陽淯陽（河南南陽市）人。太康初年，樂廣任太子舍人，元老重臣尚書令衛瓘聽到樂廣的言論，驚奇地說：「自昔諸賢既沒，常恐微言將絕，而今乃復聞斯言於君矣。」樂廣清談的主要觀點沒有留下資料。不過，《世說新語・德行篇》載：「王平子、胡毋彥國諸人，皆以任放爲達，或有裸體者。樂廣笑曰：『名教中自有樂地，何爲乃爾也！』」顯然樂廣對當時貴游子弟無病呻吟的頹廢之風不以爲然。「名教中自有樂地」顯示他的思想應是傾向結合名教與自然。本來玄學的主流觀點就是融合名教與自然，嵇康被殺後已很少有人敢再公然倡言反名教，何況西晉標榜以禮教立國（參見本書第三章），時代的思潮還是以融合名教與自然爲主流。

樂廣不只是自己好清談，也獎掖後起的清談人才，因此清談之風復起。到惠帝元康年間（二九一—二九九），新起的清談領袖人物是王衍。

王衍（二五六—三一一），琅琊人，竹林七賢之一王戎的堂弟。《晉書・王衍傳》描寫他「神情明秀，風姿詳雅」、「有盛才美貌，明悟若神」。儘管官愈做愈大，但不喜歡參與實務，「累居顯職，後進之士，莫不景慕放效」，造成浮誕的風氣。後來八王之亂起，王衍官至宰輔司徒，卻只圖自保之計，被石勒俘虜後殺害。

王衍雖然是當時的清談領袖，但在玄學理論上並沒有新開展，基本上是承續何晏、王弼「以無爲本，以有爲末」的「貴無論」。《世說新語．文學篇》記載，王衍任太尉時曾問年輕人阮瞻：「老莊與聖教同異？」阮瞻回說：「將無同！」王衍很高興，辟之爲掾（部屬）。「將無」兩字爲委婉語詞，「將無同」三個字，就是「同」的意思。當時人遂稱呼阮瞻爲「三語掾」，成爲一時佳話，這故事顯示王衍試圖去調和名教與自然的對立。

然而，當時貴游子弟既以放蕩自任，何晏、王弼的「貴無」老調，只會助長此種歪風，於是有裴頠提出「崇有論」與之抗衡。

裴頠（二六七—三〇〇），河東聞喜（山西聞喜縣）人，父裴秀爲晉司空。裴頠在惠帝時歷任要職，官至尚書左僕射，與當時名相張華共掌機要，爲朝望所歸。後來與張華在八王之亂中，一同被趙王司馬倫所害。《晉書．裴頠傳》記載他寫〈崇有論〉的緣由：

> 頠深患時俗放蕩，不尊儒術，何晏、阮籍素有高名於世，口談浮虛，不遵禮法，尸祿耽寵，仕不事事；至王衍之徒，聲譽太盛，位高勢重，不以物務自嬰，遂相放效，風教陵遲，乃著崇有之論以釋其蔽。

顯然，裴頠的「崇有論」是針對王衍等人的「貴無論」而來的，結果是「王衍之徒攻難交至，並莫能屈」。裴頠並不是從儒家的立場反對道家，他並不反道家，而是從另一種觀點去綜合儒家與道家。

裴頠認爲「貴無論」過度誇大「無爲」的好處，因而從主張「無爲」發展到反對「有爲」；從崇尚「自然」發展到反對「名教」，其結果使「貴無論」完全變成錯誤而且對社會有害。原來向秀曾主張人們對欲望的要求應當「節之以禮」，但欲望「皆生於自然」，而「禮」存在的依據卻未加以說明。裴頠乃接著向秀的觀點再加以說明，他認爲有社會就有人與人之間的關係，貴賤、長幼都有各種各樣的禮節規範，這樣才能維持人們之間的正常關係。「禮」就是適應社會本身這種需要，因此它是合理的，是必不可少的，根本不須要在它自身之外去找什麼存在的依據。爲了論證「禮」（名教）的存在本身的合理性，他提出「有」的本身就是其存在的根據，因爲「有」是「自生」的。他反駁「有生於無」之說，如果「有生於無」，那麼「無」又從何而來？因此他認爲無不能生有，生者自生，萬物皆是自生。

事實上，裴頠的「崇有論」乃延續向秀萬物是「自生」、「自化」的觀點，只是更進一步用此來打擊貴無派，並論證「禮」本身存在的合理性，可謂擊中貴無派的要害。貴無派從此受到嚴重的打擊，特別是「有生於無」的觀點不再受到重視。緊接著，郭象再提出

「獨化論」，把玄學思想推到最高峰。

## 郭象的「獨化論」與玄學的高峰

郭象（二五三—三一二），「少有才理，好老莊，能清言」。王衍常說聽郭象的談論「如懸河瀉水，注而不竭」，歷官至東海王司馬越太傅府主簿，甚被重用，後以病卒。史書載向秀注《莊子》未傳於世，郭象得其別本而竊爲己有，不過這件公案尚無定論。不論如何，郭象延續向秀萬物「自生」、「自化」的觀點，並受裴頠「崇有論」的影響，而提出自己的一套「獨化論」。

郭象認爲「有」是唯一的「存在」，而「無」就是「不存在」、「等於零」。「無」既然是無，怎能生萬物？甚至「有」也不能生萬物。郭象否認在「萬有」之上另有一造物主的存在。「無」是「有」的消失，但它只是語言上和概念上使用的意義，沒有實際的意義，因爲「有」是絕對、唯一的存在，它不可能變爲「不存在」。那麼，「有」又是從何而來？郭象認爲「有」是「自生」的，而且是沒有什麼原因和目的，只是「突然自生」、「塊然自生」，即每個事物都是作爲一個完整的整體自然而然地、如土塊一樣無目的地產生和存在，且「自生」的「事物」和其他事物之間也沒有任何關係，任何事物都是「自足其性」、「無待」他物的。因此，凡是存在的都是合理的，必不可少的、必然的，而且是不能互相排斥的，每一事物都能以獨立自足的生生化化爲條件，充分地、絕對地發揮其「自性」，這就是所謂的「獨化論」。

郭象既然認爲「有」是唯一的「存在」，再沒有一「無」作爲「生化之本」，那麼從社會生活看，現實世界之外再沒有一個超現實的世界，現存的社會就是唯一的、合理的。因此人們無須在現實社會之外去尋求理想社會，亦即現實的就是合理的、理想的。向秀調和「名教」和「自然」，還只是把兩者看成非對立的，「名教」可以補充「自然之理」，可以調節「自然之性」。郭象則根本是認爲「名教」即「自然」，「山林之中」就在「廟堂之上」，儒家和道家從根本上說是「一而二」、「二而一」了。因此，郭象把融合儒道的玄學主流觀點論證得最爲徹底，可以說玄學發展到「獨化論」已達到了高峰。此後雖然談論之風依舊，但在理論上已鮮少再有所發展了。

郭象的玄學觀點正符合當時門閥貴族的需要。依郭象的觀點，門閥貴族雖然在形式上過著世俗的生活，但是只要精神上能清高絕俗，即使身在廟堂之上，心也可以像在山林之中一樣，這樣既可不廢享樂之實，又有清高之名。同樣的道理，低賤人民也不需要去改造社會，因爲現實的等級社會既是合理的也是必然的，人只要安分守己，不要以小羨大，「自足其性」就行了。

以上樂廣、王衍、裴頠、郭象等人的清談都集中在惠帝元康（二九一—二九九）前後，貴無、崇有二派的辯難，把清談玄學推到第二個高峰，史稱「元康清談」。此時清談主題除貴無、崇有之爭外，還有「言意之辨」，著名的著作是歐陽建（約二七〇—三〇〇）的〈言盡意論〉。然而，晉惠帝在位後期，政治腐敗，統治集團的權力鬥爭引爆八王之亂，以及隨之而來的永嘉之亂，終於爲「元康清談」畫上了休止符。

## 三、清談與玄學的重振與衰微

### 東晉清談的重振

永嘉之亂後，中原淪入胡族的統治，部分司馬皇室與王公貴族流亡江南，建立東晉流亡政權。東晉初年北方胡族的威脅仍然未解除，內部又歷經王敦之亂、蘇峻之亂，流亡的名士們驚魂未定，籠罩在一股濃厚的失敗情緒中，自然無暇清談。直到成帝咸康（三三五—三四二）年間，內外動亂平息，露出一點承平的景象，清談的風氣才又恢復。而再倡清談者，是當時士族領袖也是政治領袖的王導。

王導（二七六—三三九），是王衍的堂弟，比王衍小二十歲，很得王衍的喜愛，受王衍的影響，年輕時也是元康談坐的名士之一。東晉初年輔佐王室，爲中興第一功臣，雖然政務繁忙，但對當年清談始終不能忘懷。等到咸康以後大局底定，王導過著承平宰相的日子，於是興起重溫舊夢之念，召集名流再開清談盛會。

流亡到江南的僑姓貴族，經過許多波折逐漸安定下來，但始終覺得江南是文化沙漠的蠻越之地而抑鬱寡歡。他們原本多是屬於東海王司馬越府上的名士，經王導召集，精神大爲振奮，於是清談盛會再起，一時風起雲湧。無論就規模之大、參加人數之多、高手之眾而言，都是空前的，共歷二十餘年，成爲清談史上的第三次高峰。此時的清談高手，知名的有王導、庾亮、殷浩、劉惔、王濛、桓溫、王羲之、司馬昱、孫盛、謝安、支遁等人，幾乎都是僑姓士族。當時南方吳姓士族，仍舊保持經學的傳統學風，較少參與清談。

王導、庾亮是從西晉過來的老一輩人物，談風再起後不久就去世了。此時期清談熱潮的主力是在東晉長大的一批年輕人，其中殷浩是最負時譽的領袖。殷浩（？—三五六）的學養非常廣博，他的清談思慮周到、辭藻豐贍，而且辯才極佳，但最大的不足是缺乏獨到的見解。他可說是一流的清談論辯家，但不是一流的清談思想家。事實上，從郭象提出「獨化論」之後，玄學思想已經難以再有所進展，不僅殷浩未能成爲一流的清談思想家，即東晉以後也不再有一流的清談思想家了。

東晉再興起的江南談風依稀是舊時景象，足以使人忘去故國之思，談士們聚集在談坐之上，談的是舊時的課題，但騁言辯，信口雌黃，爲「談」而談，缺乏一種內在的創發力量，多爲一種技巧的炫耀，或名士之間的社交而已。

## 東晉的玄學思想

東晉的清談雖然在理論上沒有能夠再有所突破，但當時的思想界也並非毫無建樹。只是此時談論和思想家分途，談士不兼思想家，思想家也多不是談士。東晉的思想家較有名的如著〈無君論〉的鮑敬言、著《抱朴子》的葛洪、著《列子注》的張湛、著《廢莊論》的王坦之等等。

鮑敬言，身世不詳，他的〈無君論〉已亡佚，僅在葛洪的《抱朴子・詰鮑篇》中提到，葛洪還和他反覆詰難。在〈無君論〉裡，鮑敬言認為原始社會是「萬物並生」的自然狀態，他反對儒家「天生烝民而樹之君」的說法，認為那只是「欲之者為辭」而已！他說如果沒有帝王，人民就可免於剝削，社會也不會有戰爭。他否認有所謂仁君，仁君好比「盜跖分財，取少為讓」，因為政府徵稅好比強盜分贓，分得較少就被讚許為「仁君」。他認為最好是回到上古沒有君王的時代。或許鮑敬言是繼嵇康、阮籍「越名教而任自然」之後，看到西晉統治階級的虛偽、腐敗，而發展出一種近似無政府主義的思想。

葛洪（二八三—三四三），出身於江南士族，其所著《抱朴子》分內外兩篇，內篇宣揚道教長生成仙的理論以及方術，外篇則論述經國治世的儒術。他主張重振儒術之治，也吸收玄學論點，以架構其長生成仙的理論，可說是試圖結合玄學與道教的代表人物。

張湛生卒年不詳，大約活動在東晉中葉。《列子》一書在西晉時已散失，張湛所注的

《列子》疑似是他的僞作。不論如何，張湛在《列子注》裡嘗試建構「起生死，得解脫」的玄學理論。但一般認爲，張湛是在王弼「以無爲本」的思想基礎上，容納郭象的「萬物自生」觀點，兩相對立的論點使他的思想體系陷入矛盾之中。

王坦之（三三〇—三七五），出身於太原王氏。在桓溫死後與謝安共同輔佐幼主孝武帝。他看到當時名士都崇尚《莊子》而頹廢放任、縱情酒色，因而著〈廢莊論〉。他並非完全反對玄學，而是堅持援道入儒的玄學正宗，認爲玄學末流的放蕩之風是從《莊子》而起，因此主張廢《莊子》。

東晉清談中有一很大的發展，即佛理由名僧帶入清談，逐漸成爲清談中的重要話題，使清談家對佛理產生濃厚的興趣，其中最傑出的名僧是支遁。支遁（三一四—三六六），字道林，本姓關氏，陳留人，永嘉年間隨家人避難過江，後出家爲僧。在東晉清談中，他「拔新領異」，借佛釋玄，借玄釋佛，因而爲當時名士所重，佛理也藉由他的宣揚而廣爲流傳於貴族名士之間。

## 東晉南朝清談與玄學的衰微

東晉中後期，殷浩等清談高手相繼去世後（三五六），京師的談坐逐漸冷清下來，到支遁去世（三六六），清談更顯衰落。雖然當時還是有清談，但熱潮、光輝不再，既沒有後起的清談高手，也沒有新的玄學理論。到了南朝，清談更進入了「尾聲」，充其量只不過是強弩之末。

即使如此，南朝的清談也有其特色。清談最早由東漢的太學講經脫胎出來，南朝時又回到太學與國子學的講經。譬如陳代周弘正與張譏在國子學談辯《周易》（《陳書·張譏傳》）；南朝清談除了「三玄」之外，又增加許多儒家典籍。譬如《孝經》、《禮記》也都成為談論主題；此外，南朝清談佛理之風更盛，較有創見的清談成果都與佛理有關，如梁代范縝的〈神滅論〉（見本書第十一章）。

縱觀東晉後期到南朝，清談與玄學終於走向衰竭不振，究其原因大致上有四條脈絡可尋。一、佛教日益發展，而佛學內涵豐富深奧、意境清新超越，吸引大部分學者埋首其中；二、經籍的再傳授，使儒家正統地位漸形恢復，而極力排斥談風，帝王又援引儒術以為統治，多用經學之士，談論之士漸失其地位；三、由於談論本身內容趨於空乏，多以言辭相尚，且談論不再反映當時的政治社會背景，缺乏生命力且流於空泛；四、由於文學漸受重視，才能之士多往文學發展，談論更加式微。文學和談論是兩種不同的發展方向，一重辭而一重理，在文學漸受重視的同時，談論則轉向衰微。

## 清談在華北的匿跡與南北學風的差異

那麼，華北的情形又是如何呢？大體上說，華北從五胡十六國時期到北朝，幾乎不見清談的蹤影，這可以從外在大環境的變化以及內在學術傳承兩方面來加以說明。

就外在大環境的變化而言。華北由於長期淪於胡族的統治，漢族士人求生存都來不及了，哪有心思再去清談。而且在亡國之後，漢族士人痛定思痛，對西晉的清談末流更是深惡痛絕。同時有為的胡族君主不是提倡儒學，就是崇尚佛教，對於清談玄學興趣缺缺，可以說整個社會幾乎沒有清談玄學發展的空間。

再就學術的內在傳承而言。魏晉清談玄學的新學風先由首都洛陽興起，進而盛行於河南地區。當時河北、江南地區都還是遵循漢代經學的保守學風。永嘉亂後，大批名士南渡，清談玄學的新學風傳播到江南，原本保守的吳姓士族漸受影響，也開始重視玄理，而北方則仍然保持著經學的保守學風。《隋書．儒林傳．序》載南北儒學的差異：「大抵南人約簡，得其英華，北學深蕪，窮其枝葉」，南學的「約簡」就是重視義理；北學的「深蕪」就是重視章句訓詁。簡單的說，南北學風的不同，正是魏晉新學風和漢代學術傳統的區別。

雖然說華北的清談玄學幾乎已消聲匿跡，但也還可以看到少許的殘餘。後趙統治時期，老莊之學仍然在洛陽傳習，譬如釋慧遠年輕時就曾在洛陽誦習老莊。以後玄學在士人中幾乎已成絕響，卻得以在僧侶中流傳保存，後秦姚興時期的僧肇就是一個以玄學解釋佛理般若學的大師。北魏孝文帝遷都洛陽後，北方學風開始受到南朝的影響。特別是侯景之亂後，不少南朝士人來到北方，南學北漸更加明顯。北齊邢子才與杜弼就曾反覆爭辯關於「神滅與否」的問題。

不論如何，永嘉亂後，大批名士南渡，華北由於外在大環境的變化及內在學術的傳承因素，清談玄學除少數個別事例之外，幾乎可以說已銷聲匿跡。

## 四、魏晉風度與「清談亡國」的省思

### 魏晉風度

歷經四百年的漢帝國崩解，隨後天下三分、復歸一統，八王之亂連帶永嘉之禍，中原淪入胡族統治，王公貴族流寓江南再造新局。歷史的巨輪不斷前進，長久的戰禍不已以及疾疫流行，死亡遍野，性命短促、人生無常。在大時代的鍛鍊下，魏晉名士們逐漸摸索出一套藝術性的處世哲學。

這個時代的人們所推崇的是一種從容不迫的態度，在面對突然而至的變故時鎮定自如，不可張惶失措。譬如嵇康臨刑前安然彈琴，在死亡面前仍然維持高貴的姿態；謝安面對前秦苻堅的百萬雄兵，下棋自若，接到淝水之戰的捷報後也默然無動於衷。

魏晉名士的清談不論是人物品評、辯難玄理或只是社交聚會，都要保持一種優雅的儀態，手持麈尾、褒衣博帶、擦脂抹粉、辭藻華麗。他們熱於清談，不僅要追求奧妙的玄理，還要享受智慧的雋永。崇尚自然的生活態度就是要隨心自在、閒適雅緻、舒緩任情，名士們用情於彈琴、書法、繪畫、山水詩、田園詩等等，追求一種藝術化的人生。

在追求藝術化的人生之外，人們還推崇機智、詼諧的言行。《世說新語》裡記載許多機智、詼諧的故事。譬如孔融年少時因機智博得李膺的稱奇，陳韙調侃他說：「小時了了，大未必佳！」，孔融立刻回說：「想君小時，必當了了！」（〈言語篇〉）曹丕聽說鍾繇的兩個兒子鍾毓、鍾會很聰明，乃召見二人，鍾毓臉上冒汗，曹丕問他怎麼了？鍾毓回答：「戰戰惶惶，汗出如漿。」，曹丕又問鍾會怎麼沒冒汗？鍾會回說：「戰戰慄慄，汗不敢出。」（〈言語篇〉）來自西域的高僧康僧淵「目深而鼻高」，常被王導調侃，他便回說：「鼻者面之山，目者面之淵。山不高則不靈，淵不深則不清。」（〈排調篇〉）桓沖不喜歡穿新衣，有一次出浴後，他太太故意拿新衣給他，他很生氣，太太回說：「衣不經新，何由而故？」桓沖聽後大笑，只好穿上了（〈賢媛篇〉）。

魏晉名士還有一種放蕩、任誕的風氣，這和竹林七賢的阮籍、劉伶的事跡有關。《晉書・阮籍傳》載「屬魏晉之際，天下多故，名士少有全者，籍由是不與世事，遂酣飲為常。」阮籍還藉醉酒逃避與司馬氏聯婚。劉伶除了前述赤身裸體的故事之外，也常乘鹿車，帶一壺酒，叫人荷著鋤頭隨後，說「死便埋我。」（《晉書．劉伶傳》）《世說新語．德行篇》注引王隱《晉書》曰：「魏末阮籍嗜酒荒放，露頭散髮，裸袒箕踞。其後貴游子弟阮瞻、王澄、謝鯤、胡毋輔之之徒皆祖述於籍，謂得大道之本。故去巾幘，脫衣服，露醜惡，同禽獸。甚者名之爲通，次者名之爲達也。」雖然這些貴游子弟的無病呻吟只是清談的末流，但當時竟能以「通」、「達」相標榜，可見這也是一種不可忽視的時尚風氣。

此外，魏晉名士們也熱衷於追求長生，服藥煉丹，飲酒任氣，仰天長嘯等等。合併以上種種特色，有讓人仰慕，也有讓人嘆惜者，後世學者將這稱時代風氣總稱之爲「魏晉風度」。

## 「清談亡國」的省思

西晉清談領袖王衍，官至宰輔司徒，卻崇尚虛無，口談玄遠，不屑綜理世務，危急之時只圖自保之計，後來被石勒俘虜殺害。臨死之前自責說：「嗚呼！吾曹雖不如古人，向若不祖尙浮虛，戮力以匡天下，猶可不至今日。」（《晉書．王衍傳》）確實，西晉官場一面侈談名教與自然，一面窮極奢侈享受，名士與高官合一，變亂迭起，袖手無策，以致於亡。

東晉明帝時，卞壼在朝廷中厲色批評貴游子弟放蕩之風，說：「悖禮傷教，罪莫斯甚！中朝（西晉）傾覆，實由於此。」（《晉書．卞壼傳》）東晉中期清談再起，范寧痛恨當時「浮虛相扇，儒雅日替」的風氣，認爲清談之風始於何晏、王弼，所以批評他們「二人之罪深於桀紂」（《晉書．范甯傳》）。以上是東晉儒學之士反省故國淪喪的沉痛批判，他們的心情是很容易理解的。

明朝遺老顧炎武痛思明朝的滅亡源於士人談心性，他在《日知錄》裡說：「昔之清談談老莊，今之清談談孔孟。」而且直言：「劉（淵）、石（勒）亂華本於清談之流禍」。從此「清談亡國」成爲後人的普遍觀念。

現代人受「清談亡國」觀念的影響，對「清談」的直接印象就是玄虛之談、空言高論、隨性閒聊等等，完全不了解「清談」的本意、演變以及它的歷史意義。回顧清談的源起，不論是漢末的清議品評人物或魏晉的探討玄理，原本都是很嚴肅、深奧的邏輯思維，談論主題也都和當時的用人標準或政治態度有密切的關係，絕非只是空發議論。竹林七賢的清談名士，批判名教、不羈禮法，是對司馬氏虛僞、篡奪的抗議，後來他們的言行被無厘頭地仿效，也只能說是清談末流，不能以其概括整個清談。當然，西晉的滅亡和王衍等名士口談玄遠、不屑綜理世務有密切的關係，但也不能據此全面否定清談，何況西晉的滅亡還有其他複雜的原因。

謝安在未出仕時，整天和王羲之、支遁等交游。有一天，王羲之勸謝安說：「虛談廢務，浮文妨要」，幹點正事，不要再清談了，謝安回說：「秦任商鞅，二世而亡，豈清言致患邪？」（《世說新語．言語篇》）後來謝安出掌朝政，淝水一役大破前秦苻堅百萬雄兵，用行動證明清談不必然會亡國。

再回顧清談名士何晏，他任吏部尚書，負責選舉要務，雖然多用名士遭受守舊派的批評，但並不荒廢政務，甚至被讚云：「內外之眾職各得其才，粲然之美於斯可觀。」（《晉書．傅咸傳》）；西晉開國名臣王詳、羊祜，皆善談理；東晉支持危局的重臣如王導、庾亮、謝安，都有清談高名；鍾會、桓溫、謝玄等軍事家也都是清談好手，可見清談名士不必然會廢世事。

魏晉的清談玄學乃因兩漢經學已無生命力而興起，加上漢帝國禮教政治的崩潰，戰禍不已。在此世變中，知識分子不得不重新思考一套理想的政治理論，以及尋求自己的安身立命之道。這是一種生命的自覺，在艱困歲月的磨鍊中爲學術思想開展一個嶄新的領域，也爲生命哲學創造更高的境界，這些貢獻都不應該被以偏概全的「清談亡國論」所抹滅。話再說回來，只要清談名士不荒廢政務，即便清談內容無益於民生，只是名士間的社交休閒活動，也毋須以「清談亡國」相責難。

第十一章

# 道教的發展與佛教的傳播

從文化意義上來說，漢帝國的瓦解代表傳統的文化無法解決新時代的問題，於是人們的心靈從儒教的束縛中解放出來，重新摸索生命的道路。在這一過程中，中國本土的各種信仰要素凝聚發展成新的宗教組織，即所謂的「道教」；已傳入中國數百年的「佛教」也快速發芽茁壯。到了南北朝時期，道教不僅在民間流傳，甚至已發展為官方的宗教；與此同時，佛教也傳播到社會的各階層，並發展成中國化的佛教，進而再傳播到東亞各地。那麼，道教與佛教為何在這個時期會有這些演變與發展？這是本章要探討的主題。

## 一、道教的形成與發展

### 道教的思想淵源與形成背景

道教是中國本土所發展出來的一種宗教，它和世界上其他宗教最不同之處在於：世界上大部分的宗教多側重於死後世界的追求，道教則是追求在現實世界中的「長生不死」、「肉體成仙」。

道教的內涵，可說是中國古代各種文化要素的複合體，包括古代社會的民間巫術、戰國以來的神仙傳說與方士方術、先秦老莊哲學與漢初黃老之術、漢代儒家禮教與陰陽五行思想，以及古代醫學與體育衛生知識等等。

雖然道教的思想淵遠流長，但是開始大規模的組織化活動卻在東漢末年才出現，這和當時的社會背景有密切的關係。首先，相較於戰國時代思想界以理性為主流，漢代思想則充滿著神祕主義。董仲舒的天人災異說及西漢後期廣為流傳的讖緯思想，都顯示出當時的社會思想轉向神祕主義，這為新宗教的興起提供了良好的時代氛圍。其次，東漢末年政治腐敗、社會經濟凋弊，饑饉和疾疫盛行，貧苦農民陷入極端的痛苦之中，很容易被宗教組織所吸收。東漢末年許多民變被稱為「妖賊」，顯示這時期部分變亂已帶有宗教性，之後以「黃巾」為標誌的民變，就是由「太平道」所吸收的流民為主體。最後，佛教的傳入對道教的組織化有著刺激和推動的作用。東漢時期的佛教還未盛行，在傳教時經常仰賴道術宣揚佛法，另一方面佛教有一套完整的教義、固定的教會組織、教規教儀和禮拜的神明等等，無形中為道教的創立提供一個模仿的樣板。

在這些背景之下，東漢後期出現了許多以修煉養生術、追求長生不老、羽化登仙為號召的新興教團，當時最有名的是「五斗米道」和「太平道」。

## 「五斗米道」與「太平道」

「五斗米道」是漢順帝（一二五—一四四在位）時，張陵（張道陵）入四川修道所創，由於規定入道者要交納五斗米，因而俗稱「五斗米道」。張陵尊奉老子為太上老君，以《老子五千文》爲主要經典，以自首罪過、符水治病爲教義教規。將信徒區分爲鬼卒、鬼吏、姦令、祭酒等，張陵則被尊稱爲天師，因此五斗米道又稱爲天師道，信眾遍及四川、漢水流域。張陵死後傳其子張衡，張衡死又傳其子張魯，祖孫三代被後世並稱爲「三張」。

「太平道」則是源自順帝時的方士于吉，他自稱得到一本神書《太平清領書》，又稱《太平經》，是現今流傳最早的道教經典，內容爲追求一個沒有剝削的太平世界。他建造精舍，誦讀道書，以符水爲人治病。于吉的弟子和再傳弟子都曾獻此書於朝廷，但都沒有受到重視。後來鉅鹿人張角（？—一八四）獲得此書，乃憑此創立「太平道」。

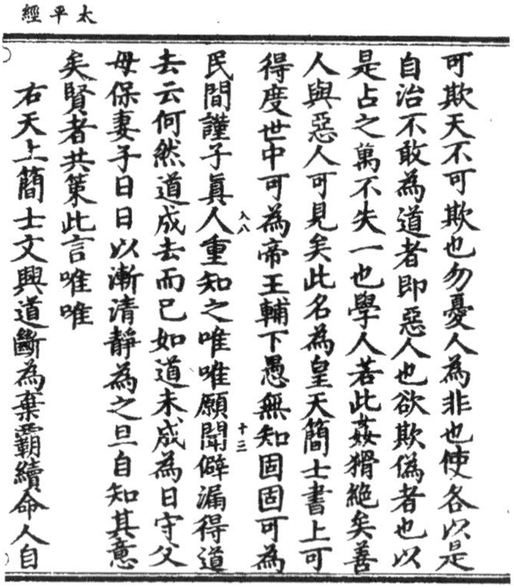
太平經

可欺天不可欺也勿憂人爲非也使各以是自治不敢爲道者即惡人也欲欺僞者也以是占之萬不失一也學人著此姦猾絕矣善人與惡人可見矣此名爲皇天簡士書上可得度世中可爲帝王輔下愚無知固固可爲民間謹子眞人重知之唯唯願聞辟漏得道去云何然道成去而已如道未成爲日守父母保妻子日日以漸清靜爲之旦自知其意矣賢者共策此言唯唯

右天上簡士文與道斷爲棄霸續命人自

圖 11-1　《正統道藏》本《太平經》書影。中國哲學書電子化計劃，public domain。

張角自稱「大賢良師」，在黃河下游一帶以符水爲人治病，藉機傳播「太平道」，其教義認爲人之所以會罹患疾病，是由於犯了罪過。因此在治療過程中常叫病人跪下懺悔罪過，再輔以符水治療。

由於當時饑饉和疾疫盛行，到處有「百姓飢荒，更相噉食」的慘況。張角派遣弟子到各地傳教，信徒很快的擴散到淮河、長江中下游地區，多達數十萬人。張角傳教之初，未必有「革命」的意圖，或許只是一種社會性的宗教運動，然而等到太平道的勢力發展到相當的規模，看到政府的貪腐與無能，遂轉而變爲政治性的革命運動。張角把數十萬的信徒編爲三十六「方」，大方萬餘人，小方六、七千人，倡言「蒼天已死，黃天當立，歲在甲子，天下大吉」，掀起所謂的「黃巾之亂」。雖然很快被鎭壓下來，但漢帝國也因而形成軍閥割據，名存實亡。相關論述已見於本書第一章，此處不再贅述。

「五斗米道」的張魯，在黃巾亂後據有漢中，除承襲張陵的教法之外，又加以增飾，以祭酒代替官吏管理行政事務，設置義舍、義米以救濟流民，但只能「量腹取足」，宣稱「若過多，鬼道輒病之」，教民「誠信不欺詐，有病自首其過」。在漢末動亂的歲月中，巴、漢一帶藉助五斗米道的統治，形成一個和平安定的社會近三十年（一八八—二一五），《三國志．魏書．張魯傳》載：「民夷便樂之」，可見當時的五斗米道很受百姓的歡迎。建安二十年（二一五）曹操進兵漢中，張魯退入巴中（四川綿陽市東），有人建議燒掉倉庫財寶，但張魯說：「寶貨倉庫，國家之有」，乃封藏而去。曹操攻入巴中，張魯出降，被封爲鎭南將軍。巴、漢地區的人民被北遷到關隴、洛陽、鄴城等地，五斗米道因而隨之擴散到各地。

「五斗米道」和「太平道」一樣，治病都強調要懺悔罪過。所謂的罪過包括過度的慾望、浪費等，因爲在一個物質匱乏的年代，只有大家謹守節約，才能合舟共濟，「五斗米道」設置的「義舍」也是爲救助流民的互助機構，可見當時的道教倫理有助於人民共度苦難的歲月。

## 魏晉時期道教流傳的情形

曹操最初是靠鎮壓黃巾軍而崛起的，鑑於農民易受宗教利用，他對民間道教和一切巫祝祭祀活動，都採取嚴厲打擊和防範的措施。此外，信奉太平道的黃巾軍被收編爲青州軍，成爲替他轉戰天下的勁旅，太平道的宗教組織則不復存在。五斗米道雖然有少部分首領受禮遇，但也不得再有公然的組織活動。基本上，魏、晉時期都維持著嚴厲禁止宗教活動的政策，只是到了西晉中後期未嚴格執行禁令，如上所述被北遷的五斗米道信徒及其他各種宗教組織又開始在民間流傳。

江南地區也有太平道支派的傳入，據《三國志．吳書．孫策傳》注引《江表傳》的記載，漢末于吉在吳、會地區傳教，信眾很多。有一次孫策（一七五—二〇〇）在郡城樓上與諸將賓客集會，于吉從城門下經過，諸將賓客紛紛下樓向他迎拜，孫策一怒之下斬殺了于吉。這個于吉如果是前述以《太平清領書》傳教的于吉，可能已是百歲左右的人瑞了，至於是否爲同一人，仍待考證。不論如何，漢末以來江南受到戰亂的波及較小，北方民眾逃難南下，其中也有不少是道教信徒，而孫吳及後來的東晉政權對民間的宗教活動管制較寬鬆，因此有很多道教教團在江南流傳札根。

西南巴蜀漢中地區，本爲漢末五斗米道的發源之地，但在張魯投降曹操、信徒被北遷之後，大概因諸葛亮治蜀嚴謹，蜀漢境內沒有看到五斗米道活動的記載。到了西晉末年關中齊萬年叛變後，五斗米道信徒巴氏李特、李雄父子率領關中流民進入四川建立成漢政權（三〇四）。李雄以「五斗米道」爲國教，在位三十年間薄稅輕刑、興辦文教，與當時華北的戰亂比起來，無異是亂世中的一片淨土。東晉咸和九年（三三四）李雄死後，宗室發生爭奪內亂，成漢國勢漸走下坡，永和三年（三四七）被東晉桓溫滅亡。

## 葛洪與神仙道教

漢末魏晉時期，社會上除了有形形色色的民間道教組織外，還有眾多的方術之士。他們繼承戰國秦漢以來黃老神仙家的傳統，潛伏民間或隱居山林，從事煉丹、導引行氣等修煉，這些人也稱爲道士。一般說來，他們大多注重個人修煉成仙，而不太重視群眾性的宗教活動，也沒有嚴密的道團組織。近代學者稱這類道教爲「神仙道教」或「丹鼎派道教」，以別於被稱作「鬼道」、「妖道」或「符籙派」的民間道教組織。最早對「仙道」與

「鬼道」作較爲明確的區分，並極力貶斥民間道教的，是西晉末東晉初的葛洪。

葛洪（二八三—三四三），自號抱朴子，丹陽句容人，出身於江南士族，年輕時好仙道學說，曾參與鎮壓張昌的宗教性變亂有功，北上洛陽卻遇八王之亂，回途又遇江東的陳敏之亂。晉室南渡爲安撫江南士族，葛洪受追功敘賞，約在此時完成其名著《抱朴子》。當時江南士族在政治上受抑，葛洪仕途不順，遂南下廣州煉丹（三三三），終其一生。

《抱朴子》一書爲葛洪思想的精華，該書分內外兩篇，內篇宣揚長生成仙的理論與各種方術，外篇論述經國治世的儒術。可能是士族背景出身又曾參與鎮壓張昌的「妖賊」作亂，葛洪極力攻擊「妖言惑眾」的民間道教。尤其當時已是崇尚門第的社會，要爭取士大夫的信仰，必須提出一套成仙的理論與方法，《抱朴子・內篇》可以說是集神仙理論之大成。

葛洪的神仙理論認爲延年益壽不能單憑祈禱和符咒，而應該重視養生之法。他提出通過吐故納新、服食藥物、注意喜怒勞逸乃至房中之術去調養身體，但這些都只有局部性的效果，服食金丹才是最重要的。他說五穀能養活人，醫藥也能治病，何況金丹有萬倍於五穀的功效；他從「黃金入火，百煉不消」的驗證，推論一旦服食金丹，「鍊人身體，故能令人不老不死」（《抱朴子・內篇・金丹》），因此極力推行煉丹術。結果，葛洪的煉丹術雖然對古代的醫學與化學積累了許多有價值的資料，但服用丹藥不但不能實現長生不死，反而增加重金屬（汞）中毒的危險。

由於煉丹術經常要使用黃金、朱砂、硫黃、硝石、水銀等礦物，花費昂貴，據說煉就一種「金液丹」要用黃金數十斤，合計資費四十萬錢。這種開銷不要說一般平民，即使世家大族也未必能長期負擔，因此這種被稱爲「外丹」的煉丹術，逐漸被稱爲「內丹」的氣功所取代。不論如何，經過葛洪的改造之後，道教在上層社會傳播得更廣了。

## 東晉南朝道教的變革與吳姓士族的貢獻

東晉以後門閥士族大多信奉天師道（五斗米道），譬如南方僑姓大族琅琊王氏、高平郗氏、潁川庾氏、陳郡殷氏、陽夏謝氏、譙國桓氏；吳姓士族丹陽葛氏、許氏、陶氏、吳興沈氏、吳郡顧氏等等。當時名字中有「之」字者，幾乎都是天師道徒，譬如東晉書法家王羲之（三〇三－三六一）、北府名將劉牢之（？－四〇二）、畫家顧愷之（三四五－四〇六），南朝注《三國志》的史學家裴松之（三七二－四五一）、數學家祖沖之（四二九－五〇〇）、梁武帝蕭衍的父親蕭順之、名將陳慶之（四八四－五三九）等等。琅琊王氏一族數代幾十人名字都有「之」字，王羲之的七個兒子依次是：王玄之、王凝之、王煥之、王肅之、王徽之、王操之、王獻之，名字都有一個「之」字。

東晉門閥士族對道教的信仰，大多注重服丹養生或一些治病廣嗣之術，而對早期五斗米道的祭酒制度、原始巫術等則不感興趣。於是他們對於五斗米道加以改造，使之蛻去鬼道的舊殼，而充實仙道的內涵。

東晉後期道教內部發生了兩件大事，一是孫恩、盧循利用五斗米道掀起變亂，結果被北府兵新興將領劉裕剿滅，使原始民間道教繼黃巾之亂後又一次遭受沉重的打擊，從此一蹶不振，也導致劉裕的興起與東晉王朝的覆亡，這在本書第四章已有說過，此處不再贅述。二是許多道士改造前代方術著作，或仿效新進佛教經戒，創造出一批新的道教經典並廣泛傳播，這些新的道教經典大約可分爲「三皇經」、「靈寶經」、「上清經」三類。三皇系經典的主要內容是召神劾鬼、治病消災的符圖之術；靈寶類經典重視符籙科教和齋戒儀軌，並重視勸善渡人，在一般群眾中廣泛流傳；上清類經典重視存思服氣的修煉術及誦經、修功德，其簡化的修行方法頗能迎合士族的口味，使其在士族階層廣泛地傳播。這些新經典的出現，開啓南朝道教變革發展的契機。

南朝道教的變革發展，把民間道教進一步向官方道教轉化，其中以陸修靜及陶弘景的貢獻最大。

陸修靜（四〇六—四七七），出身於江南士族吳郡陸氏，少宗儒學，博通經籍，好天文象數之學，對道書更感興趣。婚後不久就離家修行，廣遊名山，遍訪眞人，修道三十餘年，聲名遠播，最終成爲道教界一大法師。他住在宋明帝爲他興建的崇虛館十年，孜孜不倦於道教的改革。他的改革主要有：一、制訂完善的齋戒儀式；二、全面整理道教經典，爲後世編修《道藏》奠立分類體系；三、確立道教的道館組織，道館是道士集體進行宗教活動的場所，有如佛教的寺院。宋明帝爲陸修靜建的崇虛館，是官方設置的第一個道館。此後歷代政府皆爲道士修建道館，隋唐以後改稱爲觀，大的道觀稱宮，道教的宮觀制度一直沿襲到近代。

陶弘景（四五六—五三六），出身於江南士族丹陽陶氏，少好道書，三十歲拜陸修靜弟子孫游岳爲師，得其眞傳。因仕途不得志，辭官入茅山（江蘇句容市東）歸隱修煉（四九二），從此不再入仕，過著四十餘年的隱居修道生涯，但仍關心山外政局的發展。齊末蕭衍起兵時，陶弘景派弟子奉表擁戴，並進國號爲「梁」。蕭衍（梁武帝）即位之後對他非常敬重，每有大事必往詢問，時稱「山中宰相」，後來又在茅山爲他修建朱陽館。陶弘景對道教的貢獻主要有：一、總結發展上清派修煉方術，創立茅山宗，直到隋唐兩宋，茅山派道教皆爲道教主流；二、建立道教的神仙系譜，總結道教所拜的諸方神祇，加以整理排列位次，把現實社會的門閥等級制度反映在神仙的世界；三、吸收儒家與佛教的理論，鼓吹三教合流，致力於創立一種以道教爲主體且兼容儒、釋的新道教。

東晉南朝爲道教改革有重大貢獻的葛洪、陸修靜、陶弘景都出身於江南吳姓士族，這並不是偶然。當時政權由僑姓士族所把持，吳姓士族仕途常受到壓抑，歸隱修道成爲他們另一條出路。在他們的努力之下，道教由民眾信仰的「鬼道」轉化為包括世家大族都可接受的「仙道」，甚至成為政府所贊助的官方宗教。

## 胡族統治下華北道教的變革與發展

五胡十六國時期，胡族君主大多致力提倡佛教，道教的發展大不如佛教，但民間仍有天師道組織的活動，在後趙石虎、後秦姚興統治時，都曾爆發以「李弘」為名的道教徒變亂。另一方面，也有一些道士繼承東漢魏晉以來神仙方士的傳統，以清虛守志、修道養生為宗旨，隱居山林並招徠徒眾，結合成一些鬆散的神仙道教集團，他們的活動對北魏寇謙之的道教改革有重要的影響。

寇謙之（三六五－四四八），出身於關中士族、天師道世家，早年傾心慕道，追隨道士成公興在華山和嵩山修道。成公興死後，寇謙之仍繼續在嵩山修道，並托稱天師降授新經典，依之改造道教教義。他極力抨擊五斗米道的舊道法，主張廢除收取會費及為人治病的租米錢財，亦反對濫傳房中術及服食仙方。他強調要以齋功為養生求仙之本，並創立許多道教戒律和齋醮儀式，提倡遵守儒家禮法，將佛教生死輪迴思想引入道教，以積功德成仙。他又整理以往祀奉的各種神祇，重新編排一套神仙系譜，諸神之間有從屬等級關係，把世俗門閥制度反映到天國神仙世界。一般把寇謙之改革後的道教稱之為「新天師道」。

北魏太武帝拓跋燾初即位，寇謙之獻其書，但並沒有受到重視。當時漢族士大夫領袖崔浩卻特別喜愛，乃拜他爲師。崔氏本來就是天師道世家，對於寇謙之改革道教的各種主張非常信服，因此極力向太武帝推薦寇謙之的教義，並指太武帝有神人來助是應天受命，寇謙之因而得到太武帝的寵信。太武帝於是熱衷新天師道，在京城東南築天師道場，供給道士衣食，進行齋醮活動，並接受建議改年號爲太平眞君。又於太平眞君三年（四四二）「親至道壇，受符籙」，以後北魏皇帝即位皆受此儀式，至此寇謙之的道教成爲北魏的國教。

五胡十六國以來，佛教在華北廣泛傳播，寇謙之的道教得到太武帝事奉後，勢力大爲興盛，佛、道之間的衝突日益激烈。太武帝本來已對沙門僧侶眾多產生反感，太平眞君六年（四四五）在討伐關中盧水胡蓋吳的叛變中，發現佛寺有違背戒律的淫亂行爲，因而大爲震怒，加上崔浩從旁勸說，遂爆發全面性的滅佛事件（參見本書第七章及本章第二節）。事實上寇謙之並不贊成以毀滅性的手段消滅佛教，只是在當時情勢之下無力阻止。太平眞君九年（四四八）寇謙之在滅佛高潮中去世，太平眞君十一年（四五〇）崔浩因「國史事件」遭受滅門之禍，正平二年（四五二）太武帝被宦官宗愛刺殺，同年文成帝拓跋濬即位之後復興佛教，此後北魏歷代皇帝都奉佛，道教則逐漸衰落。不過終北魏之世，道教大致還能維持著官方認可的宗教地位。

北朝後期，東魏、北齊高氏信奉佛教，對道教不太支持。東魏武定六年（五四八）高澄罷除天師道壇，不再承認其為官方認可的宗教。天保六年（五五五）北齊文宣帝高洋召集佛、道二家當面辯論，道教失利，「遂敕道士皆剃髮為沙門，有不從者，殺四人，乃奉命。於是齊境皆無道士」（《資治通鑑》卷一六六）。道教被廢絕，寇謙之所創立的新天師道團也就散亡了。

大約在北魏太武帝大事奉道時，關中地區的神仙道教團體「樓觀道」漸趨興盛，孝文帝遷都洛陽後，樓觀道在關隴一帶廣為流傳。西魏北周宇文氏兼奉佛、道，樓觀道受到帝王的積極扶持，發展更為迅速，當時帝王不但為道士建宮觀，而且承襲北魏的傳統，親自接受道教經戒符籙。北周武帝為貫徹富國強兵政策，罷廢佛、道二教，但另設通道觀，置通道觀學士一百二十名，其中以道教人物居多。楊堅掌權後，恢復佛、道二教，仍為道士修建宮觀，並採用道教經典中的「開皇」為隋初年號。於是「樓觀道」成為隋唐時代的主要道教教派之一。

作為北朝後期新興的道教，「樓觀道」在經典、教義、方術、戒規等方面，都受到當時北方新天師道與南方上清派道教的影響，具有融合南北道教的特色。

魏晉南北朝的道教經過門閥士族的改造，從民間的五斗米道發展成為官方認可的宗教，從許多互無統屬的道團和分散的神仙方士，組織凝結為相對統一的新道教，製作了大批經典，發展教義方術且充實教戒儀式。可以說，中國的道教雖形成於東漢，但其基本格局的奠定則是完成於魏晉南北朝。

## 二、佛教的傳播與發展

### 佛教的傳入與早期的傳播

佛教是西元前六世紀左右由印度的釋迦牟尼所創立，釋迦牟尼死後其弟子四處傳其教義。西元前三世紀，孔雀王朝的阿育王篤信佛教，派遣傳道使遠赴各國傳教，約於西漢末年經西域各國傳入中國，此時距釋迦牟尼之死已有五百年。在這段期間，佛教演化分裂為許多不同教義的教派，中國民眾由不同的管道接觸各種分歧的教義，未分辨其成立的歷史背景、思想體系之差異，皆深信其為出自釋迦牟尼金口的教法，將此混合的佛教體系化，成為中國佛教獨具的特色。

東漢初年楚王劉英（光武帝之子），「喜黃老，學為浮屠齋戒祭祀」，當時人對佛教的教義還沒有足夠的認識，所以常把黃老與浮屠（佛）並祠，視浮屠為眾多神明之一。東漢末年的桓帝、靈帝都喜好西域傳入的文物，桓帝也曾在宮中祠奉黃老與浮屠。另一方面，佛教也在民間逐漸傳播，討伐黃巾軍有功的徐州刺史陶謙，其下有一名部將笮融，因任督運糧食之便，中飽私囊，積蓄財富建築寺廟，宣揚佛教，隨從者萬餘人，傳布地區達淮水及其支流所經的下邳、廣陵一帶。不過當時苦難人民多信奉五斗米道或太平道，佛教還只是零星的流傳。

曹魏因受黃巾之亂的影響，採禁教政策，不僅禁道教、毀祠廟，也禁止祀奉佛像及寺廟。當時佛教大概只流行於外國商旅及少數上流社會之間，官方禁止人民出家為僧，直到曹魏末年已是司馬昭掌權的甘露年間（二五六—二六〇），才有潁川人朱士行第一個受戒出家，此後漢人出家當和尚漸漸多起來。朱士行又到西域的于闐（新疆和田市西）取經，被視為是到西方取經的第一人。

漢末南下避難的流民中有不少佛教徒，進而將佛教帶入江南地區，另一方面由於海上交通的興盛，佛教可能更早就由中南半島傳入江南。孫吳時期首都建康有南下的大月氏人高僧支謙，以及由交趾北上的康居人高僧康僧會，都受到吳主孫權的禮遇，但他們的活動多為譯經工作，而少有大規模的傳教活動。

魏晉時期思想界的主流是玄學思想，佛教在這一時期的傳播除了多附會黃老之外，佛經的翻譯也多採玄學家的術語。佛教的教義在印度和西域開始都沒有寫本，只靠口授，後來才編輯教義寫成梵文的傳教手冊，被譯成漢文後皆稱之為「經」，也就是尊之為永恆不變的眞理。早期傳譯佛經者多為胡僧梵客，一般都不帶經本，傳譯時多憑背誦口授，時間稍久，錯誤在所難免。而且他們對漢語的修養不深，執譯筆撰寫的漢人對佛理的了解也很有限，因此譯出的佛經品質都很有問題。早期譯經都是私家進行的，既沒有通盤的計劃，又沒有政府財力的支持，譯出的佛經數量有限，也很難自成系統。

據東魏楊衒之所撰《洛陽伽藍記》的序言，西晉永嘉年間（三〇七—三一二），洛陽有佛寺四十二所，這雖然還不能說昌盛，但較之前代，佛教逐漸發展起來了。

## 五胡十六國時期佛教的快速發展

五胡十六國時期是佛教發展的關鍵時期，佛教由僅流傳於少數外國商旅的情形，發展成華北社會的主流信仰。佛寺、佛塔林立，佛教活動已成爲民眾生活的一部分。這時推動佛教快速發展的靈魂人物，首推來自西域的高僧佛圖澄。

佛圖澄（二三二—三四八），是西域龜茲國（新疆庫車縣）人，東來弘法，卻遭逢永嘉之禍，潛居鄉野。他看到石勒軍隊多殺戮百姓，「沙門遇害者甚眾」，乃透過部將引介晉見石勒，以神異法術折服石勒，並趁機勸石勒少殺戮而救了很多人。石勒奉之爲國師，尊稱他爲「大和尚」。自西晉末八王之亂以來，北方人民飽受戰火的摧殘，佛教眾生平等及因果報應的思想成爲來世救贖的希望。佛圖澄神通廣大、以醫術救人，又得到石勒大力的支助，佛教因而大盛，達到「中州胡晉略皆奉佛」的程度。

如本書第五章所述，石勒的崇佛是想藉由佛教的教化，化解內部複雜的民族矛盾，達到安定社會民心的作用。石勒死後，石虎統治時也很敬重佛圖澄，「衣澄以綾錦，乘以雕輦」，「朝會之日，引之升殿，常侍以下悉助舉輿，太子諸公扶翼而上，主者喝大和尚至，眾坐皆起，以彰其尊」。但隨著佛教發展，教徒激增，造成「民多奉佛，皆營造寺廟，相競出家，眞僞混淆，多生愆過」等社會問題。石虎曾經想要淘汰僧侶，漢族文官中書著作郎王度乘機上奏：「佛出西域，外國之神，功不施民，非天子諸華所應祠奉。」豈料石虎聽到這種廢佛的諫言，卻答說：「朕生自邊壤，忝當期運，君臨諸夏。至於饗祀，應兼從本俗。佛是戎神，正所應奉。」（《高僧傳．佛圖澄傳》）石虎知道自己的祖先來自西域「邊壤」，所以說祭祀「應兼從本俗」，「佛是戎神，正所應奉」。顯然石虎的崇佛，是以佛來自西域，是本族的保護神，有與漢文化相抗衡的意味。

南朝梁僧人慧皎在《高僧傳．佛圖澄傳》裡，記載佛圖澄傳播佛教的盛況：「受業追遊常有數百，前後門徒幾且一萬。所歷州郡，興立佛寺八百九十三所。弘法之盛，莫與先矣。」在佛圖澄眾多的弟子中，最有名的當是釋道安。

釋道安（三一二—三八五），俗姓衛，常山扶柳（河北冀州市）人，十二歲出家，但因形貌甚醜，不被他的師父重視，在田間苦耕多年。道安非常聰慧，背誦佛經過目不忘，後來到鄴城受到佛圖澄賞識。當時河北正值後趙末冉閔殺胡羯的大動亂，道安顚沛流離，他把佛圖澄門徒中對佛理有較深了解的僧侶組織起來，派他們四處傳教，自己則南下到了東晉的襄陽。道安在襄陽傳教十五年，著手整理佛經，制訂清規戒律。當時僧侶都依師爲姓，道安認爲僧侶既然崇奉釋迦牟尼，應該以「釋」爲姓，後世僧侶姓釋就是由此而來。

東晉太元三年（三七八），前秦苻堅攻襄陽，道安再派弟子慧遠南下荊州，對江南佛教的傳播有重大的貢獻。襄陽陷落後，道安被苻堅迎請到長安，爲其主持譯經事業。在苻堅與道安推動之下，共譯出佛經四十部、二百三十九卷，爲五胡十六國時代首次的譯經高峰期。佛教的發展也由宣揚時期，進入佛理的探討時期，同時也開啓了印度佛學的中國化。

當時西域有高僧鳩摩羅什（？—四〇九），聲名遠播，道安請求苻堅迎接。太元七年（三八二）苻堅派呂光率遠征軍入西域，迎得鳩摩羅什。但不久因淝水戰後的混亂，鳩摩羅什暫未入長安，留在涼州十八年學通漢文。東晉隆安五年（四〇一）後秦君主姚興（三

圖 11-2　克孜爾千佛洞前的鳩摩羅什像。By Yoshi Canopus, via Wikimedia Commons, CC BY-SA 3.0.

九四—四一六在位）攻入涼州，迎請鳩摩羅什入長安，待之以國師之禮。姚興本人從小信佛，有相當的佛學素養。在姚興與鳩摩羅什極力推動之下，佛教達到空前的盛況，《晉書·姚興載記》載：「興既託意於佛道，公卿已下莫不欽附，沙門自遠而至者五千餘人」、「州郡化之，事佛者十室而九矣」。隨著僧侶人數的大增，後秦開始設立了管理全國僧尼的行政機構。

姚興迎羅什入長安後，闢「消遙園」爲譯場，請羅什爲譯主，包括當時的名僧僧肇等八百餘人襄助，共譯出佛經九十八部、四百二十五卷，大乘小乘的主要經典已近於完備。由於鳩摩羅什精通漢文，又有眾多名僧襄助，在其主持下譯出的佛經，既能符合原經的旨趣，又與中國固有的思想、語言相應，做到意義圓通，對於佛教和佛學在中國的傳播，產生了極其深遠的影響。

鳩摩羅什、姚興相繼死後，後秦亡於東晉劉裕的北伐軍，華北佛教重心轉移到河西地區的北涼。北涼佛教的興盛，得力於君主沮渠蒙遜與高僧曇無讖的推動。沮渠蒙遜本身並無佛學素養，但他特別尊奉有道術、神力的高僧，當時相傳來到敦煌的西域高僧曇無讖善解咒術，被尊稱爲「大咒師」，沮渠蒙遜攻占姑臧（甘肅武威市）後，迎曇無讖到姑臧，待以上賓之禮。曇無讖勤修漢文三年後，開始譯經事業，譯出《大般涅盤經》等重要經典，在其主持下，河西成爲翻譯佛經的重心，其成就幾乎可以和鳩摩羅什相媲美。後來北魏來攻，向沮渠蒙遜索請曇無讖，沮渠蒙遜深怕曇無讖的法力被北魏所用，竟害死曇無讖。北涼被滅之後，涼州佛教大部分被北魏接收，成爲北魏平城佛教的基礎。

佛教在五胡十六國時期之所以如此快速地傳播，與當時華北的戰亂不已、社會凋弊，人民向宗教方面尋求解脫有關。其次，胡族君主與佛圖澄、釋道安、鳩摩羅什、曇無讖等高僧合作，以國家資源推動傳教與譯經事業，也是佛教發展的重要原因。至於胡族君主的崇佛動機，可能親見戰亂慘殺與骨肉政變的血腥悲劇，因而容易被講求因果報應的佛教所感化。還有許多胡族君主冀望高僧的法術相助，或維繫社會民心，穩固統治，甚至以崇尚佛教爲國教，減低其面對漢族文化的自卑心態。總之，佛教在中國的快速發展，與五胡政權的統治和推廣有密切的關係。

## 東晉佛教的發展

相對於華北佛教的興盛，江南佛教的發展則要艱辛得多。一般而言，東晉時期的佛教多流傳於貴族名士之間，隨晉室南渡的北人貴族名士沿襲清談風氣，沙門高僧也以清談與名士相交游，因此江南的佛教較重視佛理的談論，沙門對老莊、易學等貴族所喜好的思想也要有研究，書、畫藝術等貴族文化也流傳於佛教界。

東晉前期對佛教傳播最有貢獻的是支遁。支遁（三一四—三六六），字道林，俗姓關，河南陳留人，永嘉年間隨家人避難過江，後來出家爲僧，其師爲西域月支（月氏）人，因而改姓支。支遁對玄學有很深的造詣，他的談論常以佛理入玄言，揭標新理，使「四座莫不厭心」，因而引起玄學家開始接觸佛經，王羲之、謝安等名士都與之交游。佛教傳入以來，僧人很少有受到名士推崇的，東晉名士崇奉支遁可謂空前。

如本書第十章所述，東晉的玄學思想已發展到了瓶頸，此時高僧加入清談，使佛學從玄學的附庸地位發展壯大，最後取代玄學成爲思想界的主流，佛教也因而逐漸在江南盛行起來。繼支遁之後對江南佛教有進一步貢獻的，是釋道安的大弟子釋慧遠。

釋慧遠（三三四—四一七），俗姓賈，雁門樓煩（山西寧武縣）人。少爲儒生，博綜六經，尤善老莊。因戰亂顛沛流離，出家拜釋道安爲師，隨行到襄陽。前秦苻堅攻襄陽，慧遠率領弟子南下荊州，輾轉到江州廬山（江西九江市南），遂在廬山建東林寺修行傳教，直到終老未曾出山一步。雖然慧遠不離廬山，但卻勤於與各地佛教徒交流，如鳩摩羅什到達關中，他就派遣弟子前往聽講，也屢次寫信向羅什請益佛理；他又命弟子遠度蔥嶺，尋求佛經。凡是從關中南下的西域僧人，他往往多方羅致，邀請他們翻譯佛經。不僅如此，慧遠和當時的政壇名流也多有往來，如殷仲堪、桓玄、盧循、劉裕都和他有交往。慧遠交游既廣，手腕又圓滑，對於佛教的傳播提供許多便利。他在廬山三十多年，聲名遠播，成爲佛教界的領袖，東林寺也成爲南方佛教傳播的中心。

慧遠不僅精研佛理，而且兼通經學和玄學。他在講解佛理時常用儒學、玄學進行類比，使得深奧難懂的佛經變得通俗了然，對於佛教的傳播、佛教的中國化，以及調和儒、釋、道三家思想等方面，都有深遠的影響。在佛理上，慧遠提倡淨土思想，成立「白蓮社」，宣傳只要念佛修禪，不出家也能成佛。不停反覆念誦「南無阿彌陀佛」，成爲最簡便的修行方法，對此後淨土學說有很大的影響，慧遠因而被後人尊爲「淨土宗」的初祖。當時江南正盛行和尚該不該禮敬皇帝的爭議，慧遠著〈沙門不敬王者論〉，認爲佛門的世界與世俗的世界不同，世俗信徒須敬拜皇帝，但出家和尚則不須向君王敬拜，象徵佛門之於世俗世界的獨立性，對當時有很大的影響。

隨著佛教的盛行，僧徒對佛理的見解不一，而且大多數佛教徒不懂梵文，

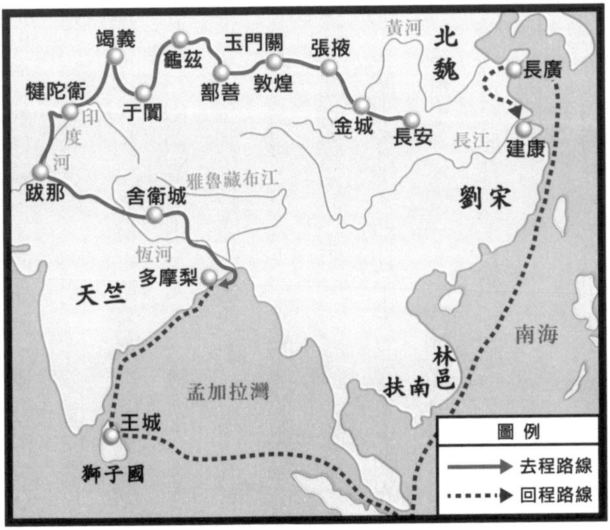


圖 11-3　法顯行跡圖。

中土譯出的佛經又太少，西行取經成爲當時僧侶迫切的任務。不僅如此，佛教僧徒在意識上奉釋迦牟尼出生地天竺（印度）爲上國，自覺居於邊異之地，因此有許多僧侶發心不畏艱苦往印度「朝聖」取經。在眾多西行取經的僧侶中，對佛教發展影響最大的是法顯。

法顯（三三七—四二二），俗姓龔，平陽武陽（山西臨汾市）人。三歲就入佛寺爲沙彌（小和尚），長大後愈發虔誠。後秦初年居長安，看到佛教徒愈來愈多、紀律混亂，乃發願西行尋求眞經和戒律。東晉隆安三年（三九九）三月，已六十三歲的法顯與幾位僧人從長安出發，經敦煌出玉門關，再西行走南道經于闐越蔥嶺前往印度，歷經十餘年，足跡遍及今日巴基斯坦、阿富汗、印度、尼泊爾、斯里蘭卡等地。他在中天竺笈多王朝的都城學梵書、梵語，寫戒律，搜羅佛經，收獲豐碩。義熙七年（四一一）法顯從今日斯里蘭卡搭商船返回，途中又漂泊到印尼爪哇，歷經千辛萬苦終於在義熙八年（四一二）七月到達長廣郡牢山（山東青島市嶗山），此時他已七十六歲了。

法顯從離開長安到返抵山東，前後歷經十三年又四個月，在這期間中原發生了不少變化。東晉大權已落入劉裕手中，青州長廣郡此時由東晉統屬，以戒律馳名的北天竺僧佛馱跋陀羅也由長安南下，在建康道場宣譯，因此法顯遂前往建康，與佛馱跋陀羅合作翻譯取歸的佛經。譯出的佛經以《大般泥洹經》最爲重要，對後來佛教涅盤宗的發展有重大的影響。法顯除了譯經之外，又將他的旅行經歷寫成《佛國記》（亦稱《法顯傳》），成爲後世研究當時中外交通以及印度歷史的重要文獻。

## 南朝佛教的昌盛與反佛的「神滅論」

南朝時期，佛教在南方更迅速而廣泛的發展，當時的帝王與世家大族有許多佞佛的事蹟，其中最有名的是梁武帝蕭衍。

如本書第六章所述，梁武帝早年信奉道教，即位不久之後改爲崇尚佛教。他對佛理有深入的研究，奉佛既是出自本身的信仰，也有現實的政治目的。由於他得位太過於快速，王朝權威不足，慧遠的〈沙門不敬王者論〉又威脅到皇帝的統治基礎。梁武帝當然不希望他的統治只限於世俗，因此他親受菩薩戒，宣揚「皇帝菩薩」的理念，皇帝就是人間的菩薩，自然就可以統治世俗與佛門兩個世界，同時也提升了他的統治權威。

梁武帝對佛教非常虔誠，過著僧侶般的修行生活，五十歲以後就不近女色，「日止一食，膳無鮮腴，惟豆羹糲飯而已」；他發表〈斷酒肉文〉提倡素食，影響後世中國佛教僧侶嚴守素食的戒律。爲了要實踐「皇帝菩薩」的理念，武帝甚至四次「捨身」同泰寺，脫下皇帝龍袍，穿上僧衣在寺中爲奴僕。皇帝當和尚眞是駭人聽聞，影響所及，佛教更加盛行。據載東晉時全國佛寺有一千七百六十八所，梁時則增至兩千八百四十六所，僅京師建康就有佛寺五百餘所，僧尼十餘萬人，南朝佛教至此達於鼎盛。

佛教廣泛流傳之後，反對佛教的聲浪也隨之高漲起來。早期反對佛教的言論都集中於佛教爲夷狄之俗、不合禮教等，以道士顧歡（約四二五—四八八）的〈夷夏論〉最具代表性，不過這種文化衝突下產生的言論，隨著佛理的探研而逐漸消退。後來的反佛言論則以沙門不敬王者爲攻擊目標，訴諸對帝王統治的挑戰。但慧遠發表〈沙門不敬王者論〉之後，使佛教的聲勢大增，因此梁武帝要用「皇帝菩薩」的理念來加強統治，結果又使佛教更加的昌盛。

相較之下，反佛言論較爲突出的是，從思想上對佛教基本理論的挑戰。佛教主張因果報應、輪迴轉生、精神不滅，反佛者則提出「神滅論」的主張，認爲「形存則神存，形謝則神滅」，人死後精神也就不存在了。當時主張神滅論較有名的如孫盛、戴逵、何承天、范曄、劉峻、范縝等人。

《後漢書》的作者范曄是無神論者，他認爲「死者神滅」、「天下決無佛鬼」。但後來他涉及謀反將要被殺，卻在獄中寫信給出賣他的徐湛之說：「當相訟地下」（《宋書・范曄傳》），既然都不信鬼神了，卻說死後要到地下訴訟，因而被人譏笑他的神滅學說不徹底。

主張「神滅論」最有名的是范縝（四五〇—五一五），他年輕時仕齊爲尚書殿中郎，受竟陵王蕭子良延攬爲西邸的賓客。蕭子良以奉佛出名，范縝卻不相信因果報應說，因而引起爭論。爲了進一步闡明他的觀點，他寫成〈神滅論〉，當初稿寫成時「朝野喧譁」，蕭子良招集群僧和他辯論，都辯不過他。梁武帝即位後，范縝的〈神滅論〉修訂定稿，在親友之間流傳，梁武帝試圖用權力壓服他，但范縝堅持其說，不畏政治與輿論上的壓力。雖然范縝的〈神滅論〉確實對佛教的理論構成嚴厲的挑戰，被近代學者推崇爲傑出的無神論者、唯物論者，但他的學說終究無法改變朝野崇佛的時代潮流。

## 北魏太武帝滅佛與佛教的復興

北魏建國以來，君主大多入境隨俗，禮敬佛教僧侶、寺廟。北魏皇始三年（三九八）道武帝拓跋珪建都平城，下令在城內興建佛寺，並任命高僧法果爲「道人統」統攝僧徒，這是北魏中央任命的第一位僧官。法果則稱道武帝爲當今如來，沙門禮拜皇帝便如同禮佛。不過，道武帝同時也「好黃老」，並無堅定的信仰，宗教只是做爲輔助教化的工具，其後的明元帝也是如此。

然而，隨著北魏征服地區不斷地擴大，統治範圍之內不必納稅服役的沙門漸多，太武帝拓跋燾已有逐步壓制佛教的考量。另一方面，太武帝受崔浩的影響，以寇謙之的新天師道爲國教，被尊爲「太平眞君」。太平眞君六年（四四五）太武帝在征討關中蓋吳的變亂時，見到長安佛寺的不法行爲，崔浩趁機建議滅佛，於是「諸有佛圖形像及胡經，盡皆擊破焚燒，沙門無少長悉坑之」（《魏書．釋老志》）。這就是佛教史上有名的北魏太武帝滅佛，與北周武帝、唐武宗的滅佛，合稱「三武法難」。由於太子拓跋晃的掩護，許多僧侶早已事先逃匿，佛像和佛經也都藏起來了。因此這次的「法難」對佛教的打擊有限，受到破壞的主要是各地的佛寺。崔浩因國史事件遭受滅門之禍（四五〇），佛教禁令才稍微鬆弛。太武帝死後（四五二），繼位的文成帝拓跋濬立即下詔復興佛教。（參見本書第七章及本章第一節）。

興安二年（四五三）文成帝拓跋濬受高僧曇曜的影響，在京師平城近郊的雲岡開鑿石窟、雕刻佛像。曇曜主持開鑿的五個大型石窟都仿北魏帝王相貌刻像，被後世稱為「曇曜五窟」。這種依帝王相貌來塑佛像前所未有，目的是要強調王政與佛法合一，彰顯「皇帝即如來」的觀念，此後北魏君主也都沿用這種觀念持續奉佛。

孝文帝以後北魏佛教發展更為興盛，孝文帝造寺立塔，廣修功德，獎勵譯經求法。遷都洛陽之後，亦在洛陽城南的龍門開鑿石窟。比起雲岡石窟，龍門石窟在堅石上精細雕琢更具有中國式的風格，對後世的佛教雕刻藝術有很大的影響。其後宣武帝、孝明帝時代，寺院日愈增多，皇帝及王公貴族以建寺院為功德，庶民則為逃避稅役而剃度出家，或將民宅改為寺廟。到了北魏末年，全國竟有寺院三萬餘所、僧尼二百多萬人，僅京師洛陽的寺院就多達一千三百六十七所。而且寺院的建築多競比高大壯麗，其中以胡太后（靈太后）

興建的洛陽永寧寺，最為壯麗無比。（參見本書第七章）

## 「大乘教之亂」與彌勒信仰

北魏皇帝、太后無止境的造寺，龐大的耗費造成民眾稅賦增加，民眾出家又使得納稅人口減少，結果是國用民生兩皆困窘。而且寺僧浮濫之後，素質降低，僧侶腐化，依恃特權侵奪小民，佛教內部也有派系鬥爭。北魏末年佛教發展到最盛時，弊端也愈嚴重，遂有層出不窮以改革佛教為名的變亂。

北魏末年佛教徒的變亂，以延昌四年（五一五）由沙門法慶在河北冀州所發動的「大乘教之亂」規模最為壯大。法慶自稱「大乘」，創「大乘教」，宣稱「新佛出世，除去舊魔」，「殺一人為一住菩薩，殺十人為十住菩薩」，屢敗官兵，「凶眾遂盛，所在屠滅寺舍，斬戮僧尼，焚燒經像」，顯示叛變者對現行僧團寺院的強烈不滿。這一次動亂延續近兩年，由都督元遙率十萬兵馬才加以討平。（《魏書．元遙傳》）

法慶所領導的「大乘教之亂」宣稱「新佛出世，除去舊魔」，這是和當時新興起的彌勒信仰有密切關係。北魏時期許多與彌勒信仰有關的經典相繼被譯出來，而且大為流行。這些經典強調彌勒佛將繼釋迦佛之後而降世，信奉彌勒佛，死後得以前往「兜率天宮」，免除輪迴。還說不久彌勒佛降生，世界將變得非常美滿，人壽八萬四千歲，沒有水火刀兵饑饉之災，這些內容對於飽受各種災難的人民有很大的誘惑力。另一方面，又說彌勒降世後有一「輪轉王」，為彌勒佛做護法工作，方能成就人間淨土，因此北魏早期的帝王宣稱「皇帝即如來」，後來帝王則多以「輪轉王」自居。於是彌勒信仰在上層統治者與下層人民之中都極為流行，當時佛教造像中以彌勒佛像為最多，即為明證。然而，在現實世界中，人民所感受到的是生活日益艱苦。因此人們不認為現世是彌勒降生輪轉王護法的時代，反而認為要除去現世中的「舊魔」，以迎接即將降世的彌勒「新佛」，這就是北魏末年許多佛教徒變亂的思想背景。

「大乘教之亂」後不到十年，北魏政權也因「六鎮之亂」而瓦解。北朝後期，佛教弊端依舊，現世生活也未見改善，人們心中逐漸瀰漫著一股與釋迦、彌勒「無緣」的想法。統治者也感到彌勒信仰的危險性，因此刻意抬高、宣傳居於西方淨土的阿彌陀佛及其侍者之一、接引人們前往淨土的觀世音菩薩。於是北朝後期之後，彌勒信仰逐漸衰落，代之而起的是對阿彌陀佛及觀世音菩薩的信仰，唐代佛教造像以阿彌陀佛及觀世音菩薩為最多，緣由於此。

## 北齊佛教的鼎盛

北朝後期，東魏北齊與西魏北周基本上仍沿續北魏以來的奉佛政策。東魏北齊君主都是奉佛之人，包括殺人不眨眼的北齊文宣帝高洋也都奉佛，佛教到了北齊時期可以說達到了鼎盛。

如前所述，北齊文宣帝高洋曾召集佛、道二家當面辯論，道教失利，高洋於是敕令道士都剃髮爲僧，廢絕道教，而佛教則大爲昌盛。唐代道宣（五九六—六六七）撰的《續高僧傳．靖嵩傳》，載北齊首都鄴城大的寺院約有四千所，僧尼將近八萬人；宋代志磐撰寫的佛教通史《佛祖統紀》，載北齊政府列管的全國僧尼有四百餘萬人，佛寺四萬餘所，這些數字又遠超過南朝的梁武帝時代。

北齊後主時代國力已衰，但後主仍揮霍無度，《北齊書．幼主紀》記載後主「又於晉陽起十二院，壯麗逾於鄴下。所愛不恒，數毀而又復。夜則以火照作，寒則以湯爲泥，

圖 11-4　北齊武平元年銘（570）銅鎏金佛坐像。臺北國立故宮博物院提供。

圖 11-5　僧成造銅彌勒像。北京故宮博物院提供，趙山攝影。

百工困窮，無時休息。鑿晉陽西山爲大佛像，一夜然油萬盆，光照宮內。又爲胡昭儀起大慈寺，未成，改爲穆皇后大寶林寺，窮極工巧，運石塡泉，勞費億計，人牛死者不可勝紀」。這種無止境的佞佛，更加速北齊的敗亡。

## 北周武帝的滅佛與楊堅利用佛教興起

西魏宇文泰與北周宇文護時代，基本上維持北魏奉佛的傳統，宇文護奉佛較爲熱誠，但也說不上到佞佛的程度。北周武帝早年也信奉佛教，北周天和二年（五六七）有來自四川的還俗僧衛元嵩上書，指現有的僧侶寺院都陷佛於邪道，認爲奉佛毋須大肆興建寺院佛像，只要「利民益國」，便是「會佛心」，建議武帝廢除現行佛教的作爲。武帝深受影響，加上對現行僧侶與寺院人口不納稅服役早已不滿，但當時掌權的宇文護崇佛，武帝只能隱忍。天和四年（五六九）之後，武帝開始召集儒、釋、道人士，多次辯論三教優劣，佛教飽受抨擊。建德三年（五七四），即武帝誅殺宇文護二年後，第八次三教辯論結束，武帝斷然廢絕釋、道二教，「經像悉毀，罷沙門、道士，並令還民。並禁諸淫祀，禮典所不載者，盡除之」（《周書．武帝紀》）。武帝的措施雖然是佛、道都罷廢，但佛教受到的打擊最大，被佛教徒視爲中土佛教的第二次「法難」。

在此之前的北魏太武帝「法難」，僧侶早已聞風而逃，經像亦已掩藏。這次武帝的廢佛非常突然，讓人措手不及，而且執行得非常徹底，「融佛焚經，驅僧破塔，聖教靈跡削地靡遺，寶刹伽藍皆爲俗宅，沙門釋種悉作白衣」。這次法難持續數年，當時人以爲是佛教的末日，稱之爲「法末」，「人鬼哀傷，天神悲慘」（《歷代三寶記》卷十一）。

值得注意的是，武帝的廢佛措施主要是燒毀佛經、破壞寺廟、沒收寺院財產等等，但是並沒有殺害僧侶，只是要他們還俗。武帝最大的目的是要增加兵源、稅收，所謂「求兵於僧眾之間，取地於塔廟之下」（《廣弘明集》卷二十四釋曇積〈諫周太祖沙汰僧表〉），以達到富國強兵的目的。

建德六年（五七七）武帝滅北齊之後，見北齊佛教昌盛腐敗，更堅定認爲佛教爲北齊敗亡的原因，因此立刻在齊境展開全面的滅佛措施。當時有齊地高僧慧遠（非東晉的慧遠）當面向武帝抗辯說：「陛下今恃王力，自在破滅三寶，是邪見人，阿鼻地獄不簡貴賤，陛下何得不怖？」武帝勃然大怒說：「但令百姓得樂，朕亦不辭地獄諸苦。」（《廣弘明集》卷十〈敘釋慧遠抗周武帝廢教事〉）宣政元年（五七八）武帝死後，繼位的宣帝雖然下詔復佛，但仍然有許多限制。

武帝激烈的廢佛措施雖然收到富國強兵的功效，但也招致廣大的民怨。姑且不論僧尼信徒的不滿與不安，當時依靠建造寺院、造像抄經而生活的人口也不在少數，因此武帝的廢佛被視爲暴政。後來隋文帝楊堅的興起，就曾利用民間這股怨氣，以全面復興佛教收攬民心。唐代道世所撰的《法苑珠林》記載下列一則傳說：隋文帝開皇十一年（五九一），有一位文官趙文昌死後被引到閻羅王那裡，北周武帝在門東房內，脖子上套著三重鉗鎖，看到趙文昌後呼叫說：「你回去替我向隋文帝說，我因滅佛法罪重，在地獄受苦，請隋文帝營修功德，爲我贖罪。」趙文昌竟復活將此事具奏文帝，文帝出敕遍下國內，人出一錢，爲周武帝轉金剛般若經，兼三日齋戒。這一則傳說應該是僧徒所造，以此洩憤，隋文帝遂假此僧尼之言，廣爲傳播，藉機宣傳宇文氏之亡爲武帝毀佛之餘殃，並強化隋朝統治的正當性。

北周武帝的廢佛使得北朝以來壯麗的佛教文化受到毀滅，卻也使得隋唐之後所再興起的佛教逐漸褪去印度色彩，而更富有中國佛教的特色。換而言之，北周武帝的毀佛卻正是促使中國化佛教興起的契機。

第十二章

# 國際秩序與文化交流

秦漢時期，中原王朝主要的威脅來自北亞草原的游牧民族匈奴，雖然漢帝國與匈奴曾經保持一段較對等的「敵國」關係，但大部分時期則是中原王朝獨霸的局面。依中原王朝的世界觀，四周的「夷狄之邦」必須前來向中原王朝朝貢。東漢崩潰之後，三國鼎立，四周各民族也被捲入這場混亂的局勢中。後來西晉雖然曾出現短暫的統一，但不久就遭受永嘉之亂，華北陷入五胡十六國的混亂，江南則有司馬氏東晉政權，其後又有南北朝的對立。在這一段所謂「大分裂」的時代，東亞的國際秩序有怎樣的演變與發展？中原地區又和周圍地區有怎樣的文化交流？這是本章要探討的主題。

## 一、「中華世界」與三國正統

### 「中華思想」與「中華世界」

三千多年前，華北進入商、周時代，黃河流域的強大王權與其周邊小國構成封建體系，逐漸形成中土、中原、華夏、中國等概念。春秋時期，黃河中、下游的諸侯挑戰周天子，四周新起強國也威脅中土，齊、晉等諸侯國以「尊王攘夷」爲號召，提倡華夏意識，驅逐異族、維護華夏文化成爲霸權的正當性基礎。

春秋戰國以來的華夏意識嚴格區別華夏與夷狄，即所謂「嚴夷夏之防」，視夷狄爲禽獸，並以「內諸夏而外夷狄」的思想把異族配以方位，逐漸固定爲「東夷」、「西戎」、「南蠻」、「北狄」的稱呼，以彰顯華夏的優越性。這一套華夏意識，古書常簡稱「夷夏之防」、「夷夏之辨」，也就是華夏中心論，近代學者則稱之爲「華夷思想」或「中華思想」。

秦漢大一統帝國形成之後，「中華思想」仍然作爲帝國的核心思想，此後中原王朝的皇帝自認爲是整個世界的統治者，不僅只是統治中原之地，也要求周邊各民族都要來臣服。對於能夠直接統治的地區設置郡縣，所任命的長官稱爲「內臣」；無法實質統治的地區則冊封當地首領爲君主，實行所謂「羈縻」的間接統治，這些被冊封的君主則稱爲「外臣」。

對於皇帝來說，四周各民族的臣服是不可欠缺的，各民族是否臣服朝貢事關皇帝統治的權威，甚至是關涉王朝存亡的重大問題，因此都會想方設法向四周各民族施壓，要求來朝貢。對於四周各民族來說，既然無法抵抗中原王朝的壓力，不如向中國皇帝朝貢，多少可以得到一些貿易利益，同時也可以藉中國的權威來恫嚇自己的人民及周邊地區。總之，中國古代的大一統王朝並不存在列國平等的思想，而是以中國皇帝爲中心的世界體系，近代學者稱這種世界體系爲「中華世界」。

## 三國時期「中華世界」的正統之爭

雖然說依「中華思想」構成的「中華世界」，一般情況下不存在列國平等的思想，但是落實在現實的世界，有時也不得不做相當程度的修正。譬如西漢初年面對北方匈奴強大的威脅，被迫用歲奉財物的「和親政策」以維持北邊的安寧。西漢文帝給匈奴單于的書信說：「長城以北，引弓之國，受命單于；長城以內，冠帶之室，朕亦制之」，表示彼此平等相安無事。不過漢武帝出擊匈奴而匈奴下衰後，四周各民族陸續臣服，漢帝國大致能維持著「中華世界」的政治秩序。

然而漢帝國崩潰之後，魏、吳、蜀三國鼎立，「中華世界」的政治秩序隨之發生巨大的變動。首當其衝的是正統之爭，也就是誰才是眞正的皇帝？因爲皇帝是世界上最高的統治者，理論上只能有一個。魏文帝曹丕是依據漢獻帝禪讓而得位，當然是合法的正統繼承者；不過，蜀漢劉備宣稱曹丕的帝位是篡奪並殺害漢獻帝而來的（事實上獻帝並沒有被殺害），自己則是擁有漢室血脈，理當延續漢室的正統；東吳孫權既非漢帝禪讓，又非漢室血脈，只好到處假造符瑞，宣稱自己才是受天命的「眞命天子」。總之，正統理論只不過是要爲現實服務，在實力無法兼併彼此的情況下，只能賣力透過政治宣傳，對內取得統治的正當性，對外拉攏他方內部的勢力，以及招徠四周民族的臣屬。反過來說，如果四周來臣屬的國家愈多，不但能添加自己的外部勢力，同時也愈能彰顯自己統治的權威。因此，三國正統之爭反映在國際上，就成爲招攬朝貢的外交競賽。

## 四周各民族的發展

東漢末動亂以後，原本臣服於漢帝國的四周民族也出現了一些變動。北邊的南匈奴、羯、烏桓、鮮卑，西邊的氐、羌，基本上仍然臣服於據有中原的曹魏，但不滿的情緒蓄勢待發，埋下後來永嘉之亂的禍根，詳見本書第五章。

較值得注意的是，東北邊的遼東、朝鮮半島與日本以及南邊中南半島的動向。遼東半島屬於漢的幽州，漢末動亂後幽州人公孫度（一五〇—二〇四）割據遼東，建立實質獨立的政權；朝鮮半島曾在漢武帝時代設四個郡，後來撤廢，只留下北部的樂浪郡，漢末動亂後被公孫度攻占，併入公孫氏政權，但高句麗仍據有更北邊的鴨綠江北岸。

日本北九州有倭國在東漢光武帝時來朝貢，被賜予「漢委奴國王」金印，漢末動亂，倭國也發生內亂，平息後由女王卑彌呼所統治。

秦末漢初，嶺南到中南半島北部有趙佗割據的南越國，後來被漢武帝消滅，設置交州。東漢末交州豪族出身的士燮（一三七—二二六）任交趾郡太守，當時許多中原的文人名士避難到交州，士燮禮賢下士、興辦學校，建立實質獨立的政權。

遼東的公孫氏政權及交州的士燮政權，大致上都是利用漢末動亂招收流亡的人民與士人，擴張實力割據一方，讓魏、吳、蜀三國不能忽視他們的存在。

## 三國的外交戰與國際秩序

如本書第二章所述，魏、吳、蜀三國經過反覆的較量，最後還是不得不回到「吳蜀聯盟抗魏」的基本架構。吳、蜀為了互相結盟，甚至擱置彼此之間的正統之爭，諸葛亮可以彈性接受孫權「二帝並尊」的提議，共同對付曹魏。在這一基本架構底下，三國各自對外擴展外交。

曹魏因為擁有東漢帝國的核心區，原本臣服於漢的北邊、西邊各民族、國家大致仍然繼續臣服於曹魏，河西走廊以西的西域也是曹魏的地盤，鄯善（新疆若羌縣）、于闐、龜茲、大月氏等國都曾來向曹魏朝貢；倒是東北邊的公孫氏政權讓曹魏很傷腦筋，公孫氏表面向魏稱臣，卻想拉攏孫吳牽制曹魏，暗中和孫吳眉來眼去。遼東成為魏、吳外交爭奪的焦點。

公孫度的孫子公孫淵當權時，孫權曾派使者到遼東，試圖與公孫淵結盟。在孫權積極拉攏下，曹魏太和六年（二三二）公孫淵終於派使節向吳國稱臣。孫權大喜，立即封公孫淵為燕王，並且不顧群臣的強烈反對，派遣四百多人的大使節團及萬餘名士兵前往遼東。沒想到公孫淵在曹魏知悉而作勢要攻打遼東後，突然改變心意，殺吳國使節並向魏稱臣。

孫權聞訊後大怒，揚言要親自討伐公孫淵，在群臣勸阻下才打消念頭。景初二年（二三八）魏明帝不滿公孫淵首鼠兩端，派司馬懿征伐遼東，公孫淵向孫吳求救，但吳國援軍還沒來到，公孫淵就被滅了。

公孫氏政權被滅之後，原本也曾和孫吳眉來眼去的高句麗、日本的倭國，也紛紛來向魏朝貢，魏明帝封倭國女王卑彌呼爲「親魏倭王」。至此整個東北亞都臣服於曹魏。

相對於北方是曹魏的勢力範圍，南方則是孫吳的地盤。交州的士燮政權見孫吳強大，向吳稱臣。孫吳黃武五年（二二六）士燮死後，吳國就派大將呂岱誅殺士燮一族，將交趾郡直接納入管轄。然後要求更南邊的林邑（越南南部）、扶南（柬埔寨）、堂明（寮國北部）來朝貢。孫權派遣使者到這些地方，對當地的風土、特產等做了一番調查，使者朱應所著的《扶南異物誌》、康泰的《扶南土俗傳》、《吳時外國傳》等，都是不錯的成果。

黃龍二年（二三〇），孫權又派部將衛溫及諸葛直率領軍隊萬餘人，「浮海求夷洲及亶洲」，結果沒有到達亶洲，只從夷洲捉了幾千人回來（《三國志・吳書・孫權傳》）。軍隊經過一年多，「疾疫死者十有八九」，孫權很後悔，誅殺了執行任務失敗的衛溫及諸葛直。有人認爲夷洲可能是今天的臺灣，亶洲可能是菲律賓或日本的某地，不過這些多屬臆測，在學術界還沒有定論。

另一方面，蜀漢據守西南地區，雖然諸葛亮南征以招撫南中（雲貴高原）地區，也曾試圖連結涼州及西域諸國，譬如蜀漢建興五年（二二七）諸葛亮北伐時，曾有來自西域的月氏人與康居人率眾參與。不過似乎成效有限，西域諸國主要都向曹魏朝貢，在三國的招攬朝貢競賽中，蜀漢落居殿後。

總之，漢帝國瓦解之後，魏、吳、蜀三國鼎立，彼此互爭正統王朝的地位，又以「吳蜀聯盟抗魏」的基本架構，形成內圈的國際關係。各自又以自己爲中心，與周邊民族形成三個大小不等的「中華世界」，東、北、西三方是曹魏的勢力範圍，南方則是孫吳的地盤，蜀漢只有臣服西南地區。可以說漢帝國的分裂也促使「中華世界」的分裂，國際秩序於是變得多元而且複雜。

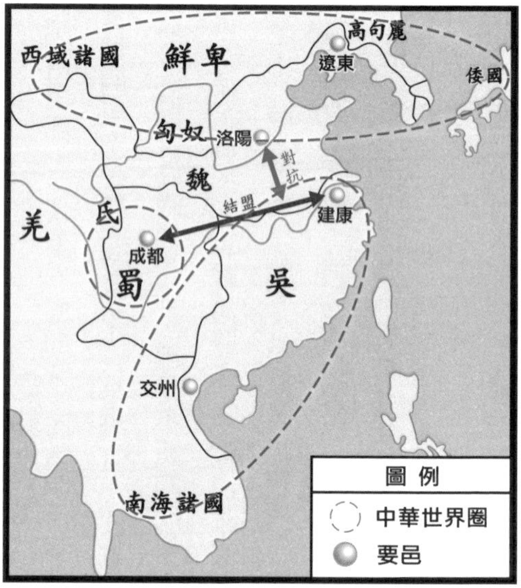

圖 12-1　三國時期國際秩序圖。

## 二、兩晉時期「中華世界」的分化

### 西晉時期的「中華世界」

太康元年（二八〇）西晉滅吳，中原王朝復歸大一統，「中華世界」的政治秩序也再度恢復爲以中國皇帝爲中心的世界體系，四周各民族、國家紛紛臣服於西晉王朝。

不過，這一種局面並沒有維持多久，永平元年（二九一）開始，西晉爆發八王之亂，情勢日益惡化，最後引起全面性的內戰，外族趁機蠢蠢欲動。元康六年（二九六）氐人齊萬年在關中起兵，永安元年（三〇四）匈奴劉淵起兵在山西自稱漢王，同年氐人李雄在四川自稱成都王，「中華世界」的政治秩序再度紛亂起來。

西晉滅亡之後，東晉政權在江南延續西晉的法統，但華北陷入五胡十六國的混亂，有些胡族政權也宣稱自己擁有正統性，整個「中華世界」

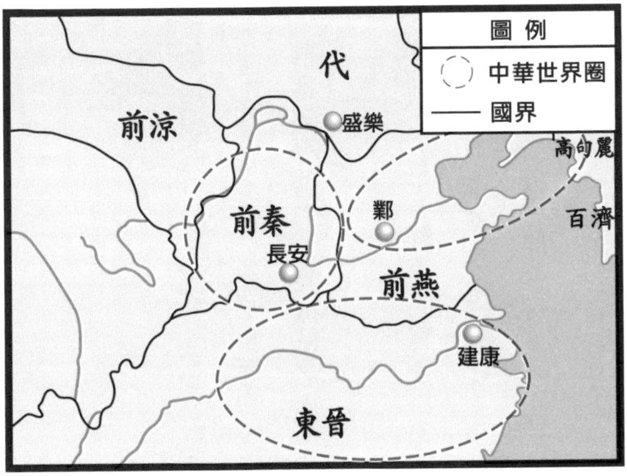


圖 12-2　東晉中期國際秩序圖。

再度出現多核心的政治秩序。

## 東晉的法統與朝貢國的變動

東晉元帝司馬睿出身於皇室的庶系，他的政權要宣稱延續西晉的法統，就必須贏得西晉舊勢力的擁護。因此，他雖然在晉愍帝被俘（三一六）之後，已是晉室僅存的較大勢力，但要在北方的抗胡將領劉琨等人，聯合鮮卑段部、慕容部等勢力上表擁戴之後，才登基稱帝（三一八）。

司馬睿即位後，冊封上表擁戴的段部鮮卑首領爲遼西公，慕容鮮卑的首領爲遼東郡公。後來慕容鮮卑日益壯大，東晉咸康三年（三三七）慕容皝自稱燕王（前燕），東晉被迫承認，仍然加以冊封，直到東晉永和八年（三五二）慕容儁入據中原稱帝，才正式斷絕和東晉的臣屬關係。

塞外草原新興的鮮卑拓跋氏，其首領拓跋猗盧曾與劉琨結拜爲兄弟，助劉琨與匈奴漢國交戰，因功績受西晉冊封爲代公、代王。但西晉滅亡後，代國拒絕東晉的冊封，還建立自己的年號，宣示與東晉名實都已沒有關係。

河西走廊地區，西晉末年動亂時涼州刺史張軌（二五五—三一四）收容流民，在河西形成割據政權（前涼），宣稱效忠於晉室。張軌死後，其子張寔被部下擁立繼任涼州牧，仍然宣稱效忠晉室，更於東晉建武二年（三一八）派人上表勸進司馬睿稱帝，可是卻一直沿用愍帝的年號「建興」，而不用東晉年號。直到東晉永和十年（三五四）張寔孫張祚稱帝，改元「和平」，才完全與東晉脫離關係。

朝鮮半島北邊的高句麗與東晉間的臣屬關係斷斷續續，原本向東晉朝貢（三三六、三四三），前燕慕容儁稱帝後，高句麗被迫改向國力強盛的前燕朝貢（三五五），但到東晉末年高句麗又向東晉朝貢（四一三）；朝鮮半島南邊的百濟，則在東晉後期經常遣使朝貢；日本列島的倭國，也在東晉末年遣使向東晉朝貢（四一三）。至於中南半島以及南海諸國，則一直延續傳統向東晉朝貢。

總而言之，永嘉之亂後，除了華北核心區淪入胡族政權之外，東晉初期大致上仍能延續西晉的法統，受各國朝貢。但東晉中期以後，正統權威逐漸下衰，羽翼漸豐的前燕慕容氏、涼州張氏陸續稱帝，高句麗改向前燕朝貢，東晉失去北方的朝貢國，只剩下中南半島及南海諸國，勢力範圍大約相當於孫吳時期。永和三年（三四七）桓溫滅四川的成漢，算是難得的擴張。東晉末年劉裕北伐滅南燕並領有山東半島後，朝鮮半島的高句麗、百濟及日本的倭國，才能夠再順利依循海路來向東晉朝貢。

## 五胡政權的「中華思想」

北方草原游牧民族在匈奴帝國強大時期，也有普遍王權的觀念，《漢書．匈奴傳》記載匈奴領袖的稱號說：「其國稱之曰『撐犁孤塗單于』。匈奴謂天爲『撐犁』、謂子爲『孤塗』。單于者廣大之貌也」也就是世界天子的意思。

然而匈奴下衰分裂後，南匈奴及草原各民族長期臣服於中原王朝，逐漸失去其獨立性，而華夏民族的優越意識則愈加強烈。因此當西晉末年并州刺史劉琨要拉攏羯族石勒時，在書信中說：「自古以來誠無戎人而爲帝王者，至於名臣建功業者，則有之矣。」（《晉書．石勒載記》）也就是說，胡人沒有資格當中華世界的帝王，頂多只能當個漢族皇帝底下的「名臣」。這種思想在當時應該是普及於胡漢社會，影響很大，因此當匈奴族劉淵起兵時，爲了要破除這種魔咒，特別強調：「帝王豈有常哉，大禹出於西戎，文王生於東夷，顧惟德所授耳。」只要有「德」，胡人也可以當中華世界的帝王。劉淵的宣言非常重要，表明他的起兵是要成爲中華世界的帝王。爲了強化他的正統性，劉淵以「漢」爲國號，強調匈奴與漢和親，血統上他是漢帝之甥，漢與匈奴「約爲兄弟，兄亡弟紹，不亦可乎」。因此，劉淵否定魏、晉的正統，追尊蜀漢後主，表示繼承漢的正統，「以懷人望」。（《晉書．劉元海載記》）

劉淵自幼飽讀漢人的經籍，深受「中華思想」的影響，因此建立政權後主張其統治

「中華世界」的正統性。從此華北許多胡族建立政權後，也都仿效這種主張，可以說影響深遠。自秦始皇用皇帝稱號以後，「皇帝」代表著絕對的道德和權威，許多胡族君主剛開始不敢急於稱帝，暫時稱「天王」，譬如石勒「稱趙天王，行皇帝事」、石虎稱「居攝趙王天」、苻健稱「大秦天王、大單于」，苻堅在位二十餘年也都只稱大秦天王，而未稱皇帝。不過，後來大部分胡族君主還是選擇了稱帝，表明他們是「中華世界」的正統帝王。（參見第五章）

劉淵的漢國宣稱繼承漢朝，否定魏、晉的正統。不過，東晉大興二年（三一九）劉曜將國號改為趙（前趙）時，卻宣稱繼承西晉的正統。後來支配中原的後趙、前燕、前秦、後秦等國也都提出各種說辭，宣稱自己的正統性，要求其他國家稱臣朝貢。他們既然宣稱自己是正統，當然就要否定東晉的正統性。後趙稱東晉為「遺晉」；前燕本來曾接受東晉的冊封，但稱帝之後卻稱東晉為「遺燼之虜」、「吳虜」；前秦也稱東晉為「遺晉」。有趣的是，後趙、前燕、前秦還設有「南蠻校尉」，作為準備統御東晉的將領稱號。「南蠻校尉」原本是西晉創立，用來統御南方異民族的官職，現在胡族國家卻用來對付東晉；前秦另又專設征討東晉的「平吳校尉」。

東晉寧康三年（三七五）前秦宰相王猛臨終向苻堅說：「晉雖僻陋吳越，乃正朔相承」，勸苻堅不要南侵東晉，顯示出東晉還是有一些「正朔」的象徵性。但義熙六年（四一〇）東晉劉裕北伐慕容氏的南燕，南燕被滅之前，太尉慕容鎮向漢族官員說：「卿等中華之士，復爲文身矣。」（《晉書．慕容超載記》）國家滅亡之後，你們這些中華之士，就要成爲被髮文身的蠻夷了，也就是把東晉看成是蠻夷。總之，以正統自居的胡族政權將東晉視爲南方的蠻夷，後來北魏稱南朝爲「島夷」，就是由此而來。

十六國之中有些國家實力較弱，或割據邊陲之地，或未入主中原之前，則多停留在「從屬國」的地位，向強國稱貢，譬如未稱帝之前的慕容氏、前涼張氏、代國拓跋氏、南涼禿髮氏、西秦、北涼、西涼等等。

總而言之，部分胡族君主在中原建國之後，以「中華世界」的正統帝王自居，要求四周諸國來臣服朝貢，與東晉的「中華世界」對立。有時多個胡族政權彼此互爭正統，國際秩序更爲複雜，而與東晉形成多核心的「中華世界」。

## 三、南北朝時期「中華世界」的紛立

### 南朝國際秩序的變動

南朝宋武帝劉裕接受東晉禪讓之後，當然宣稱繼承晉的正統，後來齊、梁、陳的君主蕭道成、蕭衍、陳霸先，也都是仿效禪讓，建立新政權，基本上南方的「中華世界」一脈相承。雖然各朝國力不同，來朝貢的國家也因而有所變動，但以建康都城爲中心的國際秩序並沒有根本的動搖，直到被北方的隋朝併滅。

影響南朝國際秩序變動的因素，較値得注意的是山東半島與四川盆地的歸屬。由於朝鮮半島的高句麗、百濟、新羅，以及日本列島的倭國，要前往東晉、南朝的都城建康最主要的途徑是沿海路到達山東半島後，再沿陸路到建康，因此山東半島的歸屬對當時的國際秩序有很重要的影響。東晉時期山東半島曾先後由前燕、前秦、後燕、南燕所統治，因此高句麗、百濟、倭國要往建康的使節常受到阻擾，直到義熙六年（四一〇）東晉劉裕北伐滅南燕擁有山東半島之後，這些國家才較頻繁的到達建康朝貢，而東晉、南朝也可聯合這些國家來牽制北朝。可是，泰始五年（四六九）以後山東半島因劉宋內部紛亂而被北魏攻占，這些國家的使節受阻，此後便依情勢不定時向南北朝進貢。大致上，高句麗、新羅、倭國主要向北朝進貢，百濟仍以向南朝進貢爲主。太清三年（五四九），百濟使節團不知道梁朝發生侯景之亂的情況下來到建康，看到建康大火、城闕荒毀而痛哭流涕。侯景大怒，把他們囚禁起來，直到侯景被平之後，他們才得以回國。

四川盆地位於長江上游，是通往青海、河西走廊、西域的重要中繼地，自東晉中期桓溫滅成漢之後，大致上掌握在東晉、南朝手中。南北朝時期，青海地區由吐谷渾統治，南朝常從四川透過吐谷渾，與西域的高昌（新疆吐魯番市）、龜茲、于闐等國通使，甚至與塞北草原的柔然結盟夾擊北魏。可是，南朝在侯景之亂後的動亂中發生蕭梁宗室內訌，大寶三年（五五二）西魏宇文泰乘機派大軍攻占四川盆地，至此南朝與西北邊各國的聯繫也中斷了。

此外，南海諸國基本上都與南朝保持頻繁的使節往還，南朝與南海各國有大量的貿易利益。當時位於交州南部的日南郡是印度洋、南海諸國北上的停靠點，劉宋時期為了加強控制日南郡，曾與林邑國不斷地爆發邊境衝突，劉宋大軍曾攻占林邑國首都，後來林邑復國再恢復朝貢貿易，從此南朝與南海諸國的朝貢貿易更加地順利頻繁。

如本書第六章所述，梁元帝蕭繹擅長繪畫，他畫的〈梁職貢圖〉描繪當時域外各國來朝的景象，從側面顯示出南朝盛世時期以建康為中心的「中華世界」。

## 北朝國際秩序的變動

鮮卑拓跋氏在「代國」時代臣屬於西晉，西晉亡後拓跋氏與東晉已無實質關係，並曾向後趙稱臣，後來亡於前秦。淝水戰後，前秦帝國瓦解，登國元年（三八六）拓跋珪復國，改稱魏王。皇始三年（三九八）拓跋珪攻占山西南部及河北地區之後稱帝，建立以自己為中心的「中華世界」。太延五年（四三九）太武帝拓跋燾統一華北，形成南朝與北朝二個「中華世界」的對立。這種對立表現在對彼此的稱呼上，北朝稱南朝為「島夷」，南朝則稱北朝爲「索虜」。前面說過，五胡十六國時代以正統自居的胡族政權，已將東晉視爲南方的蠻夷，北朝稱南朝爲「島夷」，即鄙視爲海島上的夷狄；鮮卑拓跋氏編髮爲辮，看起來像一條繩索，因此被南朝鄙視爲「索虜」。

雖然說表面上南北朝互相敵視，但彼此實力相當，長久僵持之後爲現實的利害考量，雙方不定時的互派使者「交聘」，各自宣稱對方來朝貢，事實上是維持雙方對等的和平關係，以利於邊境貿易所得的實惠。

如本書第七章所述，北魏孝文帝遷都洛陽後進行全面的漢化改革，他最重要的目的，無非就是要彰顯其在「中華世界」的正統地位。展現在洛陽的都城建設上，城南設有「四夷館」及「四夷里」，以安置四方來歸降者。譬如其中有「歸正里」，民間又叫做「吳人坊」，住著從南朝來投附的人。「四夷里」所住的人，最盛時期超過一萬戶，可見北朝「中華世界」的盛大。

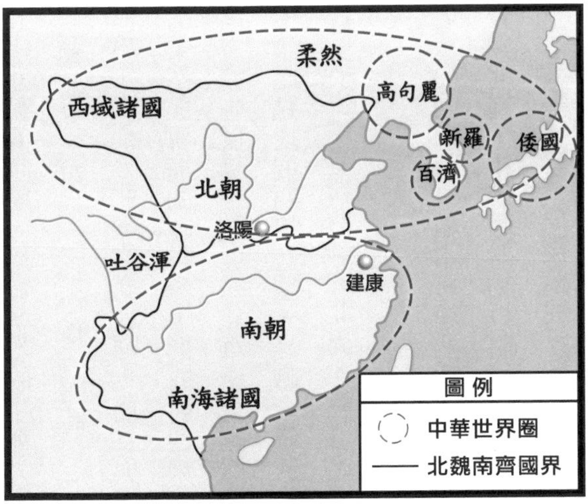


圖 12-3　南北朝時期國際秩序圖。

北魏六鎮之亂後，分裂爲東魏與西魏，雙方互爭北魏的正統，爆發多次的生死大戰，但還是無法併滅對方。南北對立的局面遂演變爲三國鼎立，可稱之爲「後三國時代」，於是出現大小不等的三個「中華世界」。其中東魏繼承了大部分北魏的朝貢國，而且與南朝梁延續先前的南北「交聘」關係，加上聯合塞北的柔然與青海的吐谷渾，形成對西魏的四面包圍。這種形勢大致維持到六世紀中葉，直到南方發生侯景之亂與塞北草原突厥興起取代柔然稱霸，改變了當時的國際形勢。西魏利用侯景之亂攻取四川盆地，又聯合新興的突厥侵擾北齊，完全擺脫被包圍的孤立局面，日漸壯大，後來繼西魏的北周才能憑此滅北齊，一統華北。

在上述國際秩序大變動中，新興的突厥扮演著重要的角色。如本書第八章所述，突厥原本與北周聯合侵擾北齊，後來他鉢可汗看到北齊與北周爭相餽贈財物以討好突厥，於是採取和雙方都保持等距的外交策略，常對屬下說：「但使我在南兩箇兒孝順，何憂無物邪。」（《周書．突厥傳》）他鉢可汗把北齊、北周比喻成兩個兒子，可見此時突厥氣勢之盛，凌駕當時的「中華世界」。

## 東亞多元的「中華世界」

在上述南北朝時期，朝鮮半島與日本列島的國家有進一步的發展。簡單地說，朝鮮半島發展成高句麗、百濟、新羅三國，日本列島的倭國也更爲壯大。這些國家一方面向南北朝遣使朝貢，但另一方面都吸收了「中華思想」，形成以各自爲中心的「中華世界」。譬如，高句麗著名的君主好太王（三九一—四一二在位）時代，開始稱「太王」、建立年號，並將自己國家與百濟、新羅的關係界定爲「朝貢」關係。倭國約在劉宋後期，君主開始稱「大王」，將其勢力所及之地，包括倭國及朝鮮半島南部等周邊諸國稱爲「天下」。百濟在齊、梁時期有十個左右的從屬國，形成以自己爲中心的天下；新羅也開始使用獨自的年號（五三六），出現自己的天下體系。

如果依照年代排序，「中華思想」從中原王朝發源，被五胡諸國、北魏所接收，再擴散到高句麗、倭國、百濟、新羅，同時也形成以各自爲中心的「中華世界」。如果合併東晉、南朝的「中華世界」而觀之，整個東亞地區可以說同時存在著許多個大小不等的「中華世界」。隋併滅陳，只是華北的「中華世界」併滅了江南的「中華世界」。朝鮮半島與日本各國與隋保持臣屬或對等關係，但各自以自己爲中心的「中華世界」，則仍然繼續存在。

## 四、絲綢之路與文化交流

### 陸上絲綢之路

漢武帝爲聯絡西邊國家夾擊匈奴，派遣張騫通使「西域」，開通了中原地區與中亞地區（西域）的交流。雖然在此之前中原與西域並非完全沒有往來，但此一創舉被《漢書》的作者班固稱之爲「鑿空」，清楚地顯示其劃時代的意義。

自從張騫通西域之後，中原與西域的政治關係雖然屢有變動，但貿易、文物的交流基本上一直持續地進行，即使魏晉南北朝時期中原地區動亂不斷，中原與西域的交流不但沒有減緩，反而更加頻繁。由於中原與西邊各國的貿易，絲綢始終是占大宗的地位，後世遂稱彼此的貿易路線爲

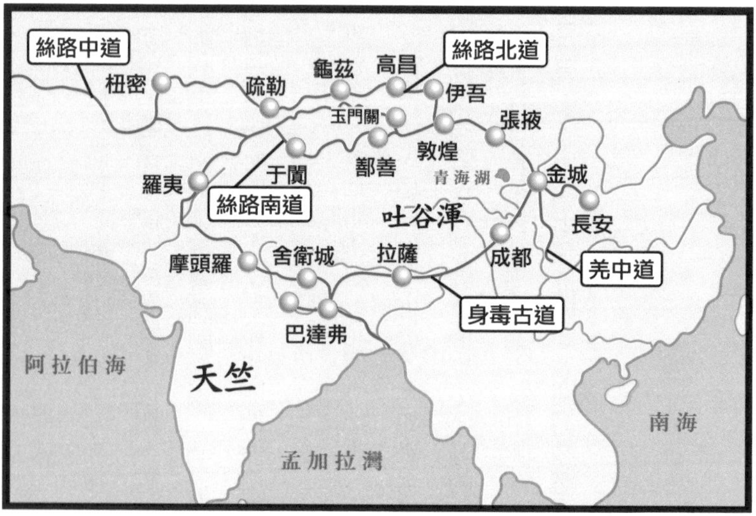


圖 12-4　魏晉南北朝陸上絲路圖。

「絲綢之路」。不過，絲綢貿易還有一條經由南海、印度洋的航海路線，因此兩者分別稱之爲「陸上絲綢之路」與「海上絲綢之路」。

魏晉南北朝時期，中原地區與西邊國家的交通路線，從敦煌玉門關出發分北、中、南三道。北道由玉門關西北向西，沿天山北麓，渡伊犁河後穿越中亞草原，最後可到達黑海之濱的拜占庭帝國；中道沿天山南麓的綠洲通往伊朗高原，再沿幼發拉底河、底格里斯河南下波斯灣；南道沿塔克拉瑪干沙漠南緣，經阿富汗進入印度河流域，可再由西邊海港抵達阿拉伯海。

南方地區要與西邊國家聯繫，則由四川盆地出發，經青海湖，沿河西走廊西行，穿越柴達木盆地進入西域。此道古稱「羌中道」；南北朝時吐谷渾統治青海、河西，因此又稱爲「吐谷渾路」。蜀漢、東晉、南朝都是經由此道與西域各國聯

圖 12-5　魏晉南北朝海上絲路圖。

繫。另外還有一條西南陸上通道，由四川盆地出發，經雲貴高原入緬甸再到印度，由於印度古稱身毒，因此這一路線又稱爲「蜀身毒道」。

## 海上絲綢之路

漢代與南海的交通已很發達，孫權立國江南之後更積極向海外拓展，前述派使節連結遼東的公孫淵、派大軍到海外尋找亶洲、夷洲等都是例證，不過這些活動都以失敗告終，倒是往南海的拓展較有成果。黃武五年（二二六）孫權派遣朱應、康泰出使南海諸國，足跡已達馬來西亞南端，對中南半島、爪哇、蘇門答臘乃至印度（天竺）都有一定的了解，當時與這些地區的海上貿易路線，大致上已相當通暢。

東晉、南朝時期對南海諸國的交通區域又進一步擴大，有派遣使節往返的國家更進一步遍及到巴里島、斯里蘭卡等地區。廣州番禺（廣州市）是當時對外貿易的主要港口，航路上外國船來的多，中國船去的少。進口貨物主要是香料，出口貨物主要是絲綢。

## 人員的往來

在以上絲綢之路往來的人員，除了戰亂時的軍隊與流民之外，平時以政府的使節人員、貿易商人以及傳教與取經的僧人爲主。

北亞草原一向是游牧民族的天地，不過游牧民族強大之後南侵，與中原王朝對抗，屢興屢衰。魏晉南北朝時期草原上主要的游牧民族，先後有匈奴、鮮卑、柔然（又稱蠕蠕、芮芮、茹茹）、高車、突厥等，在此一時期部分南下進入中原，部分西遷到中亞、歐洲，促成中古歐洲的民族大遷徙。中原地區的戰亂則促使部分流民西遷到河西走廊一帶，不過再往西到西域的流民似乎並不多。

當戰亂稍微緩和時期，政府之間的使節往返就頻繁起來了。曹魏、西晉、前秦、北魏時期與西邊各國的使節往返可說絡繹不絕。除了西域的綠洲國家之外，當時西邊較強大的國家，包括中亞的嚈噠（又稱白匈奴、滑國）、阿富汗地區的大月氏貴霜帝國、西亞的薩珊波斯、印度的笈多王朝、犍陀羅國、歐洲的羅馬帝國（大秦國）、東羅馬帝國（拜占庭帝國），都曾經由「陸上絲綢之路」與中原王朝有使節往返。如前所述，蜀漢、東晉、南朝也曾由「吐谷渾路」與西域各國通使。至於「海上絲綢之路」，孫吳時期已派遣使節到達馬來西亞南端，與東南亞各國都有使節往返。東晉、南朝時期使節往返更遍及到峇里島、斯里蘭卡、印度等地區的國家。由上可見，不論是「陸上絲綢之路」或「海上絲綢之路」，都有頻繁的使節人員往來。

「絲綢之路」上往來最多的人員是貿易商人，商人為逐利，不論戰時或平時，都會不惜冒死前往。這個時期「絲綢之路」上最活躍的商人是來自中亞的粟特人。粟特人是古伊朗民族之一，世代繁衍聚居在中亞錫爾河與阿姆河（烏滸水）之間（又稱河中地區），該地土地肥沃，氣候適中，適合農耕，又是亞洲腹地、絲綢之路的樞紐，四周被經濟發達的文明古國包圍，東西方物質文化在此薈萃，成爲歐洲、西亞、印度、中國各地奇珍異寶的聚散地、絲綢貿易的中轉站和大倉庫，因此粟特人是半農半商的民族，更是天生的商人。他們以今日烏茲別克的撒馬爾罕爲中心，建立許多綠洲國家，如康國、安國、曹國、何國、史國、石國等等，其中以康國爲最大，中國史書稱他們爲昭武九姓諸國。他們在政治上雖然常常受到四周強國的統治，但始終能操控絲綢之路上的貿易，不僅在河西、北朝的大都市長安、洛陽、晉陽、鄴城，南朝的襄陽、成都、建康都形成聚落，在印度諸國和中南半島也都有經商據點。西魏在外交被孤立時，宇文泰就是透過粟特人與突厥建立聯繫；東魏、北齊的粟特商人不但享貿易之利，也進出官界。北齊有名的「恩倖」人物和士開、唐代安史之亂的主角安祿山、史思明都是粟特人出身，當時粟特商人也被稱爲「胡

圖 12-6　虞弘墓誌蓋。By Underbar dk, via Wikimedia Commons, CC BY-SA 4.0.

商」或「商胡」。西元一九九九年山西省太原市發現的隋代虞弘墓、西元二〇〇〇年陝西省西安發現的北周安伽墓，墓主人虞弘、安伽都是粟特人的首領「薩保」，當時政府設立音譯粟特語的「薩保」官職，來管理以粟特人爲主的外國人事務。

另外，絲綢之路上的商人也有不少是波斯商人，也有來自羅馬帝國的商人。孫吳時期有自稱秦論的大秦（羅馬帝國）商人來到交趾，交趾太守吳邈將秦論送至建業，秦論向孫權介紹大秦的風土人情，孫權則送給秦論「山越」男女各十人，並派人護送他回國。總之，「絲綢之路」之所以被稱爲「絲綢之路」，正是由於商人藉此通路運送販賣絲綢而來。

圖 12-7　大同雁北師院北魏墓群出土粟特陶俑。大同市考古研究所張志忠提供。

魏晉南北朝時期往來於「絲綢之路」上的人群，還有一類是宗教人士。當時從西邊東傳的宗教，主要是佛教與祆教。祆教又稱拜火教，從西亞向外傳播，前述粟特人大多信奉祆教，不過粟特人主要的活動是經商，而非傳教。佛教高僧則是熱忱的傳教士，此時期也正是佛教在中國快速傳播的年代，不論是由西邊來中國傳教的高僧，或是由中國到西邊求佛經的僧侶，可說是不絕於途。東來傳教最有名的高僧，如安世高、支讖、康僧會、佛圖澄、鳩摩羅什、曇無讖等人；西去求佛經最有名的，如朱士行、法顯、宋雲等人，都對佛教的傳播有重大的貢獻。

以上各類往來於絲綢之路的人士，寫了不少親身見聞的旅行記、風土記，可惜絕大多數已經散佚，目前還能夠輯出佚文的旅行記、風土記，各約二十多種。其中較著名的如東吳康泰的《扶南傳》、萬震的《南州異物志》；晉釋道安的《西域記》、魏完的《南中志》、郭義恭的《廣志》、法顯的《法顯傳》（又名《佛國記》）；南朝劉宋佚名的《林邑記》；北魏宋雲的《宋雲行記》等等，成爲研究當時西域、南海的重要史料。

## 文物的交流

絲綢之路促進東西方的文物交流，從中國傳到外國的物產，較有名的包括絲綢、鐵器、漆器、銅器、玉器、茶葉，以及桃、杏等水果，肉桂、黃連等藥材。從外國傳到中國的物產，較有名的包括各種香料以及奇珍異獸之類，如珊瑚、珍珠、玳瑁等珍寶，獅子、大象、鴕鳥、犀牛、鸚鵡、孔雀等珍禽異獸，還有一般的農產如葡萄、檳榔、棉布、波斯錦、冰糖、椰棗等。另外，馬匹是南北朝都熱切向外搜求的，當時傳入中國的名馬是波斯馬，也有很多駱駝輸入北朝。

除了上述經常性的物產交流之外，近期考古更發現許多特殊的工藝製品及技術的交流。以外國傳入中國的工藝品或技術而言，近百年來華北發現了大量薩珊波斯的銀幣和東羅馬帝國的金幣，反映了東西方貿易往來的頻繁；遼寧北燕馮素弗墓出土了五件罕見的透明玻璃器，其中一件鴨形水注很可能是來自埃及；北魏太武帝時，有大月氏的商人來到京師平城傳授鑄造琉璃（五色玻璃）的技術，一度造成琉璃價格的下跌，可惜不久該工藝便失傳了；中國古代的馬用以駕車，戰國時代趙武靈王學習北方胡人的「胡服騎射」，騎兵逐漸被重視。當時騎兵的戰術主要是以單兵「騎射」，很少兵團的衝擊肉搏。西漢武帝時衛青、霍去病改良戰術，把步兵的衝鋒戰術移植到騎兵而大敗匈奴，東漢末又從西方傳入在馬匹身上披上鎧甲的重甲騎兵。重甲騎兵又稱爲甲騎或鐵騎，因鎧甲可保護戰馬而加強衝擊戰力，約在西元前五世紀就盛行於波斯。漢末袁紹的軍隊有三百具的騎兵鎧甲，可能是中國最早使用的甲騎，此後重甲騎兵大爲盛行，成爲魏晉南北朝時期戰場的主力。不過鎧甲加重馬匹的負擔，因此甲騎也有機動性較差的缺點。南北朝後期新興的突厥以未披鎧甲的輕騎兵打敗柔然的甲騎，隋末起兵的唐軍也以輕騎兵打敗隋朝的甲騎，此後輕裝騎兵才取代甲騎成爲戰場上的主力。

至於中國傳到外國的技術，最重要的應是養蠶絲織技術以及造紙術。絲綢傳到西方之後，廣受社會各階層的喜愛，在供不應求的情況下，自然促使養蠶及絲織技術的西傳。三世紀之後，西域各國陸續習得養蠶及絲織的技術，後來又傳到西亞的波斯，波斯人發展出有民族特色的波斯錦，再東傳影響中國絲綢的織法與花樣；如第九章所述，東漢蔡倫改良造紙術之後，用紙張書寫逐漸普及，並流傳到四周地區。英國考古學家斯坦因在西域羅布泊附近發現寫有泰始六年（二七〇）、永嘉六年（三一二）年號的紙；斯文赫定在樓蘭發現寫有嘉平四年（二五二）、咸熙二年（二六五）、永嘉四年（三一〇）等年號的紙。後來考古學者又在西域吐魯番、焉耆（新疆焉耆縣）、庫車、于闐等地發現大量紙張書寫的古文書，紙張也在薩珊波斯王朝時期傳到西亞，但數量應該不多。以上所看到的紙張應該是由中國西傳的。至於造紙術，三世紀時已南傳到交州，四世紀時東傳到朝鮮半島，七世紀再傳到日本。西域在六世紀時已有當地自製的紙，七世紀再傳到中亞撒馬爾罕。不過一般認爲眞正技術的西傳，是天寶十年（七五一）唐朝軍隊在怛羅斯之役敗給大食（阿拉伯），軍隊內的造紙匠被虜到撒馬爾罕設造紙廠之後。

圖 12-8　重甲騎兵圖。滙圖網提供。

## 思想文化的交流

魏晉南北朝時期中外思想文化交流，最重要的是伴隨著佛教在中國的快速傳播，佛教的來世思想，以及來自中亞、印度、西亞、歐洲的各種文化因素大量的傳入中國，衝擊著華夏的古典文化，幾近到由量變到質變的程度。限於篇幅，以下概略的陳述。

華夏的古典文化重視現實的當下（今生），較少觸及來世或死後世界的精神幻滅轉變等問題，即使道教思想熱衷於長生不死或死後成仙，也是一種著重現實的思想。佛教的生死觀則是宣揚「六道輪迴」、「三世因緣」、「因果報應」等來世思想，爲著重現實的華夏古典文化開啓新的視野與想像。佛教在中國傳播之後落地生根，發展成中國化的佛教。雖然在思想領域未能完全取代儒家的主導地位，但已改變「獨尊儒術」的傳統。漢代士人獨尊儒學，隋唐以後士人則多崇尚融合儒、釋、道三教；隨著佛教的流傳，與佛教相關的建築（寺塔）、雕刻（石窟佛像）、繪畫（壁畫）也大量的進入中國，其中包含著來自中亞、印度、西亞、

圖 12-9　南朝梁蕭景墓石刻神道石柱。By 章博，via Wikimedia Commons, CC BY-SA 4.0.

歐洲的各種文化因素。譬如最有名的犍陀羅佛教藝術，用希臘、羅馬式的裝飾手法雕刻佛像、表現佛經故事，佛像身著希臘、羅馬氏披袍，表情沉靜，帶有明顯西方人面孔，頭髮自然捲曲；西亞薩珊波斯藝術流行的有翼獸立體雕像，傳入中國後成為南北朝非常流行的鎮墓獸，南朝皇陵前就常見有希臘式石柱和有翼獸的立體雕像；另外，印度傳入的醫學、天文曆法、甚至大量的梵文詞彙成爲中文的常用語，如世界、無量、平等、因緣、剎那、覺悟、神通等，文學思想也深受佛教的影響，佛教樂曲（梵唄）成爲民俗文化的重要成分等等。總之，魏晉以後華夏古典文化大量吸收印度佛教文化，到了隋唐的中國文化，可以說是成爲和前二者相當不同的「第三文化」。

相對於前述「中華思想」向朝鮮半島、日本的傳播，促使東亞地區出現多元的「中華世界」，中國思想文化向西邊的傳播卻相當有限。即使是較接近中原地區的西域各國不斷向南北朝遣使，但多著重於經貿利益，鮮少受到「中華思想」的影響，更西邊的中亞、印度、西亞、歐洲，在思想文化上受到中國的影響則更爲稀少。如果借用進出口貿易的概念，在思想文化的交流上，中國向東邊地區是「出超」，向西邊地區卻是「入超」。

中國人長久以來懷抱著「中華思想」，以文明的中心自居，但在受到佛教文化的影響之後，許多佛教僧侶產生以佛祖所生地天竺（印度）爲上國的觀念。四世紀時，佛教界的本土巨星釋道安，常歎息自己出生在距離天竺遙遠的「異國」、「邊土」；另一巨星釋道安的弟子釋慧遠，經常使用「上國」一語來稱天竺。五世紀以後（南北朝時期），到底世界的中心是在天竺或中國，已廣泛地被討論。法顯西行求經到達印度時，正是岌多王朝（三一九—五五〇）的全盛時期，同行的僧人道整震懾於印度佛教的威儀完美，「誓言自今已去，至得佛，願不生邊地。故遂停不歸」。（《高僧法顯傳》）由於法顯已發願要讓戒律流通漢地，因此獨自還國。後來他寫《佛國記》，也是以天竺為「中國」，而以中國為「邊地」。

上述以天竺為世界中心的「天竺中土說」，到了唐代的道宣（五九六—六六七）被推廣到極致；不過其後《通典》的作者杜佑（七三五—八一二）則極力斥「天竺中土說」為怪誕，堅持「中國中土說」；韓愈（七六八—八二四）則又以儒家的立場斥佛教為夷狄之教，相關的論爭延續到晚唐五代。宋代以後佛教已完全中國化，「中國中土說」才又占上風。儘管如此，佛祖來自西方，西方仍然是庶民百姓信仰中的聖地，死後前往西方極樂世界，成為庶民百姓永遠的嚮往，這是前述思想文化「入超」最簡單的寫照吧。

# 參考書目

## 一、專書

### 中文


丸橋充拓著，林琪禎譯，《岩波新書．中國的歷史2．江南的發展》，臺北：聯經出版事業公司，二〇二一。

中村圭爾等編，《中日古代城市研究》，北京：中國社會科學出版社，二〇〇四。

仇鹿鳴，《魏晉之際的政治權力與家族網絡》，上海：上海古籍出版社，二〇一五。

毛漢光，《中國中古政治史論》，臺北：聯經出版事業公司，一九九〇。

王仲犖，《魏晉南北朝史》，上海：上海人民出版社，一九七九。

王怡辰，《東魏北齊的統治集團》，臺北：文津出版社，二〇〇六。

王明珂，《華夏邊緣——歷史記憶與族群認同》，臺北：允晨文化事業公司，一九九七。
王玲，《中國茶文化》，北京：九州出版社，二〇〇九。
田福生，《關羽傳》，北京：中國文史出版社，二〇〇七。
田餘慶，《拓跋史探》，北京：生活．讀書．新知三聯書店，二〇〇三。
田餘慶，《東晉門閥政治》，北京：北京大學出版社，一九八九。
田餘慶，《秦漢魏晉史探微》，北京：中華書局，一九九三。
朱大渭等編著，《魏晉南北朝社會生活史》，北京：中國社會科學出版社，二〇〇五。
何茲全、張國安，《魏晉南北朝史》，北京：人民出版社，二〇一九。
何啓民，《中古門第論集》，臺北：臺灣學生書局，一九八二。
何啓民，《竹林七賢研究》，臺北：臺灣學生書局，一九八四。
何啓民，《魏晉思想與談風》，臺北：臺灣學生書局，一九九〇。
何德章，《魏晉南北朝史叢稿》，北京：商務印書館，二〇一〇。
余太山，《兩漢魏晉南北朝與西域關係史研究》，北京：商務印書館，二〇一一。
余英時，《中國知識階層史論（古代篇）》，臺北：聯經出版事業公司，一九八〇。
呂思勉，《兩晉南北朝史》，臺北：開明書店，一九六九。
呂春盛，《北齊政治史研究——北齊衰亡原因之考察》，臺北：國立臺灣大學出版委員會，一九八七。
呂春盛，《陳朝的政治結構與族群問題》，臺北：稻鄉出版社，二〇〇一。
呂春盛，《關隴集團的權力結構演變——西魏北周政治史研究》，新北：稻鄉出版社，二〇〇二。
李金河，《魏晉隋唐婚姻形態研究》，濟南：齊魯書社，二〇〇五。
李碩，《南北戰爭三百年：中國4–6世紀的軍事與政權》，上海：上海人民出版社，二〇一八。
谷川道雄著，耿立群譯，《世界帝國的形成》，臺北：稻鄉出版社，一九九八。
谷川道雄著，馬彪譯，《中國中世社會與共同體》，北京：中華書局，二〇〇二。
周一良，《魏晉南北朝史札記》，北京：中華書局，一九八五。
周一良，《魏晉南北朝史論集》，北京：中華書局，一九六二。
林富士，《疾病終結者：中國早期的道教醫學》，臺北：三民書局，二〇〇一。
金文京著，林美琪譯，《三國志的世界：東漢與三國時代》，新北：臺灣商務印書館，二〇一八。
侯旭東，《北朝村民的生活世界：朝廷、州縣與村里》，北京：商務印書館，二〇〇五。
南川高志編，許郁文譯，《歷史的轉換期2．崩解的古代帝國秩序．378年》，新北：臺灣商務印書館，二〇二一。
姚大中，《南方的奮起》，基隆：三民書局，一九六七。
姚薇元，《北朝胡姓考》，臺北：華世出版社，一九七七。
紀宗安，《9世紀前的中亞北部與中西交通》，北京：中華書局，二〇〇八。
唐長孺，《魏晉南北朝史拾遺》，北京：中華書局，一九八三。
唐長孺，《魏晉南北朝史論叢》，北京：生活・讀書・新知三聯書店，一九五五。
唐長孺，《魏晉南北朝隋唐史三論》，武漢：武漢大學出版社，一九九八。
唐翼明，《魏晉清談》，臺北：東大圖書公司，二〇一九。
孫同勛，《拓跋氏的漢化及其他》，臺北：稻鄉出版社，二〇〇五。
宮崎市定著，邱添生譯，《中國史》，臺北：華世出版社，一九八〇。
宮崎市定著，廖明飛、胡珍子譯，《大唐帝國：中國的中世》，杭州：浙江大學出版社，二〇二一。
祝總斌，《材不材齋文集：中國古代史研究》，西安：三秦出版社，二〇〇六。
馬長壽，《烏桓與鮮卑》，上海：上海人民出版社，一九六二。
高敏，《魏晉南北朝社會經濟史探討》，北京：人民出版社，一九八七。
康樂，《從西郊到南郊——國家祭典與北魏政治》，新北：稻禾出版社，一九九五。

張大可，《三國史研究》，北京：商務印書館，二〇一三。
張作耀，《孫權傳》，新北：臺灣商務印書館，二〇一八。
張承宗，《六朝婦女》，南京：南京出版社，二〇一二。
張金龍，《北魏政治史（七）》，蘭州：甘肅教育出版社，二〇一一。
張國剛，《胡天漢月映西洋：絲路滄桑三千年》，北京：生活・讀書・新知三聯書店，二〇一九。
張鶴泉，《魏晉南北朝史——一個分裂與融合的時代》，臺北：三民書局，二〇一〇。
莊萬壽，《嵇康研究及年譜》，臺北：臺灣學生書局，一九九〇。
許倬雲，《許倬雲觀世變》，桂林：廣西師範大學出版社，二〇〇八。
陳正祥，《草原帝國——拓跋魏王朝之興衰》，香港：中華書局，一九九一。
陳勇，《漢趙史論稿：匈奴屠各建國的政治史考察》，北京：商務印書館，二〇〇九。
陳彥良，《通貨緊縮與膨脹的雙重肆虐：魏晉南北朝貨幣史論》，新竹：清華大學出版社，二〇一三。
陳寅恪，《陳寅恪先生全集（上、下）》，臺北：里仁書局，一九七九。
陶宏亮編，《海上絲綢之路》，北京：海洋出版社，二〇一七。
陸威儀（Mark Edward Lewis）著，李磊譯，《哈佛中國史 02 分裂的帝國：南北朝》，北京：

中信出版集團，二〇一六。
富谷至著，劉恒武譯，《木簡竹簡述說的古代中國：書寫材料的文化史》，北京：人民出版社，二〇〇七。
逯耀東，《魏晉史學的思想與社會基礎》，臺北：三民出版社，二〇〇〇。
馮友蘭、李澤厚等著，《魏晉風度二十講》，北京：華夏出版社，二〇〇九。
黃永年，《六至九世紀中國政治史》，上海：上海書店出版社，二〇〇四。
楊泓，《中國古兵與美術考古論集》，北京：文物出版社，二〇〇七。
楊照，《不一樣的中國史5：從清議到清談，門第至上的時代——東漢、魏晉》，臺北：遠流出版公司，二〇二〇。
楊照，《不一樣的中國史6：從世族到外族，華麗虛無的時代——魏晉南北朝》，臺北：遠流出版公司，二〇二〇。
萬繩楠整理，《陳寅恪魏晉南北朝史講演錄》，合肥：黃山書社，一九八七。
葛劍雄，《中國移民史：第二卷．先秦至魏晉南北朝時期》，福州：福建人民出版社，一九九七。
榮新江，《中古中國與外來文明》，北京：生活．讀書．新知三聯書店，二〇〇一。
趙岡，《中國城市發展史論集》，臺北：聯經出版事業公司，一九九五。

劉昭民，《中國歷史上氣候之變遷》，臺北：臺灣商務印書館，一九九四。
劉淑芬，《六朝的城市與社會》，臺北：臺灣學生書局，一九九二。
劉學銚，《海上絲綢之路》，西安：陝西人民出版社，二〇一九。
潘吉星，《中國科學技術史．造紙與印刷卷》，北京：科學出版社，一九九八。
鄭欽仁，《北魏官僚機構研究續篇》，臺北：稻禾出版社，一九九五。
鄭欽仁、吳慧蓮、呂春盛、張繼昊，《魏晉南北朝史（增訂本）》，臺北：里仁書局，二〇〇七。
鄭欽仁編，《中國文化新論．制度篇．立國的宏規》，臺北：聯經出版事業公司，一九八二。
繆鉞，《讀史存稿》，香港：三聯書店，一九七八。
鎌田茂雄著，關世謙譯，《中國佛教通史．第二卷》，高雄，佛光出版社，一九八六。
韓國磐，《南北朝經濟史略》，廈門：廈門大學出版社，一九九〇。
顏尚文，《梁武帝》，臺北：三民書局，一九九九。
顏進雄，《六朝服食風氣與詩歌》，臺北：文津出版社，一九九三。
羅宏曾，《魏晉南北朝文化史》，成都：四川人民出版社，一九八九。
羅新，《內亞淵源：中古北族名號研究》，北京：社會科學文獻出版社，二〇二三。

羅新，《王化與山險：中古邊裔論集》，北京：北京大學出版社，二〇一九。

## 日文

三崎良章，《五胡十六国：中国史上の民族大移動》，東京：東方書店，二〇〇二。
三崎良章，《五胡十六国の基礎的研究》，東京：汲古書院，二〇〇六。
川本芳昭，《中華の崩潰と擴大：魏晉南北朝》，東京：講談社，二〇〇五。
川本芳昭，《東アジア古代における諸民族と國家》，東京：汲古書院，二〇一五。
川本芳昭，《魏晉南北朝時代の民族問題》，東京：汲古書院，一九九八。
川勝義雄，《中國の歷史3・魏晉南北朝》，東京：講談社，一九七四。
川勝義雄，《六朝貴族制社會の研究》，東京：岩波書店，一九八二。
內田吟風，《北アジア史・匈奴篇》，京都：同朋舍，一九八八。
田村實造，《中國史上の民族移動期——五胡・北魏時代の政治と社会——》，東京：創文社，一九八五。
吉川忠夫，《六朝精神史研究》，京都：同朋舍，一九八六。
安田二郎，《六朝政治史の研究》，京都：京都大學學術出版會，二〇〇三。
谷川道雄，《增補・隋唐帝國形成史論》，東京：筑摩書房，一九九八。

宮川尚志，《六朝史研究・政治社會篇》，東京：日本學術振興會，一九五六。
宮崎市定，《九品官人法の研究》，京都：同朋舍，一九五六。
越智重明，《魏晋南朝の人と社会》，東京：研文出版，一九八五。
越智重明，《魏晋南朝の政治と社会》，東京：吉川弘文館，一九六三。
越智重明，《魏晋南朝の貴族制》，東京：研文出版，一九八二。
森鹿三、外山軍治，《東洋の歴史——分裂の時代》，東京：文物往來社，一九六七。
會田大輔，《南北朝時代——五胡十六から隋の統一まで》，東京：中央公論新社，二〇二一。
福原啓郎，《魏晉政治社会史研究》，京都：京都大學學術出版會，二〇一二。
窪添慶文，《北魏史——洛陽遷都の前と後》，東京：東方書店，二〇二〇。
濱口重國，《秦漢隋唐史の研究》，東京：東京大學出版會，一九六六。

## 二、論文

### 中文

王邦維，〈佛教的「中心」對中國文化優越感的挑戰〉，《國學研究》，二五（北京，二〇一〇），頁四五—五九。
王援朝，〈唐初甲騎具裝衰落與輕騎兵興起之原因〉，《歷史研究》一九九六：四（北京，一九九六），頁五〇—五八。
王菊艷，〈從《木蘭詩》看北朝民族文化精神——兼談《木蘭詩》的主題〉，《北朝研究》一九九二：三（大同，一九九二），頁三一—三五。
王貴祥，〈北魏洛陽永寧寺塔可能原狀再探討〉，《建築史學刊》，二〇二二：三（北京，二〇二二），頁一一〇—一二一。
王鏗，〈論南朝宋齊時期的「寒人典掌機要」〉，《北京大學學報》，一九九五：一（北京，一九九五），頁一〇〇—一〇七。
申旭，〈關於堂明國若干問題的考辨〉，《東南亞》，一九八四：二（昆明，一九八四），頁一九—二五。
全漢昇，〈中古自然經濟〉，收於氏著《中國經濟史研究（一）》（新北：稻鄉出版社，二〇〇三），頁一—一四一。
朱大渭，〈千古名將獨一人——關羽人神辨析〉，收入氏著，《六朝史論續編》（北京：學苑出版社，二〇〇八），頁二二六—一五六。
朱大渭，〈北魏末年人民大起義若干史實的辨析〉，收入氏著，《六朝史論》（北京：中華書局，一九九八），頁四五七－四八一。
何啓民，〈永嘉亂後流人問題與州郡縣的僑置〉，收入氏著，《何啓民教授史學論著選集》（新北：稻鄉出版社，二〇二三），頁三三－九一。
余嘉錫，〈釋傖楚〉，《中央研究院歷史語言研究所集刊》，二〇下（臺北，一九四八），頁四七－五二。後收入氏著，《漢魏兩晉南北朝史叢考》（北京：國家圖書館出版社，二〇一〇），頁一七三－一七八。
吳芳佳，〈「魏武王」稱謂之辯〉，《南京曉莊學院學報》，二〇一一：五（南京，二〇一一），頁二四－二七。
吳洪琳，〈十六國「漢」、「趙」國號的取捨與內遷民族的認同〉，《陝西師範大學學報》，四二：四（西安，二〇一三），頁一六九－一七四。
吳慧蓮，〈曹魏的考課法與魏晉革命〉，《臺大歷史學報》，二一（臺北，一九九七），頁五九－七八。
呂春盛，〈「寒人掌機要」的實情與南朝政治的特質——以中書舍人爲中心之考察〉，《臺灣師大歷史學報》，四四（臺北，二〇一〇），頁一－三六。
呂春盛，〈三國時代的山越與六朝的族群現象〉，《臺灣師大歷史學報》，三三（臺北，二〇〇五），頁一－二六。

呂春盛，〈五胡政權與佛教發展的關係〉，《國立臺灣大學歷史學系學報》，一五（臺北，一九九〇），頁一五九—一八三。
呂春盛，〈東晉時期「晚渡北人」的形成及其不遇的原因〉，《臺灣師大歷史學報》，五〇（臺北，二〇一三），頁一—三一。
呂春盛，〈南朝時期「晚渡北人」的興衰及其原因〉，《漢學研究》，三三：四（臺北，二〇一五），頁一四一—一七六。
呂春盛，〈從臺灣觀察「夷夏之辨」在中國歷史上的變態〉，收錄於《臺灣文化之進路文集：莊萬壽及其文化學術》（臺北：吳三連臺灣史料基金會，二〇一九），頁一八一—一九七。
呂春盛，〈族群關係與孫吳政權的成立〉，《臺灣師大歷史學報》，六一（臺北，二〇一九），頁一—三八。
呂春盛，〈試論東西魏沙苑之役及其影響〉，《臺南師院學報》，三四（臺南，二〇〇一）頁二六七—二八八。
呂春盛，〈魏晉南朝的「溪族」與陶淵明的族屬問題〉，《臺灣師大歷史學報》，三七（臺北，二〇〇七），頁一—二六。
李得賢，〈《木蘭詩》時代雜考〉，收於史念海主編，《文史集林·第二輯》（西安：陝西省社會科學院出版發行室，一九八五），頁二三一—二五一。
李智君，〈天竺與中土：何為天地之中央——唐代僧人運用佛教空間結構系統整合中土空間的方法研究〉，《學術月刊》，二〇一六：六（上海，二〇一六），頁一二一—一三一。
李憑，〈北魏子貴母死故事考述〉，《山西大學學報》，一九九〇：一（太原，一九九〇），頁六九—七四。
李憑，〈鑒定曹操高陵的各項證據〉，《史學月刊》，二〇一二：一一（太原，二〇一二），頁五—一三、四九。
李澤厚，〈魏晉風度〉，收入氏著，《美的歷程》（臺北：三民書局，二〇一八），頁一〇二—一二七。
杜正勝，〈周秦城市的發展與特質〉，《中央研究院歷史語言研究所集刊》，五一：四（臺北，一九八〇），頁六一五—七四七。
谷霽光，〈三國鼎峙與南北朝分立〉，《禹貢半月刊》五：一，（北平，一九三六），頁五—一二。
周兆望，〈略論兩晉南北朝飲茶風氣的形成與轉盛〉，《農業考古》，三四（南昌，一九九四），頁二二六—二二八、二一三。

周伯戡，〈姚興與佛教天王〉，《臺大歷史學報》，三〇（臺北，二〇〇二），頁二〇七—二四二。
竺可楨，〈中國近五千年來氣候變遷的初步研究〉，《中國科學》，一九七三：二（北京，一九七三），頁一六八—一八九。
查屏球，〈紙簡替代與漢魏晉初文學新變〉，《中國社會科學》，二〇〇五：五（北京，二〇〇五），頁一五三—一六三。
范兆飛，〈北魏城市與農村關係新論——一體融合抑或二元對立〉，《社會科學戰線》，二〇一三：三（長春，二〇一三），頁一一一—一二一。
唐長孺，〈木蘭詩補證〉，收入氏著，《山居存稿．續編》（北京：中華書局，二〇一一），頁一二一—一二二。
孫永如，〈東晉的西府及其戰略地位〉，《安徽史學》，一九九一：二（合肥，一九九一），頁一五—一八。
宮崎市定，〈關於中國聚落形體的變遷〉，收入劉俊文主編，《日本學者研究中國史論著選譯三》（北京：中華書局，一九九三），頁一—二九。
徐秉愉，〈正位於內——傳統社會的婦女〉，收於杜正勝編，《中國文化新論．社會篇．吾土與吾民》（臺北：聯經出版事業公司，一九八二），頁一四一—一八八。

馬忠理，〈北齊蘭陵王高肅墓及碑文述略〉，《中原文物》，一九八八：二（鄭州，一九八八），頁二一一—二二六。
堀敏一，〈中華世界〉，收於谷川道雄主編，《魏晉南北朝隋唐史學的基本問題》（北京：中華書局，二〇一〇），頁二四—四三。
康樂，〈轉輪王觀念與中國中古的佛教政治〉，《中央研究院歷史語言研究所集刊》，六七：一（臺北，一九九六），頁一〇九—一四三。
張榮強，〈簡紙更替與中國古代基層統治重心的上移〉，《中國社會科學》，二〇一九：九（北京，二〇一九），頁一八〇—二〇三。
張繼昊，〈北魏的彌勒信仰與大乘之亂〉，《食貨月刊》，一六：三／四（臺北，一九八六），頁一五五—一七五。
陳金華，〈東亞佛教中的「邊地情結」：論聖地及祖譜的建構〉，《佛學研究》，二一（北京，二〇一二），頁二二一—四一。
陳恬儀，〈西晉吳人之歷史與自我〉，《輔仁國文學報》，三九（臺北，二〇一四），頁一九九—二二六。
陳華，〈王政與佛法：北朝至隋代帝王統治與彌勒下生信仰〉，《食貨月刊》，一六：一一／一二（臺北，一九八八），頁四二一—四三三。

逯耀東，〈崔浩世族政治的理想〉，收入氏著《從平城到洛陽》（臺北：聯經出版事業公司，一九七九），頁九一－九六。
劉淑芬，〈從民族史的角度看太武滅佛〉，收於氏著《中古的佛教與社會》（上海：上海古籍出版社，二〇〇八），頁三－四五。
蔡幸娟，〈北魏立后立嗣故事與制度研究〉，《成功大學歷史學系歷史學報》，一六（臺南，一九九〇），頁二五七－三〇九。
鄭欽仁，〈北魏中散官考〉，《國立臺灣大學歷史學系學報》，二（臺北，一九七五），頁二三－八〇。
鄭欽仁，〈北魏中給事（中）稿——兼論北魏中葉文明太后的時代〉，《食貨月刊》，三：一（臺北，一九七三），頁二三－三三。
魯西奇，〈釋「蠻」〉，收於氏著，《人群・聚落・地域社會：中古南方史地初探》（廈門：廈門大學出版社，二〇一二），頁二三－五六。
盧建榮，〈魏晉之際的變法派及其敵對者〉，《食貨月刊》，一〇：七（臺北，一九八〇），頁二七一－二九二。
蕭啓慶，〈北亞遊牧民族南侵各種原因的檢討〉，《食貨月刊》，一：一二（臺北，一九七二），頁六〇九－六一九。

蕭璠，〈東魏北齊內部的胡漢問題及其背景〉，《食貨月刊》，六：八（臺北，一九七六），頁四五五—四七三。
錢國祥，〈北魏洛陽外郭城的空間格局復原研究——北魏洛陽城遺址復原研究之二〉，《華夏考古》，六（鄭州，二〇一九），頁七二—八二。
錢穆，〈略論魏晉南北朝學術文化與當時門第之關係〉，《新亞學報》五：二（香港，一九六三），頁二三—七七。
魏斌，〈孫吳年號與符瑞問題〉，《漢學研究》，二七：一（臺北，二〇〇九），頁三一—五五。
羅新，〈走馬樓吳簡中的建安紀年簡問題〉，《文物》，二〇〇二：一〇（北京，二〇〇二），頁九二—九五。
譚其驤，〈晉永嘉喪亂後之民族遷徙〉，《燕京學報》，一五（北平，一九三四），頁五一—七六。

## 日文

內田昌功，〈東晉十六国における皇帝と天王〉，《史朋》，四一（北海道，二〇〇八），頁一—一五。

內田昌功，〈北燕馮氏の出自と『燕志』、『魏書』〉，《古代文化》，五七：八（京都，二〇〇五），頁四二五—四三八。
宮崎市定，〈漢代の里制と唐代の坊制〉，《東洋史研究》，二一：三（京都，一九六二），頁二七一—五〇。
宮崎市定，〈六朝時代華北の都市〉，《東洋史研究》，二〇：二（京都，一九六一），頁五三—七四。
松下洋巳，〈五胡十六国の天王号について〉，《調査研究報告》，四四（東京：学習院大学東洋文化研究所，一九九九），頁一—一三。
大basis陽典，〈馮后とその時代——北魏政治史の一齣〉，《立命館文学》，一九二（京都，一九六一），頁四〇—五九。
渡邊義浩，〈孫呉の正統性と國山碑〉，《三國志研究》二（東京，二〇〇七），頁四〇—六五。
堀敏一，《中國と古代東アジア世界》（東京：岩波書店，一九九三），二〈中華思想と天下觀念〉，頁三七—六〇。
柳瀨喜代志，〈吳王朝受命譚考〉，《中國詩文論叢》，一三（東京，一九九四），頁一五—三一。

增村宏，〈東晉南朝の黃白籍と土斷〉，《鹿兒島大學法文學部紀要・文學科論集》，六（鹿兒島，一九七〇），頁八九－一一七。

聯經中國史
# 華麗的貴族時代：魏晉南北朝史

2024年2月初版
2024年5月初版第三刷

定價：新臺幣640元

| | |
|---|---|
| 著者 | 呂春盛 |
| 主編 | 王汎森 |
| 叢書編輯 | 陳胤慧 |
| 校對 | 鄭碧君 |
| 內文排版 | 菩薩蠻 |
| 封面設計 | 廖韡 |

| | |
|---|---|
| 出版者 | 聯經出版事業股份有限公司 |
| 地址 | 新北市汐止區大同路一段369號1樓 |
| 叢書編輯電話 | (02)86925588轉5317 |
| 台北聯經書房 | 台北市新生南路三段94號 |
| 電話 | (02)23620308 |
| 郵政劃撥 | 帳戶第0100559-3號 |
| 郵撥電話 | (02)23620308 |
| 印刷者 | 文聯彩色製版有限公司 |
| 總經銷 | 聯合發行股份有限公司 |
| 發行所 | 新北市新店區寶橋路235巷6弄6號2樓 |
| 電話 | (02)29178022 |

| | |
|---|---|
| 副總編輯 | 陳逸華 |
| 總編輯 | 涂豐恩 |
| 總經理 | 陳芝宇 |
| 社長 | 羅國俊 |
| 發行人 | 林載爵 |

行政院新聞局出版事業登記證局版臺業字第0130號

本書如有缺頁，破損，倒裝請寄回台北聯經書房更換。 ISBN 978-957-08-7253-8 (平裝)
聯經網址：www.linkingbooks.com.tw
電子信箱：linking@udngroup.com



國家圖書館出版品預行編目資料

華麗的貴族時代：魏晉南北朝史/呂春盛著．王汎森主編．
初版．新北市．聯經．2024年2月．588面．14.8×21公分（聯經中國史）
ISBN 978-957-08-7253-8（平裝）
[2024年5月初版第三刷]

1.CST：魏晉南北朝史

623 112018181